Berliner Universität und deutsche Literaturgeschichte

Berliner Beiträge
zur Wissenschaftsgeschichte

Herausgegeben von Wolfgang Höppner

Band 1

PETER LANG

Frankfurt am Main · Berlin · Bern · New York · Paris · Wien

Gesine Bey (Hrsg.)

Berliner Universität und deutsche Literaturgeschichte

Studien im Dreiländereck von Wissenschaft, Literatur und Publizistik

PETER LANG

Europäischer Verlag der Wissenschaften

Die Deutsche Bibliothek - CIP-Einheitsaufnahme

Berliner Universität und deutsche Literaturgeschichte : Studien
im Dreiländereck von Wissenschaft, Literatur und Publizistik /
Gesine Bey (Hrsg.). - Frankfurt am Main ; Berlin ; Bern ; New
York ; Paris ; Wien : Lang, 1998
   (Berliner Beiträge zur Wissenschaftsgeschichte ; Bd. 1)
   ISBN 3-631-32269-0

ISSN 0949-7897
ISBN 3-631-32269-0

© Peter Lang GmbH
Europäischer Verlag der Wissenschaften
Frankfurt am Main 1998
Alle Rechte vorbehalten.

Printed in Germany 1 2 3 4 6 7

Inhalt

Vorwort

Die Geschichte der Berliner Friedrich-Wilhelms-Universität hat auf dreierlei Art mit Literaturgeschichte zu tun. Erstens ist der poeta doctus, der gelehrte Dichter, im zwanzigsten Jahrhundert keine Sondererscheinung mehr, eher die Regel. Ungewöhnlich viele später berühmt gewordene Schriftsteller haben in Berlin studiert, hier einen Berufsabschluß als Philologe, Philosoph, Jurist, Historiker, Arzt oder Naturwissenschaftler erworben oder zumindest Einsichten in das akademische Leben getan. Für den hier behandelten Zeitraum von 1870 bis 1945 seien stellvertretend für ihre große Zahl Stefan George, Fritz von Unruh, Heinrich Mann, Arnold Zweig und Stefan Zweig, Rainer Maria Rilke, Georg Heym und Jakob van Hoddis, Gershom Scholem, Walter Benjamin, Martin Gumpert, Kurt Tucholsky, Gottfried Benn, Bertolt Brecht, Alfred Döblin, Robert Musil, Oskar Loerke, Erich Kästner, Hilde Domin, Ludwig Marcuse, Wolfgang Koeppen, Wolfgang Weyrauch, Günter Eich, Peter Huchel, Johannes Bobrowski und Ingeborg Drewitz genannt. Nicht nur bei den jungen Benjamin und Döblin bildete das Studium den Hintergrund, vor dem erste selbständige Schriften verfaßt, eine Zeitschrift herausgegeben oder ein Podium öffentlichen Wirkens aufgebaut wurde. Die ersten literarischen Gruppierungen bildeten sich im Geflecht der freien, nicht traditionellen studentischen Vereinigungen. Sie nutzten die Strukturen der Universität, um sich in eigener Initiative die literarische Bildung zu verschaffen, die für sie die zeitgenössische war. Stefan George wiederum sorgte auf seinen Berliner Lesungen dafür, daß sich im Publikum Universitätslehrer befanden, die die Wirkung seiner Texte vervielfachen konnten. Erst eine literarische Strömung wie der Expressionismus brachte – die Studenten Georg Heym und Jakob van Hoddis, Ernst Blass, Heinz Eduard Jakob und der schon promovierte Kurt Hiller waren daran beteiligt – mit ihrem Zentrum des »Neuen Clubs« der Universität auf dem Gebiet der Literatur dann den Versuch einer »Gegenöffentlichkeit«[1].

In der Zeit seit dem Ersten Weltkrieg ging die Progressivität eines von der Berliner Universität getragenen literarischen Lebens zurück. Die Stadt Berlin bot in den zwanziger Jahren mit ihren Verlagen, Theatern, Cafés, politischen Organisationen und literarischen Gruppierungen wichtigere Anlaufpunkte, als

---

1 Silvia Schlenstedt: Gruppe, Zeitschrift, Verlag: Zu Lebensformen des literarischen Expressionismus. In: EXPRESSIONISTEN. Die Avantgarde in Deutschland 1905–1920. Staatliche Museen zu Berlin, Ausstellungskatalog. Berlin 1986, S. 43.

sie die Universität bieten konnte. Es hat nicht nur der Philologie geschadet, daß sie den nun entstandenen Zwiespalt zwischen dem akademischen und dem öffentlichen Leben im Ganzen nicht mehr überbrücken konnte. Als eine seiner Konsequenzen muß man die von der Berliner Studentenschaft organisierte Bücherverbrennung vom Mai 1933 ansehen, die die Geschichte der Universität belastet.

Dieses Buch dokumentiert die Beiträge der Tagung »Berliner Universität und deutsche Literaturgeschichte von 1871–1945«. Sie führte am 23. und 24. Mai 1997 anläßlich der Emeritierung von Prof. Dr. Peter Wruck im Sommersemester 1997 Beiträger aus verschiedenen Einrichtungen zusammen: seine Mitarbeiter und Studenten an der Berliner Humboldt-Universität, Doktoranden aus der Freien Universität Berlin und aus der Universität München.

Aufbruchsort im »Dreiländereck von Wissenschaft, Literatur und Publizistik« ist hier zunächst die Wissenschaftsgeschichte. Als Hauptstadtuniversität kam der Berliner Universität im Deutschen Kaiserreich und im »Dritten Reich« allgemein eine Schlüsselposition unter den Hochschulen zu wie zu keiner Zeit sonst. Den größten Platz nimmt in unserer Betrachtung die Wissenschaftsgeschichte der Germanistik ein, in der Literatur und Literaturgeschichte als Gegenstand gelehrt, vermittelt und beschrieben wurde. Es ist das Anliegen dieses Bandes, die in der jüngsten Zeit wieder in den Blick geratenen Diskurse der Wissenschafts- und Literaturgeschichtsschreibung mit der Geschichte der Personen und den Programmen der Institutionen, in denen sie wirksam waren, in Verbindung zu bringen.

Der Vortrag von Klaus Hermsdorf geht zeitlich noch vor die 1887 erfolgte Gründung des Berliner Germanischen Seminars zurück und würdigt Ludwig Geiger. In der »Geschichte der Königlichen Friedrich-Wilhelms-Universität zu Berlin«[2] von Max Lenz wird Geiger nicht erwähnt und in kaum einer Geschichte der Germanistik, obwohl er in Lehre und Publikationen originäre Ansätze eingebracht hat, die den unsrigen heute gleichen. Ein Grund für dieses Schweigen über Geiger waren die Vorurteile der Universität zu seinen Lebzeiten. Ihnen wird mit dieser Auseinandersetzung begegnet. Etwa die Hälfte der Beiträge stellen die Direktoren des Germanischen Seminars von 1887 bis 1945 vor: Wilhelm Scherer, der kurz vor der schon vorbereiteten Gründung des Germanischen Seminars starb, Erich Schmidt, Gustav Roethe, Julius Petersen und Franz Koch. Die Betrachtungen konzentrieren sich auf einen ausgewählten Schwerpunkt ih-

---

2 Max Lenz: Geschichte der Königlichen Friedrich-Wilhelms-Universität zu Berlin. Halle 1910.

res wissenschaftlichen und literarischen Lebens oder auf einen durch sie initiierten Personenkreis. Wieso bildeten sich zum Beispiel wissenschaftliche Schulen, unter welchen Bedingungen und mit welchen Folgen gehörte man einer Schule an? So fragt Kerstin Gebuhr angesichts des Phänomens der Scherer-Schule, wer ihr angehörte, welche hochschulpolitischen Strukturen diese Zuordnung begünstigt hatten, wie sich dieser Kreis durchsetzte und seine Wirkung über die Kontrolle von Archiven, Zeitschriften und Herausgaben ausübte. Volker Ufertinger zeichnet den Werdegang des profiliertesten Scherer-Schülers, Erich Schmidt, nach. Man kann hier gut erkennen, wie sich das Programm der Schule, bei Scherer einst verpflichtet auf die Heranbildung einer liberal eingestellten geeinten Nation, im Deutschen Kaiserreich zu einer die Kritik bis zur Karikatur herausfordernden Weise ins Theatralische wendet. Das geht so weit, daß Schmidt in der Imitation Goethes ein Medium findet, sich selbst, sein Fach und sein Amt in der Öffentlichkeit zu repräsentieren.

Die Professoren Wilhelm Scherer und Erich Schmidt wirkten in Berlin auch als Journalisten, unter anderem in der *Deutschen Rundschau*. Daß sie sich überhaupt dem journalistischen Essay und der Literaturkritik zuwandten, stand mit der Entwicklung der Neugermanistik in Zusammenhang. Ihnen kam dabei entgegen, daß sich der Herausgeber der *Rundschau*, Julius Rodenberg, bevorzugt auf die Mitarbeit solcher Autoren stützte, die ihm in doppelter Weise dazu »berufen« schienen. Scherer und Schmidt haben das Profil wie die Struktur dieser Zeitschrift mitbestimmt. Josefine Kitzbichler geht deshalb der Frage nach, ob das ein Weg für sie war, akademisches und literarisches Leben miteinander zu verbinden.

Jörg Juderslebens Untersuchung über Gustav Roethe bezieht sich auf das Spannungsfeld zwischen dem Gelehrten und den zeitgenössischen Intellektuellen, oder, um auf die gegenseitige traditionelle Abwertung anzuspielen, zwischen dem »Philister« und dem »Dilettanten«. Der Gelehrte Roethe – äußerlich ein wenig dandyhaft erscheinend – war rückwärtsgewandt und anachronistisch: ein Monarchist inmitten der Modernisierung der zwanziger Jahre. Im Namen der Universität und in ihren eigenen Angelegenheiten hat er vieles Geistige verhindert, was ihr gut angestanden hätte. Die Ablehnung einer Honorarprofessur für Ludwig Geiger gehört dazu. Und dazu zählt auch, daß er die Berufung Friedrich Gundolfs an die hauptstädtische Universität zu stören wußte.

Bei der Frage, unter welchem Akzent wir das Wirken Julius Petersens auf seinem Berliner Lehrstuhl untersuchen wollen, haben wir uns von einer Bemerkung Eberhard Lämmerts lenken lassen, nach der Petersens Barock-Seminar vom Wintersemester 1927/28 Geschichte gemacht habe.[3] Richard Alewyn, Benno von Wiese und Wolfgang Kayser, aber auch Erich Trunz und Hans Pyritz waren Teilnehmer, und ihre Laufbahn wurde entscheidend durch dieses Seminar geprägt. Alexander Honold betreibt deshalb in seiner Betrachtung dieser Lehrveranstaltung »Mikrohistorie«, zeichnet den Kontext, bewertet die aus dem Seminar resultierenden Publikationen als unterschiedliche rezeptive und produktive Wahrnehmungsmöglichkeiten nicht nur der Barockforschung. Angesprochen wird auch das in seiner Wissenschaftskonzeption begründete Vermögen von Julius Petersen, in einer Lehrveranstaltung am Ausgang der Weimarer Republik alle diese sich in der Folgezeit ganz verschieden entwickelnden Temperamente zu vereinigen.

Auf die Rezeptionsgeschichte der Romantik am Germanischen Seminar in den Jahren 1933 bis 1945 geht der Beitrag von Ralf Klausnitzer ein. Anhand des Vorlesungsverzeichnisses, unveröffentlichter Seminarentwürfe und Dissertationsgutachten und aus der Lehre entstandener Publikationen entwickelt er ein differenziertes Bild der Romantik-Rezeption, das exemplarisch germanistische Wissenschaftsgeschichte im Faschismus vorstellt. Im Zentrum stehen dabei Julius Petersen und die späte Entwicklung seiner »Berliner Schule«, Petersens Schüler und Nachfolger Hans Pyritz, Friedrich-Wilhelm Wentzlaff-Eggebert sowie Franz Koch. Die Karriere des Nationalsozialisten Franz Koch bringt Wolfgang Höppner auf interessante und plausible Weise mit den Zeitereignissen vor und nach der deutschen Besetzung Österreichs von 1938 in Verbindung und mit den Versäumnissen einer Aufarbeitung nach 1945. Koch wurde 1935 aus Wien auf den Berliner Lehrstuhl berufen. Er versuchte von hier aus in der Lehre, als Lektor im »Amt Rosenberg« und auf seinen zahlreichen Auslandsvorträgen, einen von den völkischen Schriftstellern angeführten neuen Kanon deutschsprachiger Gegenwartsliteratur zu vermitteln, wobei ihm besonders das Werk E. G. Kolbenheyers nahestand. Von Wissenschaft im Nationalsozialismus handelt auch der Beitrag von Peter Groos zur Geschichte der Berliner Zeitungswissenschaft. Es geschieht hier zum ersten Mal, daß mehrere zeitungswissenschaftliche Lehrinstitutionen in einen Zusammenhang gebracht werden, der sich nicht allein auf das Wirken von wenigen Publizistikwissenschaftlern beschränkt. Auch seine Analyse beruht auf den bisher kaum genutzten Dokumenten der Universitätsakten und Vorlesungsverzeichnisse.

---

3 Vgl. Eberhard Lämmert: Wiederbegegnung mit Richard Alewyn. In: Richard Alewyn. Ausstellung der Universitätsbibliothek der Freien Universität Berlin. Mit unveröffentlichten Dokumenten und Fragmenten aus dem Nachlaß und einem Beitrag von Klaus Garber. Berlin 1982, S. 2.

Wir wollten die Geschichte, auch die der Literaturgeschichte an der Berliner Universität, nicht nur mit den Namen ihrer widerspruchsvollen Erfolgsgeschichte beschreiben. Der Historiker und Germanist Otto Pniower konnte sich seinen Lebenswunsch, an die Berliner Universität berufen zu werden, nicht erfüllen. Aber die Tätigkeit als Mitarbeiter und Direktor des Märkischen Museums, die Arbeit mit den Dokumenten aus der Mark und aus Berlin, gab seinen Schriften über Keller, Goethe und Fontane schließlich die regionalgeschichtliche Würze. Er trug seine literaturhistorischen Arbeiten von anderen Podien aus vor. Denn Literaturwissenschaft konnte sich, so beschreibt es Volker Maeusel, im literarischen Leben Berlins des neunzehnten Jahrhunderts institutionell auch außerhalb, wenn auch nicht unabhängig von der Universität, über ein zunehmend umfangreicheres Zeitschriftenwesen und Netz literarischer Vereine entwickeln.

Mit den Schülern von Wilhelm Scherer und Erich Schmidt, allen voran Paul Schlenther, Otto Brahm, Alfred Kerr, Arthur Eloesser und Ludwig Marcuse, begann die Tradition des akademischen, promovierten Journalisten oder Literaturredakteurs, wie wir ihn bis heute kennen. Dieser Übergang, der oft eine unfreiwillige Emanzipation von der Universität bedeutete, hatte viele Gründe: der schlecht oder gar nicht bezahlte Posten als Privatdozent, die gefürchtete Praxisfremdheit, im Fall von Arthur Eloesser schon allein die Unmöglichkeit, sich im Zeitalter der Assimilation als bekennender Jude an der Königlich-preußischen Universität zu habilitieren. Arthur Eloesser hat seinen Weg als Theaterkritiker bei der *Vossischen Zeitung* gefunden, auch haben wir ihm eine der ersten Biographien über Thomas Mann zu verdanken. Andreas Terwey macht in seinem Beitrag klar, daß sich Eloessers Wertmaßstäbe, seine feinen Beobachtungen über das zur Großstadt hinstrebende Berlin, in der Vorkriegszeit herausgebildet haben, daß er den Spannungen der Publizistik in der Weimarer Republik oft ein wenig fremd gegenüberstand, daß Eloesser aber mit seinem noch 1936 erschienenen Buch über deutsch-jüdische Schriftsteller, den biographischen Essays »Vom Ghetto nach Europa«, die Umkehrungen der Zeit markierte.

Allein der letzte Beitrag behandelt einen Publizisten, der auch Dichter war: Alfred Döblin. Er hat an der Berliner Universität zur Zeit der Jahrhundertwende nicht Philologie und Publizistik, sondern Medizin studiert. Dem Wissenschaftsbild der Naturwissenschaften stand er als Arzt und Schriftsteller der Moderne näher. Durch die Aktivitäten Alfred Döblins nach seiner Wahl in die Preußische Akademie der Künste 1928 wurde der Berliner Universität und mit ihr der Berliner Öffentlichkeit die Chance einer Demokratisierung zuteil: Mit seiner Organisation der Poetik-Vorlesungen der Sektion Dichtkunst in der Universität, mit

seinem eigenen Vortrag vom »Bau des epischen Werks« direkt vor jungen Lesern und zukünftigen Literaturvermittlern gesprochen, wollte er den Kreislauf
der Entfremdung von der zeitgenössischen Literatur unterbrechen.

Eines hat sich im Verlauf der Tagung thematisch verdichtet: Die Geschichte
der Berliner Literaturwissenschaft vom Deutschen Kaiserreich bis zum »Dritten
Reich« ist auch ein Bestandteil der Geschichte des Antisemitismus an der Friedrich-Wilhelms-Universität. Neue Texte über den in Theresienstadt umgekom-
menen Theaterwissenschaftler Max Herrmann und den ins Exil getriebenen Richard Samuel sind hier noch gar nicht dabei. Schon die Vorurteile der damaligen
Fakultätskommissionen gegenüber Ludwig Geiger galten dem Autor der »Geschichte der Juden in Berlin«. Die Aggressionen von Gustav Roethe richteten
sich vor allem gegen jüdische Intellektuelle. Geiger, Pniower, Döblin und Eloesser, die wir wegen ihrer Außenstellung zur Universität in den Blickpunkt rücken
wollten, waren Wissenschaftler und Schriftsteller jüdischer Herkunft.

Sehr anregend war diese Zusammenkunft für die Teilnehmer, vom Studenten
bis zum Professor und einem interessierten Publikum. In der Mehrzahl waren
die Teilnehmer noch sehr jung, sie verweisen auf neue Talente und Tendenzen
in der Wissenschaftslandschaft, bestimmt auch in der der Publizistik. Zahlreiche
Quellen, unter anderem aus dem Universitätsarchiv der Humboldt-Universität,
dem Archiv der Berlin-Brandenburgischen Akademie der Wissenschaften und
den verstreuten Personalnachlässen, wurden ausgewertet.

Vor zehn Jahren schon wurden von Peter Wruck zwei Anthologien über
»Berliner Studenten und deutsche Literatur«[4] herausgegeben. Mit diesen Veröffentlichungen, in denen viel zu lesen steht über die biographischen Beziehungen
der Schriftsteller zur Berliner Universität und über das literarische Leben von
Studenten, hat unser Interesse für den Zusammenhang zwischen der Berliner
Lehre, dem Berliner Studium und dem literarischen Werk begonnen. So waren
auch an seinem Forschungsprojekt zur *Literaturgeschichte der Berliner Universität* die meisten Autoren dieses Buches beteiligt.

Peter Wruck ist es gewidmet.

Berlin, im Oktober 1997   *Gesine Bey*

---

4 Siehe Wruck (Hg.): Berliner Studenten und deutsche Literatur (1987) und Wruck (Hg.):
   Berliner Studenten und deutsche Literatur II (1989).

Zwei Vorlesungen von Ludwig Geiger

Klaus Hermsdorf

Lieber Peter, ich rede hier in einem mir nicht ganz angemessenen Kreis von Nachwuchs-wissenschaftlern und über einen Mann der Berliner Germanistik, der, soweit ich sehe, wissen-schaftsgeschichtlich nicht wahrgenommen worden ist, auch von mir nur flüchtig. Ich rede trotzdem, weil ich zu den Beiträgern der heutigen Zusammenkunft gehören möchte, aber auch im Gefühl, daß eine nicht mehr entschuldbare Lücke bliebe, wenn nicht über Ludwig Geiger wenigstens das Folgende und Vorläufige gesagt würde.

Ludwig Moritz Philipp Geiger, mit ursprünglichen Vornamen Lazarus Abraham, 1848 in Breslau geboren, also einige Jahre jünger als Wilhelm Scherer und wenige Jahre älter als Erich Schmidt, wurde im Mai 1880 an die Friedrich-Wilhelms-Universität berufen, also noch vor der Begründung des Germanischen Seminars, und zwar in der Erwartung, wie es im Ernennungsschreiben des Ministeriums des geistlichen Unterrichts und Medizinal-Angelegenheiten hieß,

> »daß er in seiner Lehrtätigkeit auf dem Gebiete der Geschichte der neueren Literaturen fortfahre und sich dabei namentlich auch des Zeitalters des Humanismus und der Renaissance widmen werde.«[1]

Es handelte sich um eine Ernennung zum außerordentlichen Professor mit besonderem Lehrauftrag für Literaturgeschichte des Humanismus und der Renaissance, die man an der Philosophischen Fakultät mangelhaft vertreten fand. Ausschlaggebend für die Berufung war das Votum Wilhelm Scherers, der sich persönlich bei Minister Althoff für Geiger verwandt[2] und in der Fakultätssitzung am 1. Juni 1879 die Verdienste des langjährigen Privatdozenten gewürdigt, wenngleich abschließend auch bemerkt hatte:

---

1 Universitätsarchiv der Humboldt-Universität zu Berlin (im weiteren: UA der HUB). Phil. Fak. 1460. Blatt 219.
2 Nach einer Mitteilung von Frau Dr. Agnes Ziegengeist.

»Gegen die Gewährung des Gesuchs kann angeführt werden [...], daß die wissenschaftlichen Leistungen von Dr. G. zwar Fleiß, Sorgfalt, Methode, ausgedehnte Kenntnisse zeigen, oft aber die höchsten Forderungen, die man an litteraturhistorische Leistungen stellen muß, unbefriedigt lassen.«[3]

Eine kryptische Aussage, die mir Stoff zu manchem Nachdenken geliefert hat. Geiger ist in der Tat nie in die Region professoraler Ordentlichkeit gehoben worden, und als er im Dienst von Lehre und Forschung alt geworden war, hat sich die Fakultät mit einem Fußtritt von ihm verabschiedet. Die Anfrage des Kultusministeriums, ob er zu seinem 70. Geburtstag zum ordentlichen Honorarprofessor ernannt werden solle, beantwortete sie ablehnend und begründete dies mit der folgenden Wertung seines Lebenswerks, die nach dem (zum Teil schwer lesbaren) Entwurf einer Stellungnahme wiedergegeben wird: Sie

»erkennt gerne an, daß Hr. Geiger vor einem Menschenalter mit seinen stoffreichen Arbeiten über den deutschen Humanismus dankenswerte, dem damaligen Stande der literarhistorischen Forschung auf seinem Gebiete entsprechende Beiträge aufgewiesen hat; so hat sie der Ernennung zum außerord. Prof. nicht widerstrebt. Seitdem hat sich G. mit überwiegend der dt. Literatur des 18. und 19. Jahrhunderts zugewandt mit besonderer Bevorzugung der Berliner Geistesgeschichte. Auch hat er kenntnisreich und mit rühriger Betriebsamkeit unermüdlich Jahr für Jahr literarhistorisches Material veröffentlicht. Aber es darf nicht verschwiegen werden, daß sowohl die methodol. Erforschung und die geistige Durchdringung dieses Materials selten genügt, daß G. zu einer gerade auf literarischem Gebiete wenig befriedigenden Bevorzugung des Stofflichen neigt, daß seine Schriften nach Methode und Gestaltungskraft zu vielen Bedenken Anlaß geben. Ein überaus vieltätiger und schnellfertiger Schriftsteller, dessen Interessen der Universität und der strengen Wissenschaft nur geteilt gehören, hat sich G. zu wissenschaftlicher Sammlung und Prüfung nicht immer die Ruhe und Zeit gelassen; selbst seine zahlreichen populären Darstellungen und Ausgaben bleiben nach Form und Inhalt hinter gleichartigen Arbeiten Anderer fühlbar zurück. Es wird mit diesen Mängeln zusammenhängen, daß G. auch als Dozent keinen nennenswerten Erfolg gehabt hat; uns ist nicht bekannt, daß er [...] eine wissenschaftlich ergreifende oder anregende Wirkung ausgeübt hat. Die Fakultät muß wünschen, daß die Stellung eines ordentl. Honorarprofessors nicht zur gewohnheitsmäßigen Altersehrung langjähriger Extraordinarien herabsinke und nur solchen Gelehrten zuteil werde, die sich durch wissenschaftliche Leistungen, hervorragende Lehrtätigkeit oder sonst besondere Verdienste um Ansehen und Wirksamkeit der Universität erworben haben. Für Prof. Geiger treffen diese Voraussetzungen nicht [gestrichen: schwerlich] zu.«[4]

---

3 UA der HUB. Phil. Fak. 1434. Blatt 370.
4 UA der HUB. Phil. Fak. 1467. Blatt 247-248.

Federführenden Anteil an diesem Gutachten der Philosophischen Fakultät hatte der Germanist Gustav Roethe. Zwei Jahre später, 1919, ist Ludwig Geiger gestorben.

Liest man das Votum heute, gerät man in Widerspruch – man muß eine gewisse Berechtigung zugestehen, bezweifelt jedoch seine Gerechtigkeit. Nachdenklich macht vor allem die Erfahrung, daß man bei eigenen, unsrigen und heutigen wissenschaftlichen Interessen dem Namen Ludwig Geigers am Anfang dieser Bemühungen stehend begegnet. Zwar ist unleugbar, daß Geiger für sein Berufungsgebiet mehrere Einzelstudien (insbesondere über Petrarca und Reuchlin), das umfangreiche Buch »Literatur der Renaissance und des Humanismus in Deutschland und Italien« (1882) vorgelegt und die *Vierteljahrsschrift für Kultur und Literatur der Renaissance* (1886ff.) begründet hat, sich aber in der Tat zunehmend neueren Gegenständen gewidmet hat, die die Fakultät näherer Betrachtung nicht für wert gehalten hat. Daß sie seinen Beitrag zur Goethe-Philologie übersah, den er allein als Begründer und Herausgeber des *Goethe-Jahrbuchs* (1880-1913) leistete, auch seine Forschungen zur Literatur des Jungen Deutschland, wirkt nachgerade verletzend. Gewiß war die Kritik an Geigers Darstellungsart nicht unberechtigt, wenngleich seine reine Arbeitsleistung uns Heutigen entschieden mehr Respekt abnötigt als seinerzeit der Philosophischen Fakultät. Die Liste seiner Veröffentlichungen in Buchform umfaßt 44 Titel, die der von ihm veranstalteten Ausgaben von Einzel- und Gesammelten Werken 43, er war der Herausgeber von zwei wissenschaftlichen Zeitschriften und einer Wochenzeitung.[5] Allerdings beruht der Umfang seines imponierenden Werks auf einem Wissenschaftsbegriff, der Geschichte wesentlich mit Chronologie gleichsetzt, auf eine irgendwie literarische Verarbeitung des Materials geringen Wert legt, um so größeren auf die Erschliessung und Darbietung unbekannter Quellen. Geiger teilt den Quelleneifer und die Quellengläubigkeit seiner »positivistischen« Zeitgenossen; er hat in seinen Büchern eine ungeheure Menge verstreuter, oft handschriftlicher Materialien zusammengetragen, gesichtet und (in leider häufig flüchtiger Form) der wissenschaftlichen Öffentlichkeit zugänglich gemacht. Daraus ist in einer dem Verfasser und der Philosophischen Fakultät freilich unvorhersehbaren Weise ein Verdienst geworden: Viele der Urkunden, die Geiger noch sah, existieren nach zwei Weltkriegen nicht mehr und sind nur noch durch seine Publikation vorhanden.

---

5 Vgl. die Bibliographie der Arbeiten Geigers in Buchform in der zu seinem 70. Geburtstag veröffentlichten Festschrift: Beiträge zur Literatur- und Theatergeschichte. Berlin 1918, S. 475ff.

Auch die vorwurfsvolle Feststellung der Fakultät, Geiger habe sich der Universität und der »strengen Wissenschaft« nicht mit ungeteiltem Engagement gewidmet, wirkt inzwischen zweideutig. Vielmehr ist über die Unfähigkeit der Unterzeichner des Gutachtens zu staunen, in Geigers wissenschaftlicher Vielfalt mehr zu erkennen als »eifrige Betriebsamkeit« – z. B. den roten Faden eines Lebenswerks. Zu einem Phänomen gerät aber die Wahrnehmung, daß einer gelehrten Fakultät die Sprache nicht zu Gebote stand, um auszusprechen, was ihr natürlich bekannt war und unzweifelhaft ein verhehlter Grund ihres Mißbehagens: Daß Ludwig Geiger (von 1886 bis 1891) eine *Zeitschrift für die Geschichte der Juden in Deutschland* herausgab, daß er (von 1909 bis zu seinem Tode) Chefredakteur der *Allgemeinen Zeitung für das Judentum. Ein überparteiliches Organ für alles jüdische Interesse* war, daß er für jüdische Vereine populäre Vorträge über jüdische Geschichte und Literatur hielt – also daß er Jude war, und zwar in einem bekennenden Sinn. Er nannte sich in der Öffentlichkeit einen »deutschen Gelehrten jüdischen Glaubens«, eine Standortbestimmung, die in den geistigen und politischen Kämpfen des ausgehenden 19. Jahrhunderts terminologische, ja programmatische Bedeutung besaß. Sie entschuldigt nicht die Mängel und Flüchtigkeiten seiner wissenschaftlichen Arbeit, trägt aber zur Erklärung seiner Lehrtätigkeit, seiner Publikationsinteressen und ihrer Originalität im germanistischen Wissenschaftsbetrieb bei.

Wie nachhaltig Wissenschaft und Judentum zusammenhingen, hat Geiger in der Vorrede zu seinem Buch »Die Deutsche Literatur und die Juden« (1910) einbekannt: »Dieses Buch«, schrieb er,

»hat eine lange Geschichte. Das Interesse für die Literaturgeschichte der Juden, mir durch meinen Vater eingeflößt, erfüllte mich von früher Kindheit an. Wie meine lateinische Abiturientenarbeit einen diesem Gebiete entnommenen Stoff behandelte: ›Urteile griechischer und römischer Schriftsteller über Juden und Judentum‹ (im Druck erschienen als Berliner Habilitationsschrift im Jahr 1873), so wurden meine Renaissancestudien durch diese Teilnahme veranlaßt, gingen aus von einer Bearbeitung der Geschichte des Studiums der hebräischen Sprache in Deutschland und wandten sich dem Begründer dieser Studien, Johann Reuchlin, zu.«[6]

Was Geiger hier vernachlässigt, ist, daß er als Historiker jüdischer Verhältnisse überhaupt begann. Der Glücksfall seiner Jugendjahre, eines Dreiundzwanzigjährigen, ist seine 1871 erschienene »Geschichte der Juden in Berlin. Festschrift zur zweiten Säkularfeier«, nämlich des kurfürstlichen Edikts von 1671, durch das

---

6 Ludwig Geiger: Die Deutsche Literatur und die Juden. Berlin 1910, S. 7.

die Ansiedlung aus Österreich vertriebener Juden zugelassen und in Berlin eine neue jüdische Gemeinde begründet wurde. Geigers Arbeit ist nicht erschöpfend und in vielen Einzelheiten überholt, sie wurde dennoch 1989 vom Zentralantiquariat der DDR als Reprint neu herausgebracht, weil, so Hermann Simon als Verfasser des Vorworts, der Gegenstand noch nach hundert Jahren »keine Bearbeitung oder gar Fortsetzung erfahren«[7] hat. Im vollen Sinn bahnbrechend in unserem Fach wirkte Geiger, als er im Wintersemester 1903/04 seine erste Vorlesung über *Die Juden in der deutschen Literatur* hielt. »Ich glaube nicht,« sagte er in der Eröffnungsveranstaltung zu Recht,

> »daß eine Vorlesung, wie die, die ich heute beginne, schon auf einer deutschen Universität dargeboten ist, und der große Zulauf, den diese erste Vorlesung gefunden, hat vielleicht seinen Grund in der Neuheit des Unternehmens.«[8]

Es ist nicht zu vermuten, daß seitdem an deutschen Universitäten weitere Vorlesungen zu diesem Thema veranstaltet worden sind, und ich halte das für einen schwer entschuldbaren Mangel. Ich glaube wie Geiger, »daß der Stoff zu einem solchen Thema wirklich vorhanden« ist; ich glaube aber außerdem, daß Legitimität und öffentlicher Nutzen dieses Themas am Ende dieses Jahrhunderts unvergleichlich dringlicher sich darstellen als an seinem Anfang; ich zweifle nur, ob seine wissenschaftliche Behandlung seit Geiger leichter geworden ist.

Geiger ging als Historiker zu Werke. In 33 Abschnitten wollte er eine Entwicklung überblicken, die mit dem Minnesänger Süßkind von Trimberg anfing und in einer Gegenwart endete, in der sich bereits die Konstellationen herausgebildet hatten, die im Holocaust ausgeartet sind. Stichworte aus den letzten Abschnitten des Vorlesungsprogramms waren: *Blick auf die Literatur des Antisemitismus, Erwachen des jüdischen Bewußtseins. Jakobowski:* »*Werther der Jude*«, *Karl Emil Franzos. – Aufrichtung eines neuen Ghetto, der große Judenschmerz, jüdischer Stamm und jüdischer Staat (Zionismus): Herzls Roman* »*Alt-Neuland*«, *die zionistischen Romane, Schilderung oder Verklärung jüdischen Wesens vergangener Zeit: Arthur Schnitzler:* »*Der Weg ins Freie*«, *Auguste Hauschner:* »*Die Familie Lowositz*«, *Georg Hermann:* »*Jettchen Gebert*« *und* »*Henriette Jacoby*«.[9] Es muß hervorgehoben werden, daß Geiger keine isolierte Geschichte

---

7 Ludwig Geiger: Geschichte der Juden in Berlin. Festschrift zur zweiten Säkularfeier. Mit einem Vorwort von Hermann Simon. Leipzig 1989, S. XII.

8 Ebenda, S. 1.

9 Geiger hat sein Vorlesungsprogramm in »Die deutsche Literatur und die Juden« veröffentlicht. Vgl. ebenda, S. 23.

jüdischer Literatur beabsichtigte, sondern die Auseinandersetzung mit Juden und
Judentum in der »christlichen« deutschen Literatur einbezog – in Kapiteln etwa
über Luther, Herder, Goethe. Auch der Einfluß jüdischer Denk- und Redeweise
auf die deutsche Literatur, insbesondere durch die Bibel, sollte berücksichtigt
werden. Insgesamt ein gewaltiges und gewagtes Unternehmen, und ich bin nicht
sicher, ob Geiger in der letzten Vorlesung noch so viele Zuhörer hatte wie in der
ersten.

Es war ein gewagtes Unternehmen auch deshalb, weil es von Geiger eine Positionierung in schicksalsschweren Fragen sowohl des deutschen wie des jüdischen
geistigen und politischen Lebens verlangte. Hier war er unverkennbar der Nachfolger seines Vaters Abraham Geiger, Rabbiner in Wiesbaden, Breslau, Frankfurt
am Main und Berlin, ein führender Kopf der jüdischen Reformbewegung des 19.
Jahrhunderts, Mitbegründer der »Wissenschaft des Judentums«, Dozent an der
von ihm initiierten Lehranstalt, der Hochschule für die Wissenschaft des Judentums in Berlin. In dieser Tradition der Mendelssohnschen Aufklärung und des
vormärzlichen Liberalismus vertrat Ludwig Geiger mit fast starrer Beharrlichkeit
einen Standpunkt der Abgrenzung nach allen Seiten, der im Lichte unserer Erfahrung freilich nur als ein tragischer empfunden werden kann. »Ich weise mit tiefer
Verachtung alle die offenen und heimlichen Insinuationen zurück«, sagte er im
Herbst 1903 in der Eröffnungsvorlesung mit noch heute spürbarer Erregung,

> »daß ein deutscher Gelehrter jüdischen Glaubens bei Beurteilung irgendeiner Zeit oder
> irgendeiner Leistung der deutschen Literatur befangen wäre; ich beanspruche für ihn das
> Recht, auf dieselbe Stufe gestellt zu werden, wie seine christlichen Kollegen als einen, der
> erfüllt und genährt von den Schätzen der deutschen Literatur, auch seinerseits wagen darf,
> zu ihrer Bereicherung beizutragen. Nicht minder weise ich als völlig unwissenschaftlich alle
> Bemühungen und Anschauungen von mir, die, durch die Unzufriedenheit mit den augen-
> blicklichen Verhältnissen, durch Kränkungen, die der einzelnen Person oder der Glaubens-
> gemeinschaft zugefügt wurden, entstanden, ein jüdisches Stammesbewußtsein konstruieren
> und den Traum einer jüdischen Nationalität oder gar eines jüdischen Staates darstellen, oder
> sich direkt bemühen, ihn in die Wirklichkeit umzusetzen. Ich beklage die zahlreichen Roma-
> ne, Gedichte und Dramen, die in neuerer Zeit von deutschen Juden veröffentlicht worden
> sind, alle von dem Streben erfüllt, ein neues Ghetto zu errichten, viel drückender als das al-
> te, weil es ein selbstgeschaffenes ist, und weil es nicht diejenigen zurückdämmt, die durch
> Kleidung, Sprache und Gesittung sich von ihren Stadt- und Landgenossen unterscheiden,
> sondern weil es die durch die gesamte Kultur Geeinten, nur durch den Glauben Getrennten
> gänzlich voneinander zu scheiden sucht.«[10]

---

10 Ebenda, S. 11.

Antisemitismus und Zionismus werden als die »beiden traurigen Schmarotzer-pflanzen des ausgehenden 19. und des beginnenden 20. Jahrhunderts«[11] bezeich-net. In scharfer Abgrenzung nicht nur gegen den Zionismus, sondern auch gegen vollständige Assimilation, gegen religiöse Orthodoxie, gegen eigenes jüdisches Volksleben trat Geiger für ein Judentum ein, das sich nur aus der Zugehörigkeit zu einer Glaubensgemeinschaft verstehen wollte, umgekehrt durch das vollständi-ge Aufgehen in der nationalen Kulturgemeinschaft, durch den (wie es Geiger in einer kritischen Stunde: nach Ausbruch des Ersten Weltkriegs, formulierte) unbe-dingten Willen, »in Verehrung und Heilighaltung der großen deutschen Kultur Deutsche zu sein mit Deutschen.«[12]

Unter diesen Voraussetzungen mußte Geigers Vorlesung über *Die Juden und die deutsche Literatur* zu einer Veranstaltung werden, die sich auf nicht selbst-verständliche literaturtheoretische Grundlagen stützen mußte. Er sah ihre wissen-schaftliche Berechtigung nicht in einer

> »Judenfrage, sondern ich statuiere ein völkergeschichtliches Problem. Denn es ist ein
> völkergeschichtliches Problem, den Gang einer Glaubensgemeinschaft durch die Jahrhun-
> derte, durch die Geschichte eines ursprünglich fremden Volkes zu verfolgen, zu zeigen, wie
> die Mitglieder dieser Glaubensgemeinschaft sich mit den Angehörigen des Volkes assimi-
> lierten, wie sie die Sprache und Geistesrichtung jener Nation annahmen und zu dieser Ent-
> wicklung ihr Eigenes beitrugen.«[13]

Mag dies als Begründung seiner schließlich in dem Buch »Die deutsche Lite-ratur und die Juden« (1910) zusammengefaßten jüdischen Studien unzureichend oder strittig sein, so zeigt sich doch ein Aspekt seiner Interessen, seines Denkens und seiner Methode, durch den Geiger in mancher Hinsicht zu *unserem* Vorläufer geworden ist – nämlich der interdisziplinäre, fachübergreifend kulturgeschichtli-che Grundzug seiner Betrachtungsweise. Das gilt ganz ausgesprochen von einem Gebiet, auf dem Geiger unmittelbar zum Wegbereiter von Forschungen und Dar-stellungen geworden ist, die schließlich 1993 in der Einrichtung eines Lehrstuhls für Berliner Literatur und literarisches Leben am Institut für deutsche Literatur und der Berufung von Prof. Dr. Wruck auf diesen Lehrstuhl Ausdruck gefunden haben.

Auch hier stand am Anfang eine Lehrveranstaltung, wie sie an hiesiger Univer-sität noch nicht gehalten worden war. Im Wintersemester 1886/87 las Ludwig

---

11 Ebenda, S. 11.
12 Ludwig Geiger: Die deutschen Juden und der Krieg, Berlin 1915, S. 78.
13 Ludwig Geiger: Die deutsche Literatur und die Juden, S. 9.

Geiger zum erstenmal über *Berlins Kultur- und Literaturgeschichte seit 1700*; er
hat seine Berlin-Vorlesungen in den folgenden Jahren mehrfach wiederholt und
den behandelten Zeitraum bis ins 19. Jahrhundert ausgedehnt. 1892 erschien dann
der 1. Band von »Berlin 1688–1840. Geschichte des geistigen Lebens der preußischen Hauptstadt«; drei Jahre später folgte der 2. Band eines mehr als 1300
großformatige Seiten umfassenden Werks. Begleitet wurde die Arbeit von einschlägiger Editionstätigkeit. Zwischen 1888 und 1894 gab Geiger mit einigen
Fachkollegen die »Berliner Neudrucke« heraus: Editionen selten gewordener älte-
rer und neuerer Berliner Autoren sowie Veröffentlichungen unbekannter Quellen;
von Geiger selbst stammen u.a. eine Ausgabe der Gedichte des oft belächelten
Schmidts von Werneuchen »Musen und Grazien in der Mark« (1889) und eine
Veröffentlichung unbekannter Aufsätze und Gedichte Achim von Arnims. Wiederum liegen die Tugenden und die Grenzen des Verfassers dicht beieinander:
Wieder bestaunt man eine imponierende Arbeitsleistung, wieder den Quellenfleiß,
und die Vernichtung eines beträchtlichen Teils der von Geiger benutzten Quellen
macht sein Berlin-Buch unersetzbar. Aber auch in methodischer Hinsicht ist es
nicht ohne Interesse.

Geiger wollte ausdrücklich keine Literaturgeschichte Berlins schreiben, sondern eine Geschichte des »geistigen Lebens« oder »Kulturgeschichte« – ein Begriff, den er in seiner Vorlesung noch ausschließlich verwendete. Er verstand
darunter »die Zusammenfassung des gesammten geistigen und sittlichen Lebens«
– eine etwas kärgliche Definition, die erst durch die stofflichen Blöcke seines
Berlin-Buchs erläutert wird: Er skizziert jeweils die politischen Verhältnisse einer
Periode (er leitet sie noch überwiegend aus den Regentschaften der preußischen
Könige ab), er beschreibt dann Dichter und Dichtergruppen, Entwicklungen in
der bildenden Kunst, in der Musik, im Theater; er berichtet ferner über berlini-
sche Zeitschriften und Zeitungen, über religiöse und wissenschaftliche Entwicklungen, über Fragen von Schule und Erziehung; einige Schlußkapitel beschäftigen
sich mit den »sittlichen und ökonomischen Zuständen« der Stadt, kommen jedoch
über ein kaleidoskopisches Sammelsurium von Nachrichten über Geselligkeiten,
Sitten, Ereignisse des Wirtschaftslebens und kommunale Verhältnisse kaum hinaus. Mit deutlichem Mißbehagen hat Geiger im Vorwort seines Buches eine zeitgenössische Tendenz registriert, »bei Culturgeschichte den Hauptnachdruck auf
Wirthschaftsgeschichte zu legen«.[14] Dies war sogar der Grund, daß er auf den

---

14 Ludwig Geiger: Berlin 1688–1840. Geschichte des geistigen Lebens der preußischen
Hauptstadt. Bd. 1. Berlin 1892, S. IV.

ihm so naheliegenden Begriff der Kulturgeschichte im Titel seines Werks ver-
zichtete.

Dennoch ist Geigers Berlin-Buch Kulturgeschichte – eine durch den lokalge-
schichtlichen Gegenstand teils herausgeforderte, teils erleichterte Bemühung um
die integrative Erfassung komplex verflochtener Zusammenhänge, die noch immer eine methodologische Herausforderung darstellt und nicht nur wissenschaftsgeschichtliche Beachtung verdient. Der Autor bemühte sich um etwas Wirkliches
– um den Zusammenhang der Kultur als einen relativ eigenständigen Bereich der
Gesellschaft. Er versuchte, Literatur, bildende Kunst und Musik, also die Gemeinschaft der Künste, in dem Verhältnis zu sehen, das sie in der Gemeinschaft
der Bewohner einer Stadt tatsächlich einnehmen. Er versuchte ferner, Kunst und
Literatur in ihrem Kontext mit kunstverbreitenden Institutionen wie Zeitungen und
Zeitschriften zu erfassen, insbesondere mit dem Theater als (so der Theaterwissenschaftler Max Herrmann, der Nachfolger auf Geigers Extraordinariat) »einer
nach eigenen Gesetzen lebenden Eigenkunst sozialen Charakters«.[15] Außerdem
bemühte sich Geiger, gleichzeitige Entwicklungen im religiösen und wissenschaftlichen Leben darzulegen und mit alledem wenigstens das Material für einen
»Begründungszusammenhang« lokaler Kulturverhältnisse bereitzustellen, deren
überlokale Bedeutung er betonte. Sein Berlin-Buch, erklärte Geiger im Vorwort,
solle

> »keineswegs nur ein Beitrag zur Lokalgeschichte, sondern eine Gabe sein, die mithilft,
> die Geschichte des geistigen Lebens deutscher Vergangenheit erkennen zu lassen.«[16]

»Geistiges Leben« und »Kulturgeschichte« statt Geschichte der Einzelkünste
und Gattungen – es muß an dieser Stelle betont werden, daß Ludwig Geiger mit
Konzept in einem methodologischen Trend des 19. Jahrhunderts steht, den er
nicht hervorgerufen und auch nicht produktiv beeinflußt hat. Der Oberbegriff des
»geistigen Lebens« war zumindest seit Julian Schmidt geläufig, der zu Beginn der
sechziger Jahre seine Aufsätze zur deutschen Literaturgeschichte unter dem Titel
»Geschichte des geistigen Lebens in Deutschland von Leibniz bis auf Lessings
Tod«[17] vereinigt hatte. Geiger selbst stand ganz im Banne eines etwa zur gleichen
Zeit erschienenen Buches, das zu den wichtigsten kunsthistorischen, und der

---

15 Max Herrmann: Forschungen zur deutschen Theatergeschichte des Mittelalters und der Renaissance. Berlin 1914, S. 4.
16 Ludwig Geiger: Berlin 1688–1840; Bd. 1, S. VIII.
17 Julian Schmidt: Geschichte des geistigen Lebens von Leibniz bis auf Lessings Tod. 2 Bde.,
  Leipzig 1862–1864.

Methode nach eben kulturhistorischen Darstellungen aus der 2. Hälfte des 19. Jahrhunderts gehört – Jacob Burckhardts (1818–1897) »Die Kultur der Renaissance in Italien« (1860). Geiger hat dessen ungeheure Wirkung wohl nicht beschleunigt, aber doch begleitet: Er hat die 3. bis 12. Auflage der »Kultur der Renaissance« »besorgt«, wie es im Titel hieß – d.h. mit Einleitungen, Berichtigungen und einer großen Reihe (in ihrer Nützlichkeit allerdings sehr umstrittener) »Exkurse« versehen. Die 12. Auflage erschien 1918, zum 100. Geburtsjahr Burckhardts und im vorletzten Lebensjahr Geigers, der bei dieser Gelegenheit noch einmal bekannte, ein »treuer Nachfolger und begeisterter Anhänger Burckhardts«[18] gewesen zu sein.

Wenn das zutrifft, sehen wir uns überraschend noch einmal auf Berlin und die Berliner Universität verwiesen, auf die Vorgänger von Vorgängern: Burckhardt war aus gemeinsamen Berliner Studientagen der nahe Freund Franz Kuglers (1808–1858), dessen kunstgeschichtlichen Arbeiten er entscheidende Anregungen verdankt, insbesondere dem »Handbuch der Kunstgeschichte«[19], das als der erste Versuch gerühmt wird, Kunstgeschichte mit Weltgeschichte zu verbinden. Burckhardt hat am Abschluß von Kuglers unvollendet hinterlassener »Geschichte der Baukunst« mitgewirkt und, da er eine Abneigung gegen die Lektüre seiner eigenen Bücher hatte, Kuglers Sohn Eberhard um die wissenschaftliche Betreuung der auf die zweite folgenden Auflagen gebeten. Eberhard Kugler empfahl Ludwig Geiger, der sich gerade als Renaissanceforscher ausgewiesen hatte und auch tatsächlich akzeptiert wurde. –

Burckhardts Italien-Buch und Geigers Berlin-Buch bilden noch heute wissenschaftsgeschichtliche Studienfälle; freilich zeigen sie neben den Möglichkeiten auch die Unmöglichkeiten der kulturhistorischen Methode. Sie stand schon im 19. Jahrhundert gegen dominierende Tendenzen der Erkenntnisweise und des Wissenschaftsbetriebs, der sich eskalierend hochspezialisiert und reihenweise in Einzeldisziplinen zerfällt. Je wünschbarer damit eine Kunst und Gesellschaft synthetisierende Kulturgeschichte wird, desto weniger wird sie machbar. Bei Geiger erscheint Kulturgeschichte als eine kompendienhafte Addition ihrer Bereiche und Elemente, mit der das Wechselverhältnis zwischen den Komponenten des »geistigen Lebens« nicht evident oder wenigstens zum wissenschaftlichen Problem wird. Ein Gefühl der Unergiebigkeit, einfach der Langweiligkeit läßt sich bei der Lektüre seiner gewichtigen Bände schwer unterdrücken und ist das Zeichen dafür, daß hauptsächlich verfehlt wurde, Leben als Lebendiges, als die Bewe-

---

18 Jacob Burckhardt: Die Kultur der Renaissance in Italien. Berlin 1918. Bd. 2, S. 333.
19 Franz Kugler: Handbuch der Kunstgeschichte. Stuttgart 1842.

gungsform von Geschichte zur Anschauung zu bringen. Burckhardts »Kultur der Renaissance in Italien« hingegen war ein gegen die Sehweise der »großen Spezialgelehrten«[20] gerichteter Glücksfall, und Paul Heyse, der Dichter und Freund, erkannte sofort, wieviel die Einzigartigkeit des Werks dem subtilen Einsatz von Kunstmitteln zu danken hatte. Es sei eins »von jenen Büchern«, schrieb er nach der ersten Lektüre in einem Brief an Jacob Burckhardt,

> »die eben nur Ew. Liebden zustande zu bringen vermögen und deren Substanz ebenso-wenig veralten und nach dem Schrank schmecken wird, wie die Bücher eines gewissen Gibbon und Consorten, und wenn auch ganze Bibliotheken von alten Codices neu entdeckt würden. Denn was einmal mit jenem Salze gewürzt ist – wie soll es je dumm werden?«[21]

Paul Heyse sprach vom ätherischen Salz der Ironie – und das ist ja nun nicht gerade das Salz der Wissenschaft. In Burckhardts »Kultur der Renaissance in Italien« neigt sich Kulturgeschichte der großen Geschichtserzählung zu; sie wird zur Ausdrucksform von Geschichtsphilosophie, wozu der ältere Baseler Professor Jacob Burckhardt den jungen Basler Professor Friedrich Nietzsche zumindest ermutigt hat. Geigers Berlin-Buch hingegen läuft Gefahr, sich in einer selbstgenügsamen Versammlung kultureller Sachverhalte zu verlieren, bei welcher die Frage Nietzsches nach »Nutzen und Nachteil der Historie für das Leben« gar nicht gestellt wird.

---

20 Jacob Burckhardt: Die Kultur der Renaissance in Italien. Bd. 2, S. 325.
21 Briefwechsel Jacob Burckhardt / Paul Heyse, hg. von Erich Petzel. München 1916, S. 98f.

Wilhelm Scherer – Schulenbildung als Teil einer Durchsetzungsstrategie

Kerstin Gebuhr

Wenn heute an Universitäten Institute für *neuere* deutsche Literatur bestehen, so ist das nicht zuletzt ein Verdienst Wilhelm Scherers. Sein Einfluß auf die Entwicklung der universitären Germanistik und hier vor allem die Hinwendung zur neueren deutschen Literatur als einem Forschungsgegenstand wie auch seine Lehrtätigkeit an den Universitäten Straßburg und Berlin waren innerhalb kurzer Zeit zu einem Begriff geworden. Man sprach von der *Scherer-Schule*.

Doch die Meinungen über den Lehrer und Wissenschaftler Wilhelm Scherer gingen offensichtlich sehr weit auseinander. Von Schülern und Freunden wurde seine Art und Weise des akademischen Unterrichts in Nachrufen auf den früh Verstorbenen enthusiastisch gerühmt. Verwiesen sei hier auf Otto Brahm, der äußerte:

>»Zu dem großen Kreise seiner Schüler mich zu zählen, bin ich stolz und froh; und an innerer und äußerer Förderung, für meine geistige und menschliche Bildung danke ich ihm mehr, als ich jemals aussprechen könnte.«[1]

Außenstehenden dagegen zeigte sich die *Scherer-Schule* als eine Art monolithischer Block, der gekennzeichnet war durch »exklusiven Parteigeist«[2]:

>»Man weiss, dass der Schulverband eine Macht ist und nützt dies Machtmittel mit virtuoser Gewandtheit aus. Die Schule hat sich die Verfügung über die bedeutendsten Zeitschriften, massgebenden Einfluss auf Besetzung der akademischen Lehrstellen zu verschaffen gewußt.«[3]

Härter können Urteile nicht differieren. Gerade dadurch wird aber auch die Frage interessant, was es mit der sogenannten Scherer-Schule auf sich hat.

---

1 Otto Brahm: [Wilhelm Scherer]. In: Ders.: Kritische Schriften, Bd. 2, hg. v. Paul Schlenther, Berlin 1915, S. 296-303, hier S. 296.
2 Friedrich Braitmaier: Göthekult und Goethephilologie. Eine Streitschrift, Leipz. 1892, S. 5.
3 Ebenda.

Schwierigkeiten mit dem Schulbegriff

Doch damit fangen auch die Probleme an. Wendet man sich der Scherer-
Schule zu, so ist es sinnvoll, zu fragen, was eine *Schule* überhaupt sei. Eine bekannte und seit Jahrhunderten die Betrachter offenbar überzeugende Antwort lieferte Raffael mit seiner »Schule von Athen«. Für die philosophische Wissenschaft
wurde hier der Schulenbegriff mit aller Klarheit definiert: Zur Schule rechnet jeder, der irgendwie mit Philosophie zu tun hat. So steht Platon neben Aristoteles,
Sokrates diskutiert mit einigen Sophisten und auf der Treppe lümmelt ein Kyni-
ker. – Mehr noch: Der Raum des Bildes ist auch heute noch für jeden zu betreten,
der sich berufen fühlt, hier mitzumachen. Ähnlich allgemein präsentiert sich das
Stichwort *Schule* in einschlägigen soziologischen Nachschlagewerken selbst in
jüngsten Auflagen.[4]

Schule als Durchsetzungsstrategie

Aus dieser Situation heraus soll sich ein erster Teil des Beitrages mit dem Begriff der *Schule* auseinandersetzen, der für Wissenschaftlergruppen zwar häufig
gebraucht wird, formal wie inhaltlich jedoch oft unklar bleibt. Thomas S. Kuhn
entwickelte in seiner Theorie wissenschaftlicher Revolutionen[5] den Begriff des
Paradigmas, unter dem er die jeweils tragende Theorie einer Wissenschaftlergemeinschaft versteht[6]. Wenn sich Zweifel an der Brauchbarkeit des herrschenden
Paradigmas für die Bearbeitung von Problemen einstellen, »wenn ›normal sci-
ence‹ in die Krise gerät, wird die [...] Suche nach einem adäquateren Paradigma
legitim«[7]. Die Durchsetzung eines neuen Paradigmas resultiert für Kuhn nicht nur
aus der Überzeugung durch rationale Argumentation, sondern entscheidend für
ihn ist oft die *soziale* Durchsetzung. Diesen Ansatz griff Peter Weingart[8] auf und

---

4 So etwa das Stichwort ›Schule‹ in: Karl-Heinz Hillmann: Wörterbuch der Soziologie, Stuttgart, 4. Auflage, 1994.
5 Thomas S. Kuhn: Die Struktur wissenschaftlicher Revolutionen, Frankfurt am Main 1973;
   sowie ders.: Die Entstehung des Neuen. Studien zur Struktur der Wissenschaftsgeschichte,
   hg. v. Lorenz Krüger, Frankfurt am Main 1978
6 Gottlieb Gaiser: Literaturgeschichte und literarische Institutionen, Meitingen 1993, S. 146.
7 Ebenda.
8 Peter Weingart: Paradigmastruktur und wissenschaftliche Gemeinschaft – das Problem wissenschaftlicher Entwicklung. In: Ders.: Wissensproduktion und soziale Struktur, Frankfurt
   am Main 1976, S. 33-92.

entwickelte das Modell einer Durchsetzungsstrategie, welches auch für die Annäherung und Erklärung des Phänomens wissenschaftlicher *Schulen* nutzbar ist. Ausgehend von der Identifikation mit einem Problem, das mit Hilfe des herrschenden Paradigmas nicht mehr adäquat erfaßt werden kann, bilden sich Gruppenstrukturen, die eine Diskussion und Weiterentwicklung neuer Paradigmen ermöglichen. Ein neues Paradigma ist »gleichsam eine[r] Gruppenverfassung in Form einer Forschungsstrategie oder auch nur eine[r] Problemstellung«[9]. Neben gemeinsamer Forschung und Veröffentlichung versucht nach Weingart eine solche Gruppe systematisch, »Studenten und womöglich andere Kollegen für das Projekt zu rekrutieren, um einerseits die Forschung ausweiten zu können und andrerseits die Vermittlung der Innovation über die eigene Generation hinaus sicherzustellen«[10]. Je ausgeprägter bei der sich vergrößernden Gruppe das Bedürfnis nach Anerkennung und Ausweitung wird, desto mehr gerät sie mit der etablierten *scientific community* in Konflikt und sucht nach Möglichkeiten, institutionalisierte Kontrollmechanismen zu umgehen und eine unabhängige Gruppenkommunikation zu gewährleisten. Von zentraler Bedeutung sind hierbei für Weingart die Gründung einer eigenen Zeitschrift und/oder einer wissenschaftlichen Gesellschaft.[11] Dadurch wird eine institutionelle Festigung und Verselbständigung des innovativen Paradigmas erreicht, die nach »weitere[r] Konsolidierung durch generelle Aufnahme in das Lehrangebot der Universitäten«[12] strebt. Hiermit ist der Institutionalisierungprozeß beendet und »das ehedem revolutionäre Paradigma beginnt, sich der Selektions-, Zuordnungs- und Sozialisationsmechanismen zu bedienen, die charakteristisch für den Verlauf ›normaler Wissenschaft‹ sind«[13].

Die Scherer-Schule

Diese soziale Durchsetzung eines Paradigmas soll nun im Hinblick auf die Scherer-Schule näher betrachtet werden. Wilhelm Scherers Absicht war es, orientiert an den Naturwissenschaften und angeregt durch Taine, Literaturwissenschaft als eine positive Wissenschaft zu betreiben. Sie sollte nicht spekulativ verfahren, sondern hatte sich an empirischen – positiven – Tatsachen zu orientie-

---

9 Peter Weingart: Wissenschaftlicher Wandel als Institutionalisierungsstrategie. In: Ders. (Hg.): Wissenschaftssoziologie 2, S. 11-35, hier S. 27f.
10 Ebenda, S. 30.
11 Ebenda.
12 Gaiser (wie Anm. 6), S. 149.
13 Ebenda, S. 150.

ren und diese logisch zu ordnen[14]. Hierbei sollten nicht abgeschlossene Systeme aufgestellt werden, vielmehr wurde der Erfahrungsstoff mit einer vom Subjekt an den Gegenstand herangetragenen Logik geordnet. Im Ergebnis konnte der Entwurf historischer Zusammenhänge, Epochenwechsel, Blüte- und Verfallszeiten der Literatur im Laufe der Jahrhunderte stehen.

Anders als in den Naturwissenschaften ergeben sich aber aus dem Gegenstand der Geisteswissenschaften und zumal der Literaturwissenschaft eigene Probleme. So ist das Material der Literaturwissenschaft, die literarischen Texte, jeweils subjektiv durch den Autor strukturiert. Diese subjektiven Strukturen gilt es zu verstehen: wie naturwissenschaftliche Phänomene erklärt werden können sie nicht. Positivistische Literaturwissenschaft versuchte das Problem zu lösen, indem sie sich intensiv mit den Biographien der Dichter beschäftigte und diese als grundlegend strukturierend für literarische Werke begriff. Der Anspruch, Literaturwissenschaft auf der Grundlage empirischer Fakten zu betreiben, fand seinen heute noch sichtbaren Niederschlag in umfangreicher Quellenforschung, der Suche nach Einflüssen, Vorbildern und Parallelen literarischer Werke, in exakten, faktenreichen Dichterbiographien und großen Werkausgaben.

Für Scherer war »unzweifelhaft, daß die Poesie ein Haupterziehungsmittel der Nationen ist«[15]. Literaturwissenschaft hatte demzufolge bei ihm »ein System der nationalen Ethik aufzustellen«[16] und einen nationalpädagogischen Auftrag zu erfüllen. Hierbei sollte das »eindringliche Studium Goethes Kern und Mittelpunkt«[17] sein. Diese Überzeugung, einen nationalen Bildungsauftrag zu erfüllen, führte Scherer auch dazu, sich neben seinen Forschungen zur neueren Literatur mit populären Veröffentlichungen – wie etwa seiner Literaturgeschichte – auch an interessierte Laien zu wenden. Hierhin gehört auch, daß Scherer konsequent die Grenzen des wissenschaftlichen Diskurses überschritt, am literarischen Leben seiner Zeit teilnahm und mit zeitgenössischen Schriftstellern wie Wildenbruch oder Freytag verkehrte[18].

---

14 Orientierung an Fakten, »Positivismus« also, bedeutet für Scherer nicht die Reduktion von Wissenschaftlichkeit auf Faktenaddition. Zu kulturwissenschaftlichen Aspekten bei Scherer vgl. ausführlich Wolfgang Höppner: Das »Ererbte, Erlebte und Erlernte«.

15 Wilhelm Scherer: Poetik. Mit einer Einleitung und Materialien zur Rezeptionsanalyse, hg. v. Gunter Reiss, Tübingen 1977, S. 95.

16 Wilhelm Scherer: Zur Geschichte der deutschen Sprache, Berlin 1868, S. VII.

17 Wilhelm Scherer: Goethe-Philologie, in: Scherer: Aufsätze über Goethe, hg. von Erich Schmidt, Berlin 1886, S. 1-27, hier S. 10.

18 Vgl. Wolfgang Höppner: Universitätsgermanistik und zeitgenössische Literatur. Wilhelm Scherers Berliner Jahre 1877–1886. In: Wruck (Hg.): Literarisches Leben, Bd. I, S. 126-156.

Verbunden mit diesem methodischen Ansatz betrieb und förderte Scherer verstärkt die wissenschaftliche Beschäftigung mit neuerer deutscher Literatur, die
noch sein Lehrer Müllenhoff an der Universität abgelehnt hatte. Wenn über Scherer gesagt werden kann, daß er noch »das ganze Feld der deutschen Literaturgeschichte«[19] umfaßte, so weist dies auch darauf hin, daß er einerseits eine dem
wissenschaftlichen Grundkonsens seiner Zeit entsprechende Ausbildung erhielt,
andererseits aber mit seiner Hinwendung zur neueren Literaturgeschichte und
dem Bemühen, diese methodisch zu untermauern, aus dieser Tradition heraustrat
und neue Wege beschritt.

Versucht man sich nun Scherers Schule zu nähern, so ist hier zuerst einmal sein
Wirken als Universitätslehrer in Straßburg und Berlin 1872–1886 zu betrachten.
Unter seiner Leitung wurde in Straßburg ein Seminar für deutsche Philologie gegründet, welches »den Mittelpunkt für die Studien des germanistischen Nachwuchses«[20] bildete. Auch in Berlin bemühte sich Scherer um die rasche Einrichtung eines Germanischen Seminars, offiziell gegründet wurde es allerdings erst
nach seinem Tod.

Natürlich läßt sich die Lehrtätigkeit Scherers an den von Schülern gewählten
Arbeitsthemen nachweisen: In den Schriften von August Sauer und Jakob Minor,
Berthold Litzmann, Otto Brahm und natürlich Erich Schmidt wird wiederholt
deutlich darauf hingewiesen, daß die Hauptanregung zu ihnen von Scherer kam.

Schulzugehörigkeit läßt sich – auf den ersten Blick recht einfach – auch über
Promotionen nachweisen. Diese sind, wie Peter Brenner es formuliert, » – im
Idealfall zumindest – von vornherein und durchgehend von einem [...] Gutachter
betreut[e]« Arbeiten. Damit ist recht sicher, daß die vom Gutachter »angelegten
Bewertungsmaßstäbe bereits bei der Erstellung der Arbeit berücksichtigt werden«[21]. Daher ist die Promotion besonders geeignet, die Promoventen in einen
bestimmten Schulzusammenhang zu stellen.[22] Doch ein solcher Rekonstruktionsversuch bringt auch eine Reihe von Problemen mit sich. Zu verweisen ist hier etwa auf die österreichische Germanistik: Dort geltende ministerielle Regelungen
ermöglichten einer Reihe von Studenten und Absolventen längere Studienaufent-

---

19 Wilhelm Scherer / Erich Schmidt: Briefwechsel. Mit einer Bibliographie der Schriften von
   Erich Schmidt hg. von Werner Richter und Eberhard Lämmert, Berlin 1963, S. 21. (fortan
   BW Scherer / Schmidt).
20 Konrad Burdach: Die Wissenschaft von der deutschen Sprache. Ihr Werden. Ihr Weg. Ihre
   Führer. Zum 75. Geburtstag von Konrad Burdach, Berlin und Leipzig 1934, S. 141.
21 Peter J. Brenner: Habilitation als Sozialisation. In: Geist, Geld und Wissenschaft. Arbeits-
   und Darstellungsformen von Literaturwissenschaft, hg. v. Peter J. Brenner. Frankfurt am
   Main 1993. S. 318-356, S. 335f.
22 Ebenda.

halte bei Scherer in Straßburg oder Berlin, promoviert wurde aber in Österreich. Wenn sich Schulzugehörigkeit allerdings nur aus der Promotion bei Scherer herleiten würde, so wären Gustav Roethe und Konrad Burdach und noch eine Reihe anderer nach diesem Ansatz keine Scherer-Schüler[23]. Der Fall Berthold Litzmann zeigt, daß Scherer selbst zuriet, andernorts zu promovieren: Litzmann, der seine Dissertation über J. Ch. Günther schrieb, sprach dieses Thema mit Scherer ab, bekam aber von diesem auch gleich den Hinweis:»Freilich ist 17. und 18. Jahrhundert für Dissertationen einstweilen in Berlin noch Tabu. Sie werden also seinerzeit schon in Straßburg oder Tübingen promovieren müssen«[24].

Ebenso ist zu bedenken, daß Schüler*förderung* sich zum Teil als problematisch erwies. So konnte Otto Brahm keine universitäre Laufbahn einschlagen, weil er keinen Gymnasialabschluß, sondern nur einen Realschulabschluß besaß.

Daß anhand von Einschreiblisten nachgewiesene Veranstaltungsbesuche ebenso nicht zwingend als Beleg für die Zurechnung zu einer bestimmten Schule herangezogen werden können, weiß man sicher selbst, doch verwiesen sei auch auf Friedrich Gundolf, der 1900 in einem Brief mitteilte: (Erich Schmidts)»Colleg habe ich blos belegt besuchen werd ichs nicht denn ich weiß das alles besser;...«.[25]

Greift man Peter Weingarts These auf, daß die Durchsetzung einer Wissenschaftlergemeinschaft immer auch an Publikationen gebunden ist, so erweist es sich als sinnvoll, eine von Scherer herausgegebene Zeitschrift oder Schriftenreihe und deren Autoren näher zu betrachten. Ausgewertet wurde hierfür exemplarisch die von Scherer 1874 mitbegründete und bis zu seinem Tode 1886 gemeinsam mit Bernhard ten Brink herausgegebene Schriftenreihe»Quellen und Forschungen zur Sprach- und Culturgeschichte der germanischen Völker«. Dabei wurde deutlich, daß es sich bei einer Vielzahl von Autoren um von Scherer betreute Arbeiten handelt[26].

Damit wäre zunächst ein personeller Rahmen abgesteckt, den es weiter zu untersuchen gilt. Nunmehr geht es darum, zu zeigen, wie diese von Wilhelm Scherer

---

23 Brief Scherers an Schmidt, 26.06.1886, in dem Scherer schreibt:»Roethe, Schüler Zarnckes, mir persönlich aber verbunden – wie Burdach – ...«. In: BW Scherer / Schmidt Nr. 317.

24 Berthold Litzmann: Im alten Deutschland. Erinnerungen eines Sechzigjährigen, Berlin 1923, hier S. 187. – Litzmann promovierte 1879 in Tübingen.

25 Friedrich Gundolf an Karl und Hanna Wolfskehl, 28.10.1900, In: Karl und Hanna Wolfskehl – Friedrich Gundolf. Briefwechsel, hg. von Karlhans Kluncker, Amsterdam, 2. Auflage, 1977, S. 83.

26 Als Autoren erscheinen hier u. a. R. Henning, K. Kochendörffer, F. Lichtenstein, J. Seemüller, M. v. Waldberg.

ausgebildete Generation von Wissenschaftlern nicht nur im universitären Rahmen, sondern auch darüber hinaus in exponierten Bereichen des öffentlichen Lebens Fuß fassen konnte. Exemplarisch sollen hier verschiedene Aspekte der Schererschen Durchsetzungsstrategie dargestellt werden.

Erich Schmidt

Zuerst bietet sich hier natürlich ein Blick auf den Meister-Schüler Erich Schmidt an. In seinem Fall wird deutlich, wie sehr sich Wilhelm Scherer um die Etablierung seiner Schüler an Universitäten bemühte. Schmidt beendete sein Studium 1874 mit der Dissertation »Reinmar von Hagenau und Heinrich von Rugge«, die 1875 als Band IV der Reihe »Quellen und Forschungen« erschien. 1874 wechselte er nach Würzburg, um sich dort für neuere deutsche Literatur zu habilitieren. Bis 1877 blieb Erich Schmidt als Privatdozent in Würzburg. In dieser Zeit bemühte sich Scherer mehrmals, Schmidt für eine Professorenstelle zu empfehlen. Im Juli 1876 äußerte Scherer dann recht zuversichtlich: »Soweit man voraus schauen kann, werde ich im Herbst nächsten Jahres meine Vorlesungen in Berlin, Sie die Ihrigen in Straßburg eröffnen«[27]. Kurze Zeit später konnte sich Schmidt bei Scherer bedanken, da dieser ihm »nun auch die erste selbständige Stätte auf den vielverschlungenen Pfaden des Lebens«[28] bereitet habe. Finanziell war die Straßburger Stelle nicht befriedigend[29], Heiratspläne mußte Schmidt vorerst aufschieben[30].

Scherer bemühte sich, Abhilfe zu schaffen und empfahl ihn 1878 nach Tomascheks Tod für die Wiener Professur. Er nutzte hierbei seine Bekanntschaft mit Benno von David, dem damaligen Referenten für die philosophischen Fakultäten im österreichischen Unterrichtsministerium, der ein alter Schulfreund von ihm war[31]. Als die Berufung 1880 erfolgte, war auch Scherer überglücklich[32]. Nachdem Schmidts Weggang von Straßburg somit feststand, waren beide darum bemüht, die nun frei werdende Stelle auch mit einem *Schüler* zu besetzen.

---

27 Brief Scherers an Schmidt, 05.07.1876, BW Scherer / Schmidt Nr. 51.
28 Brief Schmidts an Scherer, 14.02.1877, BW Scherer / Schmidt Nr. 67.
29 Das Straßburger Gehalt sollte 2400 Mark betragen. Vgl. BW Scherer / Schmidt, Nr. 68.
   Brief Schmidts an Scherer, 23.02.1877, BW Scherer / Schmidt, Nr. 68.
30 Brief Schmidts an Scherer, 18.03.1877, BW Scherer / Schmidt Nr. 71.
31 Brief Scherers an Schmidt, 25.09.1878, BW Scherer / Schmidt Nr. 110.
32 Brief Scherers an Schmidt, 30.07.1880, BW Scherer / Schmidt Nr. 167.

Im Gespräch waren Rudolf Henning, Franz Lichtenstein, Bernhard Seuffert und Max Rödiger.[33] Berufen wurde schließlich Henning, Lichtenstein mußte, wie Schmidt bedauernd feststellte, weiter »Bücher und Zeitungsartikel nur fürs schnöde Geld [...] schreiben, wobei auch dieser Erwerb nicht einmal dürftig langt«[34].

Lehrstuhlbesetzungen: Der Fall Österreich

Aufschlußreich ist auch eine nähere Betrachtung der Lehrstuhlbesetzungen in Österreich[35]. Als in den 1870er Jahren an mehreren österreichischen Universitäten an eine Fachteilung in ältere und neuere deutsche Literatur gedacht wurde, stellte sich heraus, daß eine solche Differenzierung personell gar nicht durchzusetzen war. Grundlegend stand hier das Problem des wissenschaftlichen Nachwuchses. Abhilfe schuf der 1874 vom österreichischen Kultusministerium gefaßte Beschluß, in größerem Ausmaß Reisestipendien an Studenten und Absolventen zu vergeben unter der Bedingung, daß diese sich nach Beendigung des Studiums an einer österreichischen Universität habilitieren und sich verpflichten, sechs Jahre lang an einer solchen zu lehren.

Es fällt auf, daß eine ganze Reihe junger Germanisten, die ein solches Stipendium erhielten, ganz oder zumindest teilweise bei Tomaschek und Heinzel in Wien studierten. Heinzel selber war interessiert an neuerer Literaturgeschichte und bezeichnete sich »als ältesten und ersten Schüler Wilhelm Scherers«[36].

Richard Maria Werner, Josef Eduard Wackernell, August Sauer, Jakob Minor, Josef Seemüller: Sie alle nutzten ihre Reisestipendien, um in Straßburg oder Berlin bei Scherer zu hören. Unter seinem Einfluß wandten sie sich verstärkt der neueren Literatur zu und halfen, die kritisch-philologische Beschäftigung mit neuerer Literatur an Universitäten durchzusetzen. Durch die oben beschriebenen ministeriellen Vorgaben wurde somit die Institutionalisierung der Schererschen

---

33 Ebenda und BW Scherer / Schmidt: Nr. 168, Schmidt an Scherer, 30.07.1880, und Nr. 170, am 1.08.1880.

34 Brief Schmidts an Scherer, 26.04.1882, BW Scherer / Schmidt Nr. 211.

35 Dazu ausführlich: Herbert H. Egglmaier: Entwicklungslinien der neueren deutschen Literaturwissenschaft in Österreich in der zweiten Hälfte des 19. Jahrhunderts und zu Beginn des 20. Jahrhunderts. In: Wissenschaftsgeschichte der Germanistik im 19. Jahrhundert. Hg. von Jürgen Fohrmann und Wilhelm Voßkamp, Stuttgart 1994, S. 204-235.

36 Richard Heinzel: Rede auf Wilhelm Scherer, gehalten am 30. Oktober 1886 im kleinen Festsaale der Universität Wien, in: Ders.: Kleine Schriften, hg. von M. H. Jellinek, und C. v. Kraus, Heidelberg 1907, S. 145-163, S. 146.

Methode begünstigt. In den folgenden Jahren konnten die Scherer-Schüler die Lehrstühle für neuere Literatur in Österreich besetzen: Erich Schmidt wurde 1880 als außerordentlicher Professor nach Wien berufen (kurz darauf zum ordentlichen Professor ernannt). In Graz las Richard Maria Werner als Privatdozent zu neuerer Literatur und Literaturgeschichte, 1883 erhielt er einen Ruf nach Lemberg. August Sauer, der bis dahin eine außerordentliche Professur in Lemberg hatte, wurde 1883 Werners Nachfolger in Graz. Jakob Minor erhielt 1884 in Prag ein Extraordinariat, wechselte 1885 nach Wien, wo er 1888 Ordinarius wurde. Josef Eduard Wackernell las ab 1882 in Innsbruck sowohl über ältere als auch neuere Literatur.

Auch bei Habilitationen dieser Jahre wird die Durchsetzung der neueren deutschen Literatur als Universitätsfach sichtbar. Während 1879 Wackernells auf neuere deutsche Literaturgeschichte eingeschränkte Habilitation vom österreichischen Ministerium zurückgewiesen wurde und er sich erst 1882 nach Vorlage weiterer Arbeiten habilitierte, konnte sich Max von Waldberg 1884 problemlos für »neuere deutsche Sprache und Literatur« habilitieren und Alexander von Weilen 1887 ohne Schwierigkeiten Privatdozent für »neuere deutsche Literatur werden«.[37]

Als 1885, bedingt durch Erich Schmidts Wechsel an das Weimarer Goethe-Archiv, Personalentscheidungen nötig wurden, zeigte sich deutlich die zu dieser Zeit bestimmende Position der Schererschen Schüler in der österreichischen Hochschulgermanistik. Wie Erich Schmidt es sich vorstellte[38], wurde die Neubesetzung auch durchgeführt: Jakob Minor trat die Nachfolge Schmidts in Wien an, August Sauer wurde Minors Nachfolger in Prag, Bernhard Seuffert (bis dahin Privatdozent in Würzburg) wechselte auf Sauers Stelle in Graz. Eine wie auch immer gerichtete Bewegung in der Hochschulgermanistik ist darin nicht mehr auszumachen, vielmehr handelt es sich hier wohl »letztlich nur um ein Avancement bzw. Revirement von Schererschülern«[39].

---

37 Egglmaier (wie Anm. 35), S. 226f.
38 Brief Schmidts an Scherer 28.06.85, BW Scherer / Schmidt Nr. 269: »Ich denke: Minor 1., dann Sauer und Seuffert aequo loco zur Ausfüllung der Terna. Sauer kann dann E. o. in Prag werden, Seuffert mit 800fl. in Graz anfangen. David ist einverstanden damit. An Werner werde ich schreiben, daß er zu Gunsten Sauers klaglos zurücktreten muß.«
39 Egglmaier (wie Anm. 35), S. 232.

Zeitschriften

Wenn sich die neue Disziplin als Forschungszweig etablieren wollte, war es unerläßlich, für die Verbreitung und Anerkennung gewonnener Arbeitsergebnisse zu sorgen. Eine wichtige Rolle spielt hierbei die Herausgabe eigener Publikationsreihen und Zeitschriften, mit denen von dominierenden Paradigmen und Kontrollstandards unabhängige Kommunikationsräume geschaffen werden und um die sich Interessengruppen formieren[40]. Verwiesen wurde schon auf die gemeinsam mit Bernhard ten Brink herausgegebene Schriftenreihe »Quellen und Forschungen zur Sprach- und Culturgeschichte der germanischen Völker«. Bis zu Scherers Tod lagen in dieser Reihe 59 Bände vor. Neben eigenen Arbeiten der Herausgeber handelt es sich hier um eine Reihe von Schülerarbeiten (zumeist Dissertationen).

Lohnen würde sich auch eine nähere Untersuchung der *Zeitschrift für deutsches Altertum (ZfdA)*[41] als deren Mitherausgeber Scherer ab 1876 fungierte und deren Profil er mit der Angliederung des *Anzeigers für deutsches Altertum und deutsche Literatur (AfdA)* erheblich erweiterte.

Auch über den fachwissenschaftlichen Rahmen hinaus war Scherer in dieser Richtung tätig. So wurde 1880 »unter Scherers wesentlicher Mitwirkung« die für einen breiten Leserkreis konzipierte *Deutsche Literaturzeitung* gegründet, »als deren erster Herausgeber Max Roediger waltete«[42].

Als sich 1882 die Möglichkeit bot, die Redaktion des *Jahresbericht über die Erscheinungen auf dem Gebiete der germanischen Philologie* (1876-1936) zu übernehmen, war das Angebot zwar verlockend, wurde jedoch letztendlich abgelehnt.[43]

Daß sich auch Scherers Schüler über die beträchtlichen Wirkungsmöglichkeiten von Sammlungen und Zeitschriften klar waren, verdeutlicht schon ein kurzer Blick auf die in Arnolds *Allgemeiner Bücherkunde* von 1910 verzeichneten »Sammlungen von Einzelschriften (ausschließlich oder teilweise) neugermanisti-

---

40 Den Vorgang der Entstehung von Interessengruppen um Publikationsorgane untersucht auch Rainer Kolk: Berlin oder Leipzig? Eine Studie zur sozialen Organisation der Germanistik im »Nibelungenstreit«, Tübingen 1990 (Studien und Texte zur Sozialgeschichte der Literatur; 30).

41 Zu den Anfangsjahren der Zeitschrift vgl. Jan-Dirk Müller: Moriz Haupt und die Anfänge der *Zeitschrift für deutsches Altertum*. In: Wissenschaft und Nation. Studien zur Entstehungsgeschichte der deutschen Literaturwissenschaft, München 1991, S. 141-164.

42 Konrad Burdach: Wissenschaftsgeschichtliche Eindrücke eines alten Germanisten. Festgabe zum 250jährigen Jubiläum der Weidmannschen Buchhandlung (1.4.1930), Berlin 1930, S. 7.

43 Brief Scherers an E. v. Steinmeyer, 1. 07. 1882, BW Scherer / Steinmeyer Nr. 330.

schen Inhalts«[44]. Bei über der Hälfte der dort aufgeführten Titel fungierten Scherer bzw. seine Schüler als Herausgeber.[45]

Goethe

Die markantesten Spuren der Scherer-Schule lassen sich heute noch in Weimar finden. Als im April 1885 der letzte Goethe-Enkel verstarb, wurde die Großherzogin Sophie von Sachsen-Weimar zur Erbin des Goetheschen Familienarchives. Dieser Nachlaß bildete die Grundlage des noch im selben Jahr gegründeten Goethe-Archivs.

Die Großherzogin zog Wilhelm Scherer frühzeitig in ihre weiteren Überlegungen bezüglich des Goetheschen Nachlasses ein. Es war ihr Wunsch, daß eine neue kritische Goethe-Ausgabe und eine von mehreren verfaßte Biographie Goethes unter vollständiger Benutzung des Archivs veranstaltet werden[46] sollte. Scherer gelang es in der Folgezeit, wichtige Positionen in der Goethe-Gesellschaft, der Archivverwaltung und in der Redaktion der geplanten Goethe-Ausgabe schulintern zu verteilen und einen neuen Sonderforschungsbereich[47] zu begründen, der entscheidend dazu beitrug, sich von der älteren Germanistik zu lösen.

An die Zusammenarbeit mit der in unmittelbarer Nähe gelegenen Jenaer Universität bei der Erschließung des Goetheschen Nachlasses wurde erst recht spät gedacht. Wie Berthold Litzmann berichtet, erfuhr man in Jena erst Pfingsten 1885, daß Scherer, wenn nicht der einzige, so doch der Hauptratgeber der Großherzogin in Sachen des ›Goethearchivs‹ gewesen und daß die entscheidenden Abmachungen schon getroffen waren. Ohne daß man überhaupt an Jena gedacht hatte oder daß man in Jena auch nur darum wußte und ohne daß man auch jetzt erfuhr, worum es sich am letzten Ende handle[48].

Auch Erich Schmidts wissenschaftlicher Werdegang wurde hier noch einmal wesentlich von Scherer beeinflußt: Er wurde der Großherzogin für die Leitung des Goethe-Archivs vorgeschlagen. Schmidt nahm nach kurzem Bedenken an.

---

44 Robert F. Arnold: Sammlungen von Einzelschriften (ausschließlich oder teilweise) neugermanistischen Inhalts. In: Ders.: Allgemeine Bücherkunde, 1910, S 40f.
45 Aus der Vielzahl der Titel sei hier nur die Zeitschrift *Euphorion* genannt, die 1894 von August Sauer begründet wurde und auch heute noch eine der wichtigsten germanistischen Fachzeitschriften ist.
46 Scherer an Schmidt, 21.05.1885, BW Scherer / Schmidt Nr. 259.
47 Karl Robert Mandelkow: Goethephilologie. In: Ders.: Goethe in Deutschland. Rezeptionsgeschichte eines Klassikers, Bd. I: 1773-1918, München 1980, S. 211-224, hier S. 211.
48 Litzmann (wie Anm. 24), S. 270.

Wichtigstes Projekt der nun folgenden Jahre war die im Auftrag der Großherzogin Sophie ab 1887 erscheinende und bis 1919 abgeschlossene Weimarer oder Sophien-Ausgabe von Goethes Werken, Briefen und Tagebüchern in 143 Bänden. Auch hier dominierten Scherer und seine Schüler: Wesentliche Grundsätze zur Gestaltung einer Goethe-Ausgabe hatte Scherer bereits in den Jahren 1882-84 im *Goethe-Jahrbuch* veröffentlicht[49]. Scherers editorische Grundentscheidung war es, die ›Ausgabe letzter Hand‹ zum von Goethe selbst ›letztwillig‹ verfügten Maßstab der Textredaktion zu machen[50]. Wilhelm Scherer und Erich Schmidt gehörten zum ursprünglichen Redaktionskollegium. Schmidt, der das Archiv leitete, war gleichzeitig Geschäftsleiter der Ausgabe[51]. Für die Bearbeitung der einzelnen Bände konnte man »alles junge Volk anstellen: Seuffert, Minor, Sauer, Waldberg, Weilen?, Burdach, Schröder etc. etc.«[52].

Ein Blick auf die ebenfalls 1885 gegründete Goethe-Gesellschaft vervollständigt das Bild: Auch hier finden sich Scherer und Schmidt im Vorstand wieder.

Die durch die Großherzogin als der Eigentümerin gewährte Nutzung des Archivs brachte auch Beschränkungen mit sich. Darüber war sich auch Scherer im klaren: Es sei

»nie [zu] vergessen, daß wir uns für die Goethe-Ausgabe und die sonstigen Goethepublikationen in den Dienst einer *Frau* gestellt haben. Ihr zu dienen, das ist der Preis, den wir zahlen, damit wir Goethes Nachlaß zum Frommen der Wissenschaft in die Hand bekommen«[53]. Das Zurückhalten von Erotica habe man deshalb zu akzeptieren[54].

Durch die Einrichtung des Archivs in Weimar – verbunden mit der Auflage, daß die Aufarbeitung des Archivmaterials nur in Weimar zu erfolgen habe – gelang es Sophie, die schon fast vergessene provinzielle Residenzstadt wieder in das Blickfeld öffentlichen Interesses zu rücken. Weimar konnte sich als Zentrum der Goethe-Forschung etablieren und sich gegen Außenstehende abschließen.

---

49 Wilhelm Scherer: Über die Anordnung Goethescher Schriften, Tle. I-III, in: *Goethe-Jahrbuch* III (1882), S. 159-173; Ebd., IV(1883), S. 51-78; Ebd., V(1884), S. 258-287.

50 Mandelkow (wie Anm. 47), S. 220.

51 Dazu Erich Leitner: Eine unveröffentlichte Kritik der Weimarer Goethe-Ausgabe. In: *Jahrbuch des Wiener Goethe-Vereins. Neue Folge der Chronik*, 75 (1971), S. 8-13, S. 11.

52 Brief Scherers an Schmidt, 21.05.1885, BW Scherer / Schmidt Nr. 259. Schmidt empfahl noch Werner, Singer, Wahle und Waldberg. Vgl. Brief Schmidts an Scherer 08.06.1885, BW Scherer / Schmidt Nr. 264.

53 Brief Scherers an Schmidt, 07.06.1885, BW Scherer / Schmidt Nr. 263. Die Hervorhebung im Text stammt von Scherer.

54 Ebenda.

Kritiker

Scherers Wissenschaftskonzept und die bis hierher beschriebenen Durchsetzungsstrategien waren schnell Gegenstand schulinterner und öffentlicher Diskussionen[55]. Dieses Problem kann hier nur angedeutet werden. Unterschiedliche Ansichten und Differenzen lassen sich schon innerhalb der Schule erkennen. Scherers wissenschaftliche Positionen wurden offensichtlich in der Schule selber nicht von allen widerspruchslos übernommen. Hingewiesen sei hier auf Josef Seemüller, der zwei Semester lang in Straßburg bei Scherer studierte und von diesem auch gefördert wurde, sich aber nicht als eigentlichen Schüler Scherers betrachtete[56]. Kritik übten Schüler auch untereinander, wie die Auseinandersetzung zwischen Erich Schmidt und Berthold Litzmann um Litzmanns Buch »Goethes Faust. Eine Einführung« belegt[57].

Polemisiert wurde öffentlich sowohl gegen einzelne Personen der Schule als auch gegen bestimmte Praktiken. Adolf Bartels etwa führte seine radikale These von der »immer augenscheinlicher werdende[n] unumschränkte[n] Herrschaft des Judentums in der deutschen Literatur und Literaturwissenschaft«[58] exemplarisch in einer Polemik gegen R. M. Meyer aus.

Viel Stoff zur Polemik bot die Weimarer Goethe-Forschung. Überaus harsch äußerte sich 1892 Friedrich Braitmaier über Scherer und seine Schüler und deren Vorgehensweise. Für ihn betrieben diese eine unzulässige Überhöhung Goethes. Diesen Vorwurf, daß man sich in Weimar allzu sehr auf Goethe beschränke, äußerte 1903 auch Ernst von Wildenbruch in bezug auf die jährlichen Festvorträge der Goethe-Gesellschaft. Würde nicht bald Abwechslung in deren Themen ein-

---

55 Die sich um 1890 verstärkende Theorie- und Methodendiskussion innerhalb der Disziplin der deutschen Literaturwissenschaft untersucht Holger Dainat näher in seinem Beitrag: Von der Neueren deutschen Literaturgeschichte zur Literaturwissenschaft. Die Fachentwicklung von 1890 bis 1913/14. In: Wissenschaftsgeschichte der Germanistik im 19. Jahrhundert, hg. v. Jürgen Fohrmann und Wilhelm Voßkamp, Stuttgart, Weimar 1994, S. 494-537.

56 Die Kritik Seemüllers an Scherer findet sich in der *Zeitschrift für die österreichischen Gymnasien* 39 (1881), S. 824-856.

57 E. Schmidt hatte in der Deutschen Literaturzeitung vom 11.11.1905 B. Litzmanns »Goethes Faust. Eine Einführung«, Berlin 1904 angezeigt und das Buch als zu populär und wissenschaftlichen Ansprüchen nicht genügend kritisiert. B. Litzmann reagierte darauf mit seiner Schrift »Meine Ziele im akademischen Lehramt. Eine Antwort an Professor Erich Schmidt«, Dortmund 1905 (darin auch Schmidts Artikel abgedruckt). In dieser *Antwort* verteidigte er vehement sein Anliegen einer *Einführung* in Goethes Faust, die er als Universitätslehrer seinen Schülern zu geben verpflichtet sei (S. 4).

58 Adolf Bartels: Nationale oder universale Literaturwissenschaft. Eine Kampfschrift gegen Hanns Martin Elster und Richard M. Meyer, München 1915, S. II.

ziehen, so wären sie nur noch eine endlose Goethe-»Wiederkäuerei«[59]. Heinrich
H. Houben konnte Ende der 1920er Jahre das Goethe- und Schillerarchiv nur
noch als »Weimarer Anstalt zur Verhinderung der Goetheforschung« bezeichnen
und sie für sein Buch über J. P. Eckermann »nicht weiter in Anspruch nehmen«[60]
und auch Hermann Bahr sparte nicht mit Kritik an der Goethe-Philologie[61].

Eine weitere Untersuchung des Konsolidierungsprozesses der Schule hätte sich
somit wohl eingehender mit der zeitgenössischen Kritik zu beschäftigen. Hier
liegt eine Antwort auf die Frage, wann eine *Scherer-Schule* als solche wahrgenommen wurde und wie sich Relationen zu anderen Gruppen gestalteten. Welche
Bedeutung hatte externer Druck für die Fixierung interner Identitäten, auch wis-
senschaftlich-konzeptioneller? Dies könnte auch aufschlußreich hinsichtlich der
Ausformung des Schererschen Konzeptes selbst sein. Welche Elemente von
Scherers Überlegungen wurden von verschiedenen Seiten rezipiert oder kritisch
transformiert? Nicht zuletzt ließe sich auch beobachten, zu welchem Zeitpunkt
Scherers Konzept bzw. seine Verfahrensweisen fragwürdig wurden. Dabei wäre
im Blick zu behalten, inwieweit sich die Scherer-Schule überhaupt nur als Kon-
strukt der Kritiker vorstellt.

Karikaturen und Aufsätze des *Simplicissimus* um 1910 fixieren das Bild des
Germanisten allgemein auf den von Wilhelm Scherer auf den Weg gebrachten
Wissenschaftlertypus. Ein Germanist, der akribisch Goethes Handschrift auf Wä-
schelisten entziffert, um das Werk des Dichters deuten zu können, ist zu dieser
Zeit nicht mehr akzeptabel.[62]

---

59 Ernst von Wildenbruch: Ein Wort über Weimar, Berlin 1903, S. 24.
60 H. H. Houben: Johann Peter Eckermann. Sein Leben für Goethe. Zweiter Teil, Leipzig
   1928, S. VI f.
61 Hermann Bahr: Goethebild. In: Ders.: Sendung des Künstlers, Leipzig 1923, S. 23-61.
62 Vgl. die Karikatur »Der Germanist« im *Simplicissimus* (1909–1910). Nachdruck in: Simplicissimus 1896–1914, hg. von Richard Christ, Berlin 1972, S. 248.

Der Germanist Erich Schmidt –
Philologie und Repräsentation im Kaiserreich

Volker Ufertinger

»Philologie und Repräsentation im Kaiserreich«[1] – schon der Titel des vorliegenden Aufsatzes deutet an, daß er den Akzent auf Erich Schmidts Berliner Jahre legt, denn erst hier bildet er seine vielberufene »Kunst der Repräsentation« aus. Die vielen öffentlichen Vorlesungen und Festvorträge, die er seit 1887 in Berlin hält, machen in der Hauptstadt so große Attraktion, daß ihr Besuch geradezu zum guten Ton gehört. Und die Reputation, die er in der Berliner Öffentlichkeit bis hinauf zum Kaiserhaus genießt[2], nimmt stetig zu. Seit 1906 fungiert er als Präsident der Goethe-Gesellschaft. 1909 vertritt er zum 100jährigen Jubiläum die Friedrich-Wilhelms-Universität als Rektor. Und als er 1913, nicht lange nach den Jubelfeiern, stirbt, rühmen zahlreiche Nekrologe einmütig die »Repräsentationskunst« des stadtbekannten Philologen[3].

Um nun den Zusammenhang zwischen Erich Schmidts philologischem Ethos und seiner repräsentativen Tätigkeit zu verdeutlichen, zeichne ich im folgenden die akademische Karriere Schmidts in drei Schritten nach. In einem ersten Schritt beschreibe ich Erich Schmidt als den fürsorglich protegierten Schüler Wilhelm Scherers. Mit größter Produktivität wendet er das Programm seines Lehrers auf die neuere Literaturgeschichte an und absolviert mit Scherers auch äußerer Hilfe

---

1 Der Aufsatz ist die thesenhafte Zusammenfassung einer Magisterarbeit, die 1995 an der Universität München eingereicht wurde. Sie verband die Interpretation von veröffentlichtem und von Archivmaterial, das vor allem in Marbach, Weimar und Berlin verstreut liegt.

2 Wilhelm II. gab dem Germanisten mehrfach Zeichen seiner Gunst. Wie einer seiner Schüler berichtet, lud der Kaiser Erich Schmidt einmal zu einer Kreuzfahrt auf die »Hohenzollern« ein, um sich mit ihm über Kleist zu bereden. (Vgl. Erich Homeyer: Ein großer Germanist – Erinnerungen an Erich Schmidt. In: *Das Antiquariat* 4/1974, S. 120-127. Beilage zum Börsenblatt des deutschen Buchhandels Nr. 34 vom 30.4.1974). Und auch in seiner Autobiographie erinnert sich der Kaiser Erich Schmidts mit Wohlwollen als eines »kerndeutschen Mannes«. (Kaiser Wilhelm II: Ereignisse und Gestalten aus den Jahren 1878-1918. Leipzig 1922. S.165).

3 Die zeitgenössische Broschüre »Berlin und die Berliner« zählt ihn zu »tout Berlin«, also zu den öffentlichen Personen der Hauptstadt. Vgl. Martin Hürlimann: Berlin. Königsresidenz, Reichshauptstadt, Neubeginn. Zürich 1981. S. 127 ff.

eine so rapide Karriere, daß Zeitgenossen sie nur mit einem »Sturmlauf«[4] vergleichen können. In einem zweiten Schritt beschreibe ich Erich Schmidt als Nachfolger Wilhelm Scherers in Berlin, der in den 1890er Jahren die Krise des nunmehr etablierten Schererschen Programmes erlebt und in der Pflicht steht, einen Ausweg aus der Krise zu suchen. In einem dritten Schritt beschreibe ich diesen Ausweg. Er besteht in einer Doppelstrategie. Sowohl innerhalb als auch außerhalb des Faches propagiert er nun die Vorbildhaftigkeit Goethes. Innerhalb des Faches tritt er für eine Literaturgeschichtsschreibung ein, die sich an Goethes »Dichtung und Wahrheit« orientiert. Auf diese Weise verwandelt er Goethe vom vornehmsten Gegenstand einer selbständigen Philologie in deren Begründer. Außerhalb des Faches, in der Berliner Öffentlichkeit, entwickelt er seine »Repräsentationskunst«. Sie folgt einer genauen Dramaturgie, nämlich der Dramaturgie virtuoser Goethe-Imitation.

Erich Schmidt wird 1872 in Straßburg der Schüler Wilhelm Scherers. Aus dem Germanistischen Seminar, das Scherer dort institutionalisiert, geht beinahe die gesamte Scherer-Schule hervor, jene »wissenschaftliche Jugendbewegung«[5], die in den folgenden Jahren einen Großteil der deutschen und österreichischen Lehrstühle besetzt. Hier führt Scherer seine Schüler in ein neuartiges philologisches Programm ein, das die Parteigänger der älteren Germanistik heftig attackieren, und das Scherer selbst den Ruf eines radikalen Neuerers verschafft[6]. Dieses Programm beruht vor allem auf zwei Grundsätzen. Der eine Grundsatz verpflichtet die Schüler zu gewissenhafter empirischer Forschung. Scherers Programm zufolge verläuft die Literaturgeschichte, wie alle Geschichte, nach dem Gesetz der Kausalität[7]. Jeder Gegenstand literarhistorischen Forschens, sei es die Biographie eines Schriftstellers oder sein Werk, muß deshalb auf seine Determinanten hin untersucht werden. Es ist Erich Schmidt, der den auf Determinismus und Empirie gerichteten Teil des Programmes in seiner Wiener Antrittsrede »Wege und Ziele

---

4 Hermann Michel: Erich Schmidt zu seinem 60. Geburtstag. Sonderdruck aus dem *Leipziger Tageblatt* Nr. 307, 1913. Abgedruckt in: Ludwig Bellermann: Erich Schmidt. Gedenkworte in der Sitzung der Gesellschaft für deutsche Literatur vom 21. Mai 1913. Gedruckt im Auftrag der Gesellschaft für Deutsche Literatur.

5 Werner Richter: Vorwort zum Briefwechsel Wilhelm Scherer / Erich Schmidt. Mit einer Bibliographie der Schriften Erich Schmidts herausgegeben von Werner Richter und Eberhard Lämmert. Berlin 1963. S. 29.

6 Vgl. hierzu Rainer Kolk: Berlin oder Leipzig? Eine Studie zur sozialen Organisation der Germanistik im »Nibelungenstreit«. Tübingen 1990. S.53-76.

7 Vgl. hierzu Wolfgang Höppner: Das »Ererbte, Erlebte und Erlernte«. S. 18-35.

der deutschen Litteraturgeschichte«[8] von 1880 auf recht selbstbewußte Art darstellt. In einem mehrseitigen Fragenkatalog knüpft er eine mögliche Frage an die nächste, er nennt eine untersuchenswerte Determinante nach der anderen. Er unterscheidet zwischen Fragen der Form (»Herrscht Einheit oder Vielheit? Was sind die Lieblingsmaße?«), Fragen nach den Einflüssen des Auslands (»... ist Selbständigkeit oder Unselbständigkeit, größere Receptivität oder Productivität, wahre oder falsche Aneignung sichtbar...?«), der Rolle der Landschaften (»Temperament und Lebensverhältnisse, die Mischung mit anderem Blut sind für jeden Stamm zu erwägen, die geographische Lage zu bedenken.«), Fragen des Milieus (»Wir betreten, vielleicht durch Autobiographien und Bildungsromane unterstützt, sein Vaterhaus, um in der Sphäre der Familie nach Vererbung zu forschen und Charakter, Bildung, Stand, Vermögenslage der Vorfahren zu prüfen...«), die Frage nach dem religiösen Bekenntnis (»Ist er Katholik, Protestant, Jude, und von welcher Schattirung; Christ, Unchrist, Widerchrist; Pietist, Orthodoxer, Rationalist? Oder Convertit, und warum?«), nach der politischen Lage (»Krieg oder Friede, Erhebung oder Druck, Misstimmung oder ruhige Zufriedenheit, Indifferentismus oder Parteinahme?«), nach dem »Geist der Generation« (darunter versteht Schmidt die Fragen nach dem »etwaigen Übergewicht einzelner Wissenschaften, die Tendenzen der Forschung, die Lebensanschauung, die Geselligkeit nach Sittenstrenge oder Frivolität, Freiheit oder Convention«), er schlägt die Erforschung der Stellung der Frauen in verschiedenen Epochen vor (»die man in Blüteepochen als Führerinnen ehrt und wohl zugleich als Mitdichtende begrüßen kann«), er wirbt für Motivgeschichte (» [...] so verfolgen wir z.B. den Typus des Heldenvaters oder die Gruppe: ein Mann zwischen zwei Frauen.«) und für Rezeptionsgeschichte (»Die Geschichte des Dichtwerks schließt mit der Darstellung seines Nachlebens.«). So lautet im Ganzen das Referat des weit ausgreifenden empirischen Programmes, wie Scherer es in Straßburg seinen Schülern vermittelt.

Der zweite Grundsatz bestimmte das Ziel allen empirischen Forschens. Es besteht in der Förderung der Nation. Der Begriff der »Nation« bezeichnet nach 1870 aber nicht mehr eine liberale Utopie, sondern eine von den alten preußischen Eliten im Krieg gegen Frankreich herbeigeführte Realität, und es war Wilhelm Scherers Wunsch, die neue Germanistik in den Dienst des neuen Reiches zu stellen. In einer Vorlesung, die Erich Schmidt in seinen Straßburger Jahren mitnotiert, erklärt er:

---

8 Die Rede wird zitiert nach ihrem Abdruck bei Erich Schmidt: Charakteristiken, 1. Reihe. Berlin, 2. Aufl., 1902. S. 455-472.

»Die deutsche Philologie ist eine Tochter des nationalen Enthusiasmus, eine bescheidene pietätvolle Dienerin der Nation; weder Opernheldin, noch Straßenkehrerin.«[9]

Straßburg war der gegebene Ort, dieses Programm einzulösen. Hier, im von Frankreich rückeroberten Elsaß, sollte an der neu gegründeten Reichsuniversität die deutsche Wissenschaft den nationalen Auftrag erfüllen, die kulturelle Grenze zwischen dem besiegten Frankreich und dem siegreichen Deutschland zu bezeichnen.[10] Alle in den Elsaß berufenen Hochschullehrer verstanden ihre Arbeit selbstverständlich als patriotische Mission[11]. Kurz vor seinem Dienstantritt in Straßburg brachte Scherer beim Festkommers seiner Wiener Burschenschaft folgenden Toast aus:

»Es ist ein Heiliges, [...] was wir im Schweigen der Verehrung über uns fühlen, dieses Heilige, das ist der Geist unserer Nation. Wo Deutsche versammelt sind heute, da schwebt er über ihnen, und wenn er Gestalt gewinnt, wenn wir uns denken sollen, wie er aussieht, so ist das jenes Jahr 1870.«[12]

Um aber die Nation in seinem Sinne fördern zu können, sucht Scherer nach 1871 Kontakt zu der sich neu konstituierenden Öffentlichkeit des Reiches. Programmatisch nimmt Scherer am literarischen Leben seiner Zeit teil und wendet sich mit seinen Veröffentlichungen keineswegs nur an Fachleute, wie das die ältere Germanistik getan hatte, sondern vor allem an die Schicht des Bildungsbürgertums. Zu diesem Zweck rezensiert er belletristische Neuerscheinungen in der *Deutschen Rundschau* und schreibt eine gemeinverständliche Geschichte der deutschen Literatur[13]. Erich Schmidt wird in seiner bereits zitierten Wiener An-

---

9 Erich Schmidt: Wissenschaftliche Pflichten. Aus einer Vorlesung Wilhelm Scherers. In: *Euphorion. Zeitschrift für Literaturgeschichte* 1 (1894), S. 1-4. Erich Schmidt veröffentlichte diese Passage aus den Vorlesungen Wilhelm Scherers, um die Schüler Scherers auf die Grundsätze des gemeinsamen Lehrers zu verpflichten, als das Programm in die Krise geraten war.

10 Vgl. hierzu Theodor Schieder: Der Nationalstaat und die Kultur. In: Ders.: Das deutsche Kaiserreich von 1871 als Nationalstaat. Göttingen, 2. Auflage, 1992. S. 64-80. Schieder beschreibt den enormen Einfluß, den der nationale Gedanke auf die Programmatik der Geisteswissenschaften hatte. In der Universität Straßburg, so Schieder, richtete der deutsche Nationalstaat der nationalen Wissenschaft ihr Forum ein.

11 Auch der Vater Erich Schmidts, der Zoologe Oscar Schmidt, ließ sich an die Universität Straßburg aus patriotischen Motiven versetzen. Vgl. Ludwig von Graff: Gedächtnisrede auf Eduard Oscar Schmidt. *Mitteilungen des Naturwissenschaftlichen Vereins für Steiermark* 24 (1887), S.3-24.

12 Zitiert nach Höppner, wie Anm. 7, S. 229

13 Vgl. ebenda, S. 149-191.

trittsrede postulieren, die Literaturgeschichte müsse sich »einer anständigen Popularität [...] befleißigen«[14], und er folgt mit diesem Postulat genau dem Programm seines Lehrers.

In Anwendung des hier kurz skizzierten Programmes und unter Scherers auch äußerer Mithilfe absolviert Erich Schmidt in den nächsten Jahren eine rapide Karriere. Nach den Stationen Würzburg und wieder Straßburg tritt er schon 1880, also erst 27jährig, ein Extraordinariat an der Universität Wien an. In Schmidts Wiener Jahre fällt ein Ereignis, das die Geschichte der Scherer-Schule wesentlich bestimmt. 1885 stirbt Walther von Goethe, Goethes letzter Enkel[15]. Es war der gemeinsame Wunsch aller Enkel gewesen, daß zu ihren Lebzeiten der Nachlaß ihres Großvaters vollständig unzugänglich bleiben solle. Und als Walther von Goethe stirbt, fürchten manche Forscher – wie beispielsweise Herman Grimm – es »könne der Nachlaß der Zersplitterung anheimfallen«[16]. Statt dessen vermacht Walther von Goethe den Nachlaß vollständig der Großherzogin Sophie von Sachsen, die sich neben Herman Grimm und Gustav von Loeper vor allem an Wilhelm Scherer mit der Bitte um wissenschaftliche Beratung wendet. Scherer verdankt das Vertrauen der Herzogin seinen vielen Aufsätzen über Goethe, in denen er Goethe als vornehmsten und der nationalen Anteilnahme würdigsten Autoren der neueren Literaturgeschichte darstellte. 1877 hatte er sogar einen Aufsatz mit dem provozierenden Titel »Goethe-Philologie« veröffentlicht, und die dort selbstbewußt projektierte Goethe-Philologie wird nun Realität. An Goethe erproben die Scherer-Schüler in den folgenden Jahren das Programm ihres Lehrers. Zum einen begreifen sie deshalb ihre Arbeit als Dienst an der Nation. Einer der Schüler, Otto Brahm, feiert in der *Deutschen Rundschau* die Öffnung des Nachlasses als großen Augenblick des Faches und zugleich der Nation:

> »Jetzt ist der letzte Nachkomme Goethes aus der Welt gegangen und die erlauchten Erben ihres Besitzers öffnen ihn der Nation: der Großherzog von Sachsen-Weimar wird das Goethehaus, seine Kunstschätze und Sammlungen erschließen, die Großherzogin mit Her-

---

14 Schmidt, wie Anm. 8, S. 472.
15 Zur Geschichte der Goethe-Gesellschaft vgl. Wolfgang Goetz: Fünfzig Jahre Goethe-Gesellschaft (Schriften der Goethe-Gesellschaft, Bd. 49). Weniger ausführlich, aber nüchterner: Karl-Heinz Hahn: Die Goethe-Gesellschaft in Weimar. Geschichte und Gegenwart. (Weimarer Schriften 34). Weimar 1989
16 So Herman Grimm in seinem Vorwort zum ersten Band der Sophienausgabe, S. XIII. Nach einem Bericht Jutta Heckers hatte Walther von Goethe in der Tat sehr gezögert, den Nachlaß seines Großvaters Sophie von Sachsen anzuvertrauen. Vgl. Jutta Hecker: Wunder des Wortes. Weimar o. J., S. 61.

ausgabe des literarischen Nachlasses rasch und freudig vorschreiten [...] Möchte die Teilnahme der Nation uns [...] fördernd zur Seite stehen!«[17]

Erich Schmidt gibt sein Ordinariat in Wien auf, um auf Vorschlag Scherers Archivdirektor zu werden, »das Mächtigste«, so schreibt er seinem Lehrer, »bleibt
der Beruf, mit voller Kraft in den Dienst Goethes zu treten.«[18] Und als er die
Schlüssel zum Archiv aus der Hand der Herzogin entgegennimmt, wiederholt sie
noch einmal das, was sich für ihn ohnehin versteht. Das Protokoll hält fest:

>>Dort angekommen übergab Ihre Königliche Hoheit die Schlüssel zu den sämmtlichen
Schränken welche den Göthe-Nachlaß enthalten, dem Herrn Professor Schmidt mit dem
Wunsche, er möge den ihm nunmehr anvertrauten nationalen Schatz wahren und bewahren,
bearbeiten und verwerthen zum Besten unserer Nation und auch zu seiner eigenen Befriedi-
gung.«[19]

Belege für die nationale Gesinnung des neuen Stands der Goethe-Philologen
ließen sich beliebig vermehren. Doch Scherers Programm setzt sich auch institutionell durch. Die Großherzogin hatte die Öffnung des Nachlasses an die Bedingung geknüpft, daß eine Goethe-Gesellschaft gegründet wird. Der ursprüngliche
Plan hatte gelautet, einen Verein von Goethe-Fachmännern einzurichten[20]. Es
geht auf den Einfluß Scherers zurück, daß statt dessen der Aufruf »An alle Verehrer Goethes« ergeht und die Goethe-Gesellschaft als Forum der Goethe-
Verehrung auch dem Bildungsbürgertum offensteht. Das *Goethe-Jahrbuch* enthält bis ins Jahr 1913 einen vollständigen Mitgliederkatalog, der »Verehrer Goethes« aus allen Schichten des neuen Reiches nennt.
Die Arbeit der Weimarer Goethe-Philologen besteht vor allem aus zwei Teilen:
der Edition und der Forschung. Die nun mögliche Ausgabe sämtlicher Werke
Goethes wird eilig in Angriff genommen. Auf der ersten Mitgliederversammlung
hatte Erich Schmidt in seiner Eigenschaft als Archivdirektor den Umfang der
Ausgabe richtig auf etwa 150 Bände berechnet. Unter den damaligen Mitgliedern
erregte diese Prognose, wie der Chronist der Goethe-Gesellschaft berichtet, »Hei-
terkeit«[21]. Doch das immense Projekt nötigt die Verantwortlichen Scherer und

---

17 Otto Brahm: Die Goethe-Gesellschaft. Zitiert nach Rudolf Pechel: *Deutsche Rundschau.*
    Acht Jahrzehnte deutschen Geisteslebens. Hamburg 1961, S. 194 ff.
18 So Erich Schmidt in einem Brief an Wilhelm Scherer vom 5.6.1885. Zitiert nach Richter,
    wie Anm. 5, S. 207.
19 Goethe-und Schillerarchiv alt, Bestand Goethe-Gesellschaft, Akt 1, ohne Blattangabe.
20 Vgl. Götz, wie Anm. 15, S. 23f.
21 Ebenda, S. 18.

Schmidt dazu, die Editionsprinzipien nur lose festzulegen, die Arbeit auf möglichst viele Editoren, vor allem freilich Scherer-Schüler, zu verteilen und auf Kommentarteile zu verzichten. Tatsächlich wird die Ausgabe in 35 Jahren, in kürzester Frist also, zum Abschluß gebracht. Doch die Hast, mit der man die Edition betreibt, sollte der Reputation der Goethe-Philologen noch sehr schaden. Das Forum der Goethe-Forschung ist das *Goethe-Jahrbuch*. Hier erörtern die Scherer-Schüler all jene Fragen, in die sie Scherer eingeübt und die Schmidt in seiner Wiener Rede zusammengefaßt hatte. Von Anfang an zeigt das *Jahrbuch* deshalb eine Tendenz zur Zersplitterung der Forschung in Details, Anekdoten und Miszellen. Doch in den ersten Jahren fordert diese Tendenz des *Jahrbuchs* noch keine Kritik heraus. Jeder noch so beiläufige Beitrag gilt als wichtig wegen seines unmittelbaren Bezugs zu Goethe und seines mittelbaren Bezugs zur Nation. Die Legitimität der Goethephilologie steht außer Zweifel.

Damit komme ich auf die zweite Phase in der akademischen Karriere Erich Schmidts zu sprechen, in der er als Nachfolger Scherers in Berlin die Krise des Programms erlebt. Wilhelm Scherer stirbt im Sommer 1886, und Erich Schmidt läßt sogleich deutlich seinen Wunsch erkennen, Scherers Nachfolge in Berlin anzutreten. Zum einen hatte ihm Scherer selbst den bedeutendsten Lehrstuhl des Reiches in einem vertraulichen Brief in Aussicht gestellt[22]. Und zum anderen war er der Archivarbeit in Weimar müde geworden. Er fürchtete, in völlige Isolation vom akademischen und gesellschaftlichen Leben zu geraten (wie es seinem Nachfolger im Amt, Bernhard Suphan, ja tatsächlich widerfährt). An einen ehemaligen Kollegen, den Altertumskundler Otto Hirschfeld, der inzwischen in Berlin tätig ist, schreibt er deshalb in ungewohnt aufgeregtem Ton:

>»Sie haben sich jüngst so freundschaftlich bezeigt, daß ich Ihnen meine große Sehnsucht nach der Rückkunft in die akademi. Thätigkeit ganz rückhaltlos ausspreche. Konnte ich diese furchtbare Katastrophe ahnen, als mich Scherer überredete hierher zu gehen? Wird mir der Rückgang jetzt versperrt, so bleibe ich – ohne einen seltenen Glücksfall – für immer hier sitzen – denn wenn die Goethearbeiten, denen ich gewiß gern diene, beendet sind, ist nichts frei s. ich verzehre mein Gehalt wie ein Pensionist.«[23]

---

22 Im Brief vom 30.5.1880 schreibt Scherer an Schmidt, um ihn zur Annahme des Wiener Extraordinariats zu bewegen: »Aber zur Bekräftigung Ihres Entschlusses, sich nicht in Straßburg halten zu lassen, führe ich noch etwas an, das ich indessen absolut für sich zu behalten bitte (wirklich *absolut*! auch dem Vater nichts sagen!) *Sie können von Wien leichter nach Berlin kommen, als von Straßburg.«* Zitiert nach Richter, wie Anm. 5, S. 141.
23 Staatsbibliothek Berlin – Preußischer Kulturbesitz, Sammlung Autographa, Brief Schmidts an Hirschfeld vom 15.9.1886.

Zum Sommersemester 1887 nimmt Erich Schmidt seine Tätigkeit in Berlin auf, und schon in seine ersten Berliner Jahre fällt die Krise des Schererschen Programmes. Sie zeigt sich zuerst am exponiertesten Gegenstand des Faches, der Goethe-Philologie. Sie läßt sich beschreiben als ein sich allmählich entwickelnder Widerspruch zwischen den beiden Grundsätzen des Schererschen Programmes. Einerseits bekräftigen die Goethephilologen nach wie vor ihren Anspruch, die Nation zu fördern. Doch andererseits bleibt die empirische Forschung auf Kleinigkeiten und Details gerichtet. Der Mut zur Hypothese, den Scherer selbst noch besaß und der ihn seinen Kollegen sogar verdächtig machte, fehlt den Scherer-Schülern.[24] Das *Goethe-Jahrbuch* als ihr Forum ist angefüllt mit kürzesten Mitteilungen, marginalen Handschriftenfunden, Miszellen und nebensächlichen Anekdoten aus Goethes Leben[25]. Und auch die Edition der Goetheschen Werke bereitet Schwierigkeiten. Immer wieder tauchen im Archiv Autographen zu bereits herausgegebenen Bänden auf, so daß Nachtragsbände veranstaltet werden müssen. Außerdem fehlen genaue und verpflichtende Editionsprinzipien. Jeder Herausgeber arbeitet deshalb nach eigenen Grundsätzen, und auch dies nicht immer zuverlässig, so daß Schmidt noch während seiner Weimarer Zeit das Einstampfen verschiedener Bände erwägt[26]. Kurz: der Adressat aller philologischen Bemühungen, die Nation, fühlt sich von dieser Art von Wissenschaft keineswegs gefördert. Vielmehr wird der Widerwille gegen diese kleinliche Art von Philologie bald allgemein. Von der Akademie der Wissenschaften bis hin zu Karikaturen in Satireblättchen spottet der gebildete Teil der Nation, an den Scherer vor allem appelliert hatte, über die »Waschzettelphilologie« und »Mikrologie« der Goethephilologen. Als Erich Schmidt 1895 in die Akademie der Wissenschaften berufen wird – und zwar nach langem Zögern der Mitglieder, wie die Archivakte bestä-

---

24 In dieser Situation veröffentlicht Schmidt im 1. Heft des »Euphorion« die Mitschrift einer Vorlesung Scherers über »wissenschaftliche Pflichten«, zu denen auch der Mut zur Hypothese gehört.

25 In der Vorstandssitzung der Goethe-Gesellschaft vom Mai 1894 scheint es zwischen Ludwig Geiger und Erich Schmidt einen heftigen Streit über die künftige Gestaltung des *Goethe-Jahrbuchs* gegeben zu haben. Erich Schmidt plädierte für eine weniger fachspezifische Gestaltung und wünschte, wie das Sitzungsprotokoll nachweist, einen Wegfall der Bibliographie. Erst nach »lebhaftem Meinungsaustausch ... wurde beschlossen, daß die bisherige Bibliographie wegfallen möge. Statt dessen sei eine knappe wiss. Übersicht der für weitere Kreise interessanten Erscheinungen der Goethe-Literatur zu bringen«. Goethe- und Schiller-Archiv, Bestand Goethe-Gesellschaft, Akt 62, Blatt 44.

26 Belegt bei Erich Leitner: Eine unveröffentlichte Kritik der Weimarer Goethe-Ausgabe aus dem Nachlaß Bernhard Seufferts. In: *Jahrbuch des Wiener Goethe-Vereins*, N.F. 75 (1971), S. 8-13.

tigt[27] –, da weist ihn Theodor Mommsen als Sekretär der Akademie für den Zustand der Goethe-Philologie zurecht:

>Wir hoffen mit Ihnen, daß Sie es verstehen werden einerseits die Abwege der sogenannten Goethe-Philologie zu vermeiden und der Kleinmeisterei des Text-und Apparat-Machens und des Abdruckens seelenloser Epistolarien gebührende Schranken zu setzen, andererseits durch Klarlegung desjenigen Kernes der poetischen Production, der nicht von selbst verstanden wird, sondern Studium fordert, durch die Vorführung der noch über der einzelnen Production stehenden Persönlichkeit der grossen Meister, durch die Klarlegung des grossen Zusammenhangs der Weltlitteratur die Wirkung unserer Litteratur zu vertiefen und zu adeln.«[28]

Noch drastischer stellt eine Karikatur aus dem Jahr 1909 das Elend der Goethe-Philologie dar. Unter dem Titel»Der Germanist« sieht man an einem Kaffeehaustisch einen Gelehrten sitzen, die Beine übereinandergeschlagen und mit der rechten Hand seine Brille zurecht rückend. Ihm sind folgende Worte in den Mund gelegt:

>Aus der von mir entdeckten Handschrift erhellt jetzt ohne jeden Zweifel, daß Goethe am 17. Juli 1793 seine Wäscherechnung nicht mit 2 Talern, 5 Silbergroschen und 4 Pfennigen, sondern, wie ich diese Ansicht schon längst vertrat, mit 2 Talern, 4 Silbergroschen und 14 Pfennigen bezahlte.«[29]

Als einer der bekanntesten Goethe-Philologen kennt Erich Schmidt die inzwischen distanzierte Haltung der Öffentlichkeit zu seinem Fach sehr genau. Schon 1891 erklärt er in einem Vortrag vor Fachleuten resigniert:

>Der Name ›Goethe-Philologie‹, ›Faust-Philologie‹ ist nicht im Sinne einer dem Famulus Wagner verwandten Wortklauberei und kleinlichen ›Akribie‹ gegenüber dem Weit-

---

27 Dort heißt es:»Sein großes Werk über Lessing hat nicht ungetheilten Beifall gefunden, wenn es auch eine hervorragende und bedeutende Leistung ist, schien es nicht auszureichen, um hier einen Vorschlag für seine Wahl zum Mitglied der Akademie zu begründen«. Erst Schmidts Edition der Xenien von 1893 überzeugte die Mitglieder der Akademie. ABBAW. AA Hist. Abteilung II-III, 31.

28 Sitzungsberichte der Königlich Preußischen Akademie der Wissenschaften zu Berlin 33 (1895). Sitzung vom 4. Juli. Berlin 1895. S. 742.

29 Die Karikatur findet sich bei: Dieter und Ruth Glatzer: Berliner Leben 1900–1914. Eine historische Reportage aus Erinnerungen und Berichten. Berlin 1987. Bd. I, S. 435.

schauenden und Tiefempfindenden aufgestellt worden. Nach außen hat uns der Titel geringes Heil gebracht. Er schien, mit ›Mikrologie‹ reimend, kalt von der Glosse zu triefen ...«[30]

Und ebenso erkennt Schmidt die Gefahr, in die sein Fach durch die Mikrologie
seiner Forschung geraten ist. Es droht in jene Isolation vom öffentlichen Leben
zurückzusinken, aus der Scherer es gerade befreien wollte. Damit komme ich auf
die dritte Phase in der akademischen Karriere Erich Schmidts zu sprechen, in der
er als Nachfolger Scherers in Berlin einen Ausweg sucht aus der Krise des Schererschen Programmes. Er besteht, kurz gesagt, darin, daß er nun die Vorbildhaftigkeit Goethes betont, und zwar innerhalb und außerhalb des Faches. Innerhalb
des Faches verwandelt er Goethe vom Objekt in das Subjekt der Philologie.
Goethe ist für Schmidt nun nicht mehr, wie zu Scherers Zeiten, vornehmster Gegenstand einer selbstbewußten Philologie. Vielmehr tritt Schmidt nun für eine
Literaturgeschichtsschreibung in der Nachfolge von Goethes »Dichtung und
Wahrheit« ein. Eine Vorlesung über die »Geschichte der deutschen Litteratur von
Klopstock bis Goethe«, die Georg Minde-Pouet im Wintersemester 1892/93 mitnotiert, leitet Schmidt mit der apodiktischen Feststellung ein: »Die beste Literaturgeschichte hat Goethe geschrieben«[31], und zwar, so erklärt Schmidt weiter, im
siebten Buch von »Dichtung und Wahrheit«.

Nun hat Goethe in »Dichtung und Wahrheit« aus zwei Perspektiven Literaturgeschichte geschrieben, nämlich als Biograph und als Autobiograph. Im siebten
Buch tritt Goethe als Biograph auf. Hier stellt er in aller Kürze die Lebensläufe
mehrerer aufklärerischer Schriftsteller dar. Vor dem Hintergrund des großen autobiographischen Projekts nehmen sich diese knappen Biographien zwar etwas
ironisch aus. Doch Schmidt, der sich die Goethesche Perspektive aneignet, nimmt
diese Ironie nicht wahr. Vielmehr empfiehlt er diese Form prägnanter Biographik
sich selbst und seinen Schülern zur Nachahmung. Denn hier wird gerade nicht
»mikrologisch« die Gesamtheit des überlieferten Materials versammelt, sondern
eine Auswahl getroffen, die das Bild des Dichters möglichst plastisch vor Augen
führt. Die Kunst der Auswahl, die Schmidt in der Nachfolge Goethes ausbildet,
nennt er selbst die Kunst der »Charakteristik«. Sie bestimmt von nun an seine
philologische Praxis. Wie die Bibliographie seiner Schriften[32] ausweist, produ-

---

30 Erich Schmidt: Aufgaben und Wege der Faustphilologie. In: Karl Robert Mandelkow:
   Goethe im Urteil seiner Kritiker. Dokumente zur Wirkungsgeschichte Goethes in Deutschland, Teil III: 1870–1918. München 1979, S. 208.
31 Georg Minde-Pouet: Geschichte der deutschen Litteratur von Klopstock bis Goethe (Schillers Jugend). Nachschrift einer im WS 1892/93 gehaltenen Vorlesung von Erich Schmidt.
   Staatsbibliothek Berlin – Preußischer Kulturbesitz, Handschriftenabteilung, Handschr. 239.
32 Sie ist dem Briefwechsel Scherer / Schmidt beigegeben, wie Anm. 5, S. 325-359.

ziert Schmidt fast nurmehr solche »Charakteristiken«: in öffentlichen wie privaten Vorlesungen, in seinen Beiträgen zur Allgemeinen Deutschen Biographie, in den vielen Lebensbildern, mit denen er seine Editionen einzuleiten pflegt, und in der Unzahl von Reden, die er in den Semesterferien an verschiedenen Orten in Deutschland hält. Doch Schmidt versucht sich auch die autobiographische Perspektive Goethes anzueignen. In seiner Rektoratsrede »Die litterarische Persönlichkeit« von 1909 erklärt Schmidt, Goethe habe diese Perspektive am schönsten in einem Gedicht erläutert, nämlich dem ersten der »Urworte. Orphisch«. Schmidt zitiert:

»Wie an dem Tag, der dich der Welt verliehen,
Die Sonne stand zum Gruße der Planeten,
Bist alsobald und fort und fort gediehen,
Nach dem Gesetz, wonach du angetreten.
So mußt du sein, dir kannst du nicht entfliehen,
So sagten schon Sibyllen, so Propheten;
Und keine Zeit und keine Macht zerstückelt
Geprägte Form, die lebend sich entwickelt«.

Und Schmidt fährt fort:

»Mit diesen sinnschweren Urworten hat Goethe, der geistige Horoskopsteller, die gesetzmäßige Dauer im Wechsel einer historisch bedingten und nach ihrer Eigenart fortschreitenden Persönlichkeit ausgesprochen, davon durchdrungen, daß ein Mensch, zehn Jahre früher oder später geboren, ein anderer sein müßte [...] Auf solchen Grundsätzen beruht ›Dichtung und Wahrheit‹«.[33]

Schmidt unterscheidet also mit Goethe zwischen der Substanz einer Individualität und den historischen Bedingungen, unter denen sie sich entwickelt. Die Eigenart einer Individualität kann weiter nicht erklärt werden, sie entzieht sich allen Fragen des Literarhistorikers. »Das Ingenium«, behauptet Schmidt, »bleibt Geheimnis«. Deshalb setzt er auch über das Lebensbild Heinrich von Kleists, das er seiner Edition der Kleistschen Werke vorausschickt, die Formel »Individuum est ineffabile«[34], denn gerade Kleists Ingenium war von ganz besonderer Eigenart. Da also die individuelle Substanz unerklärbar bleibt, muß sich die Arbeit des Literarhistorikers darauf beschränken, ihre historische Entfaltung nachzuzeichnen.

---

33 Erich Schmidt: Die litterarische Persönlichkeit. In: Reden zur Litteratur und Universitätsgeschichte. Berlin 1911. S. 9.
34 Auch diese Formel ist ein Goethe-Zitat. Sie findet sich in einem Brief Goethes an Lavater, etwa vom 20.9.1780.

Ziel der literarhistorischen Arbeit ist es für Schmidt nun, die Wechselwirkung
zwischen dem Individuum und seiner Zeit zu erforschen. Bei dieser Arbeit aber
haben die Schererschen Kategorien des Ererbten, des Erlebten und Erlernten ihre
Gültigkeit keineswegs verloren.

>>Unser Standpunkt dem Ererbten gegenüber [...] ist bereits zur Genüge festgestellt. Das
Erlebnis hat Dilthey [...] gerad in den letzten Jahren über die konkreten Einzelheiten empor-
gezogen. Das Erlernte umfaßt die gesamte Bildung aus den Überlieferungen der Vergangenheit und den Trieben der Gegenwart, die ganze Aufnahme politischer und religiöser,
wissenschaftlicher und künstlerischer Anregungen, für den Dichter auch von den Nachbar-
künsten her.<<[35]

Kurz: Das Programm, das Schmidt in seiner Rede >>Die litterarische Persön-
lichkeit<< vorstellt, ist eine Erweiterung des Schererschen Programms zum autobiographischen Programm Goethes hin. In seiner literarhistorischen Praxis orientiert sich Schmidt an der Goetheschen Biographik, wie sie im siebten Buch von
>>Dichtung und Wahrheit<< zu finden ist. In seiner literarhistorischen Theorie hin-
gegen folgt er dem autobiographischen Konzept Goethes. Darin hat das Programm seines Lehrers noch immer ungebrochene Gültigkeit.
    Außerhalb des Faches, in der Berliner Öffentlichkeit, entspricht dem Schmidts
Tendenz zur Goethe-Imitation. Bei seinen öffentlichen Vorlesungen, in den verschiedenen Salons und anläßlich seiner häufigen Festreden inszeniert er sich bewußt als leibhaftige Wiederkehr Goethes. Die Berliner Öffentlichkeit ist zu dieser
Zeit für derartige Inszenierungen recht empfänglich. Nach dem Sieg gegen Frankreich und der Reichsgründung hatte sich eine offizielle Kultur entwickelt, die es
sich zur Aufgabe machte, das neu gegründete Reich zu feiern. Ein typischer Vertreter dieser offiziellen Kultur ist Ernst von Wildenbruch[36]. Seine patriotischen
Historiendramen vergegenwärtigen auf der Bühne des Königlichen Schauspiel-
hauses heroische Episoden der deutschen Vergangenheit. In jedem dieser Dramen
tun die Helden feierliche Ausblicke auf eine nationale Einigung, die das Publikum
Wildenbruchs 1871 ja erlebt hatte. Und gerade die Bühnenmomente der feierli-
chen Prophezeiung geraten Wildenbruch immer sehr posenhaft. Auch wenn
Schmidt den patriotischen Historiendramen Wildenbruchs gegenüber >>aestheti-

---

35 Erich Schmidt: Die litterarische Persönlichkeit, wie Anm. 33, S. 17f.
36 Zu Leben und Werk Ernst von Wildenbruchs vgl. Ulrich Moritz: Ernst von Wildenbruch.
   Essay anläßlich der Ernst von Wildenbruch-Ausstellung im Goethe-und Schiller-Archiv in
   Weimar 1995. Weimar 1995. Über Wildenbruchs Festspiele und ihre Zugehörigkeit zur offiziellen Kultur Preußens vgl. Peter Sprengel: Die inszenierte Nation. Deutsche Festspiele
   1813–1913. Tübingen 1991. S. 48-66.

sche Scrupel«[37] empfand – seine Goethe-Imitation in der Berliner Öffentlichkeit ist der Wildenbruchschen Theatralik ganz verwandt. Auch er vergegenwärtigt in seinen Reden Goethe als jenen Dichter, der mit seinem Werk die Erfüllung der deutschen Geschichte, die Nationwerdung, vorbereiten half; und auch er bildet für seine Vorträge eine Dramaturgie von Posen aus. Die Nekrologe auf Schmidt betonen einmütig die Ähnlichkeit Schmidts mit Goethe. »Das bedeutende Haupt, von Jahr zu Jahr ausgeprägter ein Goethekopf, wurde getragen von einem hochragenden Körper«[38] erinnert sich einer und schreibt Schmidts Ähnlichkeit mit Goethe nicht einer bewußten Inszenierung, sondern dem Wirken der Natur zu. Ein anderer schreibt: »Die hohe Gestalt, die alles überragte, krönte ein Haupt, so ebenmäßig, in so bedeutenden, edlen Formen modelliert, als habe es die Meisterhand eines Bildhauers aus dem Marmorblock geschlagen. Die grossen, stolz geschwungenen Linien, die das Antlitz umrahmten, die männlich gestrafften Züge, das energische Kinn, die vollendet gebildete Nase, die freie Stirn mit dem wunderbar gezeichneten Ansatz des zurückgestrichenen Haares – man konnte das alles nicht betrachten, ohne an den Kopf des Dichters zu denken, der über den Lebensweg des auserlesenen Mannes hinleuchtete.«[39] Und ein Franzose bescheinigte ihm »majesté Goethéenne«[40], eine Formulierung, die Schüler in ihren Nachrufen nur zustimmend wiederholen können. Mißgünstige Kollegen hingegen erkennen Schmidts Inszenierung als Inszenierung. Sie spotten über seine Gewohnheit, während des Vortrags sein Gesicht zum Fenster zu wenden, um seine Zuhörern Gelegenheit zu geben, die Ähnlichkeit seines Profils mit dem Goethes zu bemerken.[41]

Schmidts Rede »Die literarische Persönlichkeit« von 1909 läßt sich als Engführung beider Strategien verstehen. In dem »wissenschaftlichen Bekenntnis«, das die Rede ablegen soll, beruft er sich, wie schon gezeigt worden ist, auf die Vorbildhaftigkeit Goethes. Als Redner erprobt er erneut die Suggestionswirkung seiner Goethe-Imitation. Schmidt spricht von Goethe und stellt Goethe zugleich

---

37 Schmidt äußerte nicht nur in der Öffentlichkeit seine Vorbehalte gegenüber den Wildenbruchschen Dramen, sondern auch dem Dichter selber gegenüber. In einem Brief vom 12.5.1891 verteidigt er seine »aesthetischen Scrupel«. Goethe-und Schiller-Archiv, Nachlaß Wildenbruch, 94/250,15.

38 Moritz Goldstein: Erich Schmidt. In: *Die Schaubühne*, hg. von Siegfried Jacobsohn. 9. Jg. (1913), Bd. 1, S. 548.

39 Max Osborn: Der bunte Spiegel. Erinnerungen aus dem Kunst-, Kultur- und Geistesleben der Jahre 1890–1913. New York 1945. S. 199f.

40 Alexander von Weilen: Erich Schmidt. In: Biographisches Jahrbuch und deutscher Nekrolog. Hg. von Anton Bettelheim. Bd. 18 (1913). S. 157.

41 Victor Klemperer: Curriculum vitae. Jugend um 1900. Bd. 1, Berlin 1989, S. 354.

dar. Der Karikaturist der expressionistischen Zeitschrift *Der Sturm* hat diese
Doppelstrategie im Bild festgehalten. Ein Linolschnitt zeigt den Kopf des Red-
ners Erich Schmidt, der dem Betrachter sein markiges Profil zeigt. Die Bildunter-
schrift lautet:»Geh. Regierungsrat Rektor Prof. Dr. Erich Schmidt: ›Goethes ent-
zückende Meisterschaft...‹ «[42]. Doch die Wirkung, die Erich Schmidt mit dieser
Doppelstrategie erzielt, ist zwiespältig. Innerhalb des Faches gerät er mehr und
mehr in Isolation. Manche seiner Kollegen bezweifeln in vertraulichen Briefen
die wissenschaftliche Seriosität Schmidts. Albert Köster beispielsweise schreibt
1899, nach einem Besuch in Weimar, an Edward Schröder:

> »Ich habe da traurige Contrastbemerkungen in Weimar dran knüpfen können. Ich denke
> dabei gar nicht an Suphan, bei dem wirklich das Motto heißt ›verloren ist verloren‹, sondern
> an Erich Schmidt, dessen Schönheit und Lebenskraft ja noch die alte ist, dessen Thun und
> Reden in Weimar aber (ob auch in Berlin?) für mich bekümmernd war [...] Und nun die
> Festrede. Nun, Sie haben sie ja gelesen! Das geht für mich weit über Manier, dafür hat die
> Sprache der Zukunft erst ein neues Wort zu prägen; ich habs heute noch nicht. Jammer!
> Jammer! Gott, wenn ich die Gesundheit und den Geist hätte!«[43]

Und auch unter seinen Schülern findet Erich Schmidt in seiner Goethe-
Nachfolge keine Nachfolger. Doch in der Berliner Öffentlichkeit leistet er seinem
Fach einen wichtigen Dienst. Durch die erfolgreiche Theatralik seiner Goethe-
Imitation sichert er den Kontakt zwischen der in die Krise geratene Philologie
und dem gebildeten Publikum. Die Kunst der Repräsentation besteht also in der
Goethe-Imitation. Sie ist Erich Schmidts Ausweg aus einem Dilemma der Philo-
logie.

---

42 Samuel Fridolin: Karikatur Erich Schmidts. In: *Der Sturm*, Jg. 10, Nr. 11. Reprint Nendeln
    1978, S.85.
43 ABBAW. Allgemeine Sammlung, Splitternachlaß Schröder. Brief Kösters vom 22. Juni
    1899.

Literaturhistoriker als Journalisten. Wilhelm Scherer und Erich Schmidt in der *Deutschen Rundschau*[1]

Josefine Kitzbichler

Eine »gedruckte Universität« nannte der Berliner Literaturhistoriker Richard Moritz Meyer die *Deutsche Rundschau*, als er nach dem Tod ihres Gründers Julius Rodenberg im Sommer 1914 auf vierzig Jahrgänge dieser Monatsschrift zurückblickte.[2] In der Tat – die *Deutsche Rundschau* zählte zahlreiche Universitätsprofessoren zu ihren Autoren; deren Aufsätzen und Essays verdankte sie zu einem großen Teil ihr eigentümliches Profil und ihren hohen Rang unter den deutschen Zeitschriften.

Besonders eng war – nicht nur aufgrund der räumlichen Nähe – die Verbindung der *Rundschau* zur Berliner Universität. Rudolf Virchow, Hermann von Helmholtz, Eduard du Bois-Reymond, Heinrich von Sybel, Herman Grimm, Eduard Zeller, Ernst Curtius und Wilhelm Dilthey, um nur einige zu nennen, publizierten alle mehr oder weniger regelmäßig in der *Rundschau*.

Zu Rodenbergs engsten Mitarbeitern zählte über ein Jahrzehnt hinweg Wilhelm Scherer, der erste Inhaber eines neugermanistischen Lehrstuhls an der Berliner Universität. Er zog eine ganze Reihe seiner Schüler nach sich,[3] von denen Erich Schmidt, Scherers Nachfolger auf dem Berliner Lehrstuhl, und Otto Brahm, noch bevor er als Herausgeber der *Freien Bühne* und Leiter des gleichnamigen Vereins zu einem Wortführer des Berliner Naturalismus wurde, für Rodenbergs Zeitschrift besondere Bedeutung erlangten. Otto Brahm bahnte den Weg für Paul Schlenther, seinen Kommilitonen und Freund; beide verfaßten hauptsächlich Rezensionen literarischer Neuerscheinungen nach Rodenbergs Maßgabe. Später folgten – im literarhistorischen Ressort – Richard Moritz Meyer (seit 1896) und Konrad

---

1 Dieser Aufsatz beruht auf meiner von Prof. Peter Wruck betreuten Magisterarbeit »Literatur zwischen Manuskript und Buch. Die Veröffentlichung literarischer Texte in Julius Rodenbergs *Deutscher Rundschau* 1880-1890«, Humboldt-Universität zu Berlin 1997, Manuskript.

2 Wilmont Haacke: Julius Rodenberg und die *Deutsche Rundschau*. Heidelberg 1950 (im weiteren: Haacke: Rodenberg), S. 174.

3 Der Frage, ob bzw. in welchem Sinn im Zusammenhang der *Deutschen Rundschau* von Schulenbildung die Rede sein kann, kann hier nicht nachgegangen werden. Siehe dazu die Beiträge von Kerstin Gebuhr und Volker Ufertinger im vorliegenden Band.

Burdach (seit 1899); auch zu Bernhard Suphan, Schmidts Nachfolger im Weimarer Archiv, bestanden Beziehungen. Wilmont Haacke spricht vom »Aufmarsch der Goethe-Philologie«[4]. Andererseits beginnt bei Otto Brahm auch die lange Reihe Berliner Germanistikabsolventen, die als Literatur- und Theaterkritiker, als Redakteure und Herausgeber den Journalismus zum Beruf machten (etwa Ernst Heilborn, Alfred Kerr, Arthur Eloesser): der Kulturjournalismus wurde zu einer Berufsperspektive des Germanistikstudiums.

Hier aber soll es nur um den Beginn der Zusammenarbeit zwischen Berliner Germanisten und der *Deutschen Rundschau* gehen, um Wilhelm Scherer und Erich Schmidt. Wozu nutzten sie das Podium der *Deutschen Rundschau*? Aus welchem Selbstverständnis heraus konnten sie den Philologenberuf mit der populärwissenschaftlichen Arbeit für die *Rundschau*, die strenge Wissenschaft mit dem Journalismus vermitteln? Wie griffen sie als Literaturkritiker in zeitgenössische literarische Gespräche ein? Diesen Fragen soll im folgenden nachgegangen werden. Besonderes Augenmerk gilt den Grenzregionen zwischen Literatur, Wissenschaft und Journalismus und den neuerschlossenen Regionen der Literaturwissenschaft: also vor allem ihrer Beschäftigung mit der jüngeren und jüngsten Literatur.

Die Gründung der *Deutschen Rundschau* im Jahr 1874 und ihr außerordentlich schneller Erfolg im deutschsprachigen Gebiet und darüber hinaus[5] hängen unmittelbar mit den Ereignissen von 1870/71 zusammen. Als erster im staatlich geeinten Deutschland erkannte Julius Rodenberg die Möglichkeiten, die ein Konnex zwischen dem Typ der »Rundschau«-Zeitschrift und einem nationalen Kulturbegriff bot.[6] In den Leitgedanken änderte sich das zugrundeliegende Programm bis

---

4 Haacke: Rodenberg, S. 160.
5 In Bd. 6 (Januar 1876) der *Deutschen Rundschau* wurde eine Übersicht über »Die Verbreitung der *Deutschen Rundschau* nach Städten beim Beginn ihres zweiten Jahrgangs« veröffentlicht. Sie belegt sowohl die besondere Bindung an Berlin (1158 abgesetzte Exemplare – dagegen z.B. Frankfurt am Main 218, München nur 84 Exemplare), als auch die erstaunliche Verbreitung außerhalb Deutschlands, was nach Rodenbergs eigener Einschätzung hauptsächlich auf Kosten der Auslandsdeutschen ging (Schwerpunkte in Rußland und den USA: Moskau 275, Petersburg 329 Exemplare; New York 723; dagegen London nur 135, Paris 37 Exemplare).
6 Vgl. dazu Karl Ulrich Syndram: Die »Rundschau« der Gebildeten und das Bild der Nation. Untersuchungen zur komparatistischen Bedeutung eines Types bürgerlich-liberaler Zeitschrift für die Vermittlung nationaler Kunst- und Kulturvorstellungen im deutschen Sprachgebiet (1871–1914). Diss. Aachen 1988; ders.: Kulturpublizistik und nationales Selbstverständnis. Untersuchungen zur Kunst- und Kulturpolitik in den Rundschauzeitschriften des Deutschen Kaiserreichs (1871–1914). Berlin 1989.

zum ersten Weltkrieg kaum; es läßt sich zusammenfassen in den Schlagworten nationale Gesinnung, Repräsentation der gesamten deutschen Kultur, Neutralität in politischen wie in ästhetischen Fragen, bildungsbürgerliches Elitebewußtsein und Berufung auf die westeuropäische Tradition der »Revue« bzw. »Review«, vor allem die Pariser *Revue des deux mondes*.[7]

Repräsentation der gesamten deutschen Kultur im In- und Ausland – den Zeitgenossen war vor allem diese Prämisse von einiger Brisanz. Der Führungsanspruch unter den deutschen Zeitschriften, der sich damit verband, wurde mitunter als Anmaßung empfunden.[8] Rodenberg und seine Mitstreiter ernannten sich damit selbst zu den Verwaltern nationaler Kultur; sie legitimierten dies, indem sie die *Rundschau* als Organ kultureller Einheit Deutschlands darstellten, das der staatlichen Einheit adäquat und notwendig sei.[9] Freilich – die so verstandene Repräsentativität war, milde ausgedrückt, eine Utopie, die der realen Vielfalt kulturellen Lebens zu keinem Zeitpunkt gerecht wurde und zunehmend als Ana-chronismus erscheinen mußte.[10]

Die Kultur, die hier »repräsentiert« wurde, war die einer relativ kleinen Leserschicht, die mindestens zum Zeitpunkt der Gründung der *Deutschen Rundschau* allerdings das öffentliche Leben in vielen Bereichen dominierte: es war die Welt des liberalen, akademisch gebildeten, zumeist protestantisch geprägten Bildungsbürgertums. Dessen Werte suchte die *Rundschau* in einer Zeit wachsender Verunsicherung zu retten, um »den festen Punkt nachzuweisen und zu behaupten, der in politischer Hinsicht durch den Reichsgedanken, in ästhetischer durch die Ueberlieferungen unserer Classiker unverrückbar gegeben ist«, wie Rodenberg 1892 – als Antwort auf rückläufige Abonnentenzahlen und sinkenden Einfluß der *Rund-*

---

7 Vgl. Rodenberg, Julius: Die Begründung der *Deutschen Rundschau*. Ein Rückblick. Berlin 1899 (im weiteren: Rodenberg: Begründung der *Deutschen Rundschau*), S. 18 und S. 29-31, und: »An unsere Leser«. In: *Deutsche Rundschau*. Bd. 73 (September 1892).

8 Vgl. Roland Berbig und Josefine Kitzbichler: Die Rundschau-Debatte 1877. Bern (angekündigt), (im weiteren: Berbig, Kitzbichler: *Rundschau*-Debatte).

9 Vgl. z.B. Ludwig Bamberger: Eine deutsche Revue des deux mondes. In: *Nationalzeitung*, 1.2.1877 (Morgenausgabe). Wiederabgedruckt in: Berbig, Kitzbichler: *Rundschau*-Debatte.

10 Noch 1918 lautete eine Verlagswerbung: »Begründet und fortgeführt unter der Mitwirkung von Männern, welche zu den geistigen Führern des deutschen Volkes zählen, hat die *Deutsche Rundschau* seit ihrem Bestehen den Rang der leitenden deutschen Monatsschrift eingenommen und die vom Auslande, wie vom Inlande gleicherweise anerkannte Geltung als Vertreterin der gesamten deutschen Kulturbestrebungen behauptet.« – Eingebunden in: C.F. Meyer und Julius Rodenberg. Ein Briefwechsel. Hg. von August Langmesser. Berlin: Paetel 1918.

schau – formulierte.[11] Daher der universalistische Bildungsbegriff, aber auch die
Dominanz der philosophischen und philologischen Disziplinen und der profes-
sorale Gestus: die Universitäten verkörperten das institutionalisierte humanisti-
sche Bildungsideal. Daher auch die Verweigerungshaltung gegenüber der beginnenden literarischen Moderne.

Nach dem Vorbild der *Revue des deux mondes* ruhte die *Rundschau* auf zwei
Tragpfeilern, die das alte »prodesse et delectare« aufnahmen: den einen bildete
der literarische Originaltext, idealerweise eine Novelle; den zweiten der soge-
nannte wissenschaftliche Essay.[12] Für den literarischen Teil konnte Rodenberg
fast alle namhaften Prosaautoren des literarischen Realismus binden: Gottfried
Keller und C. F. Meyer, Paul Heyse und Theodor Storm, Marie von Ebner-
Eschenbach, in den neunziger Jahren auch Theodor Fontane; dazu eine lange
Reihe heute kaum mehr gekannter Autoren.

Schwieriger und zugleich leichter war die Redaktion des Essays. Einerseits
nämlich war die Zusammenarbeit mit den »Männern der Wissenschaft«, wie Rodenberg sie nannte, unkomplizierter, da in weitaus geringerem Maß von gegenseitigen (finanziellen) Abhängigkeiten belastet. Andererseits aber galt es, Allge-
meinverständlichkeit mit Fachkompetenz zu vermitteln und ein ausgewogenes
Verhältnis der Disziplinen herzustellen. Kritiker monierten vor allem das Übergewicht der philosophischen, philologischen und historischen Beiträge gegenüber
den Aufsätzen zu natur- oder staatswissenschaftlichen Gegenständen. Neben den
Professoren zählten unter die Autoren dieses Teils auch Politiker wie Ludwig
Bamberger und Eduard Lasker, Militärs wie Julius von Hartmann, Publizisten wie
Karl Hillebrand etc. Immerhin war die Dominanz der Professoren so augenfällig,
daß Fontane Rodenberg einmal den »Professoren-Redakteur«[13] nannte.

Literaturgeschichte und Literaturkritik bildeten in diesem Kontext einen festen
Bestandteil, die erste im essayistischen Teil, die zweite im »Chronik« genannten
Anhang, der außerdem die »Politische Rundschau« und Rubriken für Kunst-,
Theater- und Konzertkritik enthielt. Neben den schon genannten zählten so ver-

---

11 »An unsere Leser«, in: *Deutsche Rundschau*. Bd. 73 (September 1892).
12 Dieser Teil der *Rundschau* wurde von Rodenberg selbst unter den Begriff »Essay« gestellt.
   Dazu gehören, neben dem Essay im engeren Sinn, anspruchsvolle populärwissenschaftliche
   Aufsätze, Reisebeschreibungen, Quelleneditionen zu Geschichte und Literaturgeschichte,
   Autobiographisches etc. In diesem weiten Sinn wird der Begriff »Essay« auch im Folgenden
   auch verwendet.
13 Theodor Fontane an Waldemar Meyer, 25. März 1896. In: Theodor Fontane: Briefe an Julius Rodenberg. Hg. von Hans-Heinrich Reuter. Berlin 1969, S. 280, Anm. zu Brief Nr. 106
   vom 23. März 1896.

schiedene Geister wie der dänische Literaturhistoriker Georg Brandes,[14] Friedrich Kreyssig (der bis 1879 die »Literarische Rundschau« verantwortete), Hermann Hettner, Karl Hillebrand, Julian Schmidt, Herman Grimm, Wilhelm Dilthey, Anton Bettelheim oder Wilhelm Bölsche zu den Beiträgern dieses Ressorts. Sie alle erhielten ohne Unterschied – differenziert wurde nur bei den Novellenautoren – als Vergütung die ansehnliche Summe von 300 Mark pro Bogen (= 16 Seiten).

Daß die *Deutsche Rundschau* trotz ihrer redaktionellen Zaghaftigkeit, dem starren Festhalten am selbstgeschriebenen Gründungsmythos (»eine deutsche *Revue des deux mondes*«[15]) nicht nur einen schnellen, sondern einen dauerhaften Erfolg erzielte, ist zu großen Teilen der Person ihres Herausgebers zu danken. Julius Rodenberg hatte die *Rundschau* zu seinem Lebenswerk gemacht; mit staunenswerter Kontinuität und einer Sorgfalt, die kaum ihresgleichen fand, redigierte er die Zeitschrift über vierzig Jahre fast im Alleingang. Weniger sein literarisches Urteil als sein sicheres Gespür für öffentliche Meinung, Angemessenheit und Solidität, weniger redaktionelle Risikofreudigkeit als die Fähigkeit, Mitarbeiter zu gewinnen und einzubinden, kamen der Zeitschrift zugute und fanden ungeteilte Anerkennung. Georg Brandes sprach der *Rundschau* das »vornehmste Publikum und literarisch den unbestritten ersten Rang«[16] zu. Diesem Urteil ließen sich mühelos ähnlich lautende anfügen.

Wilhelm Scherer, zur Zeit der Gründung der *Deutschen Rundschau* ordentlicher Professor für deutsche Philologie an der Straßburger Universität und gerade dreiunddreißig Jahre alt, ein »Werdender« noch, gehörte nicht zu denen, die von Rodenberg bereits im Lauf der Gründungsgeschichte der *Deutschen Rundschau* als Mitarbeiter geworben wurden.[17] Bald nach Erscheinen und wohlwollender Aufnahme des ersten *Rundschau*-Heftes jedoch schickte Rodenberg ihm das Gründungsheft und einen begleitenden Werbebrief:

---

14 Vgl. dazu Klaus Bohnen (Hg.): Brandes und die *Deutsche Rundschau*. Unveröffentlichter Briefwechsel zwischen Georg Brandes und Julius Rodenberg. Kopenhagen/München 1980. Brandes sollte Mitte der siebziger Jahre eine feste Anstellung als Kritiker erhalten, die allerdings nie zustande kam.

15 So der Titel eines Aufsatzes von Ludwig Bamberger in der *Nationalzeitung* vom 1. Februar 1877 (Morgenausgabe). Wieder abgedruckt in: Berbig, Kitzbichler: *Rundschau*-Debatte.

16 Georg Brandes: Berlin als deutsche Reichshauptstadt. Erinnerungen aus den Jahren 1877–1883. Hg. von Erik M. Christensen und Hans-Dietrich Loock. Berlin 1989. Berlin, S. 437f.

17 Vgl. dazu Rodenberg: Begründung der *Deutschen Rundschau*.

»Sie, sehr geehrter Herr Professor, gehören zu denjenigen Autoren, welche Umfang und Tiefe des Wissens, Originalität des Denkens und Selbständigkeit des Urteils mit der Kunst der Darstellung in einem seltenen Grade vereinen.«[18]

Allerdings konnte Rodenberg zu diesem Zeitpunkt kaum ahnen, daß nicht Altgermanistik und Sprachwissenschaft, sondern Goethe den Hauptgegenstand in Scherers *Rundschau*-Beiträgen bilden würde. Immerhin hatte Scherer bereits im Feuilleton verschiedener Tageszeitungen (*Spenersche Zeitung*, Beilage zur *Augsburger Allgemeinen Zeitung, Nationalzeitung, Die Presse*) und in anderen Zeitschriften (*Im neuen Reich, Österreichische Wochenschrift für Wissenschaft und Kunst, Die Gegenwart*) für fachfremde Leser geschrieben, darunter auch Rezensionen zeitgenössischer Literatur – und damit ein germanistisches Tabu gebrochen. Von seinen Fachkollegen – beispielsweise von seinem Lehrer Müllenhoff[19] – brachte ihm diese journalistische Arbeit den Vorwurf der Popularitätshascherei und Unwissenschaftlichkeit ein.

Von daher erhält Scherers Aufsatz »Studien über Goethe. Der junge Goethe als Journalist«, einer der ersten Essay-Beiträge Scherers für die *Rundschau*,[20] seine besondere, über die Goethe-Miszelle hinausgehende Bedeutung. In diesem Kabinettstück über Goethes Tätigkeit als Rezensent bei den *Frankfurter gelehrten Anzeigen* im Jahr 1772 (das auch die Randnotizen vermerkt, in denen der einstige Besitzer des von Scherer benutzten Exemplars der *Gelehrten Anzeigen* seiner Entrüstung über Goethesche Respektlosigkeit Luft machte) verteidigte Scherer mit Vehemenz und Witz den Beruf des Rezensenten und rehabilitierte die Rezension als literarische Form. Darin kann man ein Programm für Scherers eigene journalistische Arbeit lesen:

»Ich bekämpfe, wo ich kann, die rohe Ansicht, als ob Recensionen für den Tag geschrieben würden und nur bestimmt seien, dem Publicum möglichst rasch und deutlich zu sagen, ob es ein neu erschienenes Buch abscheulich oder hübsch finden solle; vollends für Recensionen, welche Menschen ärgern oder herabsetzen oder gar einen unbetheiligten

---

18 Zit. nach Haacke: Rodenberg, S. 52.
19 Wilhelm Scherer und Karl Müllenhoff: Briefwechsel. Hg. von Albert Leitzmann. Mit einer Einführung von Edward Schröder. Berlin und Leipzig 1937.
20 Bd. 17 (Oktober 1878), S. 62-74. Wieder abgedruckt in: Wilhelm Scherer: Aufsätze über Goethe. Hg. von Erich Schmidt. Berlin 1886. S. 49ff. – Zuvor waren von Scherer in der *Deutschen Rundschau* erschienen: »Bemerkungen zu Goethe's Stella«. (Bd. 6, Januar 1876, S. 66-86) und »George Eliot und ihr neuester Roman«. (Bd. 10, Februar 1877, S. 240-255), nicht gerechnet eine Reihe von Rezensionen.

Dritten verdrießen sollen, fehlt mir der Sinn. Auch Recensionen haben eine Kunstform.«[21]

In seiner eigenen Arbeit war es Scherer aber vor allem um *Wirkung* auf die Leser zu tun. In seiner als Fragment aus dem Nachlaß gedruckten *Poetik*[22], in der Literatur in den Kontext von Entstehung und Rezeption gestellt wurde, behandelte Scherer die Literaturkritik im Kapitel »Der Tauschwerth der Poesie und der litterarische Verkehr«. Als »Hauptfactor« für den Erfolg eines neuen Buches, d.h. seinen »materiellen« Wert, werden »die Recensenten«[23] benannt: Scherer hatte die weitreichenden Einflußmöglichkeiten der Literaturkritik erkannt und daraus die Verantwortung des Kritikers abgeleitet, der nicht als »Beherrscher«, sondern als »Diener des Publicums«[24] wirksam werden sollte. Kurz: Scherer erkannte in der Literaturkritik das nationalpädagogische Instrument, mit dessen Hilfe man unmittelbar in literarische Prozesse eingreifen könne. Und er nahm den Rezensenten in die verantwortungsvolle Pflicht als Mittler, der Leser und Literatur mit Blick auf eine neue Blüte der Nationalliteratur zueinanderführen müsse.

»Wir können nicht mit Absicht Dichter erziehen; aber wir können unseren vergangenen, gegenwärtigen und künftigen Dichtern ein Publicum erziehen, und wir können unserem Volke jene gleichmäßige Ausbildung der Geisteskräfte durch pädagogische Arbeit zuführen, zu der es so wenig ursprüngliches Talent besitzt.«[25]

Also gerade nicht die Einengung der Literaturwissenschaft auf positivistische Faktengläubigkeit, wie die Scherer-Rezeption lange Zeit unterstellte, sondern die Positionierung der germanistischen Literaturwissenschaft innerhalb der universellen Kulturgeschichte (Scherers Herder-Lektüre reicht bis in seine Schulzeit zurück) und daher – was in unserem Zusammenhang wesentlich ist – eine entsprechend frei sich bewegende (»journalistische«) Darstellungsform und ein

---

21 Wilhelm Scherer: Studien über Goethe. Der junge Goethe als Journalist, ebenda S. 74.
22 Wilhelm Scherer: Poetik. Hg. von Richard M. Meyer. Berlin 1888. Zitiert wird nach der Neuausgabe: Wilhelm Scherer: Poetik. Mit einer Einleitung und Materialien zur Rezeptionsanalyse. Hg. von Gunter Reiss. Tübingen 1977.
23 Ebenda, S. 86.
24 Ebenda, S. 89.
25 Zit. nach Wolfgang Höppner: Das »Ererbte, Erlebte und Erlernte« im Werk Wilhelm Scherers. Ein Beitrag zur Geschichte der Germanistik. (im weiteren: Höppner: Das »Ererbte, Erlebte und Erlernte«), S. 174.

unmittelbares Interesse des Literaturhistorikers an gegenwärtigen literarischen Prozessen waren die Grundlage für Scherers Denken und Arbeiten.

Die Intention Rodenbergs, die *Rundschau* zum repräsentativen Nationaljournal zu machen, das die »*Gesamtheit* der deutschen Kulturbestrebungen«[26] vereinen sollte, mußte daher den wissenschaftlich-universalistischen wie den journalistisch-nationalpädagogischen Bestrebungen Scherers entgegenkommen. Vor diesem Hintergrund versteht sich auch Scherers Wort von der Zeitschrift als »moralische Gemeinschaft«[27].

Zwischen 1876 und 1886, zwischen dem ersten Beitrag in der *Rundschau* und seinem frühen Tod, war Scherer einer der engsten Mitarbeiter Rodenbergs. Weit mehr, als das Inhaltsverzeichnis der *Rundschau* erkennen läßt, mehr als das halbe Dutzend Aufsätze und zahlreiche, zum Teil anonyme bzw. mit einer Sigle (σχ, ν oder χ) gezeichnete Rezensionen verdankte ihm die *Rundschau*.

Schon bald nach seinem *Rundschau*-Debüt im Januar 1876 fand Scherer auch Zutritt zum literaturkritischen Teil, der bis dahin fast ausschließlich in der Hand Friedrich Kreyssigs lag. Aber nicht nur durch eigene Beiträge brachte er sich ein, sondern vor allem, indem er eine Neuorganisation der Literaturkritik innerhalb der *Deutschen Rundschau* anregte. Aus der redaktionellen Not – viele Rezensionsexemplare auf Rodenbergs Schreibtisch und wenig Platz in der Zeitschrift – machte er eine Tugend und schlug, zusätzlich zur »Literarischen Rundschau«, die Rubrik »Literarische Notizen« vor, die im Zweispaltendruck in wenigen Sätzen Neuerscheinungen anzeigte, die in der ausführlicheren »Literarischen Rundschau« keinen Platz fanden. Außerdem wurden der Redaktion eingegangene Rezensionsexemplare, die in keiner der beiden literaturkritischen Rubriken besprochen wurden, unter dem Titel »Literarische Neuigkeiten« verzeichnet. Und dieses greifbare Resultat von Scherers intensiver Anteilnahme an der *Deutschen Rundschau* ist nur die Spitze des Eisberges, die anzeigt, daß Scherer bald ein ständiger Berater Rodenbergs in allen literarischen Fragen wurde. Das reichte bis zur Zuarbeit Scherers für Beiträge, die unter Rodenbergs Namen in der *Rundschau* erschienen[28].

---

26 Gründungsprospekt *Deutsche Rundschau*. Zit. nach Haacke: Rodenberg, S. 196, Anm. 63.
27 Wilhelm Scherer an Erich Schmidt, o. D. In: Wilhelm Scherer und Erich Schmidt: Briefwechsel. Hg. von Werner Richter und Eberhard Lämmert. Berlin 1963 (im weiteren: Scherer, Schmidt: Briefwechsel), S. 67.
28 Für den von Rodenberg verfaßten Nachruf auf Julian Schmidt beispielsweise (*Deutsche Rundschau* Bd. 47, Mai 1876, S. 216f.) hat Scherer eine Charakteristik der fünfbändigen Ausgabe von Julian Schmidts »Geschichte der deutschen Literatur« beigesteuert. Vgl. die von Konrad Burdach erstellte Bibliographie der Schriften Scherers in: Wilhelm Scherer,

Für den Leser sichtbar waren freilich nur Scherers essayistische Beiträge. In den zehn Jahren, die seine Mitarbeiterschaft währte, brachte die *Deutsche Rundschau* vier Beiträge zu Goethe, die später in die Sammlung seiner Goethe-Aufsätze aufgenommen wurden,[29] und den Vorabdruck des Schiller-Kapitels aus der Literaturgeschichte[30]. Wie überhaupt nur selten etwas ausschließlich für die *Rundschau* gedacht war (abgesehen von den Rezensionen): entweder handelte es sich um Vorabdrucke, oder die Beiträge wurden später in Aufsatzsammlungen aufgenommen, was gleichzeitig als eine Art Qualitätsausweis gelten kann, oder aber sie stellten selbst eine Zweitverwertung dar, wie der Abdruck von Reden und Vorträgen. Nur ein einziger Essay-Beitrag Scherers in der *Rundschau* ist ausschließlich hier an die Öffentlichkeit gekommen[31]. Von eigener Bedeutsamkeit ist, daß Scherer seine Geibel-Rede (1884), in der ein Großteil der realistischen und nationalpädagogischen Grundsätze Schererscher Literaturkritik zugunsten eines neuen Konservatismus und elitären Klassizismus zurückgenommen wurde, ausgerechnet der *Rundschau* zum Druck gab.[32] Als Nachlaßveröffentlichung edierte Erich Schmidt 1890 noch einen nie gehaltenen Vortrag Scherers über Achim von Arnim.[33]

Als Rezensent deckte Scherer in der *Rundschau* zunächst einmal das ganze Spektrum der germanistischen und angrenzender (z.B. philosophischer, historischer) Fachliteratur ab, inklusive Werk- und Briefeditionen; der Hauptgewicht lag dabei auf der Literatur zu Goethe und dessen Umfeld. Besprechungen der zeitgenössischen Literatur nahmen dagegen einen nachgeordneten Rang ein; auf diesem Feld hat er, obwohl seit 1876 der Schwerpunkt seiner Rezensententätigkeit insgesamt in der *Deutschen Rundschau* lag, häufiger für die *Deutsche Literaturzeitung*

Kleine Schriften. Bd. 2. Berlin 1893. S. 414. – Diese Bibliographie weist auch die anonymen und pseudonymen Zeitschriftenbeiträge Scherers nach.

29 »Bemerkung zu Goethe's Stella« (Bd. 6, Januar 1876, S. 66-86); »George Eliot« (Bd. 10, Februar 1877, S. 240-255); »Studien über Goethe. Der junge Goethe als Journalist« (Bd. 17, Oktober 1878, S. 62-74); »Goethe: Pandora« (Bd. 19, April 1879, S. 53-71); »Studien über Goethe. Faust«. (Bd. 39, Mai 1884, S. 240-255). – Wilhelm Scherer: Aufsätze über Goethe. Hg. von Erich Schmidt. Berlin 1886.

30 »Schiller« (Bd. 34, März 1883, S. 417-440); Vorabdruck aus: »Geschichte der deutschen Literatur«. Berlin 1883. S. 581ff.

31 »George Eliot und ihr neuster Roman«. Bd. 10 (Februar 1877), S. 240-255.

32 »Emanuel Geibel« (Rede, gehalten in der vom Verein Berliner Presse veranstalteten Gedächtnisfeier am 25. Mai 1884). Bd. 40 (Juli 1884), S. 36-45. Auch separat gedruckt (Berlin 1884). – Zur Geibel-Rede vgl. das Kapitel bei Höppner »Die Alternative: Geibel«. In: Höppner: Das »Ererbte, Erlebte und Erlernte«, S. 176-182.

33 »Achim von Arnim«. Ein Vortrag aus dem Nachlasse Wilhelm Scherers. Bd. 65 (Oktober 1890), S. 44-63.

oder die Wiener *Neue Freie Presse* geschrieben. Gottfried Keller, Ludwig Anzengruber, Adolf Wilbrandt, Berthold Auerbach, Rudolf Lindau, Friedrich Spielhagen oder Felix Dahn waren Gegenstände seiner Kritiken. Seine Aufmerksamkeit galt also im wesentlichen den etablierten Autoren der älteren Generation.
Daneben finden sich Besprechungen neuer Übersetzungen aus dem Griechischen,
Lateinischen oder Englischen, und – als exotische Besonderheit – ein japanischer
Roman und eine chinesische Novellensammlung.

Allerdings war es weniger Scherers originelles Vermögen als Kritiker, das
hierbei seine Bedeutung für die *Rundschau* ausmachte. »Im Vergleich zu Hettner,
ja selbst zu Gervinus (von den Brüdern Schlegel ganz zu schweigen) ist der Ver-
fall der kritischen Fähigkeiten und Ansprüche bei Scherer evident«,[34] so lautet
das vernichtende Urteil René Welleks über Scherers kritische Potenzen. Das
Fehlen eines klaren Wertmaßstabes, die widersprüchliche Vermengung der Kriterien, die »undifferenzierte Mischung von ›klassischen, realistischen und akademischen Geschmackselementen«[35], nicht zuletzt eine – vom Literaturwissenschaftler Scherer selbst für legitim erklärte – Zögerlichkeit im kritischen Urteilen
(»erste Pflicht der Kritik ..., den Intentionen des Autors nachzugehen. Erst verstehen, dann urtheilen; und lieber blos interpretiren, als blos kritisiren!«[36]) lassen das
Verdikt Welleks als berechtigt erscheinen.

Scherers Bedeutung als Kritiker liegt aber auf anderer Ebene. Nicht der Rang
seiner kritischen Texte, sondern der Rang Scherers als Professor der Berliner
Universität verleiht seiner literaturkritischen Arbeit ihren besonderen Wert. Scherer öffnete mit seiner kritischen Arbeit der Literaturwissenschaft neue Felder, und
für den Redakteur Rodenberg hatte gerade der Professorentitel einen nicht zu
unterschätzenden Eigenwert. An Keller schrieb Rodenberg einmal:

> »Mir lag aber daran, daß Sie von dem Professor der neueren deutschen Literatur an
> der Berliner Universität besprochen würden – von ihm und keinem anderen.«[37]

---

34 René Wellek: Geschichte der Literaturkritik 1759-1950. Bd. 3: Das späte 19. Jahrhundert.
   Berlin 1977, S. 282.
35 Höppner: Das »Ererbte, Erlebte und Erlernte«, S. 173.
36 Zit. nach Höppner, ebenda S. 173.
37 Julius Rodenberg an Gottfried Keller, 28. Juni 1878. In: Gottfried Keller: Gesammelte
   Briefe, hg. von Carl Helbig. Bd. 3,2. Bern 1953 (im weiteren: Keller: Gesammelte Briefe),
   S. 361. – Es handelt sich um Wilhelm Scherers Rezension »Gottfried Keller's Züricher Novellen«, in: *Deutsche Rundschau* Bd. 17 (November 1878), S. 324-329.

Scherer seinerseits legte auf den Titel weniger Wert, sei es auch nur, um weiteren unnötigen Journalismus-Vorwürfen aus dem Weg zu gehen.[38] Als Scherer 1886, nur fünfundvierzigjährig, starb, würdigte Rodenberg in der *Rundschau* gerade das, was Scherer den Journalismus-Vorwurf eingebracht hatte: seine Wirkungsabsicht in einer außerakademischen Öffentlichkeit. Wo aber Scherer ein »Diener« der Literatur sein wollte, beanspruchte Rodenberg ihn als »Führer« – der Januskopf einer jeden Erziehungsabsicht:

»Kein Heft dieser Zeitschrift, fast seit ihrem Beginn vor zwölf Jahren, bei dem er nicht direct oder indirect betheiligt gewesen; keines, für welches er nicht, wie für etwas Eignes gefühlt, wie für Etwas, das ihn persönlich anging; aber auch keines, ich darf es sagen, das nicht unter dem stillen Vorsatz entstanden, seiner würdig zu sein. Mehr als nur eine beträchtliche Zahl der werthvollsten Beiträge bedeutete seine Mitwirkung für diese Zeitschrift: sie gab ihr von Anfang an die Stellung, deren sie bedurfte, um das zu werden, was sie sein mußte, wenn sie ihre Aufgabe erfüllen wollte. Gestehen wir es doch an diesem noch frischen Grabe, daß zwischen der Wissenschaft und der Literatur im engern Sinne des Wortes eine Kluft bestand, zum Theile noch besteht; [...] daß die Literatur, mit Einem Worte, der Führung mehr und mehr entbehren mußte, welche zu übernehmen das Vorrecht der Wissenschaft ist. Ein solcher Führer zu werden war Wilhelm Scherer berufen; [...] er schlug die verbindende Brücke, indem er es nicht verschmähte, mit allen Ehren der Wissenschaft geschmückt, selbstthätig einzugreifen in die zeitgenössische Literatur als wohlwollender Kritiker, Förderer und Berater.«[39]

Auch als Vermittler neuer Mitarbeiter machte Scherer sich um die *Rundschau* verdient, und Erich Schmidt, Scherers »Meisterschüler«, ist hier an erster Stelle zu nennen. Schmidt begann seine Mitarbeit an der *Deutschen Rundschau* kurz nach seinem Lehrer, im Mai 1876, und blieb der *Rundschau* bis zu seinem Tod verbunden.

Der erste Beitrag, den Erich Schmidt der *Rundschau* brachte, war eine Rezension zu Scherers *Geschichte der deutschen Dichtung im XI. und XII. Jahrhundert*[40]. Schmidt hatte sich kurz zuvor in Würzburg habilitiert und hielt ebenda als

---

38 Für seinen ersten Beitrag in der *Rundschau* bat Scherer Rodenberg: »Thun Sie mir nur auch den Gefallen, mich Ihren Lesern nicht als Professor vorzustellen. Ich möchte als einfacher Schriftsteller auf die Nachwelt kommen, so weit es eine Nachwelt für mich gibt oder so weit mir die Rundschau eine solche vermittelt.« – Wilhelm Scherer an Julius Rodenberg, 24. November 1875, zit. nach Sternsdorff: Scherer, S. 206f.

39 Julius Rodenberg: Wilhelm Scherer [Nachruf]. In: *Deutsche Rundschau* Bd. 48 (September 1886), S. 461.

40 Bd. 7 (Mai 1876), S. 294-299.

Privatdozent seine ersten Kollegien. Obwohl es Scherer selbst war, der Rodenberg mit Schmidt zusammengebracht und diese Rezension veranlaßt hatte, warnte
er doch den angehenden Kollegen wiederholt vor allzu großer Unbedenklichkeit
im nebenberuflichen »Journalismus«. Durch die Angriffe gegen seine eigenen Arbeiten vorsichtig geworden, schrieb er 1880 an Schmidt, der nun ein Extraordinariat in Wien antrat:

> »Es wird ohne Zweifel bald an Sie die Versuchung herantreten, sich journalistisch zu
> betätigen. Ist's die Wiener »Abendpost«, so sage ich Ja. Denn das ist ein stiller Ort und
> wird gut bezahlt. Aber »Neue Freie Presse« – nein! Denn über ein Feuilleton der Neuen
> Freien Presse wird in allen Salons gesprochen; auch Ihre Collegen stellen daran höhere
> Anforderungen als an einen Aufsatz in der Abendpost; und da man nichts Fehlerloses
> macht, so wird immer von einigen Leuten über solche Feuilletons geschimpft. Es ist aber
> für den Anfang besser, wenn Sie den Leuten keine Gelegenheit geben, Sie in Ihrer außer-
> amtlichen Tätigkeit anzugreifen. Sind Sie einmal Ordinarius und ist Ihre Stellung in jeder
> Beziehung befestigt, dann kommt es nicht mehr so darauf an.«[41]

Man wird die *Rundschau* in dieser Hinsicht ohne weiteres mit der *Neuen Frei-
en Presse* vergleichen können. Nur wenige Tage nach Erhalt dieses Briefs skiz-
zierte Schmidt jedoch in der Wiener Antrittsvorlesung seine Vorstellung von den
Aufgaben der Literaturgeschichte und brach, Schüler seines Lehrers, dabei eine
Lanze für die Öffnung der Wissenschaft für eine interessierte Öffentlichkeit und
für die zeitgenössische Literatur:

> »Kunstgeschichte und Litteraturgeschichte haben naturgemäß mehr als andere Disci-
> plinen die Möglichkeit und die Pflicht sich einer anständigen Popularität zu befleißigen,
> doch eben darum sind sie auf der Hut gegen schlechte Gesellschaft. Der Mitarbeit ernster
> Liebhaber und berufener Tageskritiker froh, wollen wir uns die Pseudolitteraten kräftig
> vom Leib halten. Wir werden nicht nach der Ziffer 1832 einen dicken Strich ziehn, son-
> dern auch neueren und neuesten Schriftstellern lauschen. Analogien der Vergangenheit
> können das Urtheil über Zeitgenössisches festigen und an der Gegenwart gemachte Be-
> obachtungen Aufschluß über Vergangenes spenden.«[42]

---

41 Wilhelm Scherer an Erich Schmidt, 18. Oktober 1880. In: Scherer, Schmidt: Briefwechsel,
   S. 151.
42 Erich Schmidt: Wege und Ziele der deutschen Literaturgeschichte. Antrittsrede an der Universität Wien, 25. Oktober 1880. In: ders.: Charakteristiken. Erste Reihe. Berlin 1886, S.
   498.

Zur *Rundschau* allerdings hatte Schmidt zu dieser Zeit, trotz der Protektion durch Scherer, noch keinen rechten Zutritt gefunden.[43] Er beschwerte sich bei Scherer über herablassende Behandlung und zurückgewiesene Arbeiten (»Rodenberg hat Lenoram abgelehnt, mit der üblichen Wendung, er habe leider für dies Jahr schon zu viel Litterarhistorisches liegen. Ich werde mich der Rundschau nie wieder anbieten, da R. trotz allen süßen Worten [?] die Aufnahme meiner Artikel immer wie eine Gnade behandelt.«[44]). Als Rodenberg Ende 1879 eine Verjüngung der Literaturkritik in der *Rundschau* in Angriff nehmen wollte, stützte er sich dabei auf Brahm, nicht auf Schmidt.[45] Freilich hatte Erich Schmidt sich bis dahin noch kaum aus dem engeren Feld der Literaturgeschichte vor 1832 herausbewegt.

So war es schließlich nicht Scherers Empfehlung, sondern Rodenbergs persönliche Bekanntschaft mit Schmidt, die die eigentliche Zusammenarbeit eröffnete. Während eines Aufenthaltes in Straßburg im Herbst 1879, wo Schmidt inzwischen ein Extraordinariat innehatte, bat ihn Rodenberg, für die *Rundschau* einen Aufsatz über Storm, mit dem er befreundet war, zu schreiben.[46]

Schmidt schrieb nun auch häufiger Rezensionen – fast ausschließlich zu literaturhistorischen Werken – für die *Rundschau*. Zahlreicher als seine Beiträge in der *Rundschau* allerdings waren – und blieben – die in der *Deutschen Literaturzeitung*, einer Rezensionszeitschrift, die 1880 von Theodor Mommsen und Schmidts Straßburger Kollegen Max Roediger gegründet worden war. Auch die Wiener *Neue Freie Presse* und die von Rodenbergs Intimfeind Paul Lindau herausgegebene *Gegenwart* zählte Schmidt seit den achtziger Jahren zu den Beiträgern, da-

---

43 Nur eine Rezension (zu: Lessing. His life and writings, by James Sime. London, Straßburg 1877) erschien in der Zwischenzeit (Bd. 15, Juni 1878, S. 485-488).

44 Erich Schmidt an Wilhelm Scherer, [zwischen 25. November und 15. Dezember 1877]. In: Scherer / Schmidt: Briefwechsel, S. 100. – Der Aufsatz »Bürgers Lenore« erschien zuerst in: Erich Schmidt: Charakteristiken. Erste Reihe. Berlin 1886. S. 199-248.

45 »Der Entschluß, in der *Rundschau* künftig schärfer vorzugehen (an O. Brahm habe ich eine tüchtige Kraft dafür gewonnen), wird immer fester in mir. Vielleicht beginne ich sofort mit den Streifzügen auf dem Gebiete der neuen Literatur. An Material von Scherer und Brahm fehlt es mir schon jetzt nicht, und Neues kann leicht beschafft werden.« – Julius Rodenberg, Tagebucheintrag, 29. November 1879. In: Rodenberg: Tagebücher, S. 109.

46 »Erich Schmidt ist eine ungemein liebenswürdige, jugendlich frische Erscheinung. Ich war sehr gern und sehr viel mit ihm zusammen und freue mich, daß er auf meine Idee eingegangen ist, eine Charakteristik Storms für die *Rundschau* zu schreiben.« – Julius Rodenberg, Tagebucheintrag, 20. Oktober 1879. In: J. R.: Aus seinen Tagebüchern. Ausgewählt von Justine Rodenberg. Einführung von Ernst Heilborn. Berlin 1919 (im weiteren: Rodenberg: Tagebücher), S. 108. – Die »Charakteristik« Storms erschien in der *Deutschen Rundschau* Bd. 24 (Juli 1880), S. 31-56.

neben reine Fachzeitschriften wie die zeitweilig von Scherer mitverantwortete *Zeitschrift für deutsches Altertum.*

Als Schmidt 1885 die Leitung des Weimarer Goethe-Archivs als Gründungsdirektor übernahm, erhielt die Zusammenarbeit neue Anstöße: an guten Kontakten nach Weimar mußte Rodenberg außerordentlich gelegen sein. Mit zwei Beiträgen zu Goethe knüpfte Schmidt nun an die Goethe-Studien Scherers an.[47] Die Achse Weimar-Berlin fand damit auch im Mitarbeiter-Verzeichnis der *Rundschau* einen Niederschlag – bis dahin war selbst die Universität Jena kaum vertreten, von Weimar zu schweigen.

Die Zeit der engsten Zusammenarbeit begann indes erst 1887, als Schmidt nach Scherers Tod als dessen Nachfolger an die Berliner Universität berufen wurde. Schmidt wohnte in unmittelbarer Nachbarschaft Rodenbergs »in dieser gelehrten Ecke der Matthäikirchstraße, schräg gegenüber, drei Häuser von Grimm, vier von Curtius«[48], wie Rodenberg im Tagebuch vermerkte. Begegnungen in der Berliner Gesellschaft, aber auch im familiären Kreis, wurden alltäglich. In einem Grußwort zum siebzigsten Geburtstag Rodenbergs beschrieb Schmidt die kleine, aber erlesene Geselligkeit, die in der bescheiden-bürgerlichen Wohnung Rodenbergs stattfand, und feierte den Jubilar als »Muster eines Gast- und Familienfreundes«[49].

Nachfolger Scherers auch in der *Rundschau*, übernahm Schmidt jetzt teilweise dessen redaktionelle Beraterfunktion. Er beurteilte Manuskripte sowohl für den essayistischen als auch für den literarischen Teil der *Deutschen Rundschau* und stand als Gesprächspartner in allen literarischen und literaturhistorischen Fragen zur Verfügung: »mit dem Urteil eines Mannes, der mit der Autorität seines Amtes lobt und tadelt«[50,] wie Rodenberg seine Wertschätzung akademischer Autorität so schön zum Ausdruck brachte.

Neben die Besprechung literarhistorischer Fachliteratur traten nun auch die Kritik zur zeitgenössischen Literatur: zu Paul Heyse und Gottfried Keller, Heinrich Seidel und Rudolf Lindau, Clara Viebig und Enrica von Handel-Mazzetti, Georg Herrmann und Arthur Schnitzler (der Schmidt allerdings fremd und unverständlich blieb). Was zu Scherers Rang als Literaturkritiker gesagt wurde, gilt erst

---

47 »Goethe und Frau von Stein«. Bd. 44 (August 1885), S. 256-268. – »Frau Rath Goethe«. Bd. 47 (April 1886), S. 133-147.
48 Julius Rodenberg, Tagebucheintrag, 11. Januar 1888, Goethe-Schiller-Archiv Weimar (im weiteren: GSA), Nachlaß Rodenberg.
49 Julius Rodenberg. 26. Juni 1831-1901. [Gabe zum 70. Geburtstag, hg. von Elwin Paetel]. Berlin: Paetel 1901. S. 43
50 Julius Rodenberg, Tagebucheintrag, 8. Juli 1890. In: Rodenberg: Tagebücher, S. 153.

recht für Schmidt, dessen Wirkungsfeld ohnehin eher im Mündlichen – in Rede und Vortrag – lag. Schmidts außerordentliche Vielseitigkeit als Rezensent aber, die noch deutlicher wird, wenn man seine Arbeit außerhalb der *Rundschau* in die Betrachtung einbezieht, sein literaturkritischer Rundumschlag ist Ausdruck seiner Maxime »Im Hause der Kunst gibt es viele Wohnungen«[51]. Schmidts Lektürepensum ist staunenswert, aber seine Vielseitigkeit erweckt doch immer wieder den Eindruck des Beliebigen und scheint – selbst da, wo es um die »großen« Namen geht – an den eigentlichen literarischen Ereignissen vorbeizugehen.

Womit Erich Schmidt in seiner Berliner Zeit die *Rundschau* aber vor allem versorgte, das waren Manuskripte von Reden und Vorträgen. Bei seinem rhetorischen Talent und der ausgedehnten Vortragstätigkeit (er selbst nannte sich gelegentlich »Wanderprediger«[52]) bot sich dies an, war jedoch für eine Zeitschrift wie die *Deutsche Rundschau* nicht unbedenklich, da die Tages- und Fachpresse üblicherweise ausführlich über Reden und Vorträge berichtete und das Postulat der Neuheit damit aufgegeben wurde.[53] Mit den Reden über Gustav Freytag (»Gustav Freytag zum Dank für deutsche Dichtung, deutsche Forschung und deutsche Gesinnung«[54]) und über die »Literarische Persönlichkeit«[55] erhielt die *Rundschau* allerdings Arbeiten, die als literaturhistorische Positionsbestimmung Schmidts gelten können, ein Beleg dafür, wie hoch Schmidt das Bildungsniveau der *Rundschau* veranschlagte.

Letztere weist gleichzeitig auf den zweiten Schwerpunkt der Arbeit Schmidts für die *Rundschau*: den biographischen Essay als Würdigung »literarischer Persönlichkeiten« – von Hans Sachs über den Sturm-und-Drang-Autor Johann Mar-

---

51 Zit. nach: Alexander von Weilen: Erich Schmidt. In: Biographisches Jahrbuch und Deutscher Nekrolog. Hg. von Anton Bettelheim. Bd. 18 (1. Januar–31. Dezember 1913). Berlin 1917. S. 165.

52 Nach Volker Ufertinger: Erich Schmidt: Philologie und Repräsentation im Kaiserreich. München 1995. Magisterarbeit. Ludwig-Maximilians-Univ. München. [Manuskript]. S. 126.

53 »Aus Schiller's Werkstatt« beispielsweise (*Deutsche Rundschau* Bd. 123, 1905, S. 167-179) ist die überarbeitete Fassung eines Vortrages, für den in der Bibliographie der Schriften Schmidts nicht weniger als drei Orte der Berichterstattung angegeben sind (*Schwäbische Kronik* [= Beiblatt zum *Schwäbischen Merkur*], *Neues Tageblatt Stuttgart*, *Jahresberichte für neuere deutsche Literaturgeschichte*). Vgl. die Bibliographie der Schriften von Erich Schmidt in Scherer, Schmidt: Briefwechsel, S. 354.

54 »Dem Andenken Gustav Freytags«. Rede zur Gedächtnisfeier am 19.5.1895 im Festsaal des Berliner Rathauses. In: *Deutsche Rundschau* Bd. 83 (Juni 1895), S. 382-393. Wieder abgedruckt in: Erich Schmidt: Charakteristiken. Zweite Reihe. Berlin 1901, S. 217ff., hier S. 217.

55 »Die litterarische Persönlichkeit«. Rede zum Antritt des Rektorats der Berliner Universität. In: *Deutsche Rundschau* Bd. 141 (November 1909), S. 188-199.

tin Miller zu Theodor Storm und Marie von Ebner-Eschenbach. Schmidt schrieb die Nachrufe auf Storm und Fontane[56], auch auf seinen Kollegen Gustav Loeper und seinen Schüler Otto Brahm. Biographische Essays, eben »Charakteristiken«, waren eine Gattung, die auch die *Rundschau* besonders pflegte. Vor allem legte Rodenberg Wert darauf, jeden seiner Stamm-Autoren – beispielsweise Storm – durch einen Essay aus berufener Feder zu würdigen; an der Existenz eines solchen Essays läßt sich also gewissermaßen ablesen, wen Rodenberg zu diesem engen Kreis zählen wollte.

Der überwiegende Teil der Reden und Charakteristiken Schmidts, darunter auch einige Rezensionen, fand Aufnahme in seine Aufsatzsammlung, die 1886 und 1901 unter dem Titel *Charakteristiken* erschien,[57] Zeichen dafür, daß Schmidt diese Beiträge für wertbeständig, für »buchwürdig« hielt.

Die Position Scherers hat Schmidt in der *Rundschau*, trotz seiner langjährigen und zeitweise recht engen Mitarbeit, nie eingenommen, und Wilmont Haackes Einschätzung, Schmidt habe um die Jahrhundertwende »viel für die notwendige Verjüngung der Zeitschrift getan und manchen Autor aus der jüngeren Generation an die Rundschau herangeführt«[58], ist zu bezweifeln. Von Schmidts Schülern, die den Weg zur *Rundschau* fanden, sind vor allem Ernst Heilborn, der hier auch novellistische Beiträge veröffentlichen konnte, und Oskar Walzel zu nennen. Ob die Autoren, die um 1900 neu in die *Rundschau* traten – neben Max Halbe oder Carl Hauptmann etwa der Freiherr von Ompteda, der Heimatschriftsteller Walter Siegfried, eine Paula Winkler oder Käte Schumacher – im Ganzen tatsächlich eine Verjüngung der *Rundschau* bewirkten, ist mehr als fraglich; über Schmidts Mittlertätigkeit ist indessen nichts bekannt. Sein Engagement für Hauptmann oder für Wedekind fand in der *Rundschau* keinen Niederschlag. Es sieht so aus, als habe der allenthalben für unkonventionell und dem Neuen aufgeschlossen geltende Erich Schmidt an die »zäh reaktionäre Geschmacksrichtung« Rodenbergs[59] kräftige Zugeständnisse gemacht.

Anfangs die räumliche Entfernung, dann die Verschiedenheit der Mentalitäten und unterschwellige persönliche Vorbehalte mindestens auf Schmidts Seite (»Nachbar Rodenberg ist ein rechter Phraseur, guter Geschäftsmann, Süßholzraspler, macht sentimental journeys durch Berlin, hat im Grunde wenig Urtheil –

---

56 Auch dem Nachruf auf Fontane liegt eine Rede zugrunde, die Schmidt am 2. Oktober 1898 im Verein *Berliner Presse* hielt. Wieder abgedruckt in: Erich Schmidt. Charakteristiken. Zweite Reihe. Berlin 1901, S. 233-250.
57 Erich Schmidt: Charakteristiken. 2 Bände. Berlin 1886 / 1901.
58 Haacke: Rodenberg, S. 137.
59 Marie von Bunsen: Zeitgenossen die ich erlebte. 1900–1930. Leipzig 1932, S. 59.

aber seine Rundschau redigiert er gut.«[60]), Schmidts mündlich-rhetorische Wirkungsweise und möglicherweise auch ein latenter Antisemitismus[61] waren Ursache dafür, daß Schmidt, obwohl langjähriger Mitarbeiter und Berater Rodenbergs, immer eine gewisse Distanz zur *Rundschau* beibehielt.

An Wilhelm Scherer und Erich Schmidt lassen sich zwei Möglichkeiten journalistischer Arbeit und Selbstdarstellung der Universitätsgermanistik in einer ausserakademischen Öffentlichkeit verfolgen.

Für Wilhelm Scherer bildete die *Rundschau* ein Medium der nationalpädagogischen Mission. Mit Rodenberg teilte er die Erfahrung der nationalen Einigung, aus der heraus die *Deutsche Rundschau* entstanden war. Er öffnete als einer der ersten diese neuen Aufgabenfelder für die Universitätsgermanistik und war nicht nur Beiträger, sondern prägender und gestaltender Mitarbeiter der *Rundschau*.

Wo Scherer von »Erziehung« spricht, redet Schmidt von »Popularität« und nutzt in diesem Sinn die *Deutsche Rundschau* als Podium öffentlicher Präsenz. Seine vielen Kontakte zu zeitgenössischen Schriftstellern, seine Selbstinszenierung als öffentliche Person in den Salons und Lesekreisen, bei Reden und in der Kulturpolitik erscheinen als Versuch, das Scherersche Programm, als Teil der Zukunftsentwürfe der Nachachtundvierziger, der Generation der Reichsgründer, in der realen Gegenwart des Deutschen Reichs anzuwenden. Die Vielseitigkeit eines Mannes, der gleichzeitig Mitarbeiter der ästhetisch konservativen *Deutschen Rundschau* war und Gerhart Hauptmann zum Nobelpreis vorschlug, zeugt auch von Verunsicherung; durch seine besondere Ausstrahlung aber gelang es ihm, sich in allen Kreisen, in allen ästhetischen Lagern gleichermaßen sicher zu bewegen. Marie von Bunsens Zusammenziehung der Namen Rodenberg und Erich Schmidt bringt die Widersprüchlichkeit seiner *Rundschau*-Mitarbeit schön zum Ausdruck:

»Wurden zu Rodenbergs Lebzeiten verblaßte Literaturgrößen liebevoll betreut, wurden aufsteigende kalt mißbilligt, hielt ich mich an den lebensvoll frischen, vielvermögenden Erich Schmidt.«[62]

---

60 Erich Schmidt an Theodor Storm, 1. Januar 1888. In: Theodor Storm und Erich Schmidt: Briefwechsel. Hg. von Karl Ernst Laage. Berlin 1972. Bd. 2, S. 145.
61 Darauf weisen z.B. seine persönliche Abneigung gegen Brahm, manche Äußerung in der Korrespondenz mit Storm oder in der Rede über Gustav Freytag. Freilich hat sich Schmidt – nach meiner Kenntnis – nirgends explizit dazu geäußert.
62 Marie von Bunsen: Zeitgenossen die ich erlebte. 1900–1930. Leipzig 1932, S. 59

Beide, Scherer und Schmidt, waren für die *Rundschau* vor allem als Amtsinhaber, als Professoren für neuere deutsche Literatur der königlichen Friedrich-
Wilhelms-Universität zu Berlin von Interesse. Sie wiederum fanden in der *Deutschen Rundschau* für ihr Anliegen, die vielfach beklagte »immer tiefer werdende
Kluft zwischen der Gelehrten- und der Literaten-Welt«[63] zu überwinden, eine gute
Adresse. Daß auf diesem Weg eine Verbindung der literarischen und der akademischen Sphäre auf Dauer nicht möglich war, ließe sich an weiteren biographischen Fallstudien, etwa durch einen Vergleich mit Otto Brahm, aber auch anhand
der Zeitschriftengeschichte belegen, in deren Verlauf das Interesse am Typus
»Rundschau-Zeitschrift« bald wieder schwand.

---

63 Friedrich Spielhagen an Wilhelm Scherer, 26. Dezember 1876. Zit. nach Höppner: Das »Ererbte, Erlebte und Erlernte«, S. 185.

»Philister« contra »Dilettant«.
Gustav Roethe als Antipode des modernen Intellektuellen

Jörg Judersleben

Am Anfang hat, wie so oft, ein autoritärer Vater gestanden.

»Zwar, mein lieber Karl, bist Du nicht, wie weiland Rector Jägers Sohn, triumphirend zu Hause gekommen mit dem Rufe: Vater! ich bin durch! – Doch muß ich Dir aufrichtig sagen, daß Deine Briefe auf uns alle wohl fast einen gleich widerlichen Eindruck gemacht, wie der alte Jäger ihn bei jenem Jubel seines Sohnes muß empfunden haben. Du, der schon vor länger als einem Jahre von Nitsch für den besten Primaner der Holsteinischen Schulen erklärt bist (...) – Du springst mit dem simplen Zweiten dahin? [...] – entschuldigst Dich dann mit der gewöhnlichen Ausflucht aller schlecht fahrenden Candidaten: ich war unwohl? – ja, meinst am Ende gar, ich werde mich wohl mit dem höchst trivialen Troste begnügen, daß eine Auszeichnung nichts relevire? Karl! Karl!«[1]

Nein, dem jungen Karl Müllenhoff war es nicht gelungen, sein Meldorfer Konviktsexamen als Bester zu passieren – ein Grund für »de ol Müllenhoff«, Kaufmann aus Süderdithmarschen, den Sohn wieder einmal mit erniedrigenden Vorwürfen zu traktieren. Sein Brief datiert vom 2. November 1837, es ist nicht der einzige seiner Art. Wilhelm Scherer hat einige in Auszügen mitgeteilt, freilich nicht als Beispiele autoritärer Inanspruchnahme, sondern als Zeugnisse einer gelungenen Vater-Sohn-Beziehung, habe sich doch am Ende das herbe väterliche Naturell im Sohn vollkommen reproduziert:

»Die Mischung von Härte und Weichheit, der strenge Ton und dann wieder das warme Gefühl, die über die Wirklichkeit hinaus gesteigerte phantastische Vorstellung, die über das gerechte Maß hinaus gesteigerte Erregung, das leidenschaftliche Überströmen im Tadel, der unverhohlene Ausdruck einer heißen Liebe, die Thränen des Schmerzes, die versöhnende Umarmung [...].«[2]

Was Scherer bewundernd anführt, entspricht der Charakteristik des Hysterikers, die aber für Müllenhoff um wenigstens zwei Wesenszüge zu ergänzen ist:

---

1 Brief Johann Anton Müllenhoffs an Karl Müllenhoff vom 2.11.1837. Mitgeteilt von Wilhelm Scherer. In: Scherer: Karl Müllenhoff. Ein Lebensbild, Berlin 1896, S. 9f.
2 Ebenda, S. 12.

unbeirrbare Treue gegen den einmal eingeschlagenen Weg und entsagungsvolle Selbstdisziplin.

Es war in der Tat ein anspruchsvolles, scharf konturiertes Profil, das der Vater der deutschen Altertumskunde als verbindlich ansah – nicht nur für sich selbst und seine Söhne[3], sondern auch für seine Schüler, wodurch er es praktisch zur Grundlage seiner Wissenschaft erhob. Man kann mit Franz Schulz und Rainer Kolk von einem »philologischen Ethos« sprechen – als einer Summe von Charakterqualitäten, die am Ende ungefähr der Persönlichkeit Karl Lachmanns entspricht. Der geniale Metriker und hochgeschätzte Berliner Ordinarius für klassische und deutsche Philologie hatte freilich »nur« gelebt, was seine Nachfolger jetzt auch scharf postulierten: Man arbeitet nicht als Philologe, man ist es.

Im so gesetzten Ideal des Gelehrten korrelieren Grundmerkmale innerweltlicher Askese mit dem Klischee des Pioniers, des Grenzgängers, der weit vorstößt in unerschlossene Räume, um schließlich den Blicken der Menge zu entschwinden. »Einsamkeit« und »Freiheit«, von Humboldt einst als soziale Grundlagen wissenschaftlicher Forschung an der neuhumanistischen Universität definiert,[4] werden hier, politischer Konnotationen zunächst einmal entkleidet, zum Palladium einer Leistungselite, die ihre Fähigkeiten ethisch zu fundieren pflegte. Nicht Lachmanns bedeutende wissenschaftliche Begabung hat in den Augen Gustav Roethes die stärkste »erziehliche Wirkung« ausgeübt, sondern

> »die überall sich offenbarende sittliche Macht seiner Persönlichkeit [...], die Strenge gegen sich und andere, der unermüdliche Drang zum Echten, der unerbittliche kategorische Imperativ seiner wissenschaftlichen Methode, Eigenschaften, die verbunden waren mit einer Zartheit des Einempfindens in Individualität, einer Fähigkeit unbedingter Hingabe des eigenen Selbst [...].«[5]

Es waren dies genau die Eigenschaften, die in jenen Tugendspiegeln, wie sie Fakultätsgutachten immer auch sind, einen Gelehrten für die Berufung auf einen philologischen Lehrstuhl prädestinierten. Es waren dies auch die Eigenschaften, die die Kontrahenten im sogenannten »Nibelungenstreit« einander wechselseitig absprachen, um mit der Persönlichkeit ihres jeweiligen Gegners zugleich dessen

---

3 Vgl. ebenda, S. 130ff.
4 Wilhelm von Humboldt: Ueber die innere und äussere Organisation der wissenschaftlichen Anstalten in Berlin (1809/10). Zitiert nach: Humboldt: Gesammelte Schriften, Akademieausgabe, Zehnter Bd., hg. v. Bruno Gebhardt, Berlin 1903, S. 250-260 (250).
5 Gustav Roethe: Das germanische Seminar, in: Max Lenz: Geschichte der Königlichen Friedrich-Wilhelms-Universität zu Berlin, Dritter Bd.: Wissenschaftliche Anstalten. Spruchkammern. Statistik, Halle 1910, S. 222-230 (224).

Forschungsergebnisse zu diskreditieren.[6] Das geschah, ohne die Möglichkeit unterschiedlicher Resultate bei gleicher Methode auch nur in Betracht zu ziehen. Denn unhintergehbar ist Lachmanns Weg damals gewesen – und unhinterfragbar die selbstgesetzte Einheit von Leistung und Persönlichkeit.

1902, als Gustav Roethe als Nachfolger Karl Weinholds von Göttingen nach Berlin berufen wurde, waren der »Nibelungenstreit« und seine Folgeerscheinungen bereits Geschichte. Roethe galt sein Leipziger Lehrer Friedrich Zarncke so viel wie sein Berliner Lehrer Wilhelm Scherer. Daß er dennoch beharrlich und zuweilen polemisch auf Müllenhoffs Gelehrtenideal insistierte, hatte andere Gründe. Um 1900, als Germanistik nichts anderes war als positivistisch gelagerte Nationalphilologie, entzogen Elektronentheorie und Max Plancks Entdeckung des Wirkungsquantums der mechanistisch-kausalen Naturwissenschaft mit einemmal ihre argumentative Basis. Zugleich setzte mit dem weltanschaulichen Synkretismus der Jahrhundertwende eine Fülle geistiger Erneuerungsbestrebungen ein, die auch die Germanistik nicht verschonten. Roethe ging es darum, jedes geistesgeschichtliche Experiment, jeden Syntheseversuch unter Dilettantismusverdacht zu stellen, um wenigstens seine Fakultät als philologische Festung in der Reichshauptstadt zu behaupten.

Wie er sich vor Ort einführte, ist legendär. Sein späterer Protegé Julius Petersen erinnert sich:

»Gegen Ferienende saß ich eines Tages, mit Vorbereitung für die mündliche Doktorprüfung beschäftigt, einsam im Seminarraum, als sich die Tür öffnete und in Begleitung des Seniors ein Mann hereinstürmte, dessen wuchtiges Auftreten und feingeistiger Kopf ungewöhnliche Spannkraft, bewegte Lebensfülle, Willensstärke und Feuer verriet. Die Bestände prüfend und eine Lücke nach der anderen feststellend, kletterte er die Leitern auf und ab, und der Senior hatte Hunderte von Titeln unentbehrlicher Werke, die nebenbei mit schlagenden Bemerkungen über ihren Wert und ihre Wesensart charakterisiert wurden, zu notieren. Während ich dieses hereinbrechende Naturereignis aus meiner Ecke beobachtete wie ein Kämpfer, gegen den ich nächstens im Ring anzutreten hätte, fühlte ich den Beginn einer neuen Ära für die Berliner Germanistik.«[7]

Neu war die Ära Roethe nicht, im Gegenteil: Sie war restaurativ bis in die Rekultivierung des Leitbilds vom unbeirrbaren, strengen, nicht nur methodisch kon-

6 Siehe dazu Rainer Kolk: Berlin oder Leipzig? Eine Studie zur sozialen Organisation der Germanistik im »Nibelungenstreit«, Tübingen 1990, insbes. S. 76-81.
7 Julius Petersen: Der Ausbau des Seminars, in: Das Germanische Seminar der Universität Berlin. Festschrift zu seinem fünfzigjährigen Bestehen, Berlin u. Leipzig 1937, S. 29-35 (31).

servativen Philologen hinein, das sich unter dem toleranten Weinholdschen Altersregiment und der großzügigen Wissenschaftspraxis des selbst nicht eben methodenbewußten Philantropen Erich Schmidt tatsächlich etwas verschliffen hatte. – Es war auch höchste Zeit, selbst in den Augen einer breiteren wissenschaftlichen Öffentlichkeit begann dieses Leitbild allmählich zu erodieren. Zwar streicht Max Lenz Müllenhoffs Verdienste um die altdeutsche Philologie nach Gebühr heraus, doch unterzieht er ihn – wir schreiben 1910 – als Persönlichkeit und damit auch als Forscher einer durchaus ambivalenten Wertung. Ein echter Niederdeutscher sei Müllenhoff gewesen, »humorlos, schwerflüssiger noch als [Moriz] Haupt, herb und rückhaltlos wie dieser, gleich ihm ein unermüdlicher Arbeiter, ein Verächter und Hasser aller Halbheit, aber nicht weniger, und bis zum Eigensinn starr in den Meinungen der Schule, die ihm durch Lachmanns Autorität geheiligt waren.«[8] Eigensinn, Rückhaltlosigkeit... Gustav Roethe stellte wieder klar, daß es sich hierbei um Tugenden handelt.

Daß er sie selbst besaß, zeigt sich besonders dort, wo er seine spezifische Modernität entfaltete: in der Wissenschaftsorganisation. Roethe verschärfte nicht nur die Anforderungen des germanistischen Studiums, er sorgte auch innerhalb der Preußischen Akademie der Wissenschaften, der er seit 1911 als Ständiger Sekretar mit vorsaß, für außerordentliche Betriebsamkeit. Er machte Schluß mit Rudolf Hildebrands saumseliger Zettelei am »Deutschen Wörterbuch«, dessen Bearbeitung er als *Spiritus rector* der Deutschen Commission in enger Abstimmung mit der Reichsregierung von Grund auf reformierte. Er bombardierte die Fachwelt seit 1904 mit nicht normalisierten »Deutschen Texten des Mittelalters«, von denen einige noch heute als vorbildliche Editionen gelten. Er entschied über die Besetzung von Lehrstühlen wie über das Salär von Hilfskräften. Er schöpfte noch Drittmittel ab, als das Reich unter den Lasten von Reparationen, Bürgerkrieg und Inflation buchstäblich zusammenzubrechen drohte.[9] Spätestens 1923, als er zudem das Amt des Rektors der Berliner Universität und das des Präsidenten der Goethe-Gesellschaft bekleidete, als es ihm überdies gelungen war, über seinen Schwager Edward Schröder auf die Beratungskommission der Notgemeinschaft der deutschen Wissenschaft Einfluß zu nehmen[10], hatte Roethe seine wichtigste Mission erfüllt: die der Organisation der Germanistik zum wissenschaftlichen

8 Lenz: Friedrich-Wilhelms-Universität, Zweiter Bd., Zweite Hälfte, S. 310f.
9 Hierüber gibt insbesondere Auskunft der Bestand des ABBAW. Hist. Abt. II, Tit. Deutsche Kommission, II-VIII 16-21.
10 Der Vorschlag, Schröder hier als Germanisten aufzunehmen, stammt vermutlich von Albert Köster, jedenfalls von der Leipziger Philosophischen Fakultät. Vgl. Brief Albert Kösters an Edward Schröder vom 15.12.1920. ABBAW. Nachlaß Schröder (Splitternachlaß), o.S.

Großbetrieb – und das im Zeichen einer bereits fragwürdig gewordenen Nationalphilologie.

Wissenschaft als Großbetrieb: Etwas Neues war das nun freilich nicht mehr, nicht einmal in den geistigen Disziplinen. Die einer solchen Praxis geschuldeten Erfolge sind so bekannt wie der Preis, um den sie erkauft worden sind. Wer sich etwa die Unterkunft der *Monumenta Germaniae Historica* in der Berliner Charlottenstraße vor Augen führt, insbesondere jenen langen, mit akkurat ausgerichteten Arbeitstischen vollgestellten Gang, an dessen Ende Paul Kehr durch eine geöffnete Tür die Disziplin seiner Unterstellten zu überwachen pflegte,[11] wird kaum umhinkönnen, die zentrale technische Innovation des Zeitalters, das Fließband, zu assoziieren. Es ist kein Wunder, daß zu jener Zeit die – meist abschätzig gebrauchte – Bezeichnung »akademisches Proletariat« stark im Umlauf war. Wie jeder andere Betriebsprozeß benötigt auch der wissenschaftliche ein eisernes Soll an willigen Arbeitsbienen, die hierarchisch durch schematisierte Relationen und interaktiv durch standardisierte Prozesse miteinander verkettet sind. Der »Monumentist« – um Adolf Loos eine Sentenz zu entwenden – ist ein Sortierer, der Latein gelernt hat. Er selbst darf sich natürlich nicht so sehen. Unter diesem Blickwinkel hat Gustav Roethes eminent pathetische Verklärung der ernsten, in Entsagung zu treibenden Wissenschaft auch einen ganz praktischen Hintergrund. Wer listet schon jahrelang für einen Hungerlohn mittelalterliche Handschriften auf, der nicht überzeugt ist vom tieferen Sinn seines Tuns, für das er dann aus berufenem Mund die höheren Weihen zu empfangen hofft? Der Mythos »Wissenschaft« ist unabdingbar für das Funktionieren des Sozialsystems »Wissenschaft«, und es ist das philologische Ethos, in dem sich bei Roethe dieser Mythos manifestiert.

Gleichwohl war dieses Ethos in sich instabil, so stimmig es sich auch nach außen hin präsentierte. Nach Weltkrieg und Revolution, als Roethe auch politisch in die Defensive zu geraten fürchtete, verschoben sich die Prioritäten. Hatte in seinen einflußreichen Gutachten zuvor die wissenschaftliche Eignung eines Kandidaten die erste Rolle gespielt, so traten jetzt Charakterzüge und Persönlichkeitsmerkmale völlig in den Vordergrund. Wie aber mußte ein Gelehrter beschaffen sein, um von Roethe empfohlen zu werden? – Um Auskunft über die Kompetenz des Historikers Ernst Heymann gebeten, schreibt er im Juni 1924 seinem Freund, dem Wiener Philologen Carl von Kraus:

---

11 Siehe Richard Tüngels Fotografien. Zuletzt in: Horst Fuhrmann: »Sind eben alles Menschen gewesen«. Gelehrtenleben im 19. und 20. Jahrhundert, München 1996, S. 117-120.

»Der Kollege Heymann ist ein plumper, großer, sehr braver und zuverlässiger Germane, der unter seinem verdächtigen Namen einigermaßen leidet. Bildhübsche, herausfordernd germanische Kinder. [...] Heymann ist Antisemit, monarchisch, national, predigt die Notwendigkeit des Krieges: allerdings ein bischen nationalliberal, keine politisch energische Natur.«[12]

Daß Heymann seine *Monumenta*-Zuarbeiten zielstrebig vorantreibt, erscheint hier ebenso sekundär wie zwangsläufig, genau wie die Tatsache, daß er – nach Roethes wiederholter Versicherung – mitnichten Judenfreund, dafür »durchaus Gelehrter«[13] ist.

Umgekehrt kann »der Jude« für Roethe kein Gelehrter sein – ist er doch bereits dessen Gegenspieler: ein Intellektueller. Es ist das Klischee vom jüdischen Intellektuellen, in dem Roethes Antisemitismus wurzelt. Dahinter stand wiederum seine wachsende Angst, durch einflußreiche Vertreter einer freischwebenden, publizistisch agilen *Intelligentsia* allmählich um sein öffentliches Ansehen und damit um seine Wirksamkeit gebracht zu werden.

Die tiefe Kluft zwischen Gelehrten und Intellektuellen ist freilich kein Hirngespinst Roethes, sondern – zumindest für jene Zeit – eine greifbare Tatsache. Hie Wilamowitz, hie Ossietzky – es geht nicht nur um den methodisch angemessenen Zugang zur Wirklichkeit, sondern auch um die Deutungshoheit über künstlerische wie über politisch-gesellschaftliche Phänomene. Dafür wähnten sich beide Gruppen auf ganz gegensätzliche Art legitimiert: die Gelehrten (noch) durch den Besitz exklusiver Bildungspatente, die Intellektuellen über ihre exzentrische, also »ungebundenes« Reflektieren ermöglichende soziale Situation.

Folgt man Karl Mannheim, so ist eine derartige Entortung Grundlage für die Wahrheitsfähigkeit universell gültiger Aussagen, wie Intellektuelle sie anstreben; fehlt sie, entstünde unweigerlich Ideologie.[14] Nun beanspruchten aber auch Gelehrte vom Schlage Roethes, derartige Aussagen zu treffen, war doch mit dem Niedergang priesterlicher Autorität und der damit verbundenen »Säkularisierung vormodernen Heilswissens«[15] der Wertinterpretationsanspruch auch von den sä-

---

12 Brief Gustav Roethes an Carl von Kraus vom 23.6.1924. Staatsbibliothek Preußischer Kulturbesitz, Handschriftenabteilung, Nachlaß Kraus (Splitternachlaß), o.S.

13 Ebenda.

14 Karl Mannheim: Ideologie und Utopie, Bonn 1929, S. 121-134. Zumindest in diesem Punkt läßt sich Mannheims Modell vertreten; zu Recht kritisiert wird sein daraus abgeleiteter Führungsanspruch für Intellektuelle. Vgl. M. Rainer Lepsius: Kritik als Beruf. Zur Soziologie der Intellektuellen (1963). Abgedr. in: Lepsius, Interessen, Ideen und Institutionen, Opladen 1990, S. 270-285 (272-276).

15 Ulrich Engelhardt: »Bildungsbürgertum«. Begriffs- und Dogmengeschichte eines Etiketts, Stuttgart 1986, S. 28.

kularen Nachfahren des *status scholasticus* ursupiert worden. Wissenschaft als Beruf bedeutete für den Philologen und Universitätsprofessor Roethe etwas gänzlich anderes als für Max Weber[16]; sie schloß existentielle Sinnsetzung nicht aus, sondern basierte geradezu auf ihr. Sein philologisches Ethos schien ihm zudem mit dem Anspruch, als akademischer Führer, vaterländischer Volksredner und deutschnationaler Kolumnist das politische Geschehen apodiktisch zu kommentieren, durchaus kompatibel zu sein.

Nach M. Rainer Lepsius wird Roethe damit selbst zum Intellektuellen, war er doch Angehöriger eines Intelligenzberufes, der in kritischer Absicht seine berufliche Kompetenz überschritt.[17] Allerdings war es keine Gesellschaftsutopie, es war das idealisierte deutsche Kaiserreich, das er bis in seine wissenschaftspolitischen Zielsetzungen hinein als überlegenen Gegensatz zur Weimarer Republik affirmierte. Doch wenn Max Weber im Anschluß an seine Forderung, die Wissenschaft müsse Sache der Fachleute bleiben, denn der Dilettantismus als Prinzip sei ihr Untergang, postuliert, wer »Schau« wünsche, möge ins Lichtspiel, wer »Predigt« wünsche, ins Konventikel gehen,[18] erscheint Roethe erst recht als abtrünniger Fachmann, der öffentlich ins Politische hinüber dilettierte, der also als Gegenspieler der Intellektuellen selber einer war. Denn darin, daß selbst seine akademischen Vorlesungen zuallererst Schau und Predigt waren, herrschte zwischen Freund und Feind Übereinstimmung.[19] Der häufige Vorwurf, Roethe sei ein typischer Philister[20], wirkt demgemäß ebenso vorgeschützt wie dessen Kennzeichnung seiner Widersacher als Scharlatane. Nachvollziehen läßt er sich nur, wenn man seine Ursache ins Auge faßt: Roethe verfügte nicht nur über hohe berufliche,

---

16 Bekanntlich wandte sich Weber in seinem berühmten Vortrag vor dem Freistudentischen Bund ausdrücklich gegen die Hoffnung politisch entwurzelter Auditorien, im Hochschullehrer einen Führer zu finden, der weltanschauliche Orientierungshilfe leistet. »Denn der Irrtum, den ein Teil unserer Jugend begeht, wenn er [...] antworten würde: ›Ja, aber wir kommen nun einmal in die Vorlesung, um etwas anderes zu erleben als nur Analysen und Tatsachenfestellungen‹: – der Irrtum ist der, daß sie in dem Professor etwas anderes suchen, als ihnen dort gegenübersteht, – einen *Führer* und nicht: einen *Lehrer*. Aber nur als *Lehrer* sind wir auf das Katheder gestellt.« (Max Weber: Wissenschaft als Beruf, München u. Leipzig 1919, S. 28f.).

17 Vgl. Lepsius, S. 284.

18 Weber: Die protestantische Ethik und der Geist des Kapitalismus. Vorbemerkung. In: Weber: Gesammelte Aufsätze zur Religionssoziologie, 1. Bd., Tübingen 1920, S. 1-16 (14).

19 Die wohl prägnanteste Charakterisierung seines Vortragsstils gelang bereits 1907 Victor Klemperer. Klemperer: Berliner Gelehrtenköpfe. Roethe-Paulsen. In: *Der Zeitgeist. Beiblatt zum Berliner Tageblatt* vom 18.3.1907.

20 Vgl. dazu Frank Thieß: Die traurige Wissenschaft. Ein Brief an Herrn Geheimrat Professor Dr. Roethe. In: *Oberdeutschland. Eine Monatsschrift für jeden Deutschen* 1 (1921), S. 27-34, und die anschließend in diesem Blatt ausgetragene Debatte.

nämlich philologische Kompetenz, er hatte auch einen überaus enggefaßten Begriff von ihr. Paradoxerweise *war* es nun gerade diese berufliche Kompetenz, durch die er sich zu ihrer Überschreitung ermächtigt fühlte: Schließlich beglaubigte ihm ihr ethisches Fundament den Anspruch, als Nationalphilologe legitimer Traditionsstifter, damit aber eine Art berufener Oberlehrer aller Deutschen zu sein. Um so wichtiger war es wiederum für ihn, den Primat der Nationalphilologie innerhalb der Germanistik gegen »intellektuelle« Infiltration, also gegen methodenunsichere geistesgeschichtliche Alternativen zu verteidigen. In seinem Bestreben, das Interpretationsmonopol auch über politische Entwicklungen zu prätendieren, mußte Roethe über die Reinheit der Methode wachen, in der sich ja für ihn, wie bereits umrissen, zugleich die Reinheit des Charakters äußerte.

Diese Zielstellung brachte natürlich Intellektuelle ganz verschiedener politischer Couleur gegen ihn auf. Kein anderer Hochschullehrer wurde namentlich in der sozialdemokratischen und linksbürgerlichen Presse der frühen zwanziger Jahre so häufig glossiert und karikiert wie Gustav Roethe – was diesem wiederum als Beleg für die fehlende Seriosität seiner Gegner diente. Wenn Fritz Engel später äußert, Roethe sei ein Mensch gewesen, der bekämpft werden mußte und auch bekämpft wurde,[21] so bezieht sich das nur vordergründig auf politisch-weltanschauliche Diskrepanzen. In Roethes Fehden mit den Intellektuellen ging es primär um Interpretationshegemonie und Einflußchancen im öffentlichen Raum.

Natürlich gibt es daneben jede Menge abgeleiteter Differenzen, die Gelehrte und Intellektuelle gemeinhin trennen. Einige seien hier markiert: Der Intellektuelle kritisiert Seinsmodalitäten, der Gelehrte zunächst einmal Quellen. Der Intellektuelle denkt assoziativ, der Gelehrte denkt systematisch. Der Intellektuelle bezieht, wenn es hochkommt, Honorare, der Gelehrte, wenn er Glück hat, ein festes Gehalt. Den Intellektuellen inspiriert die moderne Großstadt, der Gelehrte haßt und fürchtet sie.[22] Denn der Intellektuelle reflektiert, wo der Gelehrte selektiert

---

21 Fritz Engel: Gustav Roethe [Nachruf]. In: *Berliner Tageblatt* vom 19.9.1926.

22 Dies scheint ganz besonders für Philologen ein recht sicherer Indikator zu sein. Seit Ostern 1897 in Berlin, ließ sich Wilamowitz im grünen Villenvorort Westend nieder, wo ihm sein Freund Roethe, »der ähnlich dachte und ähnlich lebte«, bald Gesellschaft leistete. (Ulrich von Wilamowitz-Moellendorff: Erinnerungen 1848–1914, Leipzig 1928, S. 245) Roethe sah in Berlin nach 1918 nur noch ein »Spartakisten-, Unabhängigen- und Judennest«, und »die gräßlichen Fahrten unter all dem Pöbel in der Stadtbahn, dem einzig noch bezahlbaren Beförderungsmittel«, waren ihm ein Greuel. (Brief Gustav Roethes an Carl von Kraus vom 27.12.1920. Wie Anm. 11). In der Industriestadt Halle hat nicht nur Konrad Burdach sich unwohl gefühlt, auch Rudolf Unger schimpfte auf ihre »ausgesprochene Fabrikphysiognomie« und die ihm widerwärtige proletarische Bevölkerung, die während der revolutionären

und konserviert. Es ist bezeichnend, daß Walter Benjamin – womöglich so sehr der Prototyp des Intellektuellen, wie Gustav Roethe der des Gelehrten zu sein beanspruchte – der ihm verhaßte Professor einmal im Traum als Museumsvorsteher begegnet ist.[23] – Warum dieser in seinem »Museum« den Intellektuellen wohl als Gast, aber nicht als Führer duldete, wurde bereits erläutert. Wie er im einzelnen dafür sorgte, die zentrale Domäne des Gelehrten, die Universität, den in ihr herrschenden »Denkstil«[24] vor solchen »Gästen« abzuschirmen, sei im Folgenden teils angedeutet, teils rekonstruiert.

Als mächtigem Frontmann der dominierenden »Göttinger Clique«[25] an der Philosophischen Fakultät der Universität Berlin gelang es Roethe über mehr als zwei Jahrzehnte, methodisch noch tastende, vorerst empirisch argumentierende Richtungen niederzuhalten. Das gilt nicht nur für die Germanistik. Was nützte es Hugo Münsterberg[26], sich für den Plan der Einrichtung einer ordentlichen Professur für Pädagogik und angewandte Psychologie auf amerikanische Erfolge berufen zu können, wenn die vom Kultusministerium um Rat gebetene Fakultät der gesamten Hochschulpädagogik kurzerhand den wissenschaftlichen Charakter absprach und zu der von Münsterberg angestrebten praxisorientierten Forschung lapidar bemerkte, Vielgeschäftigkeit dieser Art stünde in vollem Gegensatz zu ihrer deutschen Auffassung wissenschaftlicher und akademischer Aufgaben?[27]

Nachkriegskrise zudem mit den mitteldeutschen Insurgenten sympathisierte: »Daß diese [der Hallenser] tückische Niedertracht in deren dauerndem Charakter liegt, nicht etwa nur Augenblicksprodukt der Leidenschaft ist, darüber waren wir Kollegen uns alle einig [...].« (Brief Rudolf Ungers an Edward Schröder, 24.1.1922. ABBAW. Nachlaß Schröder, o. S.).

23 Walter Benjamin: Einbahnstraße, Berlin 1928, S. 47.

24 Begriff nach Ludwik Fleck: Entstehung und Entwicklung einer wissenschaftlichen Tatsache. Einführung in die Lehre vom Denkstil und Denkkollektiv (1935), hg. v. Lothar Schäfer u. Thomas Schnelle, Frankf. / M.1993.

25 So bezeichnete Max Lenz nach Friedrich Meinecke insgeheim die »Triumvirn« Roethe, Wilamowitz und Wilhelm Schulze. Siehe Meinecke: Straßburg – Freiburg – Berlin 1901–1919. Erinnerungen, Stuttgart 1949, S. 178.

26 Hugo Münsterberg (1863–1916) deutsch-amerikanischer Psychologe und Philosoph, Professor in Freiburg und Cambridge (Mass.), verfaßte bahnbrechende Arbeiten zur angewandten Psychologie (»Psychotechnik«), hierbei insbesondere zur Arbeits- und Betriebspsychologie und zum Wertbegriff.

27 Siehe den Brief von Hugo Münsterberg an den Kultusminister vom 6.5.1912, Schreiben des Kultusministers an die Philosophische Fakultät der Friedrich-Wilhelms-Universität vom 25.6.1912, Antwortschreiben der Fakultät an den Minister vom 13. (indirektes Zitat) u. 27.7.1912, Antwortbrief des Ministers an Münsterberg vom 10.9.1912. Geheimes Staatsarchiv – Preußischer Kulturbesitz, Bestand Kultusministerium (im folgenden GStA-BK), Professoren der Philosophischen Fakultät der Universität Berlin, I. HA Rep. 76 Va Sekt. 2 Tit. IV Nr. 61 Bd. XXI, Fo. 105-118, 185-190, 200-204.

Was half es dem jüdischen Soziologen Georg Simmel[28], auf sensationelle Resonanz verweisen zu können, wenn er gar eine völlig neue Wissenschaft vertrat, die
für Roethe natürlich noch gar keine war?[29] Um endlich ein Ordinariat antreten zu
können, mußte Simmel aus der geliebten Großstadt nach Straßburg entweichen.

Nach Weltkrieg und Revolution drohte Roethes Lage prekär zu werden. Seine
Fakultät sah er zunehmend als »Synagoge«, die »demokratische Professoren- und
Intellectuellengesellschaft« durch die vorgesetzte Behörde protegiert.[30] Im Winter
1920 kam es zur Eskalation. Das preußische Kultusministerium beabsichtigte,
den seit fast sieben Jahren vakanten Lehrstuhl Erich Schmidts neu zu besetzen,
und zwar zugleich mit Julius Petersen und Friedrich Gundolf – zwei völlig verschiedenartigen Persönlichkeiten. Die Öffentlichkeit sah darin zu Recht den Versuch, an Deutschlands einflußreichstem germanistischen Seminar Traditionsbe-
wußtsein und Innovationsgeist zu gleichen Teilen zur Geltung zu bringen, und sie
begrüßte das. So kommentiert die *Vossische Zeitung* am 11. März 1920:

> »Wenn jetzt die Nachfolge des Meisters der Literaturhistorie geteilt wird zwischen einem
> Fachgermanisten und einem Vertreter der neuen, sagen wir intuitiven Geschichts-
> [auf]fassung, so ist das eine glückliche Lösung der lange verworrenen Frage. Das Prinzip
> der strengen philologisch-historischen Arbeit wird mit dem vortrefflichen Petersen gewahrt,
> und mit Gundolf tritt daneben der Geist der Schlegels, der vielleicht – wie alle Romantik –
> immer der Geist der Jüngsten ist.«[31]

Für Roethe war es der Geist der Intellektuellen, den sein früherer Student – ein
»Jude« eben – selbst an Goethe zu erproben sich unterfangen hatte.[32] Tatsächlich
nähert Gundolf sich Goethe so, wie sein späterer Freund Wilhelm Furtwängler
sich Beethoven zu nähern pflegte: mit dem prononcierten Bestreben, die emphati-
sche Interpretation zur eigenschöpferischen Leistung auszubauen. Sein Erfolgs-

---

28 Georg Simmel (1858-1918) Soziologe und Philosoph, Professor in Berlin und Straßburg,
   zahlreiche, oft essayistische Arbeiten zur modernen Lebenswelt, Anreger wichtiger Kon-
   zeptualisierungen innerhalb der Soziologie. Michael Landmann führt die, vorsichtig gesagt,
   reservierte Haltung der Fakultät gegenüber Simmel in erster Linie auf Wilhelm Diltheys
   skeptische Distanz und den Antisemitismus Gustav Roethes zurück. Siehe Landmann: Bausteine zu einer Biographie. In: Buch des Dankes an Georg Simmel. Hg. v. Kurt Gassen u.
   Michael Landmann, Berlin 1958, S. 11-33 (21f.).
29 Zur Konsolidierung der Soziologie als Wissenschaft s. zuletzt Volker Kruse: Von der historischen Nationalökonomie zur historischen Soziologie. Ein Paradigmenwechsel in den deutschen Sozialwissenschaften um 1900. In: *Zeitschrift für Soziologie* 3 (1990), S. 149-165.
30 Briefe Gustav Roethes an Carl von Kraus vom 1.6.1921 u. vom 29.12.1924. Wie Anm. 11.
31 Die Nachfolge Erich Schmidts. Julius Petersen und Friedrich Gundolf. In: *Vossische Zeitung*
   vom 11.3.1920.
32 Friedrich Gundolf: Goethe. Berlin 1916. Die Monographie erlebte bis 1925 zwölf Auflagen.

buch von 1916 verwischt die Grenze zwischen Kunst und Wissenschaft; es kann wohl Gegenstand der philologischen Methode sein, ist aber keinesfalls ihr Resultat. Daß die Fachgelehrten es behutsam ächteten, nimmt nicht wunder; Ernst Osterkamp spricht treffend von »Abwehr durch Lob«[33]. Interessanter ist, daß führende Vertreter benachbarter Disziplinen dem Ministerium Gundolfs Berufung schon vorher in leidenschaftlicher Tonlage empfohlen hatten. So jubelt Heinrich Rickert über dessen »tiefes Verständnis von Goethes Weltanschauung« und merkt an, es sei doch erhebend, »daß in so schwerer Zeit in Deutschland dieses Buch veröffentlicht werden« könne.[34] Und Adolf von Harnack verbindet sein flammendes Bekenntnis zu Gundolf, für den die größte Universität gerade groß genug sei, mit einem gleichfalls pathetischen Bekenntnis zur kulturwissenschaftlichen Synthese:

> »Geschichte apart, Religion apart, Nationalökonomie apart, Literatur apart, Philosophie apart – das geht nicht mehr. [...] Die Staatsregierung wird sich aufs Neue als procuratrix litterarum im höchsten Sinne bewähren, wenn sie [...] an ihrem Teile dem Widerstand der alten Wissenschafts-Geometer und der Banausen mit starker, sanfter Hand begegnet und ›neue Fächer‹ schaffen hilft. Es winkt dabei das höchste Ziel: die verloren gegangene Einheit einer höheren deutschen Kultur, die sich nun wieder zu bilden beginnt, wieder heraufführen zu helfen. Wir sind im Aufstieg!«[35]

Solchen Elogen stand die Mehrheitsmeinung der Fakultät gegenüber, die sich unter Federführung Roethes als Hauptquartier der »Geometer« in Szene setzte. Daß Gundolf keineswegs allen angeführten Kriterien des Intellektuellen entsprach, ist zweitrangig, stand doch hinter ihrer abweisenden Haltung ein traditionelles Argument der Intellektuellenkritik: der Vorwurf, nicht über die Kompetenz und folglich auch nicht über die Zuständigkeit des Fachmanns zu verfügen – also ein Dilettant zu sein. Am 1. März 1920 erklärte die Fakultät dem Ministerium, »der wegweisende Grundsatz, den einst Carl Lachmann geformt und zu dem sich Wilhelm Scherer mit Nachdruck bekannt hat: ›nur der befreit sich im Urteil, der

---

33 Ernst Osterkamp: Friedrich Gundolf zwischen Kunst und Wissenschaft. Zur Problematik eines Germanisten aus dem George-Kreis. In: König/Lämmert (Hg.), S. 177-198 (191).
34 ›Gundolf‹. Gutachten Heinrich Rickerts für das preußische Kultusministerium vom 5.2.1917. GStA-BK, Professoren der Philosophischen Fakultät B: Philologische Wissenschaften. I. HA Rep. 76 Va Sekt. 2 Tit. IV Nr. 68 B Bd. I, Fo. 9f. (9).
35 ›Gundolf‹. Gutachten Adolf von Harnacks für das preußische Kultusministerium, o. D., eingegangen am 19.1.1917. Ebd., Fo. 3-5 (5).

sich ergibt‹«, sei Gundelfinger[36] seiner Begabung nach unzugänglich, er selbst also für eine Berliner Professur ungeeignet.[37] Als das Ministerium trotzdem an Gundolf festhielt, verschärfte sie den Ton, sprach diesem pauschal die Fähigkeit ab, »feste wissenschaftliche Erziehung zu üben« und verwahrte sich schroff »gegen die Berufung eines hochbegabten Schriftstellers [...], der seiner ganzen Art nach wesensfremd in ihrer Mitte stünde«.[38]

Roethes Kampf gegen Gundolf war zugleich ein Kampf gegen dessen Anwerber. Mochte er Kultusminister Konrad Haenisch auch nur mit jener Verachtung begegnen, wie sie ein deutscher Philologe dem früheren Leiter der »Sozialistischen Flugschriftenzentrale« nun einmal zu zollen hat; in Haenischs Mitarbeiter Carl Heinrich Becker witterte er einen Feind von Format. Denn Becker war Intellektueller, ein Publizist und Schöngeist, dem es zudem gelungen war, nicht nur als Lehrer am Hamburger Kolonialinstitut, sondern auch im Staatsdienst zu reüssieren. Als Staatssekretär und später als Minister gebot er über ein kleines, aber schlagkräftiges Heer umtriebiger »Beckerjungen«[39], mit dem er die alte Ordinarienuniversität von Grund auf zu reformieren suchte. Daß er darin später scheitern sollte, konnte Roethe noch nicht ahnen. Schließlich hatte gerade wieder eine programmatische Broschüre Beckers für – weithin positives – Aufsehen gesorgt, in der er die strikte Fächertrennung mit der Bemerkung abtat, sie erzöge Ohren-, Nasen- und Hautspezialisten, aber keine Ärzte.[40] – Und die Philologie? Sie ermögliche in ihrer traditionellen Form zwar die Kenntnis der Lautverschiebungen, aber nicht den Einblick in Kulturzusammenhänge.[41] Demgegenüber favorisierte Becker die »soziologische Betrachtung« im Sinne einer *histoire contemporaine* und die Philosophie als neue Königsdisziplin, die ihren spezialfachlichen Cha-

---

36 Roethe gebrauchte generell Gundolfs Geburtsnamen, wohl um dessen wissenschaftliche Aspirationen von seinen künstlerischen zu sondern und zugleich seine jüdische Abkunft herauszustreichen.

37 Schreiben der Philosophischen Fakultät der Friedrich-Wilhelms-Universität an das preußische Kultusministerium vom 1.(4.)3.1920. UA der HUB. Philosophische Fakultät, Dekanat, Nr. 1469, Fo. 29f. (29). Die Kontroverse ist ausführlich rekonstruiert bei: Wolfgang Höppner: Eine Institution wehrt sich. Das Berliner Germanische Seminar und die deutsche Geistesgeschichte. In: König/Lämmert (Hg.), S. 362-380.

38 Schreiben der Philosophischen Fakultät der Friedrich-Wilhelms-Universität an das preußische Kultusministerium vom 19.3.1920. UA der HUB, a.a.O., Fo. 33f.

39 So pflegte man im Preußischen Landtag das ausgezeichnete neue Personal zu titulieren, auf das sich Becker bei seiner kultur- und bildungspolitischen Gesetzgebungsarbeit stützte. S. Kurt Düwell: Staat und Wissenschaft in der Weimarer Epoche. In: *Historische Zeitschrift,* Beih. 1: Beiträge zur Geschichte der Weimarer Republik, München 1971, S. 31-74 (62f.)

40 Carl Heinrich Becker: Gedanken zur Hochschulreform, Leipzig 1919, S. 5

41 Ebenda.

rakter abzustreifen und die große Synthese zu stiften habe.[42] Auch sei die Universität keine Reproduktionszelle wirtschaftlich begünstigter Eliten, sondern eine Institution zur Bildung breiter Massen, denen der Zugang zu erleichtern sei; hier wiegt Becker schon die Grundargumente von 1968 gegeneinander auf:

> »Der befürchtete Qualitätsrückgang schreckt mich nicht. Auch in der Wissenschaft muß der Obrigkeitsstaat aufhören.« Und: »Nur wo Masse ist, gibt es Elite.«[43]

Was Becker in Roethes Augen war, liegt auf der Hand: »ein Lump«, der »die ernste Wissenschaft mit dem zähen Haß des unverbesserlichen Dilettanten« haßt.[44] Er hatte es ja selber praktisch eingestanden:

> »Ist es nicht heute gang und gäbe, daß man einen Mann mit unbequemen neuen Gedanken gern als Dilettanten kaltstellt? Das Wunderbarste ist, daß man bei uns damit tatsächlich Ideen und Existenzen totschlagen kann. Demgegenüber scheint mir die neue Gesinnung, die wir brauchen, der Mut zum Dilettantismus.«[45]

Roethes haßerfüllten Tiraden auf den neuen Staat und seine Wissenschaftspolitik begegnete Becker mit der überlegenen Contenance dessen, der meint, schon Sieger zu sein. Dem permanenten Drängen seines Ministers auf eine disziplinarische Maßregelung Roethes entzog er sich. Als Haenisch unter dem Eindruck eines Vorwärts-Kommentars über Roethes republikfeindliches Auftreten auf dem Potsdamer Jugendtag vom 28. August 1919 anmerkte, es sei höchste Zeit, endlich einmal »ein ernstes Wort mit Herrn Roethe zu sprechen«, vollzog Professor Bekker gar den Schulterschluß mit Professor Roethe: Wenn es der Minister verböte, [sozialistische] Volksschullehrer auf Grund abfälliger Äußerungen über ihre Vorgesetzten zu ermahnen, so dürfe einem Universitätsprofessor die Freiheit der öffentlichen Rede erst recht nicht beschnitten werden.[46] Und auf die Anregung derselben Zeitung, Deutschlands »hauptnationalistischen Schreier« für ein paar Jahre als Austauschprofessor zu den Eskimos auszusiedeln,[47] reagierte Becker mit dem Ratschlag, der Minister möge »derartige Auslassungen des führenden Blattes der

---

42 Ebenda, S. 9
43 Ebenda, S. 34 u. 41.
44 Brief Gustav Roethes an Carl von Kraus vom 27.12.1920. Wie Anm. 11.
45 Becker, S. 63.
46 Randvermerke Konrad Haenischs und Karl Heinrich Beckers auf einem Exemplar des Vorwärts vom 29.8.1919. GStA-BK, Professoren B. I. HA Rep. 76 Va Sekt. 2 Tit. IV Nr. 68 B Bd. I, Fo.112.
47 »Gerade darum ...«. In: Vorwärts vom 12.2.1920.

größten deutschen Partei« besser unterbinden, ließen sie Roethes Überlegenheit doch nur noch deutlicher zutage treten[48].

Dem massiven Bestreben der linken Presse, Roethe als Nationalisten anzuprangern, stand Becker auch sonst mit deutlicher Distanz gegenüber. Gleichwohl war er nicht bereit, seinen Argumenten nachzukommen. In der Gundolf-Kontroverse standen sich im Frühjahr 1920 verhärtete Fronten gegenüber. Es steht fest, daß Haenisch und Becker Gundolf auch gegen den erklärten Willen der Fakultäten berufen hätten. Wer schließlich nachgab, war Gundolf selbst. Auf seine mutlose Anfrage, ob er in der Fakultät auch nur auf den mindesten Rückhalt rechnen dürfe,[49] antwortete Becker persönlich mit einem achtseitigen Brief, in dem er seinen Favoriten nochmals geradezu flehentlich umwarb und ihm außerordentliche Vergünstigungen in Aussicht stellte. Es sei die speziell durch Gundolf vertretene Geistigkeit, »diese Verbindung von Literaturgeschichte und künstlerischer Produktion, diese aufs Menschliche gerichtete, vertiefte Lebensauffassung«, die ihn prädestiniere, in Berlin eine Mission zu erfüllen; im übrigen bedeute die Opposition der Fakultät lediglich, daß der »Hauptfachmann« mit einigen Getreuen gegen ihn sei – ein Problem, das die binnen kurzem wirksame Zwangsemeritierung fünfundsechzigjähriger Professoren ohnehin bald lösen würde.[50] Es half nichts, Gundolf zog es vor, in Heidelberg auf sicherem Boden zu bleiben.

Doch noch gab das Ministerium sich nicht geschlagen. Am 8. Mai 1920 informierte es die Fakultät über seine Absicht, an Stelle Gundolfs Konrad Burdach zu berufen, und zwar »mit dem besonderen Auftrag, die neue deutsche Sprach- und Literaturgeschichte im Rahmen der ihn beschäftigenden geisteswissenschaftlichen Studien zu vertreten«.[51] Daraufhin wiederholte sich das Spiel. Hatten auch divergierende fachliche Präferenzen, vermutlich ungerechtfertigte Plagiatsvorwürfe Burdachs und seine frühere Eifersucht auf Roethes Berufung an die Berliner Universität die vormals enge Freundschaft der beiden längst erkalten lassen,[52] maß-

---

48 Randvermerke Carl Heinrich Beckers auf einem Exemplar des *Vorwärts* vom 12.2.1920. GStA-BK, Professoren B. I. HA Rep. 76 Va Sekt. 2 Tit. IV Nr. 68 B Bd. I, Fo. 212.
49 Brief Friedrich Gundolfs an Erich [?] Wende vom 1.4.1920. Ebd., Fo. 257f. (257).
50 Brief Carl Heinrich Beckers an Friedrich Gundolf vom 17.4.1920. Ebd., Fo. 259-262 (261).
51 Schreiben des preußischen Kultusministeriums an die philosophische Fakultät der Friedrich-Wilhelms-Universität vom 8.5.1920. UA, a.a.O., Fo. 34.
52 Seiner wissenschaftlichen Orientierung gemäß, vernachlässigte Burdach Edward Schröders *Zeitschrift für deutsches Altertum* und übernahm statt dessen häufiger Rezensionen für die *Deutsche Literaturzeitung*. Seine durch Erich Schmidt genährten Hoffnungen auf Karl Weinholds Ordinariat hatten sich seinerzeit nicht erfüllt; offenbar war es Ulrich von Wilamowitz-Moellendorff gelungen, seinen Einfluß auf den allmächtigen Ministerialdirektor Friedrich Theodor Althoff geltend zu machen und ihm die Berufung seines Freundes Roethe nahezulegen. Diese Hinweise verdanke ich Frau Dr. Agnes Ziegengeist. – Die schleichende

geblich für Roethes Widerstreben dürften auch im Falle Burdachs dessen geistesgeschichtliche Vorlieben gewesen sein, die Roethe nur auf die Abkehr vom philologischen Ethos zurückzuführen vermochte. Schließlich hatte ihm Burdach selber schon vierzehn Jahre zuvor beschieden, er betrachte sich als »Vertreter der
deutschen Culturgeschichte«, der sich »je länger, je mehr von der rein germanistischen Forschung« zurückzöge und nur unter Berücksichtigung dessen eine Uni-
versitätsprofessur überhaupt annehmen würde.[53] Daß Burdachs Großmutter müt-
terlicherseits Jüdin war, mag Roethes Aversionen zusätzlich geschürt haben; noch
im Winter 1925 äußerte er sich privatim recht indigniert über die Absicht des
Gründungsausschusses der Deutschen Akademie in München, zur Pflege des
Deutschtums ausgerechnet den »Halbjuden« Burdach zu bestellen.[54] Hinzu kam,
daß Roethe den widerstrebenden Burdach unbedingt auf seiner Akademieprofes-
sur halten wollte, war er doch als Forscher sein bestes Pferd im Stall. Hier hatte
Burdach freilich keine Lehrerfahrungen sammeln können – was die Fakultät wiederum als Hauptgrund für ihre ablehnende Haltung anführte[55]. Listigerweise wies
sie zusätzlich darauf hin, daß ein endgültiger Ratschluß in Sachen Burdach nur
unter Mitwirkung von Julius Petersen getroffen werden könne[56] – ein kleiner
Wink für den Minister, dessen Entscheidung für Berlin ein wenig zu beschleuni-
gen. Parallel dazu drang Roethe in den labilen, etwas weltfremden Burdach, seine
Ambitionen auf eine späte Universitätskarriere nochmals zu überdenken.[57]

Entfremdung zwischen Roethe und Burdach ist besonders von letzterem schmerzlich wahrgenommen worden; in einem Brief an Roethe vom Mai 1915 spricht er von einer »Kluft, die
uns leider (...) nun schon seit 15 Jahren scheidet«. (Brief Konrad Burdachs an Gustav Roethe vom 28.5.1915. ABBAW. Nachlaß Burdach, o. S.) Zum Plagiatsvorwurf siehe den Brief
Gustav Roethes an Carl von Kraus vom 20.5.1900. Wie Anm. 11.

53 Brief Konrad Burdachs an Gustav Roethe vom 4.7.1906. ABBAW. Nachlaß Burdach,
Briefe Gustav Roethes [Briefe Burdachs an Roethe], o. S.

54 Brief Gustav Roethes an Carl von Kraus vom 20.2.1925. Wie Anm. 11.

55 Schreiben der Philosophischen Fakultät der Friedrich-Wilhelms-Universität an das preußische Kultusministerium vom 3.8.1920. UA, a.a.O., Fo. 44

56 Ebd. Für den Fall, daß Petersen den Ruf wider Erwarten doch noch ablehnen würde, verlangte die Fakultät erst recht freie Hand.

57 Das geht aus mehreren schriftlichen Äußerungen Roethes deutlich hervor. Vgl. insbes. Brief
Gustav Roethes an Hugo Krüss vom 23.6.1920, in dem er dem Ministerialdirektor der
Hochschulabteilung versichert, daß Burdach als Hochschullehrer so untauglich wie für die
Akademie unentbehrlich sei, und Brief Gustav Roethes an Konrad Burdach vom
29.10.1920, in dem er sich auch im Namen der philosophisch-historischen Klasse dafür be-
dankt, daß Burdach den Ruf ausschlug und an seinen »erfolg- und aussichtsreichen akade-
mischen Arbeiten auch künftig festhalten« will. ABBAW. Hist. Abt. II, Tit. Personalia, II-
III 38, Fo. 59 u. 170

Und Roethes Rechnung ging auf. Zum 1. Oktober 1920 berief der Minister Julius Petersen offiziell auf den Lehrstuhl Erich Schmidts. Keine vierzehn Tage später erhielt er einen Brief von Konrad Burdach. Darin heißt es:

»Angesichts der Tatsache, dass bisher die Fakultät ihre Zustimmung zu meiner Berufung nicht erteilt hat, dass ferner von dem Dekan [Fritz Cohn] meine Bitte, mich über die Stimmung der Fakultät hinsichtlich meines etwaigen Eintritts aufzuklären, mit dem Hinweis auf eine abzuwartende Fakkultätsbesprechung unter Teilnahme von Professor Petersen abgelehnt ist, dass endlich ein freundlicher Brief, den ich an Hrn. Roethe richtete, um für unsere künftige Stellung zu einander eine Grundlage des Vertrauens zu schaffen, ohne Antwort blieb, kann ich mich leider nicht entschließen, den ehrenvollen Antrag des Hrn. Ministers anzunehmen.«[58]

Daß ihm Roethe als Vorsitzender Sekretar der philosophisch-historischen Akademieklasse in Aussicht gestellt hatte, sein Jahresgehalt um 6000,– Reichsmark aufzubessern,[59] erwähnt Burdach freilich nicht.

Am Ende blieb es dann bei Petersens Berufung. Als Meister der Kunst, Agitation und Geheimdiplomatie wirksam zu amalgamieren, hatte Roethe den Primat der Philologie für die Berliner Germanistik nochmals durchgesetzt. Seine Kämpfe waren Rückzugsgefechte, wenn er sie auch alle gewann. Der weitaus konziliantere Julius Petersen strebte nach Roethes Tod danach, Philologie und Geistesgeschichte endlich auch in Berlin miteinander auszusöhnen.[60] Roethe selbst erweckte gegen Lebensende zunehmend den etwas tragischen Eindruck eines Menschen, der sich in veränderter Zeit »nicht mehr zurechtfand und zurechtfinden konnte«, wie sich sein ihm wohlgesonnener Schüler Werner Richter in den fünfziger Jahren erinnert.[61]

Es wirkt folgerichtig, daß sich zunächst niemand für die Traueransprache fand, nachdem Roethe im September 1926, sein geliebtes Gasteiner Tal vor Augen, plötzlich tot zusammengebrochen war. Schließlich übernahm Rektor Josef Pompeckj die traurige Pflicht, und ein eindrucksvoller Kondukt wurde es am Ende doch. Unter den Bannern der Universität und zahlreicher nationaler Verbände sah

---

58 Brief Konrad Burdachs an das preußische Kultusministerium vom 11.10.1920. GStA-BK, Professoren B. I. HA Rep. 76 Va Sekt. 2 Tit. IV Nr. 68 B Bd. I, Fo. 366

59 S. Auszug aus dem Protokoll der Sitzung der philosophisch-historischen Klasse vom 21.10.1920. ABBAW. Hist. Abt. II, Tit. Personalia, a.a.O., Fo. 168. Die Klasse war dann auch einverstanden.

60 Vgl. Petra Boden: Julius Petersen. Ein Wissenschaftsmanager auf dem Philologenthron. In: *Euphorion* 88 (1994), S. 82-102.

61 Werner Richter: Berliner Germanistik vor und nach dem hundertjährigen Jubiläum der Friedrich-Wilhelms-Universität. In: Studium Berolinense, S. 490-506 (505).

man auch Prinz August Wilhelm von Preußen und Oscar Hergt, den früheren Vorsitzenden der Deutschnationalen Volkspartei, ihrem treuen Gefolgsmann auf dem Friedhof der Luisengemeinde die letzte Ehre erweisen. Ob jenen Doktoranden seines Seminars, die den Sarg trugen, bewußt war, daß sie zwar nicht den letzten wichtigen Vertreter der Lachmannschen Philologie, wohl aber den letzten wichtigen Vertreter ihres innerdisziplinären Alleinvertretungsanspruchs zur Ruhe geleiteten, steht dahin.

Tatsächlich wurde mit Roethe eine wissenschaftliche Ära beerdigt. Als sein Schwager Edward Schröder 1937 im Alter von neunundsiebzig Jahren die – noch von Burdach angeregte – Ausgabe des Müllenhoff-Schererschen Briefwechsels absegnete, entledigte er sich dieser letzten Vasallenpflicht mit der verlegenen Bemerkung, man möge derartige Korrespondenzen doch besser in Regestenform drucken.[62] So wird ein Leitideal historisch – am Ende selbst für den, der ihm zeitlebens die Treue zu halten sucht. Der Nordist Andreas Heusler, selbst schon zweiundsiebzigjährig, glaubte nachvollziehen zu können, weshalb Jüngere sich angewidert aus dieser vergilbten Welt zurückzögen. Tiefes Mitleid, so schreibt er an Wilhelm Ranisch, tiefes Mitleid packe ihn mit Müllenhoff, »mit diesem unbeherrschten, unerzogenen Mann«, der lebenslang die wehrlose Beute seiner Amokläufe geblieben sei.[63] Im Grunde hat ihn Scherer einst ganz ähnlich charakterisiert, doch hörte es sich völlig anders an; im leidenschaftlichen Überströmen des besessenen Pioniers vermag Heusler nur mehr das Toben eines neurotischen Berserkers zu erkennen. Nicht einmal persönliche Tragik will er Müllenhoff zugestehen; tragisch sei eher, daß seine Autorität dort, wo er fehlte – wie etwa in den Piècen über Kudrun und die Nibelungen – den Fortgang der Forschung dauerhaft blockiert habe.[64] Gibt hier also der Philologe Heusler dem angestammten philologischen Ethos in Gestalt seines profiliertesten Vertreters den Gnadenstoß? – Das nun nicht. Denn ein starker Hauch wehe ihn dennoch an aus jener Heroenzeit, in der er zu Füßen Hermann Pauls gesessen und die Lautgesetze des Althochdeutschen als lebenswichtige Angelegenheit betrachtet habe.[65]

Heusler war Schweizer, und er war liberal konditioniert. An der Berliner Universität hat er sich fünfundzwanzig Jahre lang in einer etwas randständigen Posi-

---

62 Edward Schröder: Geleitwort zum Briefwechsel zwischen Karl Müllenhoff und Wilhelm Scherer. Im Auftrag der Preußischen Akademie der Wissenschaften hg. von Albert Leitzmann, Berlin u. Leipzig 1937, S. VII-XX (VIII).

63 Brief Andreas Heuslers an Wilhelm Ranisch vom 2.11.1938. Abgdr. in: Andreas Heusler an Wilhelm Ranisch. Briefe aus den Jahren 1890–1940. In Zusammenarbeit mit Oskar Bändle hg. v. Klaus Düwel u. Heinrich Beck, Basel u. Frankfurt am Main 1989, S. 646-648 (647)

64 Ebenda.

65 Ebenda, S. 647f.

tion behaupten und sich folglich auch ein paar Talente des Intellektuellen aneignen müssen. Hier hat er beobachten gelernt und jene bald zermürbende, bald befreiende Fähigkeit entwickelt, die der Schule vormals als reine Häresie erschienen wäre: die Fähigkeit zu Distanz und Selbstreflexion, die ihn die eigenen Leistungen wie die der gesamten philologischen Richtung in ihrer Ambivalenz und Zeitgebundenheit wahrnehmen ließ. So sei ihm denn hier das letzte Wort gelassen:

»Alles hat seine Zeit: erst als Greis merkt man so recht, wie Strömungen, die man einst als zeitlich unbegrenzt ansah, eines Abends die hippokratischen Züge tragen.«[66]

---

66 Ebenda, S. 648.

Julius Petersens Berliner Barock-Seminar 1927/28
zwischen den Schulen und Zeiten

Alexander Honold

Es kommt nicht allzu häufig vor, daß Lehrveranstaltungen Geschichte machen. Von »Julius Petersens berühmtem Berliner Barock-Seminar« des Wintersemesters 1927/28 war im akademischen Leben noch ein gutes halbes Jahrhundert später verschiedentlich die Rede.[1] In ihrer Themenstellung und Zusammensetzung erwies sich diese auf den ersten Blick eher unscheinbare Übung zur »Lyrik des Barockzeitalters« als kennzeichnend für eine wissenschaftsgeschichtliche Umbruchphase innerhalb der Weimarer Republik. Diese Position ›zwischen den Schulen und Zeiten‹ ist meiner Ansicht nach ein wichtiges Motiv dafür, sich aus heutiger Sicht gerade mit diesem Zeitraum und dieser Veranstaltung näher zu beschäftigen.

In Julius Petersens Barock-Seminar waren viele Wohnungen, was die methodologische Ausrichtung betraf; seine Teilnehmer kamen aus den unterschiedlichsten Denktraditionen; und es waren wiederum sehr unterschiedliche Wege, auf denen einige von Petersens Schülern später in führende Positionen der westdeutschen Nachkriegsgermanistik gelangten. Auch Petersen selbst wird in jüngeren Untersuchungen zur Fachgeschichte mit gemischten Charakterisierungen bedacht – er erscheint als erster Vertreter eines neuen Typus des Wissenschaftsmanagers, zugleich aber als traditionsbewußter Statthalter der Philologie.[2] Wenn von Petersens federführender Mitwirkung an der Selbstfaschisierung der Germanistik nach 1933 die Rede sein muß, so werden andererseits und fast im selben Atemzug seine wissenschaftliche Liberalität und persönliche Loyalität betont, die er auch jenen seiner Schüler entgegenbrachte, die durch den Nazismus verfolgt wurden und aus Deutschland fliehen mußten. Aus den materialreichen Arbeiten von Petra Bo-

---

1 So bei Eberhard Lämmert anläßlich einer Ausstellung, die dem Andenken des Germanisten Richard Alewyn gewidmet war, der als bereits promovierter Gasthörer an dem Petersen-Seminar teilgenommen hatte. (Eberhard Lämmert: Wiederbegegnung mit Richard Alewyn. In: Richard Alewyn. Ausstellung der Universitätsbibliothek der Freien Universität Berlin. Mit unveröffentlichten Dokumenten und Fragmenten aus dem Nachlaß und einem Beitrag von Klaus Garber. Berlin 1982, S. 2.)
2 Treffend zusammengefaßt bei Petra Boden: Julius Petersen. Ein Wissenschaftsmanager auf dem Philologenthron. In: *Euphorion* 88 (1994), S. 82-103.

den, der wir die meisten Informationen über den wissenschaftlichen Werdegang
und das Wirken Petersens verdanken, ergibt sich der Eindruck, daß die diploma-
tische, auf Kompromisse bedachte Bewegung zwischen im Grunde unvereinbaren
Tendenzen ein bestimmender Zug schon zu Beginn seiner Karriere war.

Zwischen der alten Schule philologischer Verfahrens-Akribie und dem neuen
Denken in kulturellen und philosophischen Zusammenhängen suchte Petersen in
seinen Vorträgen und Publikationen der zwanziger Jahren immer wieder zu vermitteln.[3] Sein Seminar über Barocklyrik bewies Aufgeschlossenheit und ein Gespür für die Themen, die in der Luft lagen, ebenso wie auf anderem Feld beispielsweise seine originelle Herangehensweise an Fontane und sein Interesse für
die Großstadtliteratur. Julius Petersen, da ist dem Urteil Petra Bodens gewiß zu-
zustimmen, war kein origineller Denker[4] oder genialer Gründervater eines schul-
bildenden Literaturverständnisses; aber er war einer der, man könnte fast sagen,
›involviertesten‹ Protagonisten der Germanistik der zwanziger und dreißiger Jahre, von dessen Wirken aus viele ihrer Kontroversen und Weichenstellungen er-
schließbar sind. Die Probe darauf soll hier mit dem Versuch gemacht werden,
Wissenschaftsgeschichte als Mikrohistorie zu betreiben, als dichte Beschreibung
einer einzigen Lehrveranstaltung und ihres Kontextes.

Das Barock-Seminar 1927/28 und sein Kontext

Das Vorlesungsverzeichnis der Friedrich-Wilhelms-Universität weist für das
Wintersemester 1927/28 unter den Veranstaltungen Julius Petersens ein Oberseminar zur »Lyrik des Barockzeitalters« aus. Schon früher und auch danach noch
hat Petersen Veranstaltungen zu diesem Zeitraum angeboten. Ein Seminar über
Grimmelshausen und den Roman des 17. Jahrhunderts hatte er bereits 1912 als

---

3 Zwar habe Petersen, so der Nachruf seines Schülers und Nachfolgers Hans Pyritz, »bei der
   Erklärung und Deutung literarischer Werke am Vorrang des philologisch-genetischen Ver-
   fahrens festgehalten«. »Aber [...] er blieb bei der philologischen Grundlegung nicht stehn.
   Kaum einer von Erich Schmidts Schülern hat sich so willig wie dieser bedeutendste unter
   ihnen, wie Petersen, allen fruchtbaren Gesichtspunkten der nachpositivistischen Wissenschaft erschlossen – und kaum einer mit soviel überlegener, wägender Besonnenheit.« (Gedenkworte auf Julius Petersen. In: Schriften zur deutschen Literaturgeschichte. Hg. von Ilse
   Pyritz. Köln, Graz 1962, S. 102-107; hier S. 104f.).
4 Boden/Fischer: Der Germanist Julius Petersen, 1994, S. 22; sie weist mit Recht auch auf die
   andere Seite dieser unspektakulären Art hin, auf Petersens Reformfreudigkeit: »Was seinen
   Ansatz unter anderen zeitgenössischen Positionen hervorhebt, ist die mit Konsequenz entwickelte ›Modernisierung‹ traditioneller Verfahren« (ebd.).

Privatdozent in München abgehalten. Den Beginn der literaturgeschichtlichen Barockforschung, der im allgemeinen mit einem vielbeachteten Aufsatz Fritz Strichs von 1916[5] angesetzt wird, hat Petersen wenn nicht vorweggenommen, so doch von Beginn an aufmerksam begleitet und ihr rasch und intensiv im Lehrbetrieb Geltung verschafft. Zu Grimmelshausen hat er selbst publiziert, der barocken Lyrik waren mehrfach seine Vorlesungen und Übungen gewidmet. Dennoch wurde Petersen nicht als Akteur der Barockforschung wahrgenommen, auch, weil gerade diese als bevorzugtes Betätigungsfeld der Geistesgeschichtler wie Fritz Strich oder Herbert Cysarz galt.

Allein schon die Verwendung des Barockbegriffs hatte einen für Aufmerksamkeit sorgenden Signalwert. Daß »ein traditionsbewußter Philologe« wie Petersen dieses Konzept an exponierter Stelle aufgriff, war also, wie sich Erich Trunz erinnert, durchaus ungewöhnlich und »machte uns Berliner Studenten aufhorchen.«[6] Tatsächlich hatte Petersen die Formulierung »Literatur der Barockzeit« schon im Sommersemester 1920 in Frankfurt gebraucht, noch bevor sie literaturwissenschaftlich überhaupt salonfähig wurde.[7] Gleichwohl wirft das Erstaunen ›seiner‹ Berliner Studenten – neben Trunz nahmen unter anderen auch Wolfgang Kayser und Hans Pyritz an dem Seminar teil – ein bezeichnendes Licht auf die Kluft, die es da offenbar zu überbrücken galt. Daß auch ganz andere Herangehensweisen möglich waren, hinter denen auch deutlich andere Wege der literaturwissenschaftlichen Ausbildung standen, konnten die Studenten des germanistischen Seminars in dieser Übung eindrucksvoll miterleben.

Zu den Berlinern, die sich großenteils schon aus früheren Lehrveranstaltungen Petersens kannten, stießen in diesem Wintersemester zwei auswärtige Teilnehmer, beide aus Heidelberg und bereits mit dem Doktortitel versehen: Richard Alewyn und Benno von Wiese. Was diese beiden in Petersens Seminar führte, wurde weder von ihnen selbst noch von Petersen öffentlich erörtert. »Wir aber«, bemerkt Erich Trunz dazu, von dem die meisten Insider-Informationen über dieses Seminar zu beziehen sind, wir »dachten uns unser Teil. Beide hatten sehr bald

---

5 Fritz Strich: Der lyrische Stil des 17. Jahrhunderts. In: Abhandlungen zur deutschen Literaturgeschichte. FS Muncker, München 1916, S. 21-53; zit. nach R. Alewyn (Hg.): Deutsche Barockforschung. Dokumentation einer Epoche (1968), 4. Auflage 1970, S. 229-259.

6 Erich Trunz: Erinnerungen an Julius Petersens Seminar »Deutsche Barocklyrik« im Wintersemester 1927/28 an der Universität Berlin. In: *Wolfenbütteler Barocknachrichten* 5 (1978), H. 1, S. 123-131, hier S. 123.

7 Der Beginn der expliziten Begriffsaneignung wird meist angesetzt mit dem Aufsatz von Herbert Cysarz: Vom Geist des deutschen Literatur-Barocks. In: *DVjs* 1 (1923), S. 243-268.

so etwas wie einen Mythos im Seminar.«[8] Ein besonderer Nimbus umgab die beiden Gäste schon ihrer intellektuellen Herkunft wegen; beim Stichwort Heidelberg wurde zu dieser Zeit sofort und in diesem Falle durchaus mit Recht der Einfluß Friedrich Gundolfs unterstellt. Ihre glänzenden Diskussionsbeiträge und ihr selbstbewußtes Auftreten ließen für ihre Kommilitonen wohl nur den Schluß zu, daß Petersen mit diesen Quereinsteigern seine besonderen Pläne hatte, ihre anstehende Hochschulkarriere unter seine Fittiche zu nehmen gedachte. Das Seminar erhielt durch ihre Mitwirkung einen frischen Zustrom aus der philosophischen und geistesgeschichtlichen Avantgarde dieser Jahre.

Aus der Sicht der Hinzugekommenen freilich mag der Nutzen des Wechsels in die Reichshauptstadt weniger groß gewesen sein, zumal der Nachweis einer altgermanistischen Publikation, der für die Berliner Habilitation noch verlangt war, ihren philosophisch und ästhetisch geprägten Interessen nicht gerade entgegenkam.[9] Und Petersen selbst konnte es mit einem Gundolf durchaus nicht aufnehmen, klagt Benno von Wiese, dessen Erinnerungen allerdings, und nicht nur in diesem Fall, ein wenig ins Maliziöse tendieren.»Petersen war ein erfolgreicher Philologe, ohne eine Funken von Genie«.»Er sah aus wie ein wohlsituierter Bankdirektor und repräsentierte ein vaterländisches, preußisch gesinntes Großbürgertum.«[10] Doch auch er gesteht Petersen das Verdienst zu, durch seine konziliante Art der Seminarführung einer ebenso hochkarätigen wie heterogenen Germanistenriege zur Entfaltung verholfen zu haben.[11]

Der Kontrast, den die zwei genialisch gestimmten Heidelberger zu den philologisch gedrillten Berliner Studenten bildeten, geriet zu einem treffenden Abbild der methodologischen Bandbreite dieser Jahre. Und, da wir schon bei dem Punkt der Repräsentativität sind: Wie verhielt es sich eigentlich mit dem Anteil von Studentinnen in Petersens Seminar? Da die Unterlagen der Universitäts-Quästur nicht mehr vorhanden sind, müssen wir uns wiederum mit den Erinnerungen von Erich Trunz behelfen, die wenigstens ungefähren Aufschluß bieten. Unter dem knappen Dutzend Kommilitonen, die er von ca. 30 Seminarteilnehmern namentlich erwähnt, finden sich mit Ilse Weidekampf, Mary Gilbert, der Rumänin Filomena Bratianu und einem gewissen Fräulein Graef gerade einmal vier Studentinnen; unter Petersens so zukunftsträchtigen Doktoranden sollte später Charlotte Jolles die einzige Frau sein, der es gelang, beträchtliche akademische Anerkennung zu

---

8 Trunz: Erinnerungen, S. 124f.
9 Benno von Wiese: Ich erzähle mein Leben. Erinnerungen. Frankfurt am Main 1982, S. 98
10 Ebenda, S. 99, 98.
11 »Er tolerierte, er ließ diese sehr verschiedenartigen Begabungen sich frei und ungestört
   entfalten.« (von Wiese: Ich erzähle mein Leben, S. 101f.)

erringen. Notierenswert ist übrigens auch, welche Referatsthemen von den weiblichen Kommilitonen bearbeitet wurden – was leider nur in wenigen Fällen zu ermitteln war. Besagtes Fräulein Graef etwa arbeitete über »Die Darstellung der Nacht«, Ilse Weidekamp über den »Farbensinn bei Hoffmannswaldau und Lohenstein«.

Rein textbezogene Themenstellungen, wie etwa das recht spröde klingende Eröffnungsreferat »Die deutschen Übersetzungen des Hugenottenpsalters«, an dem der Bearbeiter, Erich Trunz, selbst keine rechte Freude zu haben schien, waren deutlich in der Minderzahl. Schon bei der Sitzung zu Flemings deutscher Liebeslyrik war inhaltlich weit mehr zu holen, wenn man – wie der Referent Hans Pyritz – die Sprache der Liebe eines vorsentimentalen Zeitalters in ihrem Spannungsverhältnis zu späteren Ausdrucksformen in den Blick nahm. Pyritz ging es in seinem Referat denn auch weniger um die Klassifizierung von Texten als um die Charakterisierung von Haltungen. Hintergrund der konventionalisierten Liebeslyrik des Barock (Pyritz vermied allerdings diesen Stilbegriff) sei die kulturelle Dominanz einer traditionsgebundenen Formelhaftigkeit, bei der die (moderne) Frage nach der subjektiven Authentizität des ausgedrückten Gefühls gar nicht in Betracht komme.[12] Wolfgang Kayser sprach in ähnlicher Weise von der »gattungsgebundenen Haltung« des Barock und der auffälligen Dominanz des Rhetorischen.[13] Hier wird etwas davon erkennbar, was den unerhörten Faszinationswert der Beschäftigung mit diesem Zeitraum und dieser Literatur ausmachte: die Erfahrung einer völligen Umwertung oder Mißachtung dessen, was seit dem Zeitalter der Weimarer Klassiker als kulturelle Norm bestand. War die Fremdheit, die radikale Alterität eine mögliche Faszinationsquelle, so gab es auch die gegenteilige Reaktion, den Abstand durch spontane Identifikation zu überspringen. So scheut Erich Trunz nicht das Geständnis, ihm sei bei dem mystischen Nachtgesang Quirinus Kuhlmanns »ein Schauer über den Rücken gelaufen«, als wär's ein Stück expressionistischer Lyrik.[14]

Dagegen mutet Benno von Wieses Beitrag zum Thema »Die Antithetik in den Alexandrinern des Angelus Silesius« vom Titel her eher nüchtern an. Doch auch

---

12 »Sprachlich ist das Gesamtwerk Flemings – entsprechend dem der meisten Zeitgenossen – gekennzeichnet durch eine außerordentliche *Formelhaftigkeit*.« (Hans Pyritz, Paul Flemings deutsche Liebeslyrik. Leipzig 1932, S. 187-217; zit. nach Alewyn: Deutsche Barockforschung, S. 336-357, hier S. 336.)

13 Wolfgang Kayser: Die Klangmalerei bei Harsdörffer. Ein Beitrag zur Geschichte der Literatur, Poetik und Sprachtheorie der Barockzeit. Leipzig 1932; zit. nach Alewyn: Deutsche Barockforschung, S. 324-335, hier S. 324.

14 Trunz: Erinnerungen, S. 126.

hier war die Formanalyse nur der Weg zu einem in der geistesgeschichtlichen Barockforschung prominent diskutierten Stilmerkmal – der antithetischen Grund-
struktur barocken Denkens und Sagens, die schon Fritz Strich 1916 neben der
asyndetischen Häufung als zentrales Konstituens barocker Literatur benannt hatte.[15] Von Wiese modifiziert diese Beobachtung ganz im Sinne der Betonung der
epochalen Differenz und besonders der auch von Pyritz herausgestellten Gat-
tungsgebundenheit des Barock. So sei es zu kurzschlüssig, das antithetische Stil-
element »mit einem bestimmten Seelentypus, resp. sogar einem spezifisch deutschen Seelentypus, in Verbindung zu bringen«[16], widerspricht von Wiese dem
nationalistischen Unterton der Strichschen Barock-Emphase, der deutlich vom
Geist des Weltkriegs geprägt war.[17] Die barocke Artikulation in Antithesen sei
nicht Ausdruck, sondern Konvention[18], und auch nur sehr eingeschränkt als Beleg
eines dualistischen Weltbildes in Anspruch zu nehmen; dagegen sprächen schon
die häufigen »Antriebe zur formalen Paradoxie und zur Vieldeutigkeit«.[19] Worauf
die Interpretation von Wieses in ihrem allgemeinen Teil abhebt, ist die »fast un-
wahrscheinliche Spannung von rationaler Formung und mystischen Gehalten.«
Derartige Befunde, in denen ein durchaus rationaler Rekonstruktionsversuch auf
ein irrationales Gegenüber, einen nur teilweise analytisch erfaßbaren Gegenstand
trifft, sind nicht nur charakteristisch für das geisteswissenschaftliche Arbeiten
dieser Zeit, sondern diesem Kompositum selbst schon eingeschrieben. Immer

---

15 »Der lyrische Stil des 17. Jahrhunderts ist durch und durch antithetisch.« (Strich: Der lyri-
    sche Stil, S. 237.)
16 Vgl. von Wiese, Benno: Die Antithetik in den Alexandrinern des Angelus Silesius. In: *Eu-
    phorion* 29 (1928), 503-522; zit.. nach Alewyn: Deutsche Barockforschung, S. 260-283,
    hier S. 260.
17 »Der germanische Geist kannte seit jeher das klassische Gleichmaß der Bewegung nicht.
    Wovon er einmal erfüllt und erschüttert ist, das taucht immer wieder rhythmisch in ihm auf
    und unter und auf, immer neu verwandelt.« (Strich: Der lyrische Stil, S. 244). Aus diesem
    Geiste, so Strich weiter, erhalte auch der »Stil der altgermanischen Dichtung« seine »wuch-
    tige Nachdrücklichkeit«. (Ebd.) Und von diesem Punkt an nähert sich die assoziative Logik
    seiner Stilbeschreibung den Bewegungsgesetzen des Stellungskrieges: »Seine immer neu an-
    setzende Bewegung ist Verwandlung und immer neue Namengebung dessen, was in der
    Empfindung immer von neuem auftaucht. Diese Bewegung ist eine unendliche. Der drän-
    gende Rhythmus aber wird schwer und verlangsamt, weil die Empfindung nicht loskommt
    von dem, was sie ergriff. So ringt der germanische Geist mit seinem Gegenstande, um ihn
    sich ganz zu erobern.« (Ebd.)
18 »Dichterische Stilmittel gelten in dieser Zeit noch nicht – wie seit Herder – als Ausdruck
    eines seelisch-dichterischen Willens, sondern als gelehrte, lernbare Rüst- und Werkzeuge
    [...], die [...] der Verschönerung und Veredlung gesellschaftlicher Beziehungen dienen.«
    (von Wiese: Die Antithetik, S. 261.)
19 von Wiese: Die Antithetik, S. 272; das folgende Zitat ebd..

geht es um ein Fassen des Unfaßbaren, ein Vergleichen des Unvergleichlichen, eine ordentliche und verbindliche Geschichte jenes Geistes, der weht, wo er will.[20]

Über die soeben besprochenen Referate wissen wir nicht zuletzt deshalb so genau Bescheid, weil aus ihnen schon kurze Zeit später gedruckte Abhandlungen hervorgingen. Von Wieses Arbeit erschien noch im Jahre 1928 als Aufsatz im *Euphorion*, ebenso das Referat von Trunz[21]; aus Pyritzens Studie wurde wenige Jahre später eine Dissertationsschrift. Insofern kam der Themenwahl und der erfolgreichen Arbeit in dieser Seminarübung eine möglicherweise weichenstellende Bedeutung zu. Das galt zumindest neben Pyritz noch für einen anderen nachmals prominenten Petersen-Schüler, für Wolfgang Kayser. Er referierte über die Klangmalerei bei Harsdörffer, ein Thema, das zunächst als philologische Detailstudie erscheint und vermutlich auch als solche gedacht war. Doch unter der schon in den Semesterferien begonnenen intensiven Recherche und wohl auch unter dem Einfluß des durch von Wiese und Alewyn stark ins Philosophische gelenkten Seminargesprächs wuchs dieses Referat sich aus zu einem literarhistorischen Abriß über Klanglichkeit und Lautmalerei in der abendländischen Dichtung seit der Antike. Ambitioniert wie schon die Pyritzsche Vorlage, war auch diese Darbietung, erinnert sich Trunz, »ein Referat, das aus den Nähten platzte, und es ist dann auch ein Buch daraus geworden.«[22] Harsdörffers Klangmalerei, so urteilte Pyritz dann über die 1932 vorgelegte Dissertationsschrift Kaysers, »wird für den sehr belesenen Verfasser zum Vorwand, um eine kleine Geschichte der europäischen Klangmalerei in Theorie und Praxis [...] uns darzubieten.«[23] Das war

---

20 Diese formelhafte (selbst anthitetisch stilisierte!) Proportionierung von Rationalität und Irrationalität sollte von Wiese als eine Art Erkennungsmelodie beibehalten – bis in die Zeiten des Studentenprotestes und der kritischen Aufarbeitung der Vergangenheit des Faches hinein. Als Eröffnungsredner des ›Protest‹-Germanistentages von München 1966 betont von Wiese zwar die Notwendigkeit von Reformen, um dann aber fortzufahren: »Dort jedoch, wo diese sich anbahnende Entwicklung ins Geschichtslose und damit ins bloß Atomisierende und Experimentierende hineinführt, wo sie mit dem Triumph des Rationalen zur Verketzerung alles Irrationalen führt, halte ich sie für eine Gefahr.« (von Wiese: Begrüßungsrede zum Münchner Germanistentag. In: Ders./Rudolf Henß [Hg.]: Nationalismus in Germanistik und Dichtung. Dokumentation des Germanistentages in München vom 17.-22. Oktober 1966. Berlin 1967, S. 9-14, hier S. 13).

21 Erich Trunz: Die deutschen Übersetzungen des Hugenottenpsalters. In: *Euphorion* 29 (1928), S. 578-617.

22 Trunz: Erinnerungen, S. 125.

23 Hans Pyritz: Rez. zu: Kayser: Die Klangmalerei bei Harsdörffer. Leipzig 1932. In: *Anzeiger für deutsches Altertum* 51 (1932), 119-225; zit. nach Alewyn: Deutsche Barockforschung, S. 431-436, hier S. 431f.

zwar nicht gerade sehr schmeichelhaft formuliert, traf aber die gängige Praxis im
Seminar und übrigens auch Pyritzens eigenes Referat auf den Kopf. Denn die von
Petersen zusammengeführte Nachwuchsgruppe, die sich auch durch gegenseitige
Rezensionen ins Gespräch brachte, trat zwar in imponierender thematischer und
zeitlicher Geschlossenheit mit ihren Barock-Arbeiten an die Fachöffentlichkeit,
wollte jedoch keineswegs auf diese Abteilung der Literaturgeschichte festgelegt
werden. Kaysers und Pyritzens Studien – zu der noch die ebenfalls dem 17. Jahrhundert gewidmeten Dissertationen von Trunz und Wentzlaff-Eggebert hinzutra-
ten – suchten schon durch ihre weitausholende komparatistische Anlage die
Festlegung auf »Barock« zu vermeiden; das drückte sich auch in großer Zurückhaltung gegenüber dem Gebrauch dieses konjunkturell besetzten Begriffes aus.
Die Barockliteratur war der zeitgebundene Anlaß, um das eigene interpretatorische Können und literaturgeschichtliche Wissen zu demonstrieren.

Julius Petersens Berliner Barock-Seminar vom Winter 1927/28 war nicht nur
ein Forum der kurrenten Positionen im literaturwissenschaftlichen Methoden-
spektrum, sondern auch Ausgangspunkt einer veritablen institutionellen Erfolgsgeschichte. Diese Erfolge liegen gewiß auch in einer substantiellen Bereicherung
der Barockforschung – in Richard Alewyns einschlägigem Sammelband zur Barockforschung in Deutschland macht das Petersen-Seminar den Löwenanteil von
fast zwei Dritteln aller Beiträge aus. Noch wichtiger aber ist die fast katapultarti-
ge Nachwuchsförderung, die von dieser Lehrveranstaltung ausging. »Die Gunst
der Stunde wollte es«, so nochmals Benno von Wiese, »daß hier, in Petersens
Seminar, sich eine Reihe von Doktoren und älteren Studenten zusammengefunden
hatten, die in nicht allzu ferner Zukunft die deutschen Lehrstühle für neuere Germanistik bevölkern sollten.«[24] Eine ganze Reihe glänzender Dissertationen lag
vor, die führenden Fachzeitschriften berichteten über Petersens Schüler und wurden von diesen beliefert; und Habilitationen bzw. Habilitationsanwärter gab es
gleich im halben Dutzend. Die Bilanz ist fürwahr beeindruckend – allerdings nur,
wenn man um die Jahreswende 1932/33 einen Schnitt macht und zurückblickt,
ohne das Nachfolgende zu bedenken.

Blinde Flecken und Ausgrenzungen kannte allerdings auch diese Erfolgsgeschichte. Der Kreis um Petersen war, bei aller Aufgeschlossenheit im Theoretischen und Belesenheit im Literarhistorischen, nicht frei von der institutionellen
Ignoranz gegenüber Einzelgängern und Außenseitern, noch dazu, wenn sie die
Grenzen der akademischen Arbeitsteilung in Frage zu stellen drohten. Die Rede
ist von der nahezu geschlossenen und nachhaltigen Mißachtung der Trauerspiel-

24 von Wiese: Ich erzähle mein Leben, S. 100.

Arbeit Walter Benjamins, die im Frühjahr 1928 bei Rowohlt erschien und vor dem Hintergrund des soeben abgeschlossenen Barock-Seminars Aufmerksamkeit erwecken *mußte*. Weder Trunz noch von Wiese erwähnen sie auch nur in ihren Erinnerungen an jene Zeit; weder bei Pyritz noch bei Kayser taucht Benjamin in den bibliographischen Nachweisen und Literaturangaben auf, ebensowenig in dem von Trunz 1940 vorgelegten Forschungsbericht über zwei Jahrzehnte deutscher Barockforschung.

Einzig Richard Alewyn hat, spät, aber noch vor der nach 1968 einsetzenden Benjamin-Renaissance, dessen abgelehnter Habilitationsschrift dadurch fachliche Gerechtigkeit entgegengebracht, daß er Teile daraus in seinen Sammelband zur Barockforschung aufnahm. Den tatsächlichen Diskussionsstand des dokumentierten Zeitraums spiegelte dieser nachträgliche Rettungsversuch allerdings nicht. Alewyn war es auch, der eine Besprechung des Trauerspiel-Buches für die *Deutsche Literatur-Zeitung* übernommen hatte[25], die allerdings trotz seiner offenbar intensiven Lektüre nicht zustande kam. Alewyns »Rezensions-Exemplar des Trauerspielbuchs« jedenfalls weise »lebhafte Spuren des Gebrauchs auf«, so Klaus Garber, dessen Osnabrücker Institut die nachgelassene Bibliothek Alewyns inzwischen beherbergt. Über das Nicht-Ereignis des kritischen Dialogs dieser beiden dem Spezialistentum gleichermaßen fernstehenden Barockforscher kann man nur spekulieren; Garber vermutet bei Alewyn Vorbehalte gegenüber »der historischen Triftigkeit einiger Befunde (z. B. Benjamins Theorie der Ruine).«[26]

Wie sehr aber die Petersen-Schule insgesamt den Überlegungen Benjamins in stofflicher und methodischer Hinsicht nahekam und von ihnen hätte profitieren können, dies hat Garber einleuchtend an einigen Beispielen vorgeführt[27]. Das Trauerspiel des intellektuellen Versagens, der kleinen Versehen und großen Verkennungen auf dem hochbrisanten Gelände der Geisteswissenschaften hat wenige Jahre vor Beginn der NS-Diktatur viele Schauplätze und unzählige Opfer; doch dies steht freilich nur am Rande dieser Ausführungen.

Auf ein weiteres historisch markantes Zwischenglied soll noch hingewiesen werden, da es gleichfalls zu den fehlenden Teilen des Bildes gehört. Zur ersten Generation der Barock-Begeisterten und Stichwortgeber der geistesgeschichtlichen Richtung in Deutschland müssen die Protagonisten der Jugendbewegung und aus dem Kreis von Stefan George gerechnet werden. Neben Bertram und

25 Vgl. Walter Benjamin: Briefe. Hg. von Gershom Scholem und Theodor W. Adorno. Frankfurt am Main 1966, Bd. I, S. 469 (Brief an Gerhard Scholem, 23.4.1928).
26 Klaus Garber: Benjamins Bild des Barock. In: Rezeption und Rettung. Drei Studien zu Walter Benjamin. Tübingen 1987, S. 59-120, hier S. 63, Anm. 15.
27 Garber 1987, S. 62-68

Gundolf war dies vor allem Norbert von Hellingrath, der schon in jungen Jahren als Hölderlinforscher und -Herausgeber bekannt wurde und auch auf Benjamin starken Einfluß ausübte.[28] Mit seinem frühen Kriegstod 1916 wurde Hellingrath zu einem Mythos, der von George und Heidegger pathetisch vereinnahmt wurde; seine editorischen Lösungen zum späten Hölderlin strafte die nachmals tonangebende Beißner-Schule hingegen mit Nichtachtung. Hellingraths Versuche zur Durchdringung und Darbietung dieses zuvor als krankhaft, da unverständlich, ausgegrenzten lyrischen Spätwerks sind für unseren Zusammenhang insofern von Bedeutung, als er mehrfach das Stiladjektiv »barock« gebraucht, um die Differenz der späten Produktionsweise Hölderlins zur Norm des Klassischen zu bezeichnen. An prominenter Stelle, in der Einleitung des zu Recht berühmt gewordenen IV. Bandes seiner Ausgabe, der die späten Hymnen enthielt, hat Hellingrath seine Einschätzung des Hölderlinschen Spätwerks als »Barockstufe«[29] stiltypologisch zu begründen versucht.

Aufstrebende Wucht und Überladenheit, Häufung und Maßlosigkeit: Diese stereotyp dem barocken Kunstwollen zugeschriebenen Stilmerkmale bereichert von Hellingrath durch seinen aus der antiken Poetik entlehnten Begriff der harten Fügung (*armonia austera*), die er im Hölderlinschen Spätwerk unter dem Einfluß Pindars zu einem ästhetischen Leitprinzip erhoben sieht. Auch dieser Befund der harten Fügung, von Adorno später unter der Kategorie der Parataxis weiterentwickelt, hat ein Korrespondenzphänomen in der Barockforschung – die asyndetische Häufung, auf die schon Fritz Strichs mehrfach erwähnter Aufsatz von 1916 hingewiesen hatte. Dort war sie als genuiner Ausdruck deutschen Wesens gefeiert worden, während sie unter ästhetisch-normativen Gesichtspunkten nach wie vor als Inbegriff sinnentleerter Maßlosigkeit galt: eine bezeichnende Paarung komplementärer Entstellungen. Von den pathographischen Konnotationen, die vor allem den kunsthistorischen Barockdiskurs begleiteten, ist auch die Hellingrathsche Editionspraxis nicht ganz frei.[30] Hellingraths wenige Bemerkungen zu einem stil-

---

28 Diese Bedeutung bezeugt nicht zuletzt Benjamins Reaktion auf die Nachricht vom Tode Hellingraths in einem Brief an Ernst Schoen vom 25.2.1917: »Haben Sie gelesen daß Norbert von Hellingrath gefallen ist? Ich wollte ihm bei seiner Rückkehr meine Hölderlinarbeit zu lesen geben, deren äußerlicher Anlaß die Stellung ihres Themas in seiner Arbeit über die Pindar-Übersetzungen war.« (Walter Benjamin: Gesammelte Briefe Bd. I: 1910–1918, hg. von Christoph Gödde und Henri Lonitz, Frankfurt am Main 1995, S. 355)

29 Norbert von Hellingrath: Hölderlin-Vermächtnis, eingeleitet von Ludwig von Pigenot. München, 2. Aufl.1944. S. 111; vgl. auch S. 108.

30 Wie aus den späteren Äußerungen seiner Mitarbeiter Ludwig von Pigenot und Friedrich Seebass deutlich wird, lag der willkürlichen Aufteilung mancher Gedichtkomplexe auf zwei Bände der Ausgabe die Vorstellung zugrunde, zwischen mehr oder weniger gesunden ba-

künstlerischen Barockverständnis innerhalb seiner Hölderlin-Edition hätten freilich nicht das letzte Wort in dieser Sache sein sollen. In seinen Frontjahren konzipierte er den Grundriß eines Barock-Buches[31], mit dem er wiederum Gespür
bewies für ein Thema, das an der Zeit war. Es wäre das erste Werk der Barockforschung in der deutschen Literaturwissenschaft geworden.

Barockforschung und Stiltypologie

Die literaturwissenschaftliche Barockforschung schien, als sie sich von ihren
kunstgeschichtlich bestimmten Anfängen zu lösen versuchte, vor einer fatalen
Alternative zu stehen. Entweder die positive Umwertung des Barock um den
Preis ihrer Kopplung mit einem antihumanistisch festgelegten deutschen Volkstum – das war der während des Krieges von Fritz Strich vorgezeichnete und dann
von Herbert Cysarz beschrittene Weg; oder die Negativindizierung barocker
Stilmerkmale als bloße Abweichungen von der klassischen Norm, als Devianzen,
die nicht nur als Schwulst, sondern auch als Geschwulst diskriminiert werden
konnten – das waren die Anfänge der Manierismus-Debatte.[32]

Daß die Kennzeichnungen des unspezifischen Eindrucks barocker Geschwol-
lenheit[33] wahlweise als krankhaft oder als urgermanisch ausfallen konnten, wobei
die Fronten zuweilen auch durcheinandergingen, belegt meines Erachtens zwei-

---

rocken Auswüchsen unterscheiden zu können und zu sollen. »Das Kriterium, inwieweit diese Schicht von Hölderlins Produktion noch im Bd. IV aufzunehmen sei, lag für Hellingrath
offenbar allein in der praktischen Erwägung, ob und inwieweit sich die versprengten Splitter
und das barocke Geranke dieser Verse ungezwungen an den Torso völlig gesunder Gebilde
(als letzter Umformungsversuch oder als zufälliges Beiwerk) angliedern liess.« (Kommentar
der Hg. in: Friedrich Hölderlin: Sämtliche Werke. Historisch-Kritische Ausgabe. Begonnen
durch Norbert von Hellingrath, fortgeführt durch Friedrich Seebass und Ludwig von Pigenot. Bd. VI: Dichtungen, Jugendarbeiten, Dokumente. Berlin 1923, S. 478.)
31 »Übrigens trotz allem und bei allem Militär spür ich, wie sich doch aus Trübem ein Boden-
satz niederschlägt: Grundfiguren vielleicht eines Barock-Buches«. (Brief Hellingraths an
seine Braut vom 18.6.1915; in: Hellingrath: Hölderlin-Vermächtnis, S. 253.)
32 Vgl. hierzu die Studie von Ursula Link-Heer (Zur Kanonisierung antiklassischer Stile: Manierismus und Barock; erscheint in: KANON MACHT KULTUR. DFG-Symposium 1996,
Hg. von Renate von Heydebrand. Stuttgart 1997), die auch einiges Material zur kunstgeschichtlichen Barockdiskussion enthält und besonders am Manierismus als antiklassischem
Stiltypus die Spannung von Stil- und Epochenbegriff diskutiert.
33 Vgl. bes. Albrecht Joseph, der als obersten Begriff in der Beschreibung des Barockstils die
»Schwellung« anerkannt wissen wollte. (Sprachformen der deutschen Barocklyrik. Rottach
am Tegernsee 1930, zit. nach Alewyn: Deutsche Barockforschung, S. 284-311, hier S. 284)

erlei. Erstens: Die Ausgriffe auf neue Bereiche und Gegenstände jenseits der Philologie waren eine Form, in der innergermanistische Deutungskämpfe und Positionsverschiebungen sich manifestierten, also letztlich ein Spiel um politische Einsätze. Diese Einsätze waren bei einem noch offenen, unbeschriebenen Terrain wie der Barockforschung um so unmittelbarer zu reklamieren, als die üblichen Rituale der Verwissenschaftlichung noch nicht voll zum Tragen kamen. Je stärker die literarhistorische Beschreibungs- und Klassifizierungsbeflissenheit sich der Phänomene bemächtigte, desto seltener wurden solche emotional aufgeladenen Zuordnungen; in dem Seminar von 1927/28 und den daraus resultierenden Arbeiten spielten sie keine Rolle mehr. Zweitens rührt die kontroverse Diskussion und auch die multiple Anschlußfähigkeit dieses jungen Forschungszweiges von einer Ambiguität des Barockbegriffs selbst her, dem das Oszillieren zwischen historischen und ästhetischen, deskriptiven und normativen Komponenten von Beginn an eingeschrieben war.

In der Kunstgeschichte tritt Barock in der doppelten Form eines Epochen- und Stilbegriffs auf. Die Zweideutigkeit des halb systematischen, halb historischen Begriffs hat die Kunsthistoriker nicht selten dazu verführt, mit seiner Hilfe auch in der Abfolge historischer Stilrichtungen ein systematisches Muster erkennen zu wollen. Das beste Beispiel hierfür ist Heinrich Wölfflin, in dessen »Kunstgeschichtlichen Grundbegriffen«[34] einer als klassisch idealisierten Renaissancekunst ein eigenständiger Antitypus des Barocken gegenübergestellt wird. Renaissance und Barock fungieren als Extremwerte einer stilgeschichtlichen Pendelbewegung zwischen Klassischem und Gegen-Klassischem[35]. »Renaissance« benutzt Wölfflin als reinen Epochenbegriff, »Klassik« als den ihr zugeordneten Stiltypus; Barock aber, und dies ist für uns der entscheidende Punkt, Barock ist eine Hybridbildung aus Epochen- und Stilkonzept.

Gerade in dieser Doppeldeutigkeit war der Begriff für die Literaturwissenschaft attraktiv, stand sie doch vor dem nämlichen Problem der Verbindung von historischer und systematischer Perspektive. Nicht von ungefähr thematisiert der Untertitel von Wölfflins »Kunsthistorischen Grundbegriffen«, als Gegengewicht zu deren systematischem Anspruch, »Das Problem der Stil*entwicklung* in der neueren Kunst« [Hervorhb. A. H.]. Angestrebt war eine integrierende Darstellung von System und Prozeß, eine Typologie von Stilen und Ausdrucksformen, die

---

34 Heinrich Wölfflin: Kunstgeschichtliche Grundbegriffe. Das Problem der Stilentwicklung in der neueren Kunst (Basel 1915). Neudruck nach der 8. Auflage von 1943; Dresden 1983.

35 So der Interpretationsansatz von Ulla Link-Heer (Zur Kanonisierung antiklassischer Stile) den ich teile.

sowohl als synchrone Pluralität wie auch als diachrone Stufenfolge verstanden werden konnte.

In dieselbe Richtung zielte auch das Projekt einer Kunst- und Kulturgeschichte nach Generationen, das besonders der Kunsthistoriker Wilhelm Pinder in den zwanziger Jahren unter Berufung auf Alois Riegls Begriff des Kunstwollens entwarf und das durch Karl Mannheim in die soziologische Diskussion Eingang fand.[36] Es ging bei diesen Überlegungen darum, die stilgeschichtliche Entwicklungslinie als Mittelglied zwischen historischem Geschehen einerseits und künstlerischen Ausdrucksformen andererseits zu positionieren, und zwar so, daß die Lebendigkeit dieser Entwicklungslinie nicht verlorenging. Das sollte dadurch gelingen, daß künstlerische Perioden und Stile nach dem Muster generativer Gruppenbildung aufgefaßt wurden. Für die Zugehörigkeit zu einem Generationsstil sollte nicht die äußerliche Koinzidenz von Geburtsjahrgängen das entscheidende Kriterium bilden – obwohl diese in Pinders Generationstheorie deutlich privilegiert wird[37] –, sondern die Gleichsinnigkeit des gemeinsamen Kunstwollens. Dadurch würde, so die Hoffnung, in vielen Fällen das Problem der Subsumierung historisch auseinanderliegender, aber ästhetisch verwandter Kunstproduzenten unter einem gemeinsamen Stiltypus plausibel gelöst werden.

Sofern jedoch solche Gemeinsamkeiten nicht in Form von Manifesten oder ähnlichen Selbstdeklarationen vorlagen, oder diese gerade zu hinterfragen waren, blieb nur die zirkuläre Methode stiltypologischer Beschreibung und Klassifizierung. Warum »zirkulär«? Weil diese Methode darin bestand, rekurrente formästhetische Merkmale aufzulisten, die aus den Werken einer mutmaßlichen Stilepoche erst induktiv gewonnen werden mußten, dann aber als Aufnahmekriterien über die Zugehörigkeit zu diesem Epochenstil entscheiden sollten. Dennoch hat die stiltypologische Methode ihre Leistungsfähigkeit auch für literaturgeschichtliche Fragestellungen demonstrieren können, gerade in der Barockforschung. Zu ihren Meriten zählen die Strukturanalysen der Figur der Antithese und der asyndetischen Häufungen, ferner die besonders von Kayser herausgearbeitete Poetik des Klangs, die nicht nur Lautmalerei im engeren Sinne, sondern auch Lautspielerisches umfaßte, den ganzen Bereich phonetischer Verdichtung und Verfremdung

---

36 Vgl. zu dieser Debatte vom Vf.: Die Wiener Décadence und das Problem der Generation. In: *DVjs*, Jg. 70 (1996), Heft 4, S. 644-669.

37 Für Künstlergenerationen statuiert Pinder allgemein: »[...] die Zeit der Geburt bedingt die Entfaltung ihres Wesens«. (Wilhelm Pinder: Das Problem der Generation in der Kunstgeschichte Europas (1926), Berlin, 2. Aufl.1928, S. 16).

– Kayser selbst ist in seinem Buch über die Groteske nochmals darauf zurückgekommen.[38]

An der Diskussion um ein stilgeschichtliches Generationskonzept bzw. eine Stilgeschichte nach Kunstgenerationen beteiligten sich seitens der deutschen Literaturwissenschaft auch Petersen und Alewyn. Beide kamen zu Positionen, die sich deutlich von dem Modell Pinders und dessen deterministischen Prämissen unterschieden. Erst durch »die besondere Entwicklung«, so Petersen 1926 in seinem Buch über »Die Wesensbestimmung der deutschen Romantik«, entscheide sich bei jedem Einzelnen, »zu welcher geistesgeschichtlichen Generation er zu rechnen ist«.[39] Ausschlaggebend ist für ihn nicht die Geburt, sondern die »Ausbildung eines bestimmten Typus«; er illustriert dies am Beispiel des romantischen Typus, der gegen die Klassik und die Jungdeutschen abgesetzt wird. Allerdings changiert der Begriff des Typus hier zwischen historischer Epochenbestimmung, Stilkunst und lebensweltlichen Handlungsträgern.

Richard Alewyns Aufsatz »Das Problem der Generation in der Geschichte« von 1929 ist eine der wenigen Wortmeldungen, die eine unmittelbare thematische Berührung zu den Arbeitsgebieten Petersens aufweist. Der Beitrag läßt in einem kritisch räsonierenden, aber nicht auf eigene Vorschläge abzielenden Referat die Generationsdebatte insgesamt noch einmal Revue passieren. Die Beobachtung, die Alewyn ihr hinzuzusetzen hat, liegt auf der Metaebene einer Historisierung des Generationsgedankens selbst. Er weist darauf hin, daß bei der stilgeschichtlichen Problemstellung das »ungeheuer verstärkte und verbreitete Generationsbewußtsein unserer Tage« als insgeheimes Movens mit im Spiele sei. Das Konzept »Generation« sieht Alewyn als eine Nachfolgekategorie zu Stand, Klasse, Familie und ähnlichen traditionalen Zugehörigkeitsformen, die in der Moderne und zumal seit dem Ersten Weltkrieg an Geltung und Tragweite einbüßten.

Vor diesem sozialhistorischen Hintergrund einer zunehmenden Vereinzelung und Desorientierung der sogenannten bürgerlichen Lebensweise wäre *Generation* keineswegs mehr eine starke Kategorie mit determinierendem oder typologischem Schub, sondern ein Mangelprinzip, das nur mehr den kleinsten gemeinsamen Nenner der Wurzellosen und Suchenden bildet. Die Zeit der Krise, auf diese Formel waren die Jahre nach dem Ersten Weltkrieg ebenso zu bringen wie jenes Zeitalter, für das sich die Literarhistorie nun erst wirklich zu interessieren begann.

---

38 Vgl. besonders seine Ausführungen zur »Sprachgroteske« bei Fischart: Wolfgang Kayser: Das Groteske. Seine Gestaltung in Malerei und Dichtung. Reinbek 1960, S. 112.

39 Julius Petersen: Die Wesensbestimmung der deutschen Romantik. Eine Einführung in die moderne Literaturwissenschaft. Leipzig 1926, S. 140; das nachfolgende Zitat ebd.

Nochmals Alewyn, nun mit dem zeitlichen Abstand, den er in der Einleitung seines Sammelbandes zur Barockforschung einnehmen kann: »Die Entdeckung des Barock traf [...] in eine durch Krieg und Revolution, Hunger und Verarmung gesellschaftlich erschütterte und seelisch aufgewühlte Zeit, der die Kriegsnot und die Weltklage, die philosophische Grübelei und die religiöse Schwärmerei des 17. Jahrhunderts vertraut erscheinen konnte«.[40] Bei den Versuchen, ein eigenständiges Bild des barocken Literaturstils zu gewinnen, drängte sich immer schon die Geistesgeschichte in Form eines aktuellen Krisenbewußtseins dazwischen. Statt in der Einheit von Haltung und Ausdruck wäre die Entelechie, das Formstreben des Barock – und sinngemäß auch der Nachkriegsjahre – gerade umgekehrt als eine Art Trotzbehauptung, als ein Sich-Behaupten gegen die eigene Zeit zu verstehen. Hier könnte auch ein Grund dafür liegen, warum sich ein der Kunstgeschichte vergleichbarer, also zweiwertiger Stil- und Epochenbegriff innerhalb der literarhistorischen Barockforschung letztlich nicht durchsetzen konnte.[41] Und was Ende der zwanziger Jahre ein neuer Auftrieb der stiltypologischen Barockforschung zu werden versprach, erwies sich im Nachhinein fast schon als deren Bilanz.

Es ist nicht zu leugnen, daß die Schicksale und Verhaltensweisen von Petersen und seinen Seminarteilnehmern *nach 1933* unser Bild der Veranstaltung des Jahres 1927/28 mitbestimmt haben. Im Rahmen dieser Themenstellung konnten nicht die individuellen Karrieren resp. Nicht-Karrieren der Petersen-Schüler im NS-Staat beleuchtet werden, auch nicht die Wege in die sog. ›innere‹ oder (im Falle Alewyns) in die äußere Emigration. Gleichwohl ragen deren unterschiedlich lange Schatten in die akademische Geselligkeit der Nachkriegsgermanistik hinein. Ein Teil der ehemaligen Gruppe (Wolfgang Kayser und Benno von Wiese) fand sich Jahrzehnte später in der von Erich Trunz besorgten Hamburger Goethe-Ausgabe wieder zusammen; Benno von Wiese, weiland Universität Münster, empfahl den besten Barock-Spezialisten unter seinen Schülern (Albrecht Schöne) an Wolfgang Kayser in Göttingen weiter; mit Alewyn konnte von Wiese in den Sechzigern am

---

40 Alewyn: Vorwort zu: Deutsche Barockforschung, S. 9-13, hier S. 10.

41 So die Einschätzung im Rückblick Richard Alewyns (Vorwort zu: Deutsche Barockforschung, S. 10) wie auch diejenige Herbert Jaumanns, der die durch Fritz Strich eingeleitete aktualistische Barocklesart ›Pseudoumwertung‹ ohne neue Interpretationsergebnisse abfertigt (»Die deutsche Barockliteratur. Wertung – Umwertung. Eine wertungsgeschichtliche Studie in systematischer Absicht«. Bonn 1975, S. 367). Auch an Adornos Kritik der expressionistischen Barockrezeption unter dem signifikanten Titel »Der mißbrauchte Barock« (in: ders.: Ohne Leitbild. Parva Aesthetica. Frankfurt am Main 1967, S. 157ff.) ist zu erinnern.

Bonner Seminar eine lange unterbrochene Zusammenarbeit fortsetzen, die nun allerdings nicht mehr ungetrübt verlief. Einen Neuanfang in der Schriftleitung des *Euphorion* bedeutete nicht so sehr die Rückbenennung dieser Petersen-Altlast durch Hans Pyritz (der ihr auch zugearbeitet hatte, als sie unter *Dichtung und Volkstum* firmierte)[42]; ein wirklicher Bruch mit dieser Vergangenheit fand erst 1957 mit dem Wechsel zur Herausgeberschaft Richard Alewyns statt.

Am stärksten aber hat sich die politische Geschichte der Germanistik und die persönliche Dimension von konkurrenten und diskrepanten Lebensläufen in der Relation zwischen Alewyn und von Wiese niedergeschlagen. Der schwelende Dissens zwischen ihnen wurde manifest und irreversibel im Vorfeld des polarisierenden Münchner Germanistentages 1966, der sich mit »Nationalismus in Germanistik und Dichtung« auseinanderzusetzen hatte. Von Wiese, als Präsident der Veranstaltung zugleich einer derjenigen, die auf einmal mit unangenehmen Nachfragen und Vorwürfen zu ihrer publizistischen Mitwirkung im Nazismus zu rechnen hatten, verdächtigte Alewyn gar, eine Intrige angezettelt zu haben. Doch war es wohl schlichtweg so, daß nun, nach mehr als drei Jahrzehnten, als Riß sich auftat, was die Vertreibung Alewyns aus seiner Heidelberger Professur diesem selbst und dem literaturwissenschaftlichen Leben in Deutschland angetan hatte. Kennengelernt hatten sich die beiden fast ein halbes Jahrhundert zuvor als glühende Jünger des Geistes – bei einem Bibelkreis-Treffen.[43] Am Beginn ihres gemeinsamen Weges stand die Herkunft aus den metaphysischen Exaltationen der Geistesgeschichte, an ihrem Ende der ideologiekritische Wellenschlag der Fachgeschichte. Es will mir fast scheinen, als erzählte die absteigende Kurve der Freundschaft zwischen Alewyn und von Wiese auch etwas vom Schicksal der stiltypologischen Barockforschung, aus deren Blütezeit das Seminar von 1927/28 seine außerordentliche Produktivität und Lebendigkeit zog.

---

42 Vgl. Adam: Einhundert Jahre Euphorion, S. 55.
43 Vgl. von Wiese: Ich erzähle mein Leben, S. 76.

Der Berliner Germanist Franz Koch als »Literaturmittler«, Hochschullehrer und Erzieher

Wolfgang Höppner

Als der Oberstaatsbibliothekar der Österreichischen Nationalbibliothek Wien Franz Koch zum Sommersemester 1935 zum Extraordinarius für deutsche Literaturgeschichte an die Universität Berlin berufen wurde, erhielt er nicht nur Zuspruch und Glückwünsche von seinen Amtskollegen wie Gerhard Fricke, Otto Höfler, Friedrich Neumann, Julius Petersen, Anton Pfalz oder Wilhelm Steinhauser[1], sondern auch von österreichischen Schriftstellern. Arthur Fischer-Colbrie aus Linz zum Beispiel, der mit dem Gedichtband »Musik der Jahreszeiten« (1928) an die literarische Öffentlichkeit getreten war, ließ Koch in einem Brief vom 15.8.1935 wissen, daß er ihm zu seiner Berufung »an die erste Universität des Reiches« gratuliere und daß dieser Glückwunsch »auch den österreichischen Dichtern gelten [solle], in deren Dienst Sie Ihre hohe geisteswissenschaftliche Begabung und Kunstkennerschaft stellen.«[2] Diese Art der Wertschätzung wiederum bezog sich auf den Brief von Koch an Fischer-Colbrie vom 9.8.1935, in dem der Verfasser mitgeteilt hatte, daß er den Ruf nach Berlin angenommen habe und es in der Reichshauptstadt auch als seine Aufgabe betrachte, »für die hier, man-

---

1 Franz Koch hatte von 1907 bis 1912 an der Universität Wien deutsche und romanische Philologie sowie Philosophie und Kunstgeschichte studiert. 1912 promovierte er mit der Dissertationsschrift »Albert Lindner als Dramatiker« und habilitierte sich 1925 bei Walther Brecht auf dem Gebiet der neueren deutschen Literaturgeschichte ebenfalls in Wien. Hauptberuflich war er seit 1914 als Bibliothekar tätig. Gutachterliche Unterstützung bei seiner Berufung nach Berlin erhielt er von Fricke, Höfler, Neumann, Pfalz und Steinhauser. Der Vorschlag in der Berliner Philosophischen Fakultät, Koch auf den ersten Listenplatz zu setzen, stammt von Petersen.
Vgl. UA der HUB. Philosophische Fakultät. 1480: Professoren, Bl. 78-80, 83-84 sowie Bundesarchiv. Außenstelle Dahlwitz-Hoppegarten. ZB II 4527, Bl. 4-8.
Gerhard Fricke schrieb Franz Koch am 5.2.1935, daß er »das lebhafte Bedürfnis [habe], Ihnen auch persönlich zu sagen, dass ich es aufs Wärmste begrüssen würde, Sie als meinen Nachfolger auf dem Berliner Lehrstuhl zu wissen. Ich habe das auch, gemeinsam mit Kollegen Höfler, bei den massgeblichen Berliner Stellen nachdrücklich und, wie ich hoffe, nicht ohne Erfolg, vertreten.«
Adalbert-Stifter-Institut des Landes Oberösterreich (im weiteren: ASI). Nachlaß Franz Koch. 3/8793/90 – B.II, 2.8/V.

2 Brief von Arthur Fischer-Colbrie an Franz Koch vom 15.8.1935. ASI. Nachlaß Franz Koch. 3/8793/90 – B.II, 1.1./V.

gels [...] verantwortungsbewußter Mittler, viel zu wenig bekannten bodenständigen und wertschaffenden dichterischen Kräfte Österreichs zu wirken.«[3] Josef Weinheber, der von Kochs Berufung offenbar erst zu einem späteren Zeitpunkt erfahren hatte, telegraphierte ihm am 6.10.1935:»Wir alle hier in unserem Kreise [...] sind stolz auf Sie: Wieder ein Österreicher in der grösseren Welt.«[4]

Franz Koch hat sich dafür nicht nur artig bedankt, sondern auch erkenntlich gezeigt, sichtlich bemüht, sein neues Amt als Hochschullehrer in der Reichshauptstadt zu nutzen, um seiner von ihm selbst zugedachten Rolle als Literaturmittler gerecht zu werden. Dafür standen ihm reichhaltige Möglichkeiten offen, zunächst und in erster Linie das Feld der Literaturgeschichtsschreibung. Im Jahr seiner Berufung veröffentlichte er in dem Berliner Verlag Junker und Dünnhaupt die Studie»Gegenwartsdichtung in Österreich«, die bei seinen Dichterfreunden auf lebhafte Zustimmung stieß. Franz Karl Ginzkey hat deren Gefühle auf den Punkt gebracht, als er Koch schrieb:»Es erfüllt uns österreichische Dichter mit Beruhigung und Genugtuung, unser Schaffen draußen im Reiche in solch fürsorglichen Händen zu wissen.«[5] Josef Weinheber empfahl dringend, Kochs Buch »an die deutschen offiziellen Kulturstellen« zu leiten, da dort »eine nicht gerade richtige, objektive Auffassung und Bewertung oest[erreichischer] Kunstbelange vorzuwalten«[6] schiene. Die Sorge Weinhebers, der in diesen Jahren selbst noch kulturpolitisch im Sinne des Nationalsozialismus ambitioniert war, reflektiert unzweideutig den Willen, unter den politischen Bedingungen der Schuschnigg-Ära die unheilige »Allianz zwischen der völkischen Literaturwissenschaft«[7] und den Repräsentanten der völkisch-nationalen Literatur im Vorfeld des von ihnen herbeigesehnten »Anschlusses« Österreichs an das »Dritte Reich« zu vertiefen. Und

---

3 Brief von Franz Koch an Arthur Fischer-Colbrie vom 9.8.1935. ASI. Nachlaß Arthur Fischer-Colbrie. 3/8729/90.

4 Brief von Josef Weinheber an Franz Koch vom 6.10.1935. ASI. Nachlaß Franz Koch. 3/8793/90 – B.II, 1.32/V.

5 Brief von Franz Karl Ginzkey an Franz Koch vom 16.4.1936. ASI. Nachlaß Franz Koch. 3/8793/90 – B.II, 1.9/V.
   Weitere Dankesbriefe erhielt Koch von Arthur Fischer-Colbrie, Ernst Scheibelreiter und Julius Zerzer. Vgl. Ebenda. B.II, 1.3/V; 1.22/V und 1.41/V.

6 Brief von Josef Weinheber an Franz Koch vom 7.11.1935. Ebenda. B.II, 1.33/V.

7 Klaus Amann: Der Anschluß österreichischer Schriftsteller an das Dritte Reich. Frankfurt am Main 1988, S. 78.
   In diesem Zusammenhang ist nicht unwichtig, daß Franz Kochs »Gegenwartsdichtung in Österreich« wegen Betätigung für die NSDAP von der österreichischen Polizei verboten wurde. Vgl. Ebenda, S. 201.
   Vgl. auch: Österreichische Literatur der dreißiger Jahre, hg. von Klaus Amann u. Alfred Berger. 2. Aufl. Wien u. Köln 1990 sowie Klaus Amann: Die Dichter und die Politik. Essays zur österreichischen Literatur nach 1918. Wien 1992.

ganz von dieser Funktionssetzung ist auch Kochs Studie bestimmt. Ausgehend von der beständig wiederholten Grundthese, daß es eine eigenständige österreichische Literatur nie gegeben habe, sondern nur eine sich blut- und stammesmäßig begründende »deutsche Dichtung auf österreichischem Boden«[8], macht der Verfasser kenntlich, daß es deshalb seine Absicht ist, sich ausschließlich auf das »bodenständige Dichtertum« zu orientieren, weil nur von ihm im Gegensatz zu »artfremder Großstadtliteratur« eine wirkliche Erneuerung der Dichtung ausgehe. Diese Dichtung habe ihren Mittelpunkt im »Blut und Erbe des Grenzlanddeutschtums«, in dem die »großdeutschen Gedanken« seit den Zeiten der Monarchie nach wie vor lebendig geblieben seien. Und weil sich diese Literatur keiner staatlichen Unterstützung erfreuen könne, sei sie auf die »Hilfe verantwortungsbewußten Mittlertums« angewiesen.[9]

Einer solchen Hilfe schien Franz Koch vorerst selbst bedurft zu haben. Am 1.12.1935 teilte er Hellmuth Langenbucher brieflich mit:

>»Ich wäre Ihnen dankbar, wenn Sie im V. B. [*Völkischer Beobachter* – W. H.] in irgend einer Form auf meine ›Gegenwartsdichtung in Österreich‹ hinweisen wollten. Nicht meinetwegen, sondern meiner Dichter-Landsleute wegen, die ihr Deutschtum nie verraten haben und für die ich werben will.«[10]

Langenbucher hat offenbar prompt reagiert. Nicht im *Völkischen Beobachter* hat er sich zu Wort gemeldet, sondern aller Wahrscheinlichkeit nach in der *Bücherkunde*, der Monatsschrift des »Amtes für Schrifttumspflege« unter Führung von Reichsleiter Alfred Rosenberg, in dem er als Hauptlektor für das Fachgebiet »Schöngeistiges Schrifttum« tätig war.[11] In einer anonym erschienenen Rezension

---

8 Franz Koch: Gegenwartsdichtung in Österreich. Berlin 1935, S. 13.

9 Vgl. Ebenda, S. 16 f.
   Ähnliche Gedanken finden sich in den Studien von Franz Koch: Zur Literatur- und Geistesgeschichte Österreichs. Ein Forschungsbericht. In: *DVjs* 9 (1931), S. 745-770; Umbruch. Ein Forschungsbericht zur Dichtung der Gegenwart. In: *Zeitschrift für Deutsche Bildung* 11 (1935), S. 47-54, 100-104 sowie Zur Dichtung der Gegenwart: ein Forschungsbericht. In: *ZfdB* 12 (1936), S. 205-210.

10 Brief von Franz Koch an Hellmuth Langenbucher vom 1.12.1935. Deutsches Literaturarchiv Marbach a. N. (im weiteren: DLA). B: F. Koch II, 91.143.1/3.

11 Hellmuth Langenbucher, eine Art »Literaturpapst im ›Dritten Reich‹«, gehörte zu den Gründungsmitgliedern der 1933 ins Leben gerufenen »Reichsstelle zur Förderung des deutschen Schrifttums«, des späteren »Amtes (bzw. Hauptamtes) Schrifttumspflege«. Bis 1935 war Langenbucher in der Leitung der Reichsstelle beschäftigt.
   Vgl. Jan-Pieter Barbian: Literaturpolitik im »Dritten Reich«. Institutionen, Kompetenzen, Betätigungsfelder. München 1959, S. 270-272.

ist Kochs Werk als »sehr zu empfehlen«[12] eingestuft worden, weil es bisher ver-
schlossene Bereiche der volkhaften Dichtung entdeckt habe. Koch hat sich wenig
später für diesen Dienst revanchieren können und zugleich unter Beweis gestellt,
daß er nicht nur als Künder des »bodenständigen Dichtertums« in Österreich zu
fungieren gedachte, sondern auch als ihr Anwalt und Richter zugleich. Langenbucher war Anfang 1937 mit der Überarbeitung seines Buches »Volkhafte Dichtung
der Zeit«, das in der ersten Auflage 1933 erschienen war[13] und nun die dritte Auflage erfahren sollte, beschäftigt. Hinsichtlich der Beurteilung einzelner Schriftsteller hatte er bei Koch angefragt, um dessen Meinung zu erfahren. Dieser wiederum
hat nicht lange gezögert, sie ihm preiszugeben. Über seine »Dichter-Landsleute«
ließ er ihn in dem Antwortbrief vom 9.1.1937 unter anderem wissen: Franz Karl
Ginzkey sollte man »aus taktischen Gründen« erwähnen, da er »großdeutsch ge-
sinnt« sei. Ernst Scheibelreiter wirke, »volkhaft gesehen, immer farbloser«. Emil
Ertl verdiente auch genannt zu werden, obgleich er eine »bürgerlich gerichtete«
Bestrebung vertrete, aber dennoch »volkhaft« sei. Friedrich Schreyvogl dagegen
schien ihm der »Typus des Literaten« zu sein, den er persönlich für einen »Juden-
stämmling« halte. Auch Hans Freiherr von Hammerstein sei ein »eigentümlicher
Fall«. Eigentlich gehöre er zu den volkhaften Dichtern, habe sich aber zum »Si-
cherheitsdirektor‹ der Regierung mißbrauchen lassen[14] und Reden gegen die
deutsche Unkultur gehalten«. Deshalb »gebührte« ihm »ein Denkzettel«. Aber
wahrscheinlich sei es »die wirkungsvollste Art, über ihn einfach zu schweigen.
Denn sonst wäre er noch Märtyrer und seine Bücher gehen reißend ab!« Der Roman »Volk auf dem Amboß« von Sepp Dobiasch allerdings sollte im Deutschen
Reich Verbreitung finden, auch deshalb, weil man sich darüber im »Schuschnigg-
lager« ärgern werde.[15] Fünf Tage später folgte der zweite Teil von Kochs litera-
turkritischem Lehrstück in der Mischung aus Lobhudelei und Denunziantentum,
wobei sich beides, von den antisemitischen Beschimpfungen einmal abgesehen,
sowohl auf die politische Haltung der jeweiligen Autoren als auch auf deren Ta-

---

12 Anonym: (Rez.) Franz Koch: Gegenwartsdichtung in Österreich. In: *Bücherkunde* 3 (1936),
   S. 364. Eine weitere, mit »St.« unterzeichnete Rezension ist erschienen in: *Deutsches
   Volkstum* 18 (1936), S. 245f.
13 Vgl. Hellmuth Langenbucher: Volkhafte Dichtung der Zeit. Berlin 1933. (Die 6. Auflage ist
   1941 erschienen.)
14 Koch spielt mit diesem Urteil offenbar darauf an, daß von Hammerstein 1934 Staatssekretär
   in Wien wurde und 1936 für kurze Zeit das Amt des Justizministers bekleidete. Danach fungierte er als Bundeskommissar für Kulturpropaganda. Ebenfalls 1936 wurde er Präsident
   des österreichischen PEN-Clubs.
15 Vgl. Brief von Franz Koch an Hellmuth Langenbucher vom 9.1.1937. DLA. B: F. Koch II,
   91.143.1/5.

lent als Dichter im Unterschied zu den Schriftstellern oder Literaten bezog, wobei Koch mit einem Begriff von Dichtung operierte, der, angelehnt an das Vokabular der Geistesgeschichte, außerordentlich diffus blieb. Wie Kochs Brief vom 14.1. zeigt, war Langenbuchers Informationsbedarf ebenso unerschöpflich wie das Informationsbedürfnis seines neu gewonnenen Freundes und Briefpartners. Zunächst ging es um Ludwig Huna, abermals um Sepp Dobiasch, dann um Maria Grengg und Karl Hans Strobl. Weiterhin kamen Rudolf Hans Bartsch und dessen Romane »Zwölf aus der Steiermark« und »Die Haindlkinder« von 1908 zur Sprache, denen Koch eine gewisse Bedeutung beimaß. In den Jahren danach sei Bartsch aber »durch die Judenpresse und die Konkurrenz mit den Wiener Juden verdorben worden«. Schließlich lag Koch noch daran, für Kurt Kluge eine Lanze zu brechen, da dieser ein ehemaliger »Langemarck-Kämpfer« gewesen sei und es schon deshalb verdient habe, in Langenbuchers Werk Erwähnung zu finden.[16] Auch dies ist ein Ausweis dafür, wie Koch und Langenbucher Literaturpolitik zu machen verstanden.

Im selben Jahr, in dem Franz Koch seine Hilfsdienste für Langenbucher verrichtet hatte, erschien seine »Geschichte deutscher Dichtung« in der Hanseatischen Verlagsanstalt Hamburg, die es bis 1944 auf immerhin sieben Auflagen gebracht hat. Im Vorwort hat der Verfasser die kulturpolitische Mission seiner literarhistorischen Darstellung präzise umrissen. Ausgehend von der Prämisse, daß die »rassischen Kerne«, aus denen das Wesen der Deutschen erwachse, zu einer »neuen völkischen Einheit« verschmelzen würden, sei es die Aufgabe der deutschen Dichtungsgeschichte, »diese erbtümliche Linie zu verfolgen und auch dort sichtbar zu machen, wo sie nicht offen am Tage liegt und nicht bewußt herausgehoben wird.«[17] Vom »völkischen Standpunkt aus« wolle Koch eine wertende »Überschau über unser kostbares Erbe« zeigen, die sich nicht an den Gelehrten richtet, sondern »an jeden am geistigen Sein seines Volkes teilnehmenden Deutschen«, um »am Aufbau der neuen geistigen Einheit und Gemeinschaft« mitzuhelfen.[18] Und so beginnt denn Koch seine Literaturgeschichtserzählung mit der frühgermanischen Dichtung und läßt sie mit der »volkhaften Dichtung« der Gegenwart enden. Der literarhistorische Exkurs wird damit in Form einer qualitativ sich entwickelnden Verlaufsgeschichte präsentiert, in der aus der Tiefe des Stromes literaturgeschichtlicher Traditionen die Repräsentanten der völkisch-nationalen Literatur

16 Vgl. Brief von Franz Koch an Hellmuth Langenbucher vom 14.1.1937. Ebenda, 91.143.1/6.
   In der dritten Auflage von Langenbuchers Werk fanden die Ratschläge und Hinweise von Franz Koch weitgehend Beachtung.
17 Franz Koch: Geschichte deutscher Dichtung. Hamburg 1937, S. 7.
18 Vgl. Ebenda, S. 8.

ganz im Stile einer teleologischen Sinngebung zu Vertretern einer neuen klassischen Höhe deutscher Dichtung avancieren, die nach dem Ende der literarischen Entwicklung in der Weimarer Republik mit ihrer »jüdisch-bolschewistische[n] Kulturverhöhnung«[19] einen verheißungsvollen Anfang gesetzt haben sollen. Sinnbildlich steht daher wohl auch die Betrachtung von Carl Spittelers Versepos »Olympischer Frühling« von 1900/05 am Beginn des letzten Kapitels von Kochs Literaturgeschichte, das die literarischen Werke jener Autoren, die zum Teil schon vor der »nationalsozialistischen Revolution« von 1933 im Geiste national-konservativer, völkisch-nationaler oder faschistischer Ideen gewirkt haben, in den Rang kanonischer Geltung und Größe[20] zu erheben trachtet. Im Verein mit den hinlänglich bekannten Namen wie Hans Grimm und Paul Ernst, Hans Friedrich Blunck und Wilhelm Schäfer oder Hans Carossa und Rudolf G. Binding nimmt in dem Bild der von Koch gezeichneten Literaturlandschaft die sogenannte »Dichtung der Grenzlanddeutschen«[21] einen besonderen Platz ein, der mehrheitlich von den österreichischen Schriftstellern beansprucht wird. Auf diese Weise sind all jene zeitgenössischen Autoren, denen Koch schon in seiner »Gegenwartsdichtung in Österreich« ein Denkmal gesetzt hatte, wieder versammelt, um vom kulturellen Aufbruch Großdeutschlands zu künden. Und nicht zufällig schließt die »Geschichte deutscher Dichtung« mit dem Gedanken:

> »Die Neugeburt unseres Volkes hat den Blick des Binnendeutschen nun auch für alles Volkstum außerhalb der Reichsgrenzen geschärft, wie umgekehrt die Auslanddeutschen ihr Antlitz hoffend und vertrauend der deutschen Mutter zuwenden. Der Auslanddeutsche, in dem das biologische Gewissen niemals verstummen durfte, sollte er sich nicht selbst aufgeben, hat von je auch in der Dichtung sein Volkstumserlebnis stärker hervortreten lassen als der Binnendeutsche.«[22]

Als geradezu prototypisch für dieses Phänomen galt ihm Erwin Guido Kolbenheyer, aus dessen Leben »die Stimme des deutschen Blutes, das sich Jahrhunderte hindurch unter fremden Völkern behaupten gelernt hat«[23], am nachhaltigsten gesprochen habe. Dies war für Koch Grund genug, Kolbenheyers literarisches Werk besonders ausführlich abzuhandeln und dessen Weltbild »einer biologischen Me-

---

19 Ebenda, S. 298. – Koch zitiert hier aus der Rede Adolf Hitlers auf der Kulturtagung des Reichsparteitages der NSDAP 1935.

20 Zum Problem der »Literaturgeschichten als Instrumente literarischer Kanonbildung im Dritten Reich« vgl. U.-K. Ketelsen: Literatur und Drittes Reich. Schernfeld 1992, S. 72-93.

21 Franz Koch: Geschichte deutscher Dichtung. Hamburg 1937, S. 359.

22 Ebenda, S. 363 f.

23 Ebenda, S. 323.

taphysik«[24] wortreich zu erörtern. Ihren Kerngedanken bestimmte Koch dahingehend, daß alle Tatsachen des Daseins »aus der Entwicklung gearteten plasmatischen Lebens« abgeleitet werden müsse, denn jede Individualitätsform sei funktionell abhängig von blutmäßigen und erbbiologischen Faktoren wie Familie, Stamm, Volk und Rasse, d.h. von einem »überindividuellen Leben«. Die geschichtlichen »Bewegungen« der Deutschen in der jüngsten Vergangenheit seien folglich nichts anderes als »Reaktionsformen eines biologisch jungen Volkes«, welches seinen Weltkriegsgegnern an »Lebensmächtigkeit« aufgrund seiner »plasmatischen Kapazität« überlegen sei. Zu den Verdiensten Kolbenheyers zählte Koch, daß dieses Weltbild fast nahtlos in seine Romane, Dramen und Gedichte eingegangen sei, um dort künstlerische Gestalt zu gewinnen, und zwar vornehmlich in der Darstellung von Individualitätsbeziehungen in Familie, Sippe und Volk sowie hinsichtlich der Rückbesinnung der literarischen Helden vor allem seiner historischen Romane auf den Wert germanischen »Bluterbes« an der Wende vom Mittelalter zur Neuzeit.[25]

Über den Rahmen literarhistorischer Gesamtdarstellungen hinaus hat sich Franz Koch bemüht, auch in Einzelstudien das literarische Werk ihm nahestehender Autoren zu würdigen – allen voran wiederum Erwin Guido Kolbenheyer, mit dem Koch während eines Lazarettaufenthaltes im Ersten Weltkrieg Bekanntschaft geschlossen und den er im Auftrag einiger Mitglieder der Philosophischen Fakultät der Universität Wien für das Jahr 1928 zur Auszeichnung mit dem Literaturnobelpreis vorgeschlagen hatte.[26] Sowohl Kolbenheyers Dichtung wie auch dessen »biologische Metaphysik«, dargelegt in der Schrift »Die Bauhütte. Elemente einer Metaphysik der Gegenwart« von 1925, galten Koch als Leitbild für die Literatur seiner Zeit schlechthin, wobei auffällt, daß die überaus zahlreichen Artikel und Aufsätze, die er Kolbenheyer widmete[27], kaum über jene Darstellungs- und

---

24 Ebenda, S. 324.

25 Vgl. Ebenda, S. 323-335.

26 Vgl. Brief von Franz Koch an die Philosophische Fakultät der Universität Königsberg vom 6.1.1929. Österreichische Nationalbibliothek Wien. Handschriften und Inkunabelsammlung. 396/3.
Die Königsberger Fakultät hatte Koch um die Unterstützung ihres Antrages zur Verleihung des Nobelpreises an Arno Holz im Jahre 1929 gebeten. Koch hat aufgrund seiner Initiative für Kolbenheyer dieses Ersuchen abgelehnt.

27 Studien von Koch über Kolbenheyer sind zu finden in: *Österreichische Rundschau* 51 (1917), S. 186; *Das Riff* 1 (1920), S. 155-157; *Preußische Jahrbücher* 1926, Bd. 206, S. 141-158 sowie 1928, Bd. 214, S. 304-330; *Zeitwende* 4 (1928), S. 78-84; *Sudetendeutsches Jahrbuch* 1929, S. 62-93; *DVjs* 8 (1930), S. 143-197; *Urania* (Wien) 1 (1934) 4, S. 53-55; *Lebendige Dichtung* 2 (1935) 1, S. 2-8; *Völkischer Beobachter* 51 (1938), Berliner Ausg., Nr. 100 vom 10.4.; *Ausritt* 1938/39. Almanach des Verlages Albert Langen u. Georg Mül-

Wertungsmuster hinausgingen, wie er sie in der »Geschichte deutscher Dichtung« bereits dargelegt bzw. zusammengefaßt hatte. Kolbenheyer hat die auf breite Öffentlichkeitswirkung zielenden Bemühungen seines Adepten auch zu honorieren gewußt. Unter der Überschrift »Dr.-Franz-Koch-Büste im Gaumuseum Linz, geschaffen von der Berliner Bildhauerin Hertha Rudolph«, meldete die *Linzer Tagespost* am 7.4.1942: »Das Bildwerk des Gelehrten [...] konnte dank einer finanziellen Beihilfe des Dichters Erwin Guido Kolbenheyer vom Museum des Reichsgaues Oberdonau angekauft werden.«[28] Die Faszination für Kolbenheyer hielt bei Koch sogar bis über das Jahr 1945 hinaus an. Die 1955 begründete »Gesellschaft der Freunde des Werkes von E. G. Kolbenheyer« mit Sitz in München bot Koch eine willkommene Gelegenheit zur publizistischen Wirkung. Hier konnte er noch einmal die sattsam bekannten Thesen zu Ideen und Werk Kolbenheyers an die Öffentlichkeit bringen. Revidiert hat er sie eigentlich nur in einem Punkt: Die Aktualität der »biologischen Metaphysik« sah er nun nicht mehr im »Daseinskampf der Rassen«, sondern in der »rapide[n] Zunahme der Bevölkerungsziffer in den letzten 150 Jahren«[29]. Auch blieb es ihm vorbehalten, anläßlich des Todes des Dichters die Grabrede am 14.4.1962 zu halten.[30]

Eine ähnliche Anerkennung hat Josef Weinheber erfahren, der im Schlußkapitel der »Geschichte deutscher Dichtung« ebenfalls gebührend mit Lob bedacht worden war, indem ihn Koch in den Rang eines »Erneuerer[s] der Lyrik auf volkhaftem Boden«[31] erhob. Vergleichbar mit Hölderlins tragischem Weltgefühl würde in dessen Gedichten »das Schicksal eines deutschen Stammes zu Wort [kommen], der, abgetrennt vom großen deutschen Leben, das Sterben eines Reiches, das er durch Jahrhunderte mit seiner Kraft gehalten, erfahren hat«.[32] Solcherart Wertschätzung wie auch das literarhistorische Engagement seines Förderers insgesamt[33] hat Weinheber durchaus zu inspirieren vermocht. Am 29.12.1941 ließ er

---

ler. München 1938, S. 7-26; *Bücherkunde* 5 (1938), S. 629-633; *DuV* 40 (1939), S. 84-94 sowie 41 (1941), S. 269-296; *ZfdB* 17 (1941), S. 265-273; *Der Bauhüttenbrief* 1 (1955) 1, S. 2-16, 2 (1956) 4, S. 21-23, 4 (1958) 11, S. 8-23 sowie 7 (1962) 21, S. 6 u. S. 10-26. Vgl. auch die Monographie: Kolbenheyer. Göttingen 1953.

28 ASI. Nachlaß Franz Koch. 3/8793/90 – D. III/VII.

29 F. Koch: E. G. Kolbenheyers dichterisches Ethos. In: *Der Bauhüttenbrief* 1 (1955) 1, S. 3.

30 Vgl. Franz Koch: Gedenkworte. In: *Der Bauhüttenbrief* 7 (1962) 26, S. 6.

31 Franz Koch: Geschichte deutscher Dichtung. Hamburg 1937, S. 336.

32 Ebenda.

33 Franz Koch verfaßte in den Jahren 1937 bis 1941 weitere literarhistorische Studien, in denen die zeitgenössische Literatur vom völkischen Standpunkt aus charakterisiert worden ist: Der Weg zur volkhaften Dichtung der Gegenwart. In: *ZfDk* 51 (1937), S. 1-14 u. S. 98-113; Die großdeutsche Idee in der deutsch-österreichischen Dichtung. In: *NS-Monatshefte* 9 (1938), S. 596-609; Die Entwicklung des organischen Weltbildes in der deutschen Dich-

Koch in einem Brief wissen, daß dieser der Erste gewesen sei, der auf sein Werk hingewiesen habe, und zwar »zu einer Zeit, als sich sämtliche andere Literarhistoriker noch so verhielten wie die inkriminierte Glosse.«[34] Mit dieser Anspielung war offenbar der Umstand gemeint, daß Weinhebers Frühwerk in der literarischen Öffentlichkeit zunächst kaum Beachtung gefunden hatte, wie er in einem Brief an Koch nach dem Erscheinen seines Gedichtbandes »Adel und Untergang« am 12.11.1934 zum Ausdruck brachte. Sich selbst hielt Weinheber für den einzigen »ernst zu nehmenden Odendichter Österreichs«, der unter anderem »den Konsonanten und den Vokal zu einem bewußt zu handhabenden Kunstmittel in der deutschen Lyrik gemacht« habe. Dennoch habe dies »nicht genügt, auch nur hinter den letzten Provinzdichtern dieses Landes als Auchdichter angeführt zu werden«. Deshalb wende er sich an »die literarisch jetzt maßgebenden Menschen«, um auf seine künstlerische Existenz hinzuweisen.[35] Franz Koch, zu diesem Zeitpunkt neben seiner Bibliothekarstätigkeit noch außerordentlicher Professor an der Universität Wien, gehörte demnach zu diesem Kreis, was ihn nun wiederum beflügelt haben mochte, sich der Dichtung Weinhebers zuzuwenden. Schon bald verfaßte er eine erste kleinere Studie in der Zeitschrift *Lebendige Dichtung*, einem in Wien erscheinenden Monatsheft für deutsches Schrifttum, in der er in Anlehnung an seine Thesen zu Kolbenheyer den Gedichten Weinhebers die Verwurzelung »im gemeinschaftsverbundenen Leben, im überindividuellen Sein« bescheinigte, ohne zu vergessen, ihn auch als einen »Meister [...] der Selbst- und Mitlaute« zu apostrophieren.[36]

Öffentliche Vorträge boten Franz Koch eine weitere, nicht zu unterschätzende Möglichkeit, für die von ihm favorisierten Autoren zu werben und den Zuhörern deren und seine eigene Weltsicht und Kunstauffassung nahezubringen. Die Art

---

tung. In: *Helicon* 1 (1938), S. 189-201; Die dichterische Leistung des Sudetendeutschtums. In: Geist der Zeit 16 (1938), S. 505-514 sowie Von der übervölkischen Aufgabe des deutschen Schrifttums. Vortrag, gehalten an der Universität Helsinki anläßlich der Eröffnung der Deutschen Buchausstellung. In: *NS-Monatshefte* 12 (1941), S. 1-8.

34 Brief von Josef Weinheber an Franz Koch vom 29.12.1941. ASI. Nachlaß Franz Koch. 3/8793/90 – B.II, 1.38/V.

35 Vgl. Brief von Josef Weinheber an Franz Koch vom 12.10.1934. Ebenda. B.II, 1.28/V.

36 Vgl. Franz Koch: Josef Weinheber. In: *Lebendige Dichtung* 1 (1934) 3, S. 52-56. Ähnliche Gedanken äußerte Koch in: *ZfDk* 49 (1935), S. 465-469.
Vgl. auch: Franz Koch: Josef Weinheber. München 1942 sowie Josef Weinheber. Leben und Werk. In: *Universitas* 7 (1952) 3, S. 255-264.
Franz Koch hat noch weitere Einzelstudien über zeitgenössische Schriftsteller zu Papier gebracht: Robert Hohlbaum. In: *Deutsches Volkstum* 18 (1936), S. 214-218; Max Mell. In: Ebenda, S. 665-670 sowie Hermann Stehr zum 75. Geburtstag. In: Franz Koch: Geist und Leben. Vorträge und Aufsätze. Hamburg 1939, S. 192-204.

und Weise, wie er das tat, war den mit Kultur und Wissenschaft befaßten Behörden der NSDAP natürlich willkommen. In einem Gutachten der Dienststelle des »Beauftragten des Führers für die Überwachung der gesamten geistigen und weltanschaulichen Schulung und Erziehung der NSDAP«, dem sogenannten »Amt Rosenberg«, in dem Franz Koch seit Ende 1936 nebenberuflich als Hauptlektor für das Fachgebiet »Neuere Literatur- und Geistesgeschichte« fungierte, heißt es in einer Mitteilung an den hauseigenen Veranstaltungsdienst vom 23.4.1937: »Seiner lebendigen Art wegen soll er besonders beliebt sein, so dass ihn sogar der NSD-Dozentenbund als Vortragsredner durchaus empfiehlt.«[37] Über »Die deutsche Dichtung Österreichs« hat er zur Eröffnung der Deutsch-Österreichischen Dichterwoche am 25.4.1938 in der Neuen Aula der Berliner Universität gesprochen. Eröffnet wurde diese Veranstaltung von Reichsorganisationsleiter Robert Ley, der die anwesenden Schriftsteller Hans Kloepfer, Sepp Keller, Franz Nabl, Karl Hans Strobl, Franz Tumler und Ines Widmann begrüßte. Koch bescheinigte der lebenden Generation von Schriftstellern, daß sie »ihre deutsche Sendung« im Kampf »gegen Liberalismus und Internationalismus«[38] erfülle, und ließ den »Anschluß« Österreichs an Hitlerdeutschland hochleben. Im Nationalsozialistischen Deutschen Lehrerbund referierte Koch am 2.3.1939 zu dem Thema »Das organische Weltbild der deutschen Dichtung, wobei er herauszuarbeiten versuchte, daß Herder und Goethe die Grundlagen biologischen Denkens gelegt hätten, das von Kolbenheyer dann vollendet worden wäre. Auch im Werk von Paul Ernst, Emil Strauß und Hans Carossa sei es zu finden.[39] Anfang 1939 schließlich ist Koch nach Breslau gefahren, um anläßlich des 75. Geburtstages von Hermann Stehr »auf besonderen Wunsch des Gauleiters«[40] zu reden. Mehr noch nutzte Koch seine zahlreichen Vortragsreisen ins europäische Ausland, die er auf der Grundlage von Einladungen seiner Gastgeber oder aber auf Veranlassung des Reichserziehungsministers Bernhard Rust, des Reichspropagandaministers Josef Goebbels oder des Reichsleiters Alfred Rosenberg unternahm.[41] In der Regel sprach er über

---

37 Hausmitteilung an den Veranstaltungsdienst vom 23.4.1937. Bundesarchiv Berlin-Lichterfelde (im weiteren: BArch), NS 15/81a, Bl. 81.
38 *Völkischer Beobachter* 51 (1938), Berliner Ausgabe, Nr. 116 vom 26.4. Vgl. auch: *Berliner Tageblatt* 67 (1938), Nr. 194 vom 26.4.
39 Vgl. *Völkischer Beobachter* 52 (1939), Berliner Ausgabe, Nr. 62 vom 3.3.
40 Brief von Franz Koch an den Rektor der Berliner Universität vom 10.2.1939. UA der HUB. Personalakte Franz Koch. U. K., K 203, Bd. 1, Bl. 128. Ursprünglich war der Vortrag für den 15.2.1939 geplant, fand aber erst am 3.3. statt.
41 Franz Koch unternahm in der Zeit von 1937 bis 1944 folgende Auslandsreisen: 1937 – Göteborg, Stockholm, Uppsala, Helsingfors, Abo, Bristol, Dublin, Sofia; 1938 – Zürich, Florenz, Neapel, Venedig; 1939 – Warschau, Belgrad, Sofia, Bukarest, Wien; 1940 – Budapest (Gastprofessur); 1941 – Bukarest, Helsinki; 1942 – Warschau, Debrecen, Budapest

ein literaturgeschichtliches Thema aus dem 18. Jahrhundert (zumeist mit Bezug auf Goethe oder Schiller) und über die Gegenwartsliteratur im allgemeinen oder Erwin Guido Kolbenheyer im besonderen, wobei er stets bemüht war, im Ausland zum einen den Eindruck von der Attraktivität der nationalsozialistischen Wissenschaft zu erwecken und zum anderen die neue Qualität der völkischen Dichtung in Deutschland herauszustellen. So heißt es zum Beispiel in dem Bericht über die Reise nach Debrecen und Agram vom 4.9.1942, wo er über »Dichtung der Gegenwart« gesprochen hatte, daß es sein Ziel gewesen sei, ein Bild vom »inneren Werden« Deutschlands im Angesicht seiner Dichtung zu zeichnen. Außerdem habe er ein hohes Niveau seines Vortrages angestrebt, »da wir ja immer mit dem heimlichen Vorurteil zu rechnen haben, im neuen Deutschland fehle es am ›richtigen Geiste‹.«[42] Koch selbst hat die Resonanz seiner Vorträge immer als groß eingeschätzt. Wie sie bei seinen Zuhörern tatsächlich war, läßt sich nur schwer ausmachen. Dennoch wird man einräumen müssen, daß die genannten Gegenwartsautoren mit Hilfe der Person Kochs auch einen Teil ihrer ansonsten mäßigen internationalen Ausstrahlung erreichen konnten, was bei den politischen Machtinstanzen der NSDAP nicht unbeachtet blieb. So übermittelte am 24.4.1937 der Reichserziehungsminister dem Rektor der Berliner Universität die Abschrift eines Schreibens des Reichspropagandaministers, in dem über die geplante Buchausstellung in Sofia informiert wird. Hierin wird mitgeteilt:

>»Im Rahmen der Eröffnungsfeierlichkeiten ist vorgesehen, dass ein führender deutscher Gelehrter grundsätzliche Ausführungen über das deutsche Schrifttum macht. Ich habe Herrn Professor Franz Koch gebeten, die Aufgaben zu übernehmen. Professor Koch erscheint mir hierfür besonders geeignet, da er nach den vorliegenden Berichten über seine Vortragsreise in Skandinavien besonderes Geschick bewiesen hat, einen ausländischen Zuhörerkreis mit den geistigen Strömungen des neuen Deutschlands bekanntzumachen..«[43]

Franz Kochs Engagement als Hauptlektor im »Amt Rosenberg« schließlich war ein weiterer Bereich intensiver kulturpolitischer Wirksamkeit im Sinne des Nationalsozialismus. Auch wenn dieses Amt, wie ursprünglich angestrebt, keine eigen-

---

(Gastprofessur); 1943 – Sofia, Pressburg, Bastad, Malmö; 1944 – Belgrad, Agram, Venedig, Hengelo.

42 Reisebericht Franz Kochs an den Reichserziehungsminister vom 4.9.1942. UA der HUB. Personalakte Franz Koch. U. K., K 203, Erg.bd., Bl. 130 v.

43 Brief des Reichserziehungsministers an den Rektor der Berliner Universität vom 24.4.1937. Ebenda, Bl. 11.

ständige Zensurbehörde wurde[44], so gehörte die Überwachung und Begutachtung von literarischen, wissenschaftlichen und publizistischen Neuerscheinungen zu seinen vordringlichen Aufgaben. Die Ergebnisse der von den Hauptlektoren auf der Grundlage von Lektorengutachten zu entscheidenden Urteile wurden ab November 1935 im sogenannten »Gutachteranzeiger« zur Ausgabe B der Monatsschrift *Bücherkunde* veröffentlicht und verstanden sich als Orientierungshilfen für Buchhandel, Bibliothekare oder andere, mit der Verbreitung von Literatur Befaßte. In der *Bücherkunde* selbst zählte Franz Koch neben Martin Hieronimi und Hellmuth Langenbucher mit zu denen, die sehr häufig publizistische Beiträge verfaßten. Auch im Heft 5 des Jahres 1938, das thematisch ganz der österreichischen Literatur gewidmet war, meldete er sich mit dem Beitrag »Gegenwartsdichtung in Österreich« zu Wort, um ähnlich wie in dem gleichnamigen Buch von 1935 seine Grundthesen zur politischen und literarischen Entwicklung nach 1914 zu verbreiten und den »Anschluß« Österreichs als Befreiungstat Adolf Hitlers zu feiern.[45] Kochs Auffassung zum Wesen der Dichtung, die letztlich nichts anderes war als ein Gemisch aus Versatzstücken aus Wilhelm Diltheys Lebensphilosophie, Oskar Walzels Gehalt-Gestalt-Lehre, Josef Nadlers Stammeskunde und Erwin Guido Kolbenheyers »biologischer Metaphysik«, ist in dem Sonderheft Nr. 6 von 1939 thematisiert, das die Ergebnisse der 5. Arbeitstagung des »Amtes Schrifttumspflege« vom November 1938, die unter dem Motto »Einsamkeit und Gemeinschaft« stand, dokumentiert. In der Feierstunde am 20.11. im Deutschen Opernhaus hat Koch am Beispiel des literarischen Schaffens von Carossa, Kolbenheyer und Weinheber herausgearbeitet, daß der Prozeß des Dichtens sowohl ein Akt des Kollektiven als auch des Einzelnen sei. Das Gemeinschaftliche, wie es der Weltanschauung des Nationalsozialismus entspreche, mache sich dadurch geltend, daß der Dichter im Unterschied zum Schriftsteller oder Literaten ein »bedingtes Glied einer weit in die Vergangenheit zurückreichenden Geschlechterkette« sei, folglich im überindividuellen, rassisch bedingten Sein wurzele. Das echte volkhafte Dichten selbst vollziehe sich jedoch in der »schöpferischen Einsamkeit«, was allerdings mit Individualismus nicht verwechselt werden dürfe, und zwar dergestalt, daß der Dichter die »in ihm geborene Welt« nach außen in Gestalt und Form bringen müsse. Nach »der Empfängnis beginnt die harte Mühe«,

---

44 Vgl. Barbian, Jan-Pieter: Literaturpolitik im »Dritten Reich«. Institutionen, Kompetenzen, Betätigungsfelder. München 1993, S. 270-297.

45 Vgl. Franz Koch: Gegenwartsdichtung in Österreich. In: *Bücherkunde* 5 (1938), S. 237-244.

so Koch weiter, damit das Erlebnis des Dichters ausgeformt werden könne.[46] Franz Koch wäre wohl kein rechter Universitätsprofessor »neuen Typs« gewesen, wenn er nicht auch die Lehrkanzel für seine Mittlerdienste genutzt hätte. Bereits an der Universität Wien, wo er ab dem Sommersemester 1927 regelmäßig Lehrveranstaltungen am Seminar für Deutsche Philologie abhielt, fand er hin und wieder Gelegenheit, sich der Gegenwartsliteratur zu widmen.[47] Die völkischen Autoren Österreichs sind dabei gebührend berücksichtigt worden, wie ein Brief von Julius Zerzer vom 2.2.1931 zeigt, in dem er Koch seinen Dank dafür ausgesprochen hat, »daß Sie in Ihren Vorlesungen an der Wiener Universität auf meine Arbeiten hinweisen wollen«.[48] In Berlin hat Koch diese Bemühungen konsequent fortgesetzt und zum Teil noch intensiviert, sichtlich beflügelt von den neuen Aufgaben, die er sich selbst zuschrieb. Eine Gelegenheit, dies auch öffentlich zu artikulieren, bot sich zum Beispiel anläßlich der 50-Jahr-Feier des Germanischen Seminars im Jahre 1937. Während Julius Petersen in seinem Beitrag für die Festschrift des Seminars vor allem die wissenschaftlichen Traditionen und die Leistungen der Berliner Germanistik in der Vergangenheit in den Mittelpunkt rückte[49], richtete Koch den Blick mehr nach vorn auf das Neue, das im Zuge der nationalsozialistischen »Erneuerung« der Universitäten als Herausforderung auch an die Literaturwissenschaft anzusehen sei. Und er sparte dabei nicht mit Seitenhieben auf die seit dem 19. Jahrhundert in Berlin etablierte »philologische Schule« der Germanisten, deren Bedeutung für die Vermittlung exakten Wissens er zwar noch anerkannte, ihr jedoch bescheinigte, daß sie nicht mehr zeitgemäß sei. Die »Wissenschaft von deutscher Dichtung« dürfe nicht Selbstzweck sein, sondern müsse sich »in der Überzeugung überindividueller Gebundenheit« wieder

---

46 Vgl. Franz Koch: Ansprache, gehalten auf der Feierstunde im Deutschen Opernhaus am 20.11.1938. In: *Schriftenreihe der Bücherkunde*. Bd. 6: »Einsamkeit und Gemeinschaft«. Zehn Vorträge der 5. Arbeitstagung des Amtes Schrifttumspflege, hg. von Hans Hagemeyer. Stuttgart 1939, S. 39-45.

47 So im Sommersemester 1929 und im Wintersemester 1929/30, als er Übungen zum Roman der Gegenwart abhielt, oder im Sommersemester 1934, wo er zum Thema *Vom Expressionismus bis zur Gegenwart* las.
Vgl. Öffentliche Vorlesungen an der Universität zu Wien. Sommersemester 1927 bis Sommersemester 1935, S. 52-65. Archiv der Universität Wien.

48 Brief von Julius Zerzer an Franz Koch vom 2.2.1931. ASI. Nachlaß Franz Koch. 3/8793/90 – B.II, 1.40/V.
Hermann Stehr hat Kochs Lehrtätigkeit ebenfalls Bedeutung beigemessen und die Hoffnung zum Ausdruck gebracht, »daß die Universitäten, die bisher ratlos meinem Werk gegenüber gestanden haben, nun doch ihre Aufmerksamkeit meiner Lebensarbeit widmen werden«. Brief von Hermann Stehr an Franz Koch vom 25.4.1934. Ebenda. B.II, 1.23/V.

49 Vgl. J. Petersen: Der Ausbau des Seminars. In: Das Germanische Seminar der Universität Berlin. Festschrift zu seinem 50jährigen Bestehen. Berlin u. Leipzig 1937, S. 29-35.

stärker mit dem Leben verbinden, sich als »dienendes Glied eines größeren Ganzen« begreifen, indem sie über die bloße Formbeschreibung hinaus stärker als bisher die Werte der Dichtung einem »weiten Kreis von Volksgenossen« sichtbar und lebenswirksam nahebringt. Voraussetzung hierfür sei, den Dichter als »rassisch und arthaft gebundenes Wesen« zu begreifen und sein Werk danach zu befragen, was das »arthaft Deutsche in dem Lebensgefühl«, das sich darin ausspricht, sei. Letztlich ging es darum, die »Einheit von Blut und Geist [...] im Spiegel deutscher Dichtung herauszuarbeiten«, was auch und gerade die wissenschaftliche Beschäftigung mit der Dichtung der Gegenwart einschließen müsse und sich als eine zukunftsträchtige Aufgabe vornehmlich für die jungen Kräfte in der Germanistik erweise.[50]

Franz Kochs vehemente Polemik gegen das Wissenschaftsprogramm einer voraussetzungslosen Forschung in der Philologie, wie sie in der Methodendiskussion des Faches bereits seit der sogenannten »geistesgeschichtlichen Wende« um 1900 geführt worden ist,[51] zielte nicht nur auf eine stärker weltanschauliche Fundierung von Lehre und Forschung im Sinne des Nationalsozialismus, sondern gleichermaßen auf die eigene politische und wissenschaftliche Profilierung im institutionellen Gefüge am Germanischen Seminar in Berlin. Von ersten Erfolgen dabei schrieb er am 14.1.1937 an Hellmuth Langenbucher:

»Übrigens bekomme ich langsam die Dinge hier, d.h. an der Univ[ersität] auch soweit in die Hand, daß die ausländischen Kollegen u. Wissenschaftler nun auch zu mir kommen. In meinem Seminar über Roman u. Novelle der Gegenwart sitzen Amerikaner u. Engländer in Menge u. immer wieder sagt man mir (was uns ja nichts Neues ist), daß man von all diesen Namen drüben nichts wisse u. höre. Immer wieder kommen Fremde, Ausländer zu mir, um sich gerade über die dt. Dichtung der Gegenwart zu erkundigen (das Interesse ist sichtlich außerordentlich und allmählich sickert es durch, daß es auch ohne Juden geht) und immer wieder empfehle ich ganz besonders Ihr Buch, so daß es sich wohl langsam auch im Ausland durchsetzen wird. Daß es meine Studenten kennen müssen, ist selbstverständlich.«[52]

---

50 Vgl. Franz Koch: Blick in die Zukunft. In: Ebenda, S. 55-59.
51 Vgl. hierzu: Holger Dainat: Deutsche Literaturwissenschaft zwischen den Weltkriegen. In: Zeitschrift für Germanistik. Neue Folge 3 (1991), S. 604 sowie Ders.: Voraussetzungsreiche Wissenschaft. Anatomie eines Konflikts zweier NS-Literaturwissenschaftler im Jahre 1934. In: *Euphorion* 88 (1994), S. 103-122.
52 Brief von Franz Koch an Hellmuth Langenbucher vom 14.1.1937. DLA. B: F. Koch II, 91.143.1/6.
Ausdruck von Kochs Profilierungsbestrebungen ist auch der in der Wissenschaftshistoriographie mehrfach dokumentierte und beschriebene Konflikt mit Julius Petersen, der erstmals während der 50-Jahr-Feier des Germanischen Seminars offen ausgebrochen ist. Vgl. hierzu vor allem: Klassiker in finsteren Zeiten 1933-1945. Eine Ausstellung des Deutschen Literaturarchivs im Schiller-Nationalmuseum Marbach am Neckar. Bd. 1. Marbach a. N. 1983,

Was Kochs Engagement in der akademischen Lehre anbetrifft, so ist zunächst evident, daß die Themen seiner Vorlesungen und Seminare weitgehend dem Kanon im Lehrangebot entsprachen, wie er am Germanischen Seminar üblich war. Auch nach 1933 dominierten hinsichtlich der Behandlung der Literaturepochen Barock, Klassik und Romantik mit ihren jeweiligen literarischen Repräsentanten.[53] Dieses Moment von Kontinuität ist auch ein Ausweis dafür, daß unter der Mehrheit der Berliner Germanisten wie bei ihren Kollegen in den anderen Fakultäten die Neigung, unmittelbar nach der »Machtergreifung« ihre Lehrveranstaltungen rasch und grundlegend an die Ideologie des NS anzupassen, nicht sonderlich stark ausgeprägt war, wenngleich zu berücksichtigen ist, daß die Lehrveranstaltungsthemen allein nur wenig über ihre konkreten Inhalte aussagen.[54] Bei Franz Koch wird man unterstellen können, daß er seine Themen aus dem Bereich der neueren deutschen Literaturgeschichte inhaltlich nicht anders abgehandelt hat als in der »Geschichte deutscher Dichtung« oder den genannten weiteren Publikationen. Ernst gemacht hat er auch mit seiner Forderung nach einer stärkeren Hinwendung zur zeitgenössischen Literatur. Während Julius Petersen die unmittelbare Gegenwart nur gelegentlich in seine literarhistorischen Exkurse einbezog, hatte die neuzeitliche Dichtung bei Koch ihren festen Platz sowohl in den Vorlesungen als auch in den Übungen am Seminar.[55] Und im Hinblick auf sein Bestreben, vor allem aus dem Kreis der Nachwuchswissenschaftler aktive Mitstreiter

S. 270-277; Peter Müller: Die Goethe-Feier an der Friedrich-Wilhelms-Universität 1932. In: 100 Jahre Germanisches Seminar, 1987. S. 832 f.; Werner Herden: Zwischen Bücherverbrennung und Kriegseinsatz. In: Ebenda, S. 839; Ders.: Zwischen »Gleichschaltung« und Kriegseinsatz. Positionen der Germanistik in der Zeit des Faschismus. In: Weimarer Beiträge 33 (1987), S. 1876-1878; Deutsche Klassiker im Nationalsozialismus. Schiller, Kleist, Hölderlin, hg. von Claudia Albert. Stuttgart u. Weimar 1994, S. 64 f.; Petra Boden: Charlotte Jolles über Julius Petersen. Zum wissenschaftlichen Leben am Germanischen Seminar in den 30er Jahren. In: Wruck (Hg.): Berliner Studenten, 1987, S. 632ff.; dies.: Julius Petersen: Ein Wissenschaftsmanager auf dem Philologenthron. In: *Euphorion.* 88 (1994), S. 82-102; Boden / Fischer: Der Germanist Julius Petersen, 1994. S. 9-37; Michael Grüttner: Studenten im Dritten Reich. Paderborn u.a. 1995, S. 199.

53 Vgl. Vorlesungsverzeichnisse der Friedrich-Wilhelms-Universität zu Berlin vom Wintersemester 1932/33 bis Wintersemester 1944/45.

54 Vgl. Michael Grüttner: Studenten im Dritten Reich. Paderborn u. a. 1995, S. 155-205.

55 Franz Koch las zu folgenden Themen: *Gestalten und Probleme der Dichtung der Gegenwart* (WS 1935/36, SS 1939), *Volkhafte Dichtung der Gegenwart* (SS 1936) sowie *Volkhafte Dichtung vom Weltkrieg zur Gegenwart* (WS 1942/43). Am Germanischen Seminar hielt er folgende Übungen ab: *Roman und Novelle der Gegenwart* (WS 1936/37), *E. G. Kolbenheyer* (SS 1939, WS 1941/42), *Wehrgeist und Soldatentum in der deutschen Dichtung* (2. Trimester 1940) und *Lyrik der Gegenwart* (WS 1942/43). Vgl. Vorlesungsverzeichnisse der Friedrich-Wilhelms-Universität zu Berlin vom Wintersemester 1932/33 bis Wintersemester 1944/45.

bei der nationalsozialistischen Umgestaltung der Germanistik zu gewinnen oder
solche zu formen, hat er es ebenfalls nicht an Enthusiasmus fehlen lassen.

Daß Franz Koch in die akademische Jugend große Hoffnungen bei der Verwirklichung seiner wissenschaftspolitischen Ziele setzte, ist schon in seiner Wiener Zeit deutlich geworden. Als Mitglied der Alten Herren der studentischen Burschenschaft »Oberösterreicher Germanen« hatte er anläßlich des 60jährigen
Stiftungsfestes 1928 in seiner Festrede den Jungen als Lebensaufgabe gestellt,
»den deutschen Menschen der Zukunft, vielleicht den großen Führer zum deutschen Staat, zur deutschen Einheit der Zukunft aus Euch herauszubilden«.[56] Und
als diese Vision mit der »nationalsozialistischen Revolution« in Erfüllung zu gehen schien, verstärkte Koch seinen erzieherischen Einfluß auf die Studenten noch
mehr. Allerdings war die Lage am Germanischen Seminar in Berlin seinem Anschein nach nicht so, daß er dies in aller Öffentlichkeit hätte tun können. Deshalb
wählte er lieber den indirekten, manchmal auch konspirativen Weg. Im Falle
Werner Knochs, des Leiters der germanistischen Fachschaft, zum Beispiel, über
den Koch ein internes Gutachten für den NSD-Dozentenbund verfaßt hat, in dem
er über seine eigene politische Wirkung auf ihn einschätzte, »dass Knoch sich, als
ich Fühlung mit ihm gewann, wahrscheinlich schon von mir beobachtet fühlte und
sich daraufhin eingestellt hat.«[57] Des weiteren ließ Koch wissen, daß am Germanischen Seminar eine politische Einflußnahme auf die Studenten so gut wie gar
nicht existiere und daß sich dieser Zustand mit seinem Eintritt in die Direktion
des Seminars ändern werde.[58] Bei Knoch blieb die Wirkung von diesem Vorsatz
nicht aus. Nachdem er seit 1936 schon als Referent für die weltanschauliche
Schulung im Nationalsozialistischen Kraftfahrkorps (NSKK) tätig war, trat er
1939 als ehrenamtlicher Lektor in das »Amt Rosenberg« ein.[59] Als Fachschafts-
leiter hatte Knoch auch Einfluß auf die Gestaltung der »Völkischen Arbeitsgemeinschaften« der Studenten, die in Fortführung der 1920 ins Leben gerufenen
»Germanistischen Arbeitsgemeinschaft« ab dem Wintersemester 1933/34 ihre
Tätigkeit wieder aufnahmen. In von den regulären Seminaren abweichenden
Lehr- und Lernformen beschäftigten sich hier die Studenten mit der stärker weltanschaulichen Fundierung der germanistischen Gegenstände, unterstützt durch

---

56 Franz Koch: Festrede anläßlich des sechzigjährigen Stiftungsfestes der akademischen Burschenschaft »Oberösterreicher Germanen« in Wien. Wien 1928, S. 10.
57 Schreiben Franz Kochs an den Führer des NSD-Dozentenbundes der Universität Berlin vom
   7.4.1937. UA der HUB. NS-Dozentenschaft Berlin, Nr. 153: Werner Knoch, Bl. 25.
58 Vgl. Ebenda, Bl. 25v.
59 Vgl. Fragebogen vom 20.4.1940 sowie Schreiben des Führers des NSD-Dozentenbundes an
   den Rektor der Berliner Universität vom 31.7.1940. Ebenda, Bl. 4 bzw. 31.

Vorträge der Professoren und Dozenten oder durch die Leitung der akademischen Gemeinschaftsarbeit von seiten der Assistenten. Die »Frage nach den völkisch-rassischen Grundkräften im deutschen Schrifttum«[60] bildete fortan einen Schwerpunkt der Studien. Als mit dem Wintersemester 1935/36 die Fachschaftsarbeit unter die Obhut des NSD-Studentenbundes gestellt wurde, hielten auch Themen aus dem Bereich der Gegenwartsliteratur Einzug in die studentischen Zirkel, was Franz Koch mit Genugtuung quittiert haben wird, denn die wissenschaftliche Beschäftigung mit dieser Literatur auch in dem Sinne, daß der Gelehrte »dem lebendigen Volke gegenüber«[61] seine Werturteile über sie vermittelt, lag ihm als Vertreter der Geistesgeschichte natürlich besonders am Herzen. Und von dieser Überzeugung aus ließ sich seine Polemik gegen die philologisch ausgerichtete Literaturbetrachtung noch auf einer anderen Ebene fortführen. In einem weiteren internen Gutachten für den Dozentenbund über Ernst Friedrich Ohly, seit 1940 wissenschaftlicher Hilfsassistent bei Julius Schwietering, wird deutlich, wie eng bei Koch die Frage der politischen Haltung von Wissenschaftlern mit der Methode ihres Schaffens verknüpft gewesen ist. So heißt es über Ohly, als Wissenschaftler vertrete er »die solide, philologische Tradition, die unberührt ist von Methoden und Gesichtspunkten, die vom Nationalsozialismus und seiner weltanschaulichen Wandlung befruchtet werden, die ihre Solidität zu verlieren fürchtet, wenn sie das täte.«[62] Und weiter vermerkt Koch, daß Ohly kein Kämpfer für die nationalsozialistische Wissenschaft werde, da er »zu sehr unter dem Einfluß seines gegnerisch eingestellten Lehrers Schwietering« stehe. Dennoch könne er sich anders entwickeln, wenn er sich »aus dem Bannkreis seines wissenschaftlichen Herkommens« lösen würde und in einem Lehrkörper zu wirken hätte, »welcher einer weltanschaulich nationalistischen Haltung aufgeschlossener ist als derzeit die philosophische Fakultät der Universität Berlin«.[63] Dieses Urteil, in dem Koch Weltanschauung und Wissenschaftsmethode in einem monokausal gedachten Beziehungsfeld betrachtet, darf in der wissenschaftsgeschichtlichen Analyse jedoch nicht dazu verführen, Philologie und Geistesgeschichte in Hinsicht auf deren politische Instrumentalisierung im Sinne des NS als strengen Gegensatz zu sehen. Der Unterschied zwischen beiden ist in diesem Kontext eher graduell, denn nicht minder waren genauso die Philologen unter den Berliner Germanisten bemüht,

---

60 Werner Knoch: Arbeitsgemeinschaften und Fachschaft. In: Das Germanische Seminar der Universität Berlin. Festschrift zu seinem 50jährigen Bestehen. Berlin u. Leipzig 1937, S. 52.
61 Franz Koch: Blick in die Zukunft. In: Ebenda, S. 56.
62 Schreiben von Franz Koch an den Dozentenführer der Universität Berlin vom 24.2.1944. UA der HUB. NS-Dozentenschaft Berlin, Ernst Friedrich Ohly, ZB II/1934, A.7, n.p.
63 Ebenda.

sich auch wissenschaftlich in die neuen Zeitverhältnisse einzufügen und opportunistisch anzupassen. Davon zeugen zahlreiche Publikationen sowohl von den Vertretern der älteren Generation als auch von den Jüngeren unter ihnen[64], für die Loyalität der politischen Macht gegenüber im hohen Maße karrierefördernd war. So auch bei den von Franz Koch unterstützten Nachwuchswissenschaftlern.

Sein erster wissenschaftlicher Assistent wurde ab dem Sommersemester 1937 Paul Stapf, der von 1932 bis 1936 in Berlin Germanistik, Philosophie und Geschichte studiert hatte. In »weltanschaulicher wie fachlicher Hinsicht«[65] hielt ihn Koch für besonders geeignet, wobei dieses Urteil nicht als eine Floskel in dem Antrag an das Reichsministerium zu verstehen ist, sondern auf realen Erfahrungen beruhte. Stapf war Anfang 1933 der SA beigetreten und fungierte seit Antritt der Assistentenstelle im »Amt Rosenberg«, wo bekanntlich auch sein Lehrer tätig war, als Lektor.[66] Die wissenschaftliche Leistung von Koch hat Stapf anläßlich von dessen 50. Geburtstag in der *Bücherkunde* ausdrücklich gewürdigt und insbesondere herausgestellt, daß er einer der ersten Literarhistoriker gewesen sei, der »vom Dichter als rassisch- und artgebundenem Wesen ausging.«[67] Überzeugt von der dienenden Funktion der Wissenschaft gegenüber Volk und Staat, sei für

---

64 Die Mehrzahl der Ordinarien des Germanischen Seminars begrüßte die »Machtübernahme« 1933 zum Teil emphatisch. Vgl. Arthur Hübner: Aus vaterländischen und politischen Reden (Mai 1933). In: Ders.: Kleine Schriften zur deutschen Philologie, hg. von Hermann Kunisch u. Ulrich Pretzel. Berlin 1940, S. 286; Julius Petersen: Die Sehnsucht nach dem Dritten Reich in deutscher Sage und Dichtung. In: *DuV* 35 (1934), S. 18-40, S. 145-182; Gustav Neckel: Der Wert des altnordischen Schrifttums für die Erkenntnis des germanischen Wesens. In: *ZfdB* 9 (1933), S. 352-364. Fritz Martini, der 1933 außerplanmäßiger Assistent am Germanischen Seminar war, trat im März in die NSDAP ein und wurde im Juni des Jahres Mitglied der SA. Vgl. Fragebogen o. D. UA der HUB. NS-Dozentenbund Berlin. Fritz Martini. ZDI/667, Bl. 1. Die Idee des Völkischen bestimmte weitgehend die 1939 an der Universität Hamburg angenommene Habilschrift (Vgl.: Ders.: Das Bauerntum im deutschen Schrifttum von den Anfängen bis zum 16. Jahrhundert. Halle 1944) sowie seine Studie über Josef Weinheber (Vgl.: Ders.: »Menschlichkeit«. Zu Josef Weinhebers Dichtung anläßlich seines 50. Geburtstages. In: *DuV* 43 (1943/44), S. 69-106. Hans Pyritz spricht noch 1942 vom blutmäßigen Wesen der deutschen Dichtung. Vgl.: Ders.: Mensch und Schicksal in der deutschen Novelle des 20. Jahrhunderts. In: *DuV* 42 (1942), S. 76-94.

65 Schreiben Franz Kochs an den Reichserziehungsminister vom 14.12.1936. Geheimes Staatsarchiv Preußischer Kulturbesitz. I. HA Rep 76: Reichs- und Preussisches Ministerium für Wissenschaft, Erziehung und Volksbildung, Nr. 297, Bd. III: das Germanische Seminar, Bl. 2v.

66 Vgl. Lebenslauf vom 23.1.1938. UA der HUB. Philosophische Fakultät, Promotionen: Paul Stapf, Nr. 883, Bl. 49.

67 Paul Stapf: Erkenntnis als Bekenntnis. Zum 50. Geburtstag von Prof. Dr. Franz Koch am 21. März. In: *Bücherkunde* 5 (1938), S. 140.

ihn auch die Literaturwissenschaft »im höchsten Sinn politisch«[68] geworden. Etwa ein Jahr später hat Stapf bei Koch mit gutem Erfolg promoviert, und zwar auf der Grundlage der Dissertationsschrift »Stifter und Jean Paul. Studien zur Entwicklungsgeschichte des jungen Stifter«. Diese Leistung hielt Koch scheinbar für hinreichend, seinen Schüler ab September 1939 zur Mitarbeit an der Jean Paul-Ausgabe heranzuziehen, nachdem er die Leitung dieses Projektes der Preußischen Akademie der Wissenschaften auf erpresserische Weise Julius Petersen aus den Händen genommen hatte.[69] Hingegen war Stapfs Doktorarbeit offenbar nicht gut genug, um in eine Publikationsreihe aufgenommen zu werden, die Koch eigens für die Veröffentlichung ausgewählter Dissertationen seiner Doktoranden bzw. von Seminararbeiten 1938 ins Leben gerufen hat. Er gab ihr den bezeichnenden Titel *Stadion* und schrieb im Vorwort zum ersten Band über das Profil seines Unternehmens, das sich augenscheinlich an der Bewegung des Reichsberufswettkampfes orientierte:

> »Die vorliegende Arbeit soll eine Reihe von Untersuchungen eröffnen, die in jenen Übungen und Kursen des Germanischen Seminars entstanden sind, die der Herausgeber leitet. Sie soll einen Kampfplatz eröffnen, auf dem deutsche Jugend, so wie sie es von der körperlichen Schulung her gewohnt ist, ihre geistigen Kräfte mißt. Es wird das Ziel der im Stadion auftretenden Kämpfer sein, die sicheren Gewinne germanistischer Wissenschaft mit jenen methodischen und sachlichen Forderungen in Einklang zu bringen, die das neue Deutschland an diese Wissenschaft stellt, um so eine Richtung mit begründen zu helfen, die aus der Überzeugung von der organischen Einheit und Ganzheit der deutschen Lebenswirklichkeit hervorgeht und Geistiges biologisch zu fassen sucht.«[70]

---

68 Ebenda, S. 142.

69 Koch hatte im Juni 1939 entdeckt, daß Petersen trotz des »Gesetzes zur Wiederherstellung des Berufsbeamtentums« von 1933 Einfluß darauf genommen hatte, daß der jüdische Jean Paul-Forscher Eduard Berend an dem Akademieprojekt weiterbeschäftigt wurde. Vgl. hierzu: Boden, Petra: Julius Petersen: Ein Wissenschaftsmanager auf dem Philologenthron. In: *Euphorion* 88 (1994), S. 97-100.

70 *Stadion*. Arbeiten aus dem Germanischen Seminar der Universität Berlin, hg. von Franz Koch. Bd. 1. Würzburg 1938 (Vorwort des Herausgebers). Folgende Bände sind erschienen:
Bd. 1: Hertha von Ferber: Das Volkstumserlebnis des Josef Görres (1938); Bd. 2: Elisabeth Achterberg: Henrich Steffens und die Idee des Volkes (1938); Bd. 3: Gustav Adolf Brandt: Herder und Görres (1939); Bd. 4: Hans Joachim Reimann: Die Familie in Jeremias Gotthelfs Dichtungen (1939); Bd. 5: Hans Hermann Schulz: Das Volkstumserlebnis des Arbeitens in der Dichtung von Gerrit Engelke, Heinrich Lersch und Karl Bröger (1940); Bd. 6 Franz Kleitsch: Der »Phantasus« von Arno Holz (1940); Bd. 7: Hermann Schonder: Johann Elias Schlegel als Übergangsgestalt (1941); Bd. 8: Doris Köhler: Karl Philipp Moritz und seine organische Kunstauffassung (1941); Bd. 9: Harald Henry: Herder und Lessing. Umrisse ihrer Beziehung (1941); Bd. 10: Hilde Poepping: Der Typus des Deutschen im Werke Kurt

Wie aus den insgesamt elf Bänden ersichtlich ist, lag der Schwerpunkt der Themen in der deutschen Literatur des 18. und 19. Jahrhunderts. Gleichwohl hat Koch zwei Arbeiten zur Gegenwartsliteratur ausgesucht und auch diese zum »Wettkampf« in das *Stadion* geschickt. So zum Beispiel die von Hans Hermann Schulz, der getreu der Lehren seines Meisters den wissenschaftlichen Gegenstand, das »Volkstumserlebnis des Arbeitens«, vom völkischen und rassenbiologischen Standpunkt aus untersucht hat. Hatte Koch in der »Geschichte deutscher Dichtung« bereits verkündet, daß die Lösung der sozialen Frage nur »auf dem Boden volkhaften Empfindens«[71] möglich sei, ließ Schulz seine Studie in die Kernthese einmünden, daß der Arbeiter oder »Werkmann« aufgrund der »rassischen Werte des Blutes und der Arbeit« zum Volke vordringe, um »der marxistischen Gegenströmung zum Trotz« sein proletarisches Geschick zu überwinden.[72]

Im Zeitraum von 1933 bis 1945 wurden in der Abteilung für neuere deutsche Literatur des Germanischen Seminars 107 Promotionen abgeschlossen, Themen aus dem Bereich der Theaterwissenschaft inbegriffen. Im Vergleichszeitraum 1920 bis 1932 waren es insgesamt 60.[73] Diese Zahlen verdeutlichen, daß unter den Bedingungen der nationalsozialistischen Diktatur das wissenschaftliche Leben in der Berliner Germanistik durchaus intakt gewesen ist. Die Erfolgsrate der eingereichten Dissertationen (59,5% von männlichen und 40,5% von weiblichen Doktoranden) lag bei 97,7%, wobei die überwiegende Mehrheit (50%) das Prädikat »cum laude« erhielt.[74] Stellt man ferner in Rechnung, daß der neueren Abteilung zwei Ordinarien vorstanden (einerseits Petersen bis 1941 und Pyritz ab 1942 und andererseits Koch ab 1935), so wird man davon ausgehen können, daß etwa die Hälfte bis ein Drittel der Dissertationsschriften unter Anleitung bzw. Mitverantwortung von Koch entstanden sind, der diese Verpflichtung bis zur Schließung der Universität im Jahre 1945 außerordentlich ernst genommen hat. Noch am 20.4.1945 sind vier Ernennungsurkunden zum Doktor der Philosophie auf dem

---

Kluges (1942); Bd. 11: Gisela Hildegard Ulrich: Herders Beitrag zur Deutschkunde (1943). Der Beitrag von H. Poepping scheint das Resultat einer Seminararbeit zu sein, da sie bereits 1940 in der Anglistik zu dem irischen Lyriker und Erzähler James Stephens promoviert hatte.

71 Franz Koch: Geschichte deutscher Dichtung. Hamburg 1937, S. 355.

72 Vgl. Hans Hermann Schulz: Das Volkstumserlebnis des Arbeitens in der Dichtung von Gerrit Engelke, Heinrich Lersch und Karl Bröger. Ein Beitrag zur Morphologie des Problems. Würzburg 1940, S. 46 f.

73 Vgl. UA der HUB. Philosophische Fakultät. Doktorandenbuch 1914–1928 und 1928–1936 sowie Album für die Doktoren der Philosophie der Friedrich-Wilhelms-Universität zu Berlin 1930–1950.

74 Die übrigen Prädikate waren: magna cum laude – 19%, rite – 22,6% und sustinuit – 2,4%; ohne Angabe des Prädikats bei 6%.

Gebiet der neueren Literaturgeschichte bzw. Theaterwissenschaft von der Fakultät vergeben worden, darunter auch die für die von Franz Koch betreute Doktorarbeit von Ingeborg Neubert, die nach ihrer Heirat ein Jahr später Drewitz hieß und eine namhafte Schriftstellerin in Westberlin geworden ist.[75] Am 23.2.1945 hatte sie sich zur Promotion gemeldet, und zwar mit der Dissertationsschrift »Ethische Probleme des Werkes von Erwin Guido Kolbenheyer«. (Der Titel ist im Zuge des Promotionsverfahrens offenbar geändert worden und lautete dann »Dichterische Gestaltung der ethischen Probleme im Werke E.G. Kolbenheyers«.)[76] Koch, der ihr nach ihren eigenen Angaben »den Weg in die Denkwelt Kolbenheyers«[77] gewiesen hatte, fand in seinem Gutachten anerkennende Worte für die Begabung der Promoventin, schwierige gedankliche Zusammenhänge zu erfassen, und dafür, daß es ihr gelungen sei, Einblicke in die »volksverbundene organische Ethik Kolbenheyers« sowie in die Verbindung von Ethischem und Religiösem in seinem Werk zu gewähren, und insbesondere seine Lyrik als Ausdruck der »überindividuell gebundenen, organischen Ethik« zu werten. Kritisch hat er vermerkt, daß das Thema dennoch nicht vertiefend genug behandelt worden sei, insbesondere was die Würdigung der dichterischen Gestaltung bei Kolbenheyer betrifft.[78] Da Alfred Baeumler als gewünschter Zweitgutachter erklärt hatte, daß er sich dafür nicht zuständig fühle, weil das Dissertationsthema nicht viel mit Philosophie zu tun habe,[79] entschied der Dekan der Philosophischen Fakultät Hermann Grapow in aller Eile noch am Tag der Verleihung der Ernen-

---

75 Die anderen drei Dissertationen sind von Maria Sommer: Zur Geschichte der Berliner Theaterzensur (Gutachter: Hans Knudsen, Franz Koch); Ingvelde Müller: Der Theaterdekorateur Bartolomeo Verona (Gutachter: Hans Knudsen, Wilhelm Pinder) sowie Dorothee Dovifat: Mörikes Landschaft (Gutachter: Franz Koch, Walter F. Schirmer).
Vgl. UA der HUB. Philosophische Fakultät. Album für die Doktoren der Philosophie der Friedrich-Wilhelms-Universität zu Berlin 1930–1950.

76 Vgl. Gesuch von Ingeborg Neubert an den Dekan der Philosophischen Fakultät vom 23.2.1945 sowie Ernennungsurkunde vom 20.4.1945. UA der HUB. Philosophische Fakultät, Promotionen: Ingeborg Neubert, Nr. 943, Bl. 133 bzw. 145. Zum Dissertationsthema von Ingeborg Drewitz vgl. auch: Häussermann, Titus: Ingeborg Drewitz. Materialien zu Werk und Wirken. 2. Aufl. Stuttgart 1988, S. 7 sowie Unterm Notdach. Nachkriegsliteratur in Berlin 1945–1949. Hg. von Ursula Heukenkamp. Berlin 1996, S. 534. Zu der Tatsache, daß Franz Koch der Doktorvater von Ingeborg Drewitz gewesen ist, und zu den Umständen der Promotion ist in beiden Publikationen allerdings nichts vermerkt. In einschlägigen Bibliographien ist registriert, daß das Dissertationsexemplar in »Bibliotheken nicht vorhanden« ist.

77 Ingeborg Neubert: Lebenslauf o. D. UA der HUB. Philosophische Fakultät, Promotionen: Ingeborg Neubert, Nr. 943, Bl. 135.

78 Vgl. Gutachten von Franz Koch vom 12.4.1945. Ebenda, Bl. 140v.-142v.

79 Erklärung von Alfred Baeumler vom 18.4.1945. Ebenda, Bl. 142.

nungsurkunde, daß ausnahmsweise ein Gutachten ausreiche. Er selbst »halte als nichtsachverständiger Literaturfreund die Arbeit für erfreulich.«[80] Reichlich zwei Wochen später wurde das »Dritte Reich« zerschlagen, der Universitätsbetrieb für kurze Zeit eingestellt. Zum 18.7.1945 erhielt Franz Koch seine Entlassung aus dem Universitätsdienst wegen aktiver Unterstützung des Nationalsozialismus. Etwa 30 Jahre später (1978) veröffentlichte Ingeborg Drewitz ihren autobiographischen Roman »Gestern war Heute. Hundert Jahre Gegenwart«, in dem sich die Hauptfigur auch an ihre Studienzeit in Berlin erinnert. Von einer Promotion ist in diesem Zusammenhang nicht die Rede, dafür aber von einer Seminararbeit, die ihr ein Professor (offenbar ein Historiker) nicht begutachten will, weil sie prononciert gegen die NSDAP gerichtet war. Deshalb erklärt er ihr: »Was Sie geschrieben haben, ist Zersetzung der Kampfmoral, kann Sie vor den Volksgerichtshof bringen, das wissen Sie. Und mich dazu, wenn ich die Arbeit bewerte. Eine gute Arbeit.«[81] In der 1985 dann publizierten autobiographischen Skizze »Lebenslehrzeit«, die den Zeitraum von 1932 bis 1946 umfaßt, hat die Verfasserin der Zeit ihres Studiums der Philosophie, Geschichte und Germanistik an der Berliner Universität lediglich einen kleinen Abschnitt von nur wenigen Zeilen gewidmet. Der Leser erfährt nicht mehr als die Auskunft, daß sie mit Philosophie begonnen und sehr viel gelesen habe: »Von Descartes bis Hegel, von Spinoza bis Ernst Mach und später, mit professoraler Empfehlung aus dem ›Eisschrank‹ der Bibliothek entliehen, Karl Marx.«[82] Ihre umfänglichen Kolbenheyer-Studien sind mithin dem Vergessen anheimgefallen.

Vergleicht man die autobiographischen Details des Romans[83] und »Lebenslehrzeit« mit der poetisch nicht überhöhten Realität des letzten Jahres in der NS-Diktatur, so könnte man sagen, daß die Wirkung des Berliner Germanisten Franz Koch auf die deutsche Gegenwartsliteratur sogar über das Jahr 1945 hinaus Folgen gezeitigt hat. Gewiß waren sie, bezogen auf das literarische Schaffen von Ingeborg Drewitz, allenfalls indirekt, aber nicht minder zwiespältig. Denn was auf

---

80 Handschriftliche Notiz des Dekans Hermann Grapow vom 20.4.1945 zum Gutachten von Franz Koch. Ebenda, Bl. 142v. Die Promotionsprüfung hat am 12. und 13.4.1945 stattgefunden. Ingeborg Neubert hat das Promotionsverfahren mit dem Gesamtprädikat »gut« abgeschlossen. Vgl. Ebenda, Bl. 143-145.

81 Ingeborg Drewitz: Gestern war Heute. Hundert Jahre Gegenwart. Düsseldorf 1978, S. 145.

82 Ingeborg Drewitz: Lebenslehrzeit. Stuttgart 1985, S. 28.

83 Befragt nach dem autobiographischen Gehalt ihres Werkes, hat die Autorin geäußert: »Dieser Roman ist natürlich nicht identisch mit meinem Leben, aber ich habe biographische Details eingebracht.«

84 Gespräch mit Ingeborg Drewitz über ihren Roman »Gestern war Heute«. In: Ingeborg Drewitz: »Gestern war Heute. Hundert Jahre Gegenwart« mit Materialien. Ausgewählt und eingeleitet von Gisela Ullrich. Stuttgart 1980, S. 400.

den sachkundigen Leser der beiden autobiographischen Texte irritierend wirkt, ist das für die Nachkriegszeit anscheinend nicht untypische Moment des Verdrängens von unliebsamen persönlichen Realitätserfahrungen und des Ausblendens von ambivalenten Wirklichkeitsbereichen in der literarischen Reflexion über die NS-Zeit[84] zugunsten der Selbstzuschreibung einer nahezu bruchlosen und auf die Ausbildung einer antifaschistischen Grundhaltung orientierten biographischen Entwicklung in den Jahren vor und nach 1945, in der zum Beispiel die wissenschaftliche Förderung durch Franz Koch oder allein schon die persönliche Beziehung zu diesem Prototyp des NS-Germanisten durchaus als hinderlich angesehen werden konnte. (Unter seinen Berufskollegen vor allem in Berlin war ein solches Verhaltensmuster zum Teil sehr stark ausgeprägt.[85]) Dies ist jedoch nur die eine Seite eines höchst komplexen und widersprüchlichen Problemfeldes. Die andere ist, daß Koch als »Literaturmittler« einen Typus verkörperte, dessen Existenz im hohen Maße an die Bedingung geknüpft war, daß sich im System literarischer Beziehungen politische Machtinteressen nahezu unverhohlen und direkt Geltung verschaffen konnten. Die Fähigkeit und Bereitschaft von Koch, sowohl seinen Status als Hochschullehrer und Erzieher in der wissenschaftlichen Öffentlichkeit der Universität als auch jene Institutionen der Literaturlenkung und -kontrolle, die die NSDAP für ihn und seinesgleichen bereithielt, offensiv für seine literaturpolitischen Ziele zu nutzen, legt dafür ein beredtes Zeugnis ab. Und ohne die Einzigartigkeit seines Beitrages zur nationalsozialistischen Literatur- und Kulturpolitik

---

Bestandteil der Promotionsmeldung waren üblicherweise auch Angaben zur politischen Tätigkeit der Doktoranden. In bezug darauf machte sie geltend, daß sie Mitglied des Bundes Deutscher Mädel (BDM) war und vom Sommersemester 1942 bis Sommersemester 1943 aktiv in der Gruppenarbeit der Arbeitsgemeinschaft Nationalsozialistischer Studentinnen (ANSt) gewesen ist. Vgl. UA der HUB. Philosophische Fakultät, Promotionen: Ingeborg Neubert, Nr. 943, Bl. 137. Zu ihrer Mitgliedschaft im BDM von 1936 bis 1938 hat Ingeborg Drewitz geäußert, daß ihr Eintritt in diese Organisation »eine Trotzreaktion« gewesen sei, der in ihrer Familie insofern zu Konflikten geführt habe, als ihr Großvater und ihr Vater »erklärte Nazi-Gegner« waren. Von diesem Erlebnis an habe sie versucht »politisch bewußt zu leben«. (Vgl. Aussage zur Person. Zwölf deutsche Schriftsteller im Gespräch mit Ekkehart Rudolph. Tübingen u. Basel 1977, S. 66.) Die Abmeldung aus dem BDM sei leicht gewesen, da sie in den politischen Schulungen die »Judenpolitik« kritisiert habe. (Vgl. Ingeborg Drewitz: Lebenslehrzeit. Stuttgart 1985, S. 19.) Vgl. hierzu auch: Gerhild Brüggemann Rogers: Das Romanwerk von Ingeborg Drewitz. New York, Bern, Frankfurt am Main, Paris 1989, S. 3.

85 Vgl. Wolfgang Höppner: Franz Koch und die deutsche Literaturwissenschaft in der Nachkriegszeit. Zum Problem von Kontinuität und Diskontinuität in der Wissenschaftsgeschichte der Germanistik. In: Atta Troll tanzt noch. Selbstbesichtigungen der literaturwissenschaftlichen Germanistik im 20. Jahrhundert. Hg. von Petra Boden und Holger Dainat unter Mitarbeit von Ursula Menzel. Berlin 1997, S. 175-192.

zu relativieren, wird man unter dem Blickwinkel der Voraussetzungen und Folgen eines solchen Wirkens gleichermaßen bedenken müssen, daß diese Form des »Mittlertums« unter strukturell vergleichbaren Bedingungen sowohl Vorläufer hatte als auch Nachahmer gefunden hat.

Zwischen Philologie, Geistesgeschichte und »organbiologischer Literaturbetrachtung«: Romantikrezeption am Berliner Germanischen Seminar 1933–1945

Ralf Klausnitzer

Zum 1. April 1935 wurde Franz Koch, vormals Angestellter der Österreichischen Nationalbibliothek und außerordentlicher Professor am Deutschen Seminar der Wiener Universität, auf das seit Gerhard Frickes Wechsel nach Kiel vakante Extraordinariat für Neuere deutsche Literaturwissenschaft an die Berliner Friedrich-Wilhelms-Universität berufen.[1]

Zum Sommersemester 1936 kündigte er sein erstes Oberseminar an: *Das Volkstumserlebnis der Romantik*. Bereits der Seminartitel verwies auf ein Novum, das im Vergleich zu bisher angebotenen Romantik-Veranstaltungen deutlich wird. Wählte Erich Schmidt, wenn er die deutsche literarische Romantik behandelte, Themen wie *Die schwäbischen Romantiker* (WS 1896/97) oder *Gedichte und dramatische Entwürfe Uhlands* (WS 1906/07) und bot Julius Petersen *Übungen über romantische Lyrik* (WS 1921/22, WS 1936/37) oder *Märchen und Novellen der Romantik* (WS 1930/31) an, so markierte Kochs Seminarthema *Das Volkstumserlebnis der Romantik* bereits in der Titelgestalt eine Neuausrichtung, die einem wesentlichen Topos der seit 1933 spürbar veränderten Forschungslandschaft entsprach. Auch die aus diesem Oberseminar hervorgegangenen Dissertationen belegen, daß mit Kochs Berufung nach Berlin ein neuer Wind einzog. »Das Volkstumserlebnis des Joseph Görres« hieß die Promotionsarbeit von Hertha von Ferber, die unmittelbar von dem erwähnten Oberseminar inspiriert wurde und 1938 als Band 1 der Reihe *Stadion. Forschungen aus dem Berliner Germanischen Seminar* im Würzburger Verlag Triltsch erschien; Elisabeth Achterberg schrieb über »Heinrich Steffens und die Idee des Volkes«.

Demgegenüber widmeten sich die von Julius Petersen abgehaltenen Lehrveranstaltungen zur Romantik und die von ihm angeregten und betreuten Doktorarbeiten anderen Problemen: »Studien zu Eichendorffs Prosastil« lautete beispielsweise der Titel der 1935 verteidigten Dissertation Gisela Jahns, die aus einem Seminar Petersens zur romantischen Novelle hervorging. Diese Promotionsarbeit,

---

1 Brief des Reichs- und Preußischen Ministers für Wissenschaft, Erziehung und Volksbildung an Franz Koch vom 9. Mai 1935. UA der HUB, Phil. Fak. Nr. 1480, Bl. 87.

die bereits die Notwendigkeit einer textimmanenten Interpretation und einer ihr angemessenen Terminologie artikulierte, fand später sogar in Wolfgang Kaysers Buch »Das sprachliche Kunstwerk« Erwähnung[2] – und überdauerte damit zumindest bibliographisch die zwölf Jahre der NS-Herrschaft.

Bereits an diesen Beispielen dürfte deutlich geworden sein, daß die literaturwissenschaftlichen Zugänge zur Romantik in der Zeit zwischen 1933 und 1945 alles andere als homogen waren. Die Romantikforschung, seit der »geistesgeschichtlichen Wende« zu einem zentralen Gegenstand des Faches aufgestiegen und in den zwanziger Jahren gleichsam ein Brennspiegel der konzeptionell und methodisch divergierenden Disziplin,[3] kann als prägnantes Beispiel für die im Dritten Reich weiterwirkenden Heterogenitäten zwischen universitätsgermanistischen Schulen und Richtungen gelten. Dem Germanischen Seminar der Berliner Friedrich-Wilhelms-Universität kam dabei eine Schlüsselposition zu: An dieser Lehr- und Forschungsstätte, die bis 1945 als exponiertes Zentrum der deutschen Universitätsgermanistik galt, trafen zwischen 1933 und 1945 in Person der Professoren Julius Petersen, Franz Koch, Friedrich-Wilhelm Wentzlaff-Eggebert und Hans Pyritz unterschiedliche konzeptionelle und methodische Zugänge aufeinander, die sich in vielfältigen Lehrveranstaltungen und Publikationen zur Romantik pronociert niederschlugen und deren Vergleich wesentliche Aufschlüsse für die weiterhin plural nebeneinander existierenden Deutungsmuster der Romantikrezeption erlaubt.[4] Während Julius Petersen in seinen Romantikvorlesungen vor und nach der Machtergreifung (Wintersemester 1930/31 und Sommersemester 1937) den methodologischen Synkretismus der sogenannten »Berliner Schule« mit seiner Verbindung von Philologie und Geistesgeschichte weiterführte, projektierte Franz Koch in zahlreichen Arbeiten zur deutschen Literaturgeschichte und seinen Lehrveranstaltungen eine »biologisch-organische« Literaturwissenschaft, die in der Verbindung von »biologischer Metaphysik«, rassenkundlichen Theoremen und Geistesgeschichte die Kluft zwischen Natur- und Geisteswissenschaften zu

---

2 Vgl. Wolfgang Kayser: Das sprachliche Kunstwerk. 2., erg. Aufl. Bern 1951, S. 415.

3 Vgl. u.a. Julius Petersen: Die Wesensbestimmung der deutschen Romantik. Eine Einführung in die moderne Literaturwissenschaft. Leipzig 1926; Paul Böckmann, Ein Jahrzehnt Romantikforschung, in: *ZfdB* 9 (1933), S. 47-53; Benno von Wiese: Forschungsbericht zur Romantik. In: *DuV* 38 (1937), S. 65-85.

4 Nicht berücksichtigt werden in diesem Zusammenhang Max Herrmann und Gerhard Fricke. Erwähnt sei, daß Max Herrmann, der aufgrund seiner jüdischen Herkunft und nach seinem Protest gegen die Entlassungspraxis entsprechend §3 des Gesetzes zur Wiederherstellung des Berufsbeamtentums vorzeitig pensioniert wurde, als Emeritus noch die 1934 abgeschlossene Dissertation Lilli Jungs über »Dichterfreundschaft und ihr romantisches Eigengepräge« betreute. Sein Nachfolger G. Fricke bot während seiner Berliner Zeit keine der Romantik gewidmeten Veranstaltungen an.

überwinden und ideologische Postulate wissenschaftlich zu untermauern suchte.[5] Friedrich-Wilhelm Wentzlaff-Eggeberts Forschungen zur deutschen Mystik, die in das 1944 erstmals erschienene Buch »Deutsche Mystik zwischen Mittelalter und Neuzeit. Einheit und Wandel ihrer Erscheinungsformen«[6] mündeten, bezogen explizit ebenfalls die Romantik ein. Die von ihm als außerordentlicher Professor am Seminar angebotenen Lehrveranstaltungen zur Romantik, vor allem die Vorlesung *Die deutsche Mystik und ihre Nachwirkungen in der Dichtung zwischen 1300 und 1800* im Trimester 1941 verdeutlichen Konzept und Methode einer Geistesgeschichte, die sich ihrer Objekte zunehmend in enthistorisierender Perspektive versicherte. Hans Pyritz schließlich, der 1942 die Nachfolge Julius Petersens antrat, setzte in seinen großen Romantikvorlesungen 1942 und 1943 den methodologischen Synkretismus der »Berliner Schule« unter Integration rassetheoretischer Elemente fort. Nach 1945 sicherte er als Ordinarius in Hamburg die Kontinuität der deutschen Literaturwissenschaft über die Zeit der Naziherrschaft hinaus und wurde als Doktorvater u.a. von Hans-Joachim Mähl auch für die Romantikforschung der Bundesrepublik bedeutsam.

Im folgenden versuche ich, die Zeugnisse der intensiven Rezeption der deutschen literarischen Romantik am Seminar zu strukturieren und in Beziehung zur allgemeinen Entwicklung der Romantikforschung zwischen 1933 und 1945 zu setzen. Ein solches rezeptionsgeschichtliches Vorgehen hat mehrere Vorteile. Die auf Lehrveranstaltungen und Forschungen konzentrierte Gegenüberstellung konkurrierender Interpretationsmodelle ermöglicht es zum einen, die auch im Dritten Reich virulenten Differenzen zwischen literaturwissenschaftlichen Konzepten und Methoden sowie Mechanismen der wissenschaftsinternen Anpassung an Imperative der politischen Umwelt zu bestimmen. Zum anderen gestatten es die vor und nach 1933 zu verfolgenden literaturwissenschaftlichen Bemühungen – vornehmlich Julius Petersens –, konzeptionelle und methodische Kontinuitäten und Brüche nachzuzeichnen. Ein Vergleich von Petersens Positionen, die dieser 1926 in seinem programmatischen Buch »Die Wesensbestimmung der deutschen Romantik« und in seinen Romantikvorlesungen vor 1933 fixiert hatte, mit Modifikationen seiner Romantikvorlesung von 1937 kann Fragen nach zeitbedingten Verschiebungen, Variationen, Änderungen in Gegenstandskonstitution und Wertungsperspektive beantworten helfen. Die Auswertung der am Germanischen Seminar

---

5 Zur »biologisch-organischen Denkweise« vgl. Franz Koch: Blick in die Zukunft. In: Das Germanische Seminar der Universität Berlin. Festschrift zu seinem 50jährigen Bestehen. Berlin und Leipzig 1937, S. 55-59, hier S. S. 58.

6 Friedrich Wilhelm Wentzlaff-Eggebert: Deutsche Mystik zwischen Mittelalter und Neuzeit. Einheit und Wandel ihrer Erscheinungsformen. Berlin 1944; 3., erw. Aufl. 1969.

zwischen 1933 und 1945 eingereichten Dissertationen zur Romantik läßt drittens
Beobachtungen über die Verschiebungen von Erkenntnisinteressen und methodischen Ausrichtungen auf der Ebene wissenschaftlicher Qualifikationsarbeiten zu.
Durch die Analyse der am Seminar entstandenen Promotionsschriften zur deutschen Romantik lassen sich die Auswirkungen der nach 1933 einsetzenden Veränderungen in der Forschungslandschaft konkret überprüfen.

Diesen Erkenntnismöglichkeiten entsprechend werde ich in einem ersten
Schritt die Lehre an der Neudeutschen Abteilung des Germanischen Seminars
unter besonderer Berücksichtigung der Lehrveranstaltungen zur Romantik darstellen. Die in Publikationen bzw. Lehrveranstaltungen zur Romantik vertretenen
Konzeptionen der am Seminar wirkenden Wissenschaftler sollen in einem zweiten Schritt detailliert untersucht und diskutiert werden. Dabei stütze ich mich auf
Vorlesungsmanuskripte und -typoskripte von Hans Pyritz, die im Deutschen Literaturarchiv Marbach aufbewahrt werden bzw. die von den Assistenten Adolf
Beck, Ulrich Pretzel und Annemarie Dahlke erstellte Bibliographie zur Romantikvorlesung Petersens von 1937, deren thematische Gliederung Rückschlüsse auf
die veränderte Struktur seiner Veranstaltung zuläßt. Zur Eruierung von Franz
Kochs »organbiologischem« Romantikkonzept greife ich auf seine 1937 vorgelegte »Geschichte deutscher Dichtung«, diverse Aufsätze und von ihm verfaßte
Dissertationsgutachten zurück. – In einem dritten Schritt möchte ich die am Germanischen Seminar entstandenen Promotionsarbeiten zur Romantik analysieren.
Dabei geht es nicht nur um zugrunde liegende Konzepte und präferierte Methoden, sondern auch um die Bewertungskriterien, die die Betreuer an die Arbeiten
ihrer Schüler anlegten. Nicht zuletzt lassen die in den Gutachten fixierten methodologischen Äußerungen der Lehrer Rückschlüsse auf deren Konzepte und Methoden zu, die in diesem Kontext näher zu bestimmen sind.

Präsenz der Romantik in Lehrveranstaltungen des
Seminars zwischen 1933 und 1945

Betrachtet man die Themenstellungen von Vorlesungen und Seminaren in den
zwölf Jahren zwischen 1933 und 1945, fällt vor allem deren bemerkenswerte
Kontinuität zur Zeit vor der Machtergreifung auf. Zwar führte man am Seminar
nach 1933 die Bearbeitung volkskundlicher Themenstellungen[7] sowie sog. »Völ-

---

7 U.a. *Einführung in die deutsche Volkskunde* im WS 1933/34; *Volkssprache und Volks-
dichtung* im Sommersemester 1934, *Deutsche Volkskunde I.*

kische Arbeitsgemeinschaften« als Organisationsformen ideologischer Indoktrination ein.[8] Dennoch änderten sich die Themen der Vorlesungen nur geringfügig. Allein die Titel einiger Seminare verrieten modifizierte Interessen und Forschungslagen; Kochs Oberseminar *Das Volkstumserlebnis der Romantik*, auf das ich später noch zurückkommen werde, ist dafür ein Beispiel.

Innerhalb der Vorlesungen dominierten weiterhin große Übersichtslektionen, die literarhistorische Epochen umgriffen. Julius Petersen bot neben Vorlesungen zur Literaturtheorie (*Theorie der Dichtung – Poetik und Stilistik* im SS 1934) und zur Methodologie (*Methodenlehre der Literaturwissenschaft* im WS 1936/37) vor allem Abrisse literarhistorischer Epochen und Theatergeschichte an.[9] Franz Koch las über deutsche Klassik, das 19. Jahrhundert und Gegenwartsliteratur.[10] Speziellere Themenstellungen offerierte Friedrich-Wilhelm Wentzlaff-Eggebert,[11] während Petersen-Nachfolger Hans Pyritz in den von seinem Lehrer vorgegebe-

---

8 U.a. im Sommersemester 1936 die *»Völkische Arbeitsgemeinschaft«: Volk und Vaterland im deutschen Schrifttum für Hörer aller Fakultäten*, angeboten von Heinrich Kraeger; ders. mit *»Völkischer AG«: Das Heroische im Schrifttum und Rosenbergs »Mythus« für Hörer aller Fakultäten;* ders. mit *»Völkischer AG«: Aus Deutschlands völkischer Geschichte. Literatur und Kunst* (WS 1936/37).

9 WS 1933/34: *Geschichte der deutschen Literatur in der Barockzeit, Das deutsche Nationaltheater;* SS 1934: *Geschichte der deutschen Literatur im Überblick;* WS 1934/35: *Die deutsche Dichtung der vorklassischen Zeit – Aufklärung und Sturm und Drang;* WS 1935/36: *Die deutsche Klassik I: Goethe und Schiller;* SS 1936: *Die deutsche Klassik II: Der alte Goethe, Jean Paul, Hölderlin, Kleist;* SS 1937: *Geschichte des deutschen Dramas und Theaters von den Anfängen bis zur Gegenwart, Goethes Faust;* SS 1937: *Die deutsche Romantik;* WS 1937/38: *Geschichte des Deutschen Dramas;* SS 1939: *Geschichte der deutschen Literatur im Überblick, Goethes Faust;* 1. Trimester 1940: *Die deutsche Klassik I (Goethe und Schiller);* 2. Trimester 1940: *Die deutsche Klassik: Schiller;* 3.Trimester 1940: *Deutsche Klassik II: Die Zeitgenossen der Weimarer Klassiker: Jean Paul, Hölderlin, Kleist;* Trimester 1941: *Geschichte des deutschen Dramas und Theaters;* SS 1941: *Geschichte des deutschen Dramas und Theaters;* WS 1941/42: *Geschichte d. deutschen Dramas und Theaters von der Romantik bis zur Gegenwart.*

10 SS 1937: *Die deutsche Klassik;* 2. Trimester 1940: *Literatur des Barock, Deutsche Literatur des 19. Jahrhunderts;* Trimester 1941: *Die Dichtung des Sturm und Drang, Die deutsche Dichtung in der ersten Hälfte des 19. Jahrhunderts;* SS 1941: *Deutsche Klassik (Goethe und Schiller);* WS 1942: *Vom Barock zum Sturm und Drang, Volkhafte Dichtung vom Weltkrieg zur Gegenwart;* SS 1943: *Die Dichtung des Sturm und Drang;* WS 1943/44: *Die Dichtung des 19.Jahrhunderts 1.Teil;* WS 1944/45: *Die Dichtung der Aufklärung.*

11 SS 1939: *Geschichte der politischen Literatur und Dichtung im Zeitalter der Romantik;* 2. Trimester 1940: *Deutsche Literatur des Reformationszeitalters (15. und 16. Jahrhundert);* Trimester 1941: *Die deutsche Mystik und ihre Nachwirkungen in der Dichtung zwischen 1300 bis 1800; Hauptfragen der deutschen Literaturgeschichte zwischen spätem Mittelalter und neuester Zeit. Mit Aussprache (besonders für Kriegsteilnehmer und Studierende bis zum 4. Semester).*

nen Bahnen synthetischer Epochenübersichten verblieb und sich auf die Behandlung Goethes spezialisierte.[12]

Offenkundiger Mangel an Lehrkräften führte im vorletzten Kriegsjahr dazu, daß auch Ulrich Pretzel Vorlesungen innerhalb der Neudeutschen Abteilung anbot.[13]

Die Übungen und Arbeitsgemeinschaften am Germanischen Seminar in der Zeit zwischen 1933 und 1945 wiesen demgegenüber einen höheren Grad der Spezialisierung auf. In Grund-, Mittel- und Oberseminare gegliedert, begleiteten sie in der Bearbeitung ausgewählter Themen die Vorlesungen. Julius Petersen ergänzte seine Übersichtsvorlesungen zu den literarhistorischen Epochen bzw. zur deutschen Theatergeschichte mit entsprechenden Seminaren und Übungen, die punktuell vorgingen und Einzelpersönlichkeiten bzw. -problemen gewidmet waren.[14] Franz Koch folgte weitgehend dieser Praxis. Auch seine Seminarthemen deckten die deutsche Literaturgeschichte vom Barock bis zur Gegenwart ab.[15]

---

12 SS 1941: *Die deutsche Romantik (Frühromantik)*; WS 1941/42: *Deutsche Romantik*; WS 1942/43: *Goethe*; SS 1943: *Der Weimarer Goethe*; WS 1943/44: *Der alte Goethe; Schiller, Hölderlin, Kleist*; WS 1944/45: *Die deutsche Literatur im Zeitalter des Humanismus und der Reformation*.

13 SS 1944: *Die deutsche Philologie seit Wilhelm Scherer*; WS 1944/45: *Deutsche Verskunst von den Anfängen bis zur Gegenwart*.

14 Petersens zwischen 1933 und 1941 am Germanischen Seminar angebotene Seminare (Auswahl): WS 1933/34: *Grimmelshausen, Stilistische Übungen an deutschen Übersetzungen, Wiener Volksschauspiel von Raimund bis Anzengruber (mit Ass.)*; SS 1934: *Übungen über Methodenlehre der Literaturwissenschaft, Das deutsche Volkslied, Goethes Jugendlyrik (mit Ass.)*; WS 1934/35: *Das Nachleben Goethes im 19. und 20. Jahrhundert; Herders Ideen zur Philosophie der Geschichte der Menschheit; Uhlands Balladen (mit Ass.)*; SS 1935: *Das Nachleben Goethes im 19. und 20. Jahrhundert (Fortsetzung); Schillers dramatischer Nachlaß; Übungen über Stilprobleme der Barocklyrik (mit Ass.)*; WS 1935/36: *Theodor Fontane; Die deutsche Kunstballade (mit Ass.)*; SS 1936: *Hölderlins Lyrik; Die deutsche Novelle (mit Ass.)*; WS 1936/37 *Übungen über literaturwissenschaftliche Stilprobleme; Romantische Lyrik (mit Ass.)*; SS 1937: *Lessings Hamburgische Dramaturgie; Barocklyrik (mit Ass.)*; WS 1938: *Übungen über das deutsche Geschichtsdrama*; SS 1939: *Einführung in die literaturwissenschaftlichen Arbeitsmethoden*; WS 1941/42 (angekündigt): *Übungen über Goethes Wilhelm Meister*.

15 Zu den von Koch abgehaltenen Seminaren zählen WS 1935/36: *Grimmelshausens Romane*; SS 1936: *Das Volkstumserlebnis der Romantik; Das Drama der Aufklärung*; SS 1937: *Methoden der Literaturwissenschaft; Goethes Lyrik*; WS 1937/38: *Übungen über Stifter; Einführung in die Methode der Literaturgeschichte*; SS 1938: *Übungen über Goethes Faust, 2.T.; Übungen über H von Kleist*; SS 1942: *Übungen über Goethes Faust; Übungen über den Roman des 19. Jahrhunderts*; WS 1943/44: *Übungen über Herder; Übungen über Rilke*; SS 1944: *Übungen über Schillers Lyrik; Übungen über Goethes Romane*; WS 1944/45: *Übungen über Lessing; Behandlung aktueller Probleme (nur für Doktoranden und persönlich Aufgenommene)*.

Während jedoch Petersen zur Romantik sachbezogene Themen wie *Romantische Lyrik* (WS 1936/37) offerierte, war Kochs einziges seminaristisches Angebot zur romantischen Literatur das bereits erwähnte Oberseminar zum *Volkstumserlebnis der Romantik*. Koch, der 1940/41 mit Gerhard Fricke und Clemens Lugowski den germanistischen Beitrag zum »Kriegseinsatz der Geisteswissenschaften« unter dem Titel »Von deutscher Art in Sprache und Dichtung« herausgab, reagierte mit einer Lehrveranstaltung direkt auf den von Deutschland begonnenen Weltkrieg: Im zweiten Trimester 1940 hielt er Übungen über das Thema: *Wehrgeist und Soldatentum in der deutsche Dichtung* ab.

In den Seminarthemen der nachrückenden Germanistengeneration (Friedrich-Wilhelm Wentzlaff-Eggebert, Hans Pyritz) schlugen sich aktuelle Bezüge zum Zeitgeschehen bzw. Einflüsse der veränderten Wissenschaftslandschaft nur peripher nieder. Allein die Behandlung des als Zeuge »deutschen Wehrgeistes« instrumentalisierten Ernst Moritz Arndt in einer von Wentzlaff-Eggebert im zweiten Trimester 1940 angebotenen Übung belegt, daß die Forderungen nach geistiger Legitimation deutschen Hegemoniestrebens von den jüngeren Kräften nicht ungehört blieben. Dennoch beeinflußten Weltkrieg und zunehmend kritische Lage ihre Seminare und Übungen zur deutschen Literaturgeschichte nicht, in denen die Romantik eine herausragende Rolle spielte.[16] Ein von Hans Pyritz für das Wintersemester 1944/45 angekündigtes Seminar *Stilstudien* zeigte, daß die Praxis der Formanalyse, aus der die werkimmanente Interpretation wesentliche Impulse empfing, noch vor Kriegsende die Universitäten erreichte.

Einen eigenständigen Beitrag zur Romantikrezeption innerhalb der Lehre am Germanischen Seminar lieferte die Fachschaftsarbeit von Studenten des Germanischen Seminars zwischen 1933 und 1945. Die aus »Studentischen Arbeitsgemeinschaften« zur Unterstützung der von Professoren und Dozenten geleiteten Seminare und Proseminare im Wintersemester 1933/34 hervorgegangenen »Fachschaften« stellten eine Form studentischer Gemeinschaftsarbeit dar, die vor allem

---

16 Vgl. die von Friedrich-Wilhelm Wentzlaff-Eggebert und Hans Pyritz angebotenen Übungen und Seminare: 2.Trimester 1940 Wentzlaff-Eggebert: *Übungen über Ernst Moritz Arndt;* 3.Trimester 1940 *Wentzlaff-Eggebert: Übungen zur Dichtung der deutschen Frühromantik;* SS 1941 Wentzlaff-Eggebert: *Übungen zum deutschen Roman der Neuzeit; Pyritz: Übungen zur romantischen Lyrik*; WS 1941/42 Pyritz: *Übungen zur romantischen Lyrik*; Wentzlaff-Eggebert: *Das deutsche Lustspiel; Hölderlin;* SS 1943 Pyritz: *Übungen zur Geschichte der deutschen Ballade*; WS 1943/44 Pyritz: *Theodor Storm; Der deutsche Künstlerroman*; SS 1944 Pyritz: *Deutsche Barocklyrik; Das romantische Drama*; WS 1944/45 Pyritz: *Goethes Dichtung und Wahrheit; Stilstudien.*

auf Vermittlung weltanschaulicher Inhalte zielten.[17] Deshalb wandte sich die
Fachschaftarbeit vornehmlich literarischen Werken zu, »an denen die Studenten
ihre Weltanschauung klären, entfalten, vertiefen und in Gemeinschaftsarbeit die
Neugestaltung des germanistischen Stoffes, soweit sie ihn beherrschen, im Sinne
der Weltanschauung in Angriff nehmen« konnten.[18] Innerhalb der Fachschaftszir-
kel schlugen sich die gesellschaftlichen und kulturpolitischen Veränderungen am
deutlichsten nieder. So konzentrierte sich die Tätigkeit der Fachschaft im Wintersemester 1933/34 auf die »Frage, die für uns von grundlegender Wichtigkeit ist,
die Frage nach den völkisch-rassischen Grundkräften im deutschen Schrifttum.«[19]
Über die Hälfte der in der Fachschaft vereinten Arbeitsgemeinschaften habe, so
der Rechenschaftsbericht von Werner Knoch 1937, »das deutsche Wesen in seiner besonderen Ausprägung im deutschen Osten behandelt«, speziell die schlesi-
sche Mystik, die ostpreußische Romantik und den jungen Herder.[20] Erkenntnis
»deutschen Wesens« sei ebenfalls Ziel der Arbeitsgemeinschaften »Die deutsche
Stellung zum Griechentum seit Winckelmann« und »Bauerntum in der deutschen
Literatur« gewesen. Die Neugründung der germanistischen Fachschaft unter dem
Dach des NSD-Studentenbundes im Wintersemester 1935/36 forcierte die Beschäftigung mit Gegenwartsliteratur.[21]

Zusammenfassend läßt sich sagen, daß es nach 1933 nur wenige offenkundig
politisch induzierte Themenverlagerungen gab. Auf den Vorlesungs- und Semi-

---

17 Vgl. Werner Knoch: Arbeitsgemeinschaften und Fachschaften. In: Das Germanische Seminar der Universität Berlin. Festschrift zu seinem 50jährigen Bestehen. S. 50-54, hier S. 53:
   »Der Kernpunkt der Gemeinschaftsarbeit in den letzten Semestern lag für die Studenten
   darin, ihre Weltanschauung an den Fragen des deutschen Schrifttums zu klären und durch-
   zuarbeiten, Abschnitte des deutschen Schrifttums auf ihre Haltung hin zu untersuchen und
   schließlich den Stoff im Sinne der Weltanschauung zu erfassen und zu gestalten.« – Zur Arbeit der Fachschaften an den Universitäten vgl. Volker Losemann: Reformprojekte nationalsozialistischer Hochschulpolitik. In: Karl Strobel (Hg.): Die deutsche Universität im 20.
   Jahrhundert. Die Entwicklung einer Institution zwischen Tradition, Autonomie, historischen
   und sozialen Randbedingungen. SH-Verlag 1994 (Abhandlungen zum Studenten und Hoch-
   schulwesen; 5) S. 97-115, hier S. 101-103.
18 Ebenda, S. 51.
19 Ebenda, S. 52.
20 Ebenda, S. 52.
21 Vgl. ebenda, S. 53: »Während in den früheren Arbeitsgemeinschaften die Gegenwart nur
   selten berührt wurde und die Arbeit den älteren Abschnitten des deutschen Schrifttums und
   besonders auch der germanischen Zeit nach den altnordischen Quellen galt, hat man in den
   letzten Semestern das ›Drama der Gegenwart unter volkspolitischem Gesichtspunkt‹, den
   ›Roman der Gegenwart‹, die ›Gegenwartslyrik‹, das ›Weltkriegserlebnis in der deutschen
   Lyrik und im deutschen Drama‹, ›Neuere Dichter und die Gemeinschaft‹, ›Nietzsche und
   seine Bedeutung für die Gegenwart‹, ›Literarhistoriker zur deutschen Dichtung der Gegenwart und ihre Stellung zum Nationalsozialismus‹ behandelt.«

narbetrieb wirkte auch der 1939 entfesselte Weltkrieg nur teilweise. Der Einfluß der politischen Umwelt auf die Gestaltung von Forschung und Lehre schlug sich, wie zu zeigen sein wird, eher in kognitiven Binnendifferenzierungen als in unmittelbar veränderten Lehrangeboten nieder – wenn auch einzelne Themenstellungen die Assimilation an ideologische Imperative deutlich markierten.

Versucht man, die Präsenz der Romantik in Vorlesungen und Seminaren zwischen 1933 und 1945 zu verallgemeinern, ist ein gegensätzliches Interesse der Generationen unübersehbar. Julius Petersen las zwischen 1933 und 1941 nur einmal über die Romantik und behandelte sie auch in seinen Seminarangeboten eher stiefmütterlich. Franz Koch reagierte mit seinem Oberseminar im Sommersemester 1936 zwar unmittelbar auf die »Völkisierung« der Wissenschaftslandschaft nach 1933, doch kam er danach nicht wieder auf die Romantik zurück. Demgegenüber widmeten die jüngeren Wissenschaftler Hans Pyritz und Friedrich-Wilhelm Wentzlaff-Eggebert der Romantik außerordentliche Aufmerksamkeit und entsprechend zahlreiche Vorlesungen und Übungen.

Konkurrenzen: Wissenschaftliche Positionen am Seminar im (unausgetragenen) Widerstreit

Wenn ich nachfolgend aus z.T. unveröffentlichten Materialien die auch unter den Bedingungen der nationalsozialistischen Diktatur fortbestehenden Unterschiede in den Romantikkonzepten der am Seminar lehrenden Literaturwissenschaftler zu rekonstruieren suche, stehen vor allem Differenzen im Mittelpunkt. Divergierende Positionen und wissenschaftliche Heterogenität gehören für unser Wissenschaftsverständnis zum Normalzustand. Sie wurden im Wissenschaftsbetrieb zwischen 1933 und 1945 jedoch nur selten im offenen Widerstreit ausgetragen und führten sogar zu schwelenden Konflikten, die – wie die bekannte Erpressung Julius Petersens durch Franz Koch zeigte – von den beteiligten Akteuren ideologisch gedeutet und wissenschaftspolitisch ausgenutzt wurden.

Julius Petersens Romantikbild, das ich als erstes der am Seminar vertretenen Konzepte vorstellen möchte, illustriert exemplarisch die von ihm angestrebte Synthese philologischer Grundlagensicherung und geistesgeschichtlicher Interpretation. Dabei – und das gilt entsprechend auch für die folgenden Ausführungen zu den Romantikkonzepten von Franz Koch, Friedrich-Wilhelm Wentzlaff-Eggebert und Hans Pyritz – geht es nicht um eine detaillierte Analyse der literaturwissenschaftlichen Leistungen Petersens, dessen Lehrstuhl seit dem Wirken seines Vorgängers Erich Schmidt als einer »der beiden unbestritten ersten Plätze im Bereich der deutschsprachigen Universitäten, soweit es die Germanistik angeht«[22], galt. Bemerkt sei nur, daß Petersen in seiner vielseitigen Tätigkeit als Professor für Neuere deutsche Literaturgeschichte und Direktor des Germanischen Seminars sowie als Mitglied zahlreicher wissenschaftlicher und kulturpolitischer Gremien eine über die Grenzen Deutschlands hinausreichende kulturelle Repräsentanz mit einer immensen wissenschaftlichen Energie vereinte, die ihn zu einem der bedeutendsten Vertreter der von Wilhelm Scherer und Erich Schmidt begründeten »Berliner Schule« machte.[23] Auch Petersens Reaktionen auf die nationalsozialistische Machtübernahme und Herrschaftspraxis – die neben Zustimmung zum Regime auch Loyalität gegenüber bedrängten Kollegen einschlossen – stehen hier nicht zur Debatte.[24]

Petersens Versuch, eine Vielzahl methodologischer Ansätze der Romantikforschung zu synthetisieren, korrespondierte seinem bereits früh entwickelten Konzept einer Verbindung philologischer Praxis und geistesgeschichtlicher Interpretation.[25] Sein 1926 – in der Zeit heftigen disziplinären Methodenstreits – vorgelegtes Buch »Die Wesensbestimmung der deutschen Romantik«, das im Untertitel »Eine Einführung in die moderne Literaturwissenschaft« hieß, demonstrierte ein synthetisches Erklärungsmodell, das die unterschiedlichen methodischen Ansätze der Romantikforschung seit Dilthey aufnahm und integrierte. Gegen Ausschließlichkeitsansprüche der konkurrierenden Romantikauffassungen aus den verschiedenen literaturwissenschaftlichen Schulen plädierte Petersen für eine wechselseitige Ergänzung der Methoden und führte diese mit einer »syntheti-

---

22 Gerhard Lohse: Held und Heldentum. Ein Beitrag zur Persönlichkeit und Wirkungsgeschichte des Berliner Germanisten Gustav Roethe (1859 bis 1926). In: Hans-Peter Bayerdörfer, Carl Otto Conrady, Helmut Schanze (Hg.): Literatur und Theater im wilhelminischen Zeitalter. Tübingen 1978, S. 399-423, hier S. 400.

23 Petersens Produktivität ist dokumentiert: Boden/Fischer: Der Germanist Julius Petersen, 1994; vgl. auch Petra Boden: Julius Petersen – Ein Beitrag zur Geschichte der Berliner Germanistik. Berlin 1983; zum wissenschaftlichen Konzept Petersens einer Verbindung von Philologie und Geistesgeschichte vgl. dies.: Zur Entwicklung der literaturhistorischen Konzeption Julius Petersens. In: *Zeitschrift für Germanistik* 9 (1988), H. 5, S. 572-586; dies.: Über Julius Petersens Konzept einer Philologie als Geistesgeschichte. In: Literaturwissenschaft und Geistesgeschichte 1910–1925. Frankfurt am Main 1993, S. 381-384; dies.: Julius Petersen. Ein Wissenschaftsmanager auf dem Philologenthron. In: *Euphorion* 88 (1994), S. 82-102.

24 Dazu jetzt Wolfgang Höppner: Das Berliner Germanische Seminar 1933–1945. In: Holger Dainat / Lutz Danneberg (Hg.): Literaturwissenschaft und Nationalsozialismus. Tübingen 1998 (in Vorbereitung).

25 Vgl. Julius Petersen: Literaturgeschichte als Wissenschaft. Basel 1914.

schen« Deutung vor.[26] Alfred Baeumlers radikale Trennung von Jenaer Frühromantik und »eigentlicher« Heidelberger Romantik zurückweisend, bestimmte er die Romantik als einheitliche Bewegung, deren Homogenität nach der Schererschen Formel vom »Ererbten, Erlebten und Erlernten« aus biologischen Anlagen, spezifisch altersbedingten Reaktionsweisen und dem Einfluß des Zeitgeschehens zu erklären sei. Differenzen zwischen verschiedenen theoretischen Positionen, Kunstprogrammen, poetischen Texten der Romantiker stellte Petersen zugunsten eines von ihm auch konzeptuell begründeten Generationenbegriffs zurück.[27] Unter Aufnahme von Ergebnissen der Kinder- und Jugendpsychologie definierte er die Romantiker als Vertreter der um 1770 geborenen Generation, die aufgrund psychischer Disposition und besonderer Zeiterfahrung typologisch zusammengefaßt werden könnten. Die solcherart zusammengeschlossene »romantische Generation« differenzierte Petersen durch die Einteilung der Einzelvertreter gemäß ihrer psychischen Veranlagung in einen »emotionalen«, einen »mittleren« und einen »rationalen Typus«.[28] In seiner literarhistorisch periodisierenden Einordnung der Romantik blieb Petersen der Geistesgeschichte verpflichtet, indem er Hermann August Korffs »Goethezeit«-Schema übernahm. In Korffs dialektische Triade Sturm und Drang – Klassik – Romantik integrierte Petersen noch die Aufklärung als persönlichkeitsbildendes Erlebnis der Frühromantiker und erhielt ein Entwicklungsprinzip, in dem der als These gesetzten rationalistischen Aufklärung der antithetische, irrationalistische Sturm und Drang gefolgt sei und beide ihre Synthese

---

26 Eine methodologische Grundlage für sein synthetisches, die Forschungsprogramme seit 1900 aufnehmendes Romantikbild hatte Julius Petersen bereits 1924 vorgelegt, vgl. J. Petersen: Literaturwissenschaft und Deutschkunde. In: *ZfDk* 38 (1924); S. 403-415. Hier definierte Petersen die vorrangige Aufgabe zeitgenössischer Literaturgeschichtsschreibung in der »Bestimmung des Wesens, der geistigen Einheit und der Ausdrucksform einer Altersgemeinschaft, einer literarischen Gruppe oder eines Zeitalters« (S. 410). Die divergierenden Forschungsansätze reintegrierend, beharrte Petersen auf der gegenseitigen Ergänzung der drei wichtigsten methodischen Richtungen zu einer »dreidimensionalen Betrachtung«, in der das »Volkstum« als »konservatives Element« die Breite bilden, die »Ideenrichtung der Zeit« die Höhe darstellen und die Generationenfolge die zeitliche Dimension ergeben sollte.

27 Vgl. Julius Petersen: Die literarischen Generationen. In: Emil Ermatinger: Die Philosophie der Literaturwissenschaft. Berlin 1930, S. 130-187; als Separatdruck Berlin 1930.

28 Vgl. Julius Petersen: Die Wesensbestimmung der deutschen Romantik. Eine Einführung in die moderne Literaturwissenschaft. Leipzig 1926, S. 146: Friedrich Schlegel und Wackenroder erklärte er aufgrund ihrer emotionalen Disposition zu »Vollvertretern des romantischen Geistes« und eigentlichen »Generationsführern«, denen gegenüber August Wilhelm Schlegel und Ludwig Tieck nur »umgelenkte«, »mittlere« Typen seien. Der in der Romantik »unterdrückte« »rationale Typus« sei der sinnenfrohe Mensch der Wirklichkeit, der als Vertreter des »Jungen Deutschland« die Romantik abgelöst und den Rationalismus des 19. Jahrhunderts begründet habe.

im klassischen Ausgleich von Rationalismus und Irrationalismus gefunden hätten. Aus dem Erlebnis von rationalistischer Aufklärung und ausgleichender Klassik habe die Romantik als Auflehnung gegen den Rationalismus begonnen und sich in den reinen Irrationalismus gesteigert.[29]

In seinen Lehrveranstaltungen zur deutschen Romantik, namentlich in den gro-ßen Romantikvorlesungen im Wintersemester 1930/31 und im Sommersemester 1937, vermittelte Petersen weitgehend sein synthetisches Konzept. In seinen Vorlesungen wie auch in seinen Publikationen verband er philologisch-genetische Analyse, Biographie und geistesgeschichtliche Interpretation, ohne eine ausge-prägte Identität in Programmatik, Theorie und Methodologie herzustellen. Damit schuf er ein Synthesemodell, das charakteristisch für die »Berliner Schule« war und seine Nachfolge in den Romantikvorlesungen von Petersens Nachfolger Hans Pyritz finden sollte. Petersens Vorlesungen zur deutschen Literaturgeschichte – sowohl die vor als auch die nach 1933 angebotenen – behandelten die klassisch-romantische Epoche in chronologischer Folge nach den Lektionen zu Barock und vorklassischer Zeit in zwei Komplexen. Der erste Komplex umfaßte die deutsche Literatur der klassischen Zeit (Goethe, Schiller, Jean Paul, Hölderlin, Kleist); der zweite Komplex die Romantik.

Als Petersen im Sommersemester 1937 erneut seine große Übersichtsdarstel-lung zur Romantik las, wies ihre Gliederung im Vergleich zur Vorlesung von 1930/31 Revisionen auf. Dazu trat die Behandlung bisher unberücksichtigter Sachgebiete. Zwar präsentierten die Brüder Schlegel, in deren Besprechung Pe-tersen auch Dorothea Schlegel einbezog, weiterhin die wichtigsten Leistungen der Romantik – was durchaus nicht selbstverständlich war nach den antisemitischen Ausfällen gegen Dorothea Veit und Friedrich Schlegel –, doch der vormals den Frauen der Frühromantik gewidmete Teil entfiel 1937. An seine Stelle trat der Komplex *Weltliteratur und Übersetzungskunst*. Fichte und Schleiermacher als theoretische Köpfe der frühromantischen Bewegung blieben auf ihrem Platz, wo-bei die Bibliographie in diesem Zusammenhang mehrfach das nach 1933 ange-griffene »Romantiker«-Buch Friedrich Gundolfs anführte. Die Neuentdeckung der

---

29 Vgl. die zusammenfassende Formel ebenda, S. 180: »Die Romantik erweist sich dann als eine infolge umformender Generationserlebnisse einsetzende irrationalistische Steigerung und Aufhebung des klassischen Gleichmaßes, wodurch die Spannung zwischen den Polen unbegrenzt erhöht wird. Sie ist eine europäische Zeiterscheinung, die aber in Deutschland durch den glücklichen Zusammenfall mit der klassischen Höhe eine besonders glückliche und anspruchsvolle Entwicklungsbedingung findet und zur Notwendigkeit wird durch die deutsche Eigenrichtung, den unruhvollen Werdensdrang des deutschen Geistes, der zur Selbstbesinnung gebracht wird unter besonderer Teilnahme der unverbrauchten Jugendlich-keit ostdeutscher Stämme.«

romantischen Psychologie, die in der Carus-Renaissance seit Mitte der zwanziger Jahre ihren sichtbaren Ausdruck fand, schlug sich in einer nun erweiterten Darstellung dieses Themenkomplexes nieder.[30] In den umfangreichen Schwerpunkt Frühromantik nahm die Vorlesung des Jahres 1937 einen Paragraphen *Ästhetik und Sprachlehre*[31] auf; die bisherigen Abschnitte zu Ludwig Tieck und Zacharias Werner wurden durch Integration weiterer Romantiker ergänzt.[32] Am deutlichsten machten sich Veränderungen in den Modifikationen der Vorlesungsteile bemerkbar, die die spätere Phase der Romantik behandelten. Die vorher eher stiefmütterlich registrierte Heidelberger Romantik rückte jetzt – so legen es die umfangreichen bibliographischen Eintragungen nahe – ins Zentrum; romantische Mythologie und romantische Wissenschaft erhielten eigene Kapitel.[33] Innerhalb des Themenbereichs *Politische Romantik* und *Freiheitsdichtung* erschienen neben Adam Müller und Friedrich von Gentz nun auch die nach 1933 stärker beachteten Ernst Moritz Arndt, Max von Schenkendorf, Theodor Körner, Friedrich Ludwig Jahn und Friedrich Friesen. Die Regionalisierung literarisch-kultureller Epochen, Konsequenz einer ethnographisch differenzierenden Literaturgeschichtsschreibung, wurde in Petersens Romantikvorlesung an der weitergehenden Aufspaltung der romantischen Bewegung exemplarisch deutlich. Neben die bereits 1930/31 erläuterte *norddeutsche Romantik* traten jetzt *mitteldeutsche, schwäbische* und *bayerische und österreichische Romantik.*[34]

---

30 Unter §4 (Naturphilosophie und Medizin) behandelte Petersen Schelling, Ritter, Franz von Baader, Henrik Steffens, Gotthilf Heinrich Schubert, Carus, Lorenz Oken, Karl Chr. Fr. Krause und Carl Friedrich Burdach; zu Carl Gustav Carus enthielt die Bibliographie die reichsten Literaturangaben.

31 §7 Ästhetik und Sprachlehre (A. F. Bernhardi, K.W.F. Solger, Joh. Arn. Kanne).

32 § 6 Ludwig Tieck und sein Kreis (mit Sophie Bernhardi und Wackenroder); §8 Zacharias Werner und das Schicksalsdrama (mit Adolf Müllner und Ernst Chr.Fr. von Houwald).

33 §10 Mythologie (Friedrich Creuzer, Joseph Görres, Johann Jakob Bachofen). §11 Romantische Wissenschaft. Romantische Historiographie und Anfänge der deutschen Philologie. (zu Brüdern Grimm sehr viel, wenig zu Friedrich Heinrich von der Hagen und Friedrich Karl von Savigny).

34 §14 Norddeutsche Romantik (E.T.A. Hoffmann, Carl Wilhelm Salice Contessa, Adalbert von Chamisso, Helmina von Chezy, Friedrich de la Motte-Fouqué, Caroline de la Motte-Fouqué, Karl August Varnhagen von Ense, Rahel Varnhagen); §15 Mitteldeutsche Romantik. (Nachtwachen von Bonaventura, Karl Friedrich Gottlieb Wetzel zugeschrieben, Ernst Schulze, Wilhelm von Schütz, Johann Friedrich Kind, Heinrich Clauren, Rheinromantik); §16 Schwäbische Dichter (Ludwig Uhland, Justinus Kerner, Gustav Schwab, Wilhelm Hauff); §17 Romantik in Bayern und Österreich (Johann Michael Sailer, Josef von Weber, Johann Nepomuk Ringseis, Leopold von Seckendorf, Joseph Schreyvogel, Joseph Ludwig Stoll, Klemens Maria Hofbauer und Wiener Romantikerkreise).

Trotz Anpassung an Verschiebungen und Modifikationen der zeitgenössischen Romantikforschung, die sich in Schwerpunktverlagerungen und veränderten Ordnungsprinzipien offenbarte, kann Petersens Romantikvorlesung aus dem Jahre 1937 als bemerkenswerte wissenschaftliche Leistung gelten. Ungeachtet der antisemitischen Propaganda führte die Bibliographie zur Vorlesung weiterhin jüdische Autoren und Wissenschaftler an – von Heinrich Heines »Romantischer Schule« bis zu den Werken der nach 1933 emigrierten Romantikforscher Richard Samuel, Georg Stefansky und Käte Hamburger.[35] Beachtlich war ebenso der internationale Kontext der Romantikforschungen, den Petersen durch Verweise auf Werke britischer und französischer Germanisten reflektierte. Unterschiede gegenüber der Vorlesung aus dem Wintersemester 1930/31 bestanden in neu eingefügten Komplexen und veränderten Gewichtungen. Die von der Vorlesung 1930/31 abweichende verstärkte Einbeziehung außerliterarischer Phänomene wie der romantischen Mythologie, der romantischen Medizin und Wissenschaft wie auch die generelle Schwergewichtsverlagerung auf die spätere Romantik belegen, daß Petersen auf die nach 1933 katalysierte »Umwertung der Romantik« reagierte. Demgegenüber bedeutete sein Festhalten an der führenden Position der Brüder Schlegel – denen Franz Kochs im selben Jahr erschienene »Geschichte deutscher Dichtung« »geistiges Rentnertum« vorgeworfen hatte – ein Beharren auf Überzeugungen, die sich durch »Umwertungs«-Postulate und beginnende antisemitische Diffamierungen Friedrich Schlegels nicht erschüttern ließen.

Fanz Koch, der nach Querelen zwischen REM und Fakultät 1935 ans Seminar berufen worden war, suchte den synthetisch ausgleichenden Bemühungen Petersens eine alternatives Wissenschaftskonzept entgegenzusetzen. Bereits Mitte der zwanziger Jahre hatte er, inspiriert durch die »biologische Metaphysik« Erwin Guido Kolbenheyers, mit der Projektion einer »organbiologischen Literaturbe-

---

35 Mit den Hinweisen auf G. Stefansky und R. Samuel erwies Petersen zwei Romantikforschern Referenz, die er in den zwanziger Jahren gefördert hatte und die nach 1933 emigrieren mußten: Samuel, der gemeinsam mit Paul Kluckhohn die vierbändige Novalis-Ausgabe ediert hatte, war vom Wintersemester 1931/32 bis zum Sommersemester 1933 Assistent bzw. Leiter für literarhistorische Proseminare am Seminar; Stefansky, dessen Dissertationsschrift »Das Wesen der deutschen Romantik« (Stuttgart 1925) einen von Petersen geschlichteten Streit zwischen August Sauer und Hermann August Korff ausgelöst hatte, war 1928/29 Oberassistent am Seminar. Vgl. Das Germanische Seminar der Universität Berlin. Festschrift zu seinem 50jährigen Bestehen mit Beiträgen von Alfred Bergeler, Andreas Heusler, Werner Knoch, Franz Koch, Friedrich von der Leyen, Julius Petersen, Robert Petsch, Ulrich Pretzel, Hermann Schneider, Edward Schröder, Franz Schultz. Berlin und Leipzig 1937. Anhang: Verzeichnis der Direktoren des Seminars, der an den Seminarübungen beteiligten Professoren, Dozenten und Lehrkräfte, der Oberassistenten und der wissenschaftlichen Hilfskräfte, S. 60.

trachtung« begonnen, die auf nichts weniger als einen Paradigmenwechsel zielte: Das »selbstherrliche Individuum«, nach Koch Produkt einer »idealistischen Hypostase«, sollte zum Exponenten eines »lebendigen Plasmas« zurückgestuft und geistige Leistungen aus funktionalen Zusammenhängen der Arterhaltung erklärt werden.[36] Dieses Modell exemplifizierte Koch in seiner 1937 erstmals veröffentlichten »Geschichte deutscher Dichtung«, die bewußt auf die nach 1933 mehrfach erhobenen Forderungen nach einer Literaturgeschichte im neuen Geist reagierte und bis 1944 sieben Auflagen erlebte.[37] Laut Vorwort stellte sich Kochs Literaturgeschichte die Aufgabe, die »erbtümliche Linie« der »arthaften germanischen Male« zu verfolgen und »auch dort sichtbar zu machen, wo sie nicht offen am Tage liegt und nicht bewußt herausgehoben wird.«[38] In ihr erschien die Romantik, nicht einmal durch eine Überschrift herausgehoben, im Gesamtkomplex »Goethezeit«. Diese bilde als Einheit von Sturm und Drang, Klassik und Romantik den spezifisch deutschen Einspruch gegen Aufklärung und die nur scheinbare Überwindung des Rationalismus durch Jean-Jaques Rousseau. Ohne Reflexion des aktuellen Forschungsstandes und der eigenen methodischen Grundlagen vermengte Koch verschiedene Ansätze der Romantikforschung seit Dilthey. Elemente des in den zwanziger Jahren geprägten geistesgeschichtlichen Generationenbegriffs, die Synthetisierung literarhistorischer Epochen, vor allem aber die von Nadler praktizierte Trennung von »ostdeutscher Romantik« und »westelbischer Restauration« zog Koch zusammen, um den europäischen Charakter der Romantik zu dementieren und sie in die scheinbar bruchlose Kontinuitätslinie der »Deutschen Bewegung« einzubinden.[39] Wie Nadler unterteilte er die Romantik in zwei divergierende Bewegungen: eine ästhetisch-literarische, der er »Literatenhaftigkeit«, »geistiges Rentnertum« und Förderung der Judenemanzipation vor-

---

36 Franz Koch: Zur Begründung stammeskundlicher Literaturgeschichte. In: *Preußische Jahrbücher* 206 (1926), S. 141-158, hier S. 152f.; vgl. auch ders.: Stammeskundliche Literaturgeschichte. In: *DVjs* 8 (1930), S. 143-197.

37 Franz Koch: Geschichte deutscher Dichtung. Hamburg 1937. – 2. erw. Aufl. 1938, 3. erw. Aufl. 1940, 4. erw. Aufl. 1941, 5. Aufl. 1942, 6. Aufl. 1943, 7. Aufl. 1944.

38 Franz Koch: Geschichte deutscher Dichtung. Hamburg 1937, S. 9.

39 Vgl. ebenda, S. 167: »In ihren Anfängen von der Klassik kaum zu unterscheiden, entwickelt eine neue Altersschicht sich bald zu solcher Eigenart, daß die neue Bewegung sich schließlich deutlich als Romantik von der Klassik abhebt. Das soll nicht heißen, daß die Romantik eine völlig neue Epoche einleitet. Wachstümliche Zusammenhänge mit der Klassik bleiben bestehen. Bei aller Eigenartigkeit schwingt in der Romantik doch nur das aus, was mit dem Sturm und Drang als Abkehr von der Aufklärung begonnen hatte. Sturm und Drang, Klassik und Romantik sind nur drei deutlich sich voneinander absetzende Stufen einer einzigen Bewegung, der Goethezeit, des deutschen Idealismus, oder wie immer man die Zeitspanne von 1770 bis 1830 nennen mag.«

warf,[40] und eine »geschichtlich und blutsmäßig begründete«, die deutsches Volkstum und »arteigene Vergangenheit« wiederentdeckt habe. Einzelvertreter deutete Koch »organbiologisch«, indem er beispielsweise von der »Last doppelten Bluterbes« bei Clemens Brentano oder aus der Erbschaft »dreifachen, deutschen, polnischen und ungarischen Blutes« bei E.T.A. Hoffmann auf künstlerische Qualitäten schloß.[41]

Wesentlich für Kochs Romantikkonzept war die funktionale Eingliederung romantischer Organismus-Vorstellungen in die von ihm konstruierte Kontinuitätslinie deutschen organischen Denkens.[42] »Organisches Denken« war für Koch die aus der »leibseelischen Einheit« des deutschen Menschen erwachsende Überwindung des westeuropäischen »artfremden« Rationalismus, als dessen Kennzeichen mechanische Kausalerklärung, Logifizierung, Empirie galten. Das in Absetzung gegen das Negativbild des Rationalismus und zur Bestätigung eines geistigen deutschen Sonderweges aufgerufene »organische Denken« sicherte nach Koch als wichtigstes Erbstück der deutschen Literatur deren innere Konsistenz und die Einheit der von ihm praktizierten Literaturgeschichtsschreibung.

Die weitgehend unreflektierte Verwendung von Vorannahmen und Wertmaßstäben hatten entsprechende Folgen für Gegenstandskonstitution und Thematisierungsweise der zahllosen literarhistorischen Unternehmen Kochs: Nicht mehr Texte, Dichterbiographien oder zeitlich abgrenzbare Epochen bildeten seine Forschungsgegenstände, sondern das sie fundierende »Bluterbe« und der in ihnen waltende »Denk-Typus«. Gegenstand, Erklärung und Wertung gingen – wie später an der Dissertation einer Koch-Schülerin noch einmal zu zeigen sein wird – in der »organbiologischen Literaturbetrachtung« eine trübe, kaum mehr zu trennende Mischung ein. Mit der Kopplung der Leitdifferenz »organisch« – »mechanisch« an die Wertung »arteigen« – »artfremd« näherte sich diese literarhistorische Praxis stark ideologischen Termini und Denkmustern an.[43]

---

40 Ebenda, S. 169f.

41 Ebenda, S. 177-181.

42 U. a. Franz Koch: Kultur des deutschen Idealismus. Potsdam 1935; ders: Ludwig Wolff (Hg.): Handbuch des deutschen Schrifttums. Bd. 1-3, Potsdam 1939-43. Bd. 3: Franz Koch: Das deutsche Schrifttum von der Romantik bis zur Gegenwart; ders.: Geist und Leben. Vorträge und Aufsätze. Hamburg 1939 (hier vor allem die Beiträge Goethe als Erzieher, S. 124-136; Kleists deutsche Form, S. 137-150; Erwin Guido Kolbenheyer zum 60. Geburtstag, S. 178-191); ders.: Spannungskräfte deutscher Dichtung. In: Gerhard Fricke, Franz Koch, Klemens Lugowski (Hg.): Von deutscher Art in Sprache und Dichtung. 5. Bd., S. 285-303; ders.: Der deutsche Idealismus als Weltbild der Deutschen Bewegung (1770-1830). In: *Nationalsozialistische Monatshefte* 14 (1943), S. 491-507.

43 Darin besteht m.E. die entscheidende Differenz von Kochs Synkretismus zu Petersens synthetischem Verfahren.

Neben den Romantikkonzepten Petersens und Kochs vertraten die am Seminar lehrenden Petersen-Schüler Friedrich-Wilhelm Wentzlaff-Eggebert und Hans Pyritz alternative Positionen. Während jedoch Wentzlaff-Eggebert Konzept und Methode einer philologisch geschulten Geistesgeschichte repräsentierte und diese auch in seiner Romantikkonzeption artikulierte, blieb Hans Pyritz dem Synthesestreben Julius Petersens verpflichtet und scheute, wie seine Romantikvorlesungen von 1942 und 1943 zeigen, auch vor der Integration rassenbiologischer Theoreme und antisemitischer Invektive nicht zurück.

Friedrich-Wilhelm Wentzlaff-Eggebert, der am Berliner Germanischen Seminar studiert und am berühmten Barockseminar Julius Petersens im Wintersemester 1927/28 teilgenommen hatte, bot zwischen Oktober 1938 und 1941 als Privatdozent Lehrveranstaltungen am Seminar an. Die im Trimester 1941 von ihm gehaltene Vorlesung *Die deutsche Mystik und ihre Nachwirkungen in der Dichtung zwischen 1300 und 1800* kann als Vorbereitung des 1944 publizierten Werkes »Deutsche Mystik zwischen Mittelalter und Gegenwart. Einheit und Wandlung ihrer Erscheinungsformen«[44] angesehen werden, in dem Wentzlaff-Eggebert ein Romantikbild umriß, das nicht mehr auf eine zeitlich abgrenzbare literaturhistorische Epoche rekurrierte, sondern die Romantik als letzte Stufe einer sich »organisch entwickelnden geistigen Bewegung innerhalb der deutschen Geistesgeschichte« erkannte. Entsprechend der einleitend erläuterten methodischen Perspektive, Auswirkungen der Mystik im deutschen Schrifttum zwischen 1300 und 1800 aufzusuchen und aus dem Erbe des Neuplatonismus abzuleiten, interpretierte Wentzlaff-Eggebert die Romantik als letzten Niederschlag verinnerlichter Frömmigkeit – und realisierte damit Rudolf Ungers Projekt, die deutsche Geistesgeschichte als eine Entfaltung des Irrationalismus zu beschreiben. Hatte Franz Kochs Deutung die Romantik auf »Volkstumserlebnis« und »organisches Ganzheitsdenken« zurückgeführt, bestimmte der Pastorensohn Wentzlaff-Eggebert »neue Religiosität und ein neuer Erlösungsgedanke«[45] als ihr wesentliches Attribut. In »der philosophischen und dichterischen Leistung eines Schleiermacher, Fichte oder Novalis, die auf die alten Vorstellungen von der *unio mystica* in der Auffassung der Meister zurückgreifen und sie mit neuem Geist erfüllen«, sei der mystische Anspruch auf ein unmittelbares Verhältnis zu Gott und Natur eingelöst worden.[46] In detailliertem Nachweis mystischer Züge im Denken Schleierma-

---

44 Friedrich Wilhelm Wentzlaff-Eggebert: Deutsche Mystik zwischen Mittelalter und Neuzeit. Einheit und Wandel ihrer Erscheinungsformen. 1. Aufl. Berlin 1944; 2., durchges. Aufl. 1947; 3., erw. Aufl. 1969.
45 Ebenda, S. 226.
46 Ebenda.

chers, Fichtes und Novalis' fand Wentzlaff-Eggebert seine Überzeugung bestätigt, wonach mystische Vereinigungsvorstellungen den romantischen Erlösungsgedanken generiert habe – ob nun in der »Religion als mystischem Erleben«[47] wie beim frühen Schleiermacher oder im Ich-Begriff Fichtes als einem »ekstatischmystischen Erlebnis der inneren Erfahrung«[48] oder in Novalis' »Auflösung der alten unio-Vorstellung in einer neuen Synthese von Menschengeist und Gottesgeist«.[49] Die den drei Repräsentanten der Frühromantik eigenen Vorstellungen von einer *unio mystica* zeigten exemplarisch »Einheit und Wandel« mystischer Erlebnis- und Denkformen. Trotz der historischen Differenz zwischen Mittelalter und Romantik offenbare sich in der romantischen Vollendung der Mystik eine Identität des deutschen Geistes, die in der »neuen ›Erlösung‹ des Lebens« und der »erhöhtesten Erfüllung des Dichtertums überhaupt« das »Formen- und Strukturgesetz jener alten Vorstellung von der *unio mystica* des menschlichen Geistes mit dem Geist Gottes« bewahrt habe.

Hatte Wentzlaff-Eggebert mit dieser Deutung an problem- und ideengeschichtliche Erklärungsmodelle angeknüpft, ging sein Kommilitone Hans Pyritz andere Wege. Nach Habilitation im Kriegsjahr 1940 und einem kurzen Zwischenspiel als Ordinarius in Königsberg wurde er im April 1942 gegen den Widerstand Franz Kochs als Nachfolger Julius Petersens nach Berlin berufen – und trat hier auch in der Synthetisierung divergierender wissenschaftlicher Positionen dessen Erbe an. – Bereits sein Habilitationsvortrag zum Thema *Goethes Volksbewußtsein* hatte gezeigt, daß Pyritz sich vorzüglich an zeitbedingte Modifikationen der Wissen-

---

47 Ebenda, S. 226-230.
48 Ebenda, S. 230-236. – Vgl. dazu die zahlreichen Arbeiten dieser Zeit, die auf die Zusammenhänge zwischen Meister Eckhart und Fichte hinwiesen und denen Wentzlaff-Eggeberts Fassung des Ich-Begriffs als einer »ekstatisch-mystischen Erfahrung« geschuldet war, u.a. Dietrich Mahnke: Ewigkeit und Gegenwart. Eine Fichtesche Zusammenschau. Erfurt 1922; Heinz Finke: Meister Eckhart und Fichte, verglichen in ihren religiösen Vorstellungen. Diss. Greifswald 1934; Ernst von Bracken: Fichte und Eckhart. Würzburg 1943; Werner Limper: Fichte und die Romantik. Berlin Wien Zürich 1940.
49 Ebenda, S. 237-245. – Hier rekonstruierte Wentzlaff-Eggebert in Anlehnung an die Dissertation seiner Straßburger Schülerin Maria Hamich (Über die Wandlungen der mystischen Vereinigungsvorstellungen bei Friedrich von Hardenberg. Diss. Straßburg 1943) eine »mystische Lebenslehre«, die Novalis aus der Verbindung von mystischer Spekulation und idealistischer Philosophie Fichtescher Prägung gewonnen habe. »Innere Einkehr«, »produktive Imagination«, »Liebe als willensmäßige Voraussetzung für die auf dem Wege der unio vollzogene Verbindung mit dem absoluten Sein« stellten die Determinanden einer »Vereinigungsvorstellung« dar, die Begriffe aus der idealistischen Philosophie mit mystischen Traditionsgut verbinde.

schaftssprache anzupassen verstand.[50] Auch seine umfangreichen Romantikvorlesungen (dreistündige Vorlesung zur Frühromantik im Sommersemester 1941 und Vorlesung zur jüngeren Romantik im Sommersemester 1942) sowie verschiedene der Romantik gewidmete Übungen (*Übungen zur romantischen Lyrik* im Sommersemester 1941, *Übungen zur Geschichte der deutschen Ballade* im Sommersemester 1943, *Der deutsche Künstlerroman* im Wintersemester 1943/44, *Das romantische Drama* im Sommersemester 1944 u.a.[51]) zeugten davon, daß Pyritz einer synkretistischen Konzeptionsbildung verpflichtet blieb und dazu bereitwillig Anleihen bei aktuellen rassenbiologischen Topoi und antisemitischen Schlagworten aufnahm. Die Bereitschaft, von der politischen Umwelt scheinbar favorisierte Wissenschaftsprogramme zu integrieren, prägte Pyritz' methodologische Einleitung in seine Romantikvorlesungen. Zwar wies er die von Josef Nadler entwickelte »Rückführung geistes- und literaturgeschichtlicher Kräfteprozesse auf Stamm und Landschaft als Urgegebenheiten« als »fragwürdige Übertragung naturwissenschaftlicher Gesetzlichkeiten auf geistige Sachverhalte« zurück und monierte mangelndes »ästhetisches Werterlebnis, [...] Verzeichnung der Neuzeit durch Goethe-Antipathie und katholisierende Tendenzen«.[52] Dennoch sei durch Nadler die »Bedingtheit der Geisteskultur durch gruppenbiologische Voraussetzungen«[53] erkannt worden. Dessen Extrapolationen seien ein Fehler, der durch Franz Kochs »organbiologische« Betrachtungsweise korrigiert würde: »Sie setzt die irrationale Dynamik der schöpferischen Persönlichkeit und Einzelleistung in ihre Rechte wieder ein«, wende gleichzeitig den Blick »vom Gruppenbiologischen zum

---

50 Vgl. »Goethes Volksbewußtsein«. Öffentliche Lehrprobe, gehalten an der Berliner Universität von Dr. habil. Hans Pyritz am 12., 13. und 16.9.1940. UA der HUB. Universitätskurator. Personalakte Pyritz 201, Bd. II, Bl. 37f.: »Es zeigt sich, daß Goethe in diesen Notjahren [scil. der Befreiungskriege] einen Volksbegriff erarbeitet hat, der den rassenbiologischen Einsichten unserer Gegenwart ganz nahe kommt, und daß er aus solch organisch-biologischem Volksdenken seine ganz besondere, ihm zutiefst gestellte Aufgabe und Verantwortung als Hüter und Mehrer des kulturellen Besitzes der Nation ergriffen und begründet hat. Nicht weniger bedeutet in Wahrheit die Epoche der Freiheitskriege für Goethe, als eine Wiedergeburt des Deutschtumserlebnisses seiner jugendlichen Titanenzeit.«

51 Peripher behandelt wurde die Romantik auch im Seminar *Die deutschen Volksbücher des 16. Jahrhunderts* (Sommersemester 1942), in dessen Mittelpunkt Lektüre und Interpretation des Fortunatus-Volksbuches standen, vgl. Nachlaß Hans Pyritz. DLA A: Pyritz, Mappe »Themen für Seminare und Seminararbeiten«, unnummeriertes Blatt »Die deutschen Volksbücher des 16. Jahrhunderts«. – Folgende Themenkomplexe des Seminars streiften auch die Romantik: *Ludwig Tieck und die deutschen Volksbücher, Görres und seine Anschauungen vom Volksbuch, Der Fortunatus-Stoff in der deutschen Romantik.*

52 Hans Pyritz: *Die deutsche Romantik.* Vorlesungsskript. DLA. A: Pyritz. Ohne Signatur, Bl. 1 und Bl. 17.

53 Ebenda, Bl. 19.

Volksbiologischen« mit dem Ziel, »die Selbstgestaltung des germanisch-deutschen Volkscharakters sichtbar zu machen, den Wachstumsvorgang des volkhaften Erbplasmas freizulegen« und so »Organismuslehre und Ideenge-schichte zu völkischer Artkunde« zu verbinden.[54] »Gültige Klärung der naturhaf-ten Grundlagen des Geistigen, über Nadler hinaus und auf anderem Wege« sei, so Pyritz, »erst durch die Rassen- und Rassenseelenforschung möglich geworden«, als deren Vertreter er Hans Günther und Ludwig Ferdinand Clauß anführte. Auch die allgemeine Konstitutionsforschung habe Beiträge zu einer tieferen Erkenntnis der Romantik geliefert. Doch ergäben sich aus diesen Forschungen erst Ansätze und Problemstellungen, die es weiter zu verfolgen gelte, so u.a. die Frage nach dem »Anteil der nordischen und der ostischen Rassenseele an der romantischen Bewegung« oder nach der Einordnung von »Klassik und Romantik als Schöpfung der schizothymen Künstlertemperamente«.[55] Als »riesige Aufgabe« stelle sich ebenso die »Erkenntnis der Rolle des Judentums in der Romantik«.[56]

Ohne an dieser Stelle detaillierter auf Pyritz umfangreiche Behandlung der Romantik eingehen zu können, sei kurz auf Eckpunkte seiner Konzeption hinge-wiesen. Bewußt auf eine abschließende Wesensbestimmung der Romantik ver-zichtend, bildeten für ihn Klassik und Romantik »unter dem umfassenden Ge-sichtspunkt der Selbstentfaltung des deutschen Geistes« eine nicht näher be-stimmte »höhere Einheit«: die »letzte organische Gesamtkultur der deutschen Ge-schichte vor dem liberalistischen Zerfall«.[57] Klassik und Romantik seien gemein-sam mit dem Sturm und Drang aus einer spezifisch deutschen Rezeption des Neuplatonismus hervorgegangen und als »Deutsche Bewegung« zu einer histori-schen Mission bestimmt: »die abendländische Tradition des Irrationalismus als besondere Aufgabe des deutschen Geistes«[58] zu vollenden. Rassenbiologische

---

54 Ebenda, Bl. 19. – Für die Romantikforschung existierten bis jetzt, so Pyritz, nur Umrisse in Kochs Geschichte deutscher Dichtung.

55 Ebenda, Bl. 20.

56 Vgl. ebenda, Bl. 20: »Abgesehen von Graus eindringenden Untersuchungen über Wilhelm von Humboldt und die Juden (auch die Geschichte der Romantik berührend) nur erst be-scheidene Anfänge: Paul Busch, Friedrich Schlegel und das Judentum. Diss. Münster 1939; Hans Karl Krüger, Berliner Romantik und Berliner Judentum. Bonn 1939. Das sind The-men, die über Diss.-Rahmen hinausgehen und vollen Einsatz reifer Gelehrtenkraft erfordern. Wichtige Aufschlüsse noch zu erhoffen.«

57 Ebenda, Bl. 33.

58 Ebenda, Bl. 30. In Klammern dahinter: »Unter dem Gesichtspunkt dieses Eindeutschungs-und Selbstfindungsprozesses von Kindermann der glückliche, alle drei Stufen zusammenfas-sende Begriff der ›Deutschen Bewegung‹ geschaffen.« – Aufschlußreich ist, daß Pyritz noch 1950 für eine Weiterverwendung des Begriffes Deutsche Bewegung plädierte, vgl. Hans Py-

Erklärungen zog Pyritz in Ausführungen zu Einzelvertretern der romantischen Bewegung heran. So schilderte er August Wilhelms Schlegels Haus in Jena, in dem sich zwischen 1799 und 1800 die Frühromantiker versammelten, als das verwirklichte Ideal der romantischen Geselligkeit, bis »das anmaßende und taktlose Wesen der Rassefremden, Dorotheas, die sich mit Tieck nicht vertrug und auch mit der feinempfindlichen Caroline hart aneinander geriet«,[59] das Verhältnis sprengte. Bei Friedrich Schlegel diagnostizierte Pyritz aufgrund seiner Beziehung zur Mendelssohn-Tochter »Instinkt- und Wurzellosigkeit des reinen Bildungsmenschen und geschmeichelte Ichliebe«.[60] Dorothea Veit wurde mit antisemitischen Klischees belegt: »An sich grob, aber erst einmal anpassungsfähig. Beschränkt, gehässig, aber Schlegel sklavisch hingegeben, abgöttisch anbetend, alle Wege mitgehend, alle seine Einseitigkeiten noch übersteigernd, Spiegel und Echo, und damit ihn bis zuletzt fesselnd. Nicht Ursache, sondern Ausdruck seines Schicksals«.[61] Friedrich Schlegels Romanexperiment »Lucinde« verurteilte Pyritz als Zeugnis einer »Schamlosigkeit« das »unser Taktempfinden wie Rassebewußtsein verletzt«.[62] Auch Clemens Brentano, den Pyritz auf 92 maschinenschriftlichen A5-Seiten behandelte, erwies sich als willkommenes Objekt zur Anwendung rassenbiologischer Erklärungen. Die Maßlosigkeit des Dichters sowie dessen tiefe Verzweiflungsanfälle führte Pyritz auf seine »verhängnisvolle Blutmischung« zurück.[63]

---

ritz: Probleme der deutschen Romantikforschung [1950]. In: H. P.: Schriften zur deutschen Literaturgeschichte. Hg. von Ilse Pyritz. Köln Graz 1962, S. 73-93, hier S. 77.

59 Ebenda, Bl. 294.

60 Ebenda, Bl. 5*.

61 Ebenda, Bl. 5*. – Im maschinenschriftlichen Typoskript der Vorlesung *Deutsche Romantik* (Sommersemester 1942) tauchen diese Urteile in verschärfter Form wieder auf; vgl. ebenda, Bl. 150.

62 Ebenda, Bl. 157.

63 Vgl. Ebenda, Bl. 307f.: »Die ausserordentliche Reizbarkeit (Quelle seiner schöpferischen Phantasiekraft wie seiner Seelenleiden) Mitgift des Mischlings aus (beiderseits hochgezüchtetem) deutschem und italienischem Blut. Dadurch Potenzierung der Anlagen, nach erbbiologischen Normen: deutsche Gemütsinnigkeit und italienisches Leidenschaft, beide einander aufs höchste steigernd und befruchtend. Aber auch, nach den denselben Normen, Zersetzung der vitalen Widerstandskräfte und Lenkungsinstinkte. Wohl Deutschland der Atemraum der Seele (und begnadete Fähigkeit, verschüttete Werte deutschen Volkstums ans Licht zu erwittern und ans Licht zu heben); wohl die Rheinlandschaft geliebteste Heimat (und in ihrer symbolischen Deutschheit von Brentano geradezu entdeckt); wohl Frankfurt die Zuflucht, immer wieder Antäus-Kräfte schenkend. Aber – der tragische Preis – das Blut heimatlos; seine verschiedenvölkischen Elemente nicht zu organischer (d.h. wachstümlich gerichteter) Struktur zusammenschliessbar.«

Ingesamt hinterläßt die Romantikvorlesung von Hans Pyritz einen zwiespälti-
gen Eindruck. Einerseits beherrschen weitgehend sachliche Darstellungen von
Biographie, Werk und Deutungen über weite Strecken das Geschehen; andererseits finden sich häufig biologistische Erklärungsmuster sowie in beinah allen Abschnitten antisemitische Diffamierungen, die neben der jüdischen Kultur im Zeitalter der Romantik auch jüdische Romantikforscher verunglimpfen.[64] Methodisch
verwirklichte Pyritz das von Petersen in seinen Vorlesungen praktizierte Prinzip
einer Verschränkung verschiedener Interpretationsmuster auf der Basis einer imponierenden Stoffülle. Den Deutungen, die zumeist geistesgeschichtliche Positionen mit Theoremen der Formanalyse, aber auch der Rassentheorie synthetisierten,
war die Ausbreitung einer gewaltigen Menge philologischer Fakten und Details
vorgeschaltet. Nachgeordnet jedoch waren Wertungen, die den Geist der Zeit
verrieten (und von Pyritz später z.T. mit dem Bleistift ausgestrichen wurden).
Daß Pyritz' Romantikkonzept stark von den Verschiebungen und Umorientierun-
gen der Forschung nach 1933 geformt wurde, ist evident. Die durchgehende Prä-
mierung weltanschaulicher, philosophischer und historiographischer Leistungen
der Romantik, insbesondere die ihr zugeschriebene Entdeckung von Volkstum
und Geschichte wie auch die Herausstellung der klassisch-romantischen Kultur
zum Signum eines kulturellen »deutschen Sonderwegs« waren charakteristisch für
die Veränderungen der Forschungslandschaft und schlugen sich in Gegenstandskonstitution und Wertung auch in Pyritz' Vorlesungen nieder.

Daß poetische Texte der Romantik für Hans Pyritz jedoch nicht nur hinsichtlich ihres weltanschaulichen oder politisch-»volkhaften« Gehalts von Interesse
waren, bewiesen seine Übungen, die er am Germanischen Seminar abhielt.[65] So
umfaßten die im Sommersemester 1941 angebotenen *Übungen zur romantischen
Lyrik*, die Pyritz im Wintersemester 1941/42 fortsetzte, ein breites Spektrum von

---

64 Vgl. u.a. Bl. 50 mit dem abfälligen Urteil über Heines Romantische Schule: »Das erste Buch
   über die Romantik; keine Darstellung, sondern eine Kampf- und Schmähschrift im Stil des
   von Heine und Börne begründeten jüdischen Journalismus«; die Kennzeichnung des Nova-
   lis-Forschers Richard Samuel als »Jd.«. – In nachgelassenen handschriftlichen Notizen zu
   Rahel Levin und Henriette Herz finden sich ebenfalls abwertende Charakteristika. So sei
   Rahels geistige Physiognomie die einer berechnenden, durchtriebenen Schauspielerin; sie
   habe sich den Gästen ihres Salons heuchlerisch genähert, um ihre privaten Ziele durchzusetzen usf.
65 Ich beziehe mich auf die im Nachlaß von Pyritz im DLA befindliche Mappe Themen für
   Seminare und Seminararbeiten, die u.a. mehrere lose Blätter zu den am Berliner Germanischen Seminar angebotenen Übungen enthält. Die verzeichneten Stichworte können sowohl
   als Strukturierung des Seminars wie auch als Themenvorschläge für anzufertigende Seminararbeiten verstanden werden. In jedem Fall ist es aufschlußreich, welche Texte unter welchen Fragestellungen behandelt wurden.

Themen, deren methodische Ausrichtung von philologischer Textkritik über Problemgeschichte bis zur Formanalyse und Stiltypologie reichte.[66] Bemerkenswert wird die Verbindung philologischer Aufgabenstellungen mit geistes- bzw. problemgeschichtlichen Themenkreisen und der Verzicht auf vordergründige Aktualisierungen in den *Übungen zur romantischen Lyrik*, wenn man den Seminarplan mit den Eckdaten des von Pyritz im Sommersemester 1942 angebotenen Kleist-Seminars vergleicht, das die Dramen Kleists allein unter historisch-politischer Optik beleuchtete.[67] – Die an den Seminarplanungen ablesbare Gewichtung der Einzelwerke und die in diesen Lehrveranstaltungen gepflegte Verbindung von philologischer Praxis und geistesgeschichtlicher Deutung beweist, daß Pyritz seiner universitären Sozialisation in der Schule Petersens verpflichtet blieb. Die Aufnahme rassentheoretischer Phrasen in seine Vorlesungsrhetorik läßt sich jedoch nicht als eine von den Zeitumständen erzwungene Assimilation an gängige Topoi der nationalsozialistischen Ideologie abtun. Wie Ernst Osterkamp in einem Vergleich der Klassikkonzepte Walther Rehms und Hans Pyritz' anschaulich darlegte, wurzelte auch Pyritz' projektiertes, doch nicht ausgeführtes großes Goethebuch in der Bereitschaft, rassenbiologische und völkische Denkfiguren

---

66 Vgl. das unnummerierte Blatt Romantische Lyrik in der Mappe Themen für Seminare und Seminararbeiten mit folgenden Themen: *August Wilhelm Schlegel als Lyriker (Formkunst und Bildungserlebnis); Romanische Versformen in romantischer Lyrik; Friedrich Schlegels Lyrik (Welt und Geist); Lyrische Ausdrucksformen romantischer Liebesauffassung; Romantische Zentralmotive in Tiecks Lyrik; Tiecks allegorische Gedichte; Tiecks »Reisegedichte« (Form und Gehalt); Tiecks »Minnelieder«; Lyrische Formauflösung bei Tieck; Die Welt der Farben in Tiecks Lyrik; Synaesthesie in romantischer Lyrik; Das Erlebnis der Nacht in romantischer Lyrik; Novalis' geistliche Lieder; Das Todeserlebnis in romantischer Lyrik; Ueberlieferung und Eigenschöpfung in «Des Knaben Wunderhorn»; Der Volksliedton in der romantischen Lyrik; Arnims lyrischer Subjektivismus; Die Entwicklungsstufen von Brentanos Lyrik; Geist und Ton des Volksliedes in Brentanos Lyrik; Brentanos Erosmystik; Die Spannung von Weltinnigkeit und Transzendenz in Brentanos Lyrik; Begriff und Klang in Brentanos Lyrik; Die deutsche Landschaft in romantischer Lyrik; Romantische Rheinlyrik; Sehnsucht und Unendlichkeit als romantische Zentralmotive; Gegenwart und Vergangenheit in romantischer Lyrik; Romantische und klassische Züge in der Lyrik der Karoline von Günderrode; Eichendorffs Naturlyrik; Ich und Natur in romantischer Lyrik; Romantische Stoffe und Formen in Chamissos Lyrik; Uhlands Lieder als Ausdruck schwäbischer Romantik; Romantisches Grundgefühl in Kerners Lyrik; Romantisches in Waiblingers italienischer Lyrik; Anakreontisches und Romantisches bei Möricke; Mörickes Lyrik und das Volkslied; Mörickes lyrisches Naturgefühl; Mörickes Liebesdichtung; Mörickes Idyllendichtung; Ich und Gemeinschaft in romantischer Lyrik.* – Handschriftlich rechts oben der Vermerk: »Sommer 1941 (Unterstufe)«.

67 Vgl. ebenda, unnummeriertes Blatt. Themen des Kleist-Seminars waren u.a.: *Kleists »Robert Guiskard« und sein geschichtliches Urbild, Geschichte und Gegenwart in Kleists »Hermannsschlacht«, die preuß. Idee in Kleists »Friedrich von Homburg«, Kleists politische Ideenwelt.*

methodisch aufzunehmen und zu synthetisieren.[68] In seinen Versuchen des Ausgleichs erwies sich der nachmalige Hamburger Ordinarius weniger als Opportunist, denn als Schüler seines Seminars und seines Lehrers Petersen.[69]

Differenzen in den Schülerkreisen:
Dissertationen zur Romantik 1933–1945

Von den insgesamt 107 zwischen Januar 1933 und Mai 1945 an der »Neudeutschen Abteilung« des Germanischen Seminars eingereichten Dissertationen beschäftigten sich 11 – etwa ein Zehntel aller Arbeiten – mit der deutschen Romantik.

In chronologischer Folge ihrer Verteidigung sind an dieser Stelle die Dissertationen aufgeführt, die sich mit der deutschen Romantik befaßten. Zum Teil lassen sich bereits an den Themenstellungen Differenzen zwischen den verschiedenen am Seminar vertretenen innerdisziplinären Richtungen erkennen. In eckigen Klammern sind die Betreuer bzw. Gutachter bezeichnet.

- Lilli Jung: Dichterfreundschaft und ihr romantisches Eigengepräge. Saalfeld Ostpreußen 1934 (Diss. vom 14.12.1934) [Max Herrmann]

- Friedrich Römer: Varnhagen von Ense als Romantiker. Köln 1934 (Diss. vom 14.12.1934) [Petersen, Hübner]

- Gisela Jahn: Studien zu Eichendorffs Prosastil. Weimar 1936. (Auch Leipzig 1937 = *Palaestra* 206 = Diss. vom 10.12.1936) [Petersen]

- Hertha von Ferber: Das Volkstumserlebnis des Joseph Görres. Würzburg 1938 (= *Stadion* 1 = Diss. vom 14.12.1938) [Koch]

---

68 Vgl. Ernst Osterkamp: Klassik-Konzepte. Kontinuität und Diskontinuität bei Walther Rehm und Hans Pyritz. In: Wilfried Barner und Christoph König (Hg.): Zeitenwechsel. Germanistische Literaturwissenschaft vor und nach 1945. Frankfurt am Main 1996, S. 150-170.

69 Petersen selbst hatte in seiner unvollendet gebliebenen Grundlegung der Literaturwissenschaft die Vertreter einer »neuen« Literaturbetrachtung unter den »Feldzeichen Rasse, Volkheit, Existenz« begrüßt und in Bezug auf Franz Koch einen Ausgleich zwischen den fundierenden Begriffen »Blut« und »Geist« vorgeschlagen, vgl. J. Petersen: Die Wissenschaft von der Dichtung. System und Methodenlehre der Literaturwissenschaft. Mit einem Beitrag aus dem Nachlaß Hg. von Erich Trunz. Berlin, 2. Aufl., 1944, S. 49: »Wenn es auch manchmal den Anschein hat, als sollte die Vormacht des Geistes durch einen anderen hypostatischen Begriff, durch den des Blutes, verdrängt werden, so ist doch eine Aufhebung des Gegensatzes möglich in einem organischen Weltbild, für das Blut und Geist eines sind.«

• Elisabeth Achterberg: Henrich Steffens und die Idee des Volkes. Würzburg 1938 (= *Stadion* 2 = Diss. vom 14.12.1938) [Koch]

• Gustav-Adolf Brandt: Herder und Görres. 1798 - 1807. Ein Beitrag zur Frage Herder und die Romantik. Würzburg 1939 (*Stadion* 3 = Diss. vom 7.11. 1939) [Koch]

• Kurt Willimczik: E.T.A. Hoffmann. Die drei Reiche seiner Gestaltenwelt. Berlin 1939. (Auch bei Junker und Dünnhaupt Berlin = Neue deutsche Forschungen. Abt. Neuere deutsche Literaturgeschichte 19 = Diss. vom 14.2.1939) [Petersen]

• Gertrud Grambow: Bettinas Weltbild. o.O. 1941. [Maschinenschr.] (Diss. vom 12.12.1941) [Koch]

• Gerta Jahn: Das Problem des geistigen Menschen bei E. M. Arndt. Dresden 1941. (Diss. vom 17.3.1942) [Wentzlaff-Eggebert]

• Edith Lohmann: Das Problem der Wirklichkeit bei Clemens Brentano. o. O. 1942. [Maschinenschr.] (Diss. vom 17.3.1942) [Wentzlaff-Eggebert]

• Ingeborg Meyer, geb. Lüdtke: Helmina von Chézys Stellung in der Pseudoromantik. o.O. 1944 [Maschinenschr.] (Diss. vom 26.5.1944) [Wentzlaff-Eggebert]

Die der Romantik vorhergehenden geistig-kulturellen und literarischen Bewegungen wurden in Dissertationen ebenfalls untersucht. Im Zentrum dieser Bemühungen stand Herder, dessen geschichtliches Denken als Präformation der nachfolgenden romantischen Entdeckungen beschrieben wurde; bearbeitet wurden aber auch Wegbereiter wie Johann Elias Schlegel und Karl Philipp Moritz.

Von den zehn zwischen 1933 und 1945 am Berliner Germanischen Seminar angenommenen Habilitationsschriften war allerdings nicht eine der Romantik gewidmet.

Aus verständlichen Gründen ist es an dieser Stelle unmöglich, auf alle die Romantik thematisierenden Dissertationen einzugehen. Im weiteren werde ich deshalb zwei Promotionsarbeiten vorstellen, die mir exemplarisch für die beiden am Seminar im Dritten Reich existierenden wissenschaftlichen »Lager« scheinen und deren Betreuer Julius Petersen bzw. Franz Koch waren.

Petersen betreute in der Zeit zwischen 1933 und 1941 drei Dissertationen, die sich der romantischen Literaturepoche widmeten. Neben einer akribischen Darstellung des jungen Karl Varnhagen von Ense, die bereits vor 1933 fertiggestellt, doch erst 1934 verteidigt und gedruckt wurde,[70] entstand mit den von Gisela Jahn 1936 vorgelegten »Studien zu Eichendorffs Prosastil« eine bemerkenswerte Formanalyse. Diese Promotionsschrift, die ihre Entstehung einer Seminarübung von Julius Petersen über romantische Märchendichtung verdankte,[71] demonstrierte mit philologischer Genauigkeit und bewußter Konzentration auf die stilkundliche Literaturbetrachtung die auch nach 1933 verbliebenen Möglichkeiten wissenschaftlichen Arbeitens jenseits völkischer Theoreme und ideologischer Sinnzuweisungen. »Es sind keine großen Ergebnisse, die bei dieser Arbeit herauskommen, aber es ist mit sauberster Methodik, größter Sparsamkeit und scharfer Beobachtungsgabe das Material in musterhafter Weise bewältigt, mit Beschränkung auf das Gesicherte und kluger Zurückhaltung gegenüber dem, was verstandesmäßiger Erkenntnis unerreichbar bleibt«, urteilte Petersen in seinem Gutachten vom 13.9.1935.[72]

Franz Koch bemühte sich mit allen Mitteln, dem methodischen Synkretismus Petersens gegenüber die eigene »organbiologische Literaturbetrachtung« auch schulbildend durchzusetzen. Dazu begründete er in Verabredung mit dem auf Dissertationsdrucke spezialisierten Würzburger Verlag Konrad Triltsch die Schriftenreihe *Stadion*, die zwar laut Titel »Arbeiten aus dem Germanischen Seminar der Berliner Universität« bringen sollte, in der jedoch allein Werke von Kochs Schülern veröffentlicht wurden.[73]

Als erster Band dieser Reihe erschien 1938 die Dissertation Hertha von Ferbers »Das Volkstumserlebnis des Joseph Görres«, deren Konzept als exemplarisch für Kochs Projekt einer »organbiologischen« Literaturbetrachtung angesehen werden kann. Die Autorin, deren besonderes Interesse »den geistigen Grundlagen der deutschen Gegenwart, der geistigen Welt des alten Nordens sowie den Fragen der Rassenseelenkunde«[74] galt, verdankte ihr Thema Franz Koch und dessen Oberseminar »Das Volkstumserlebnis der Romantik«, in dem die

---

70 Friedrich Römer: Varnhagen von Ense als Romantiker. Köln 1934 (Phil. Diss. vom 14.12.1934). – Petersens Einfluß wurde besonders bei der generationstypologischen Einordnung Varnhagens deutlich, den Römer als »umgelenkten Generationstypus« identifizierte (S. 172).

71 Gisela Jahn: Studien zu Eichendorffs Prosastil. Leipzig 1937 (*Palaestra* 206), Vorwort.

72 Gutachten von Prof. Julius Petersen zur Dissertation von Gisela Jahn. UA der HUB. Promotionsakten der Phil. Fak., Vol. 834, Bl. 96, Rückseite.

73 *Stadion. Arbeiten aus dem Germanischen Seminar der Universität Berlin.* Hg. von Dr. Franz Koch, o. Prof. an der Universität Berlin im Konrad Triltsch Verlag Würzburg. Bde. 1–11. Würzburg 1938–1943. Zu den einzelnen Bänden siehe hier, S. 123-124 (Anmerkung 70) u. S. 152-153.

74 Hertha v. Ferber: Lebenslauf. UA der HUB, Promotionsakten der Phil. Fak. Vol. 873, Bl. 3.

Grundlagen der Dissertation gelegt worden seien.[75] Die Ausgangshypothese der Promotionsschrift über den nach 1933 mehrfach bearbeiteten katholischen Romantiker entstammte der Rassentheorie. Görres' zweifaches »Bluterbe« aus deutschem und italienischem Blut, »das Problem seines doppelten Rasseerbes«[76] begründe den in seinem Wesen immer wieder durchbrechenden Dualismus von organisch-biologischem und heilsgeschichtlichem Denken.[77] Während die Autorin in einem ersten Zugriff versuchte, einen Volkstumsbegriff schon in Görres naturphilosophischen Spekulationen nachzuweisen und Görres' spekulativen Gedankengängen apodiktisch einen politischen Sinn unterschob,[78] verblieb sie im zweiten Teil der Arbeit bei einer harten Verurteilung des in den Schoß der katholischen Kirche zurückgekehrten Denkers. Görres habe seinen an Volk und Volkstum gewonnenen Naturbegriff dem Dogma geopfert und den Sinn des Lebens im Glauben verankert – und darum sei sein Leben keinesfalls Sinnbild für die »geforderte Einheit von Deutschtum und Katholizismus«; vielmehr offenbare sich in ihm »erschütternd die Tragik des unversöhnlichen Kampfes zwischen der deutschen Seele und Rom«.[79]

---

75 Lebenslauf Hertha von Ferbers. Anhang an ihre Dissertation: Das Volkstumserlebnis des Joseph Görres. Würzburg 1938, S. 168. Weiter heißt es zu Franz Koch: »Seiner Führung und vielfachen Hilfe möchte ich an dieser Stelle aufrichtig danken«.

76 Hertha von Ferber: Das Volkstumserlebnis des Joseph Görres, S. 3.

77 Vgl. auch S. 11 den »rassenseelenkundlichen« Konnex, der zwischen Görres und der Romantik hergestellt wurde. Görres' Verbindung zur Romantik bestehe im gleichartigen Mangel an gestaltender Formkraft und der Unfähigkeit zur »Objektivierung«, soll heißen in der Unmöglichkeit, Phantasie und Wirklichkeit zu trennen. »Die Frage drängt sich auf, inwieweit dieses »romantische« Verhältnis zu den Dingen im Zwiespalt der Rasseseelen begründet war, und wie weit diese Erlebnisweise der »Poesie« tatsächlich dem Süden angehört, dem Görres sie im allgemeinen zuordnet.«

78 Görres habe organisches Leben in der Wirklichkeit des Volkstums erlebt; Organismusvorstellungen und Polaritätsgedanke seien von ihm aus dem »Lebensgesetz des Volkes« entwickelt worden, vgl. ebenda, S. 20: »Die größte Wirklichkeit aber, in der Görres das Naturgesetz überwältigend erlebte, hieß: Volk. [...] Alles organische Leben, das Naturgesetz selbst, ist für den Naturphilosophen Gottesoffenbarung. Volkstum aber ist Naturgesetz. Damit wird das Erlebnis des Volkstums zur unmittelbaren Offenbarung der Gottheit und der Panentheismus zu einer Grundlage völkischen Denkens.«

79 Ebenda, S. 162. Görres' Weg symbolisiere vielmehr »das Streben und Scheitern der romantischen Linie in der deutschen Bewegung, aus der so viele ähnlichem Schicksal erlagen. In Görres' Leben zeigt sich darüber hinaus ein gerade für die Romantik, aber auch für die Gegenwart brennendes Problem: die Frage der Rasse. Görres könnte als mahnendes Beispiel genannt werden, wo immer sich Zweifel erheben an der Berechtigung des nordischen Gedankens. Wohl erweist sein Leben und Wirken die große seelische Spannweite eines Menschen, der Möglichkeiten verschiedener Arten in sich trägt. Doch es erweist sich in noch stärkerem Maße die entscheidende Wichtigkeit des gestaltenden Prinzips, modern gesagt,

Betreuer Koch konnte mit seiner Schülerin zufrieden sein. Hertha von Ferber lieferte mit ihrer Arbeit einen Beitrag, der in Vermengung von völkischen Ideologemen, rassentheoretischen Deduktionen und geistesgeschichtlichen Spekulationen als eine gelungene Assimilation an die eklektische Weltanschauung des Nationalsozialismus und seines Wissenschaftsverständnisses gelten kann. Gutachter Koch, der für die Dissertation das Prädikat »sehr gut« vorschlug,[80] stellte sie »als ein Gewinn nationalsozialistischer Wissenschaft« heraus: »Sie deckt die nordisch-germanische Linie im Wesen und Werk von Görres auf, macht aber auch überall ihre Grenzen sichtbar.«[81]

Die für die universitäre Romantikrezeption im Dritten Reich beobachtbaren Veränderungen lassen sich mit graduellen Unterschieden in Themenstellungen, Methoden und Ergebnissen auch in Lehrveranstaltungen und Forschungen zur Romantik am Germanischen Seminar der Berliner Universität ablesen. Dazu zählen die Verschiebung der wissenschaftlichen Aufmerksamkeit von der Frühromantik zur späteren Heidelberger und Berliner Romantik, die verstärkte Thematisierung weltanschaulich-philosophischer und historisch-politischer Gehalte sowie die besondere Konzentration der Forschung auf das romantische »Volkstumserlebnis«. – Aufgrund der besonderen personellen Konstellation illustrieren die am Berliner Seminar vertretenen Romantikdeutungen aber auch exemplarisch Veränderung *und* Kontinuität der Fachentwicklung in der Zeit des Nationalsozialismus. Während die seit 1920 am Seminar lehrende Julius Petersen und dessen Schüler die für die »Berliner Schule« spezifische Verbindung philologischer Grundlegung und geistesgeschichtlicher Interpretation auch nach 1933 fortsetzten und wie Hans Pyritz im Streben nach methodischer Synthese auch Elemente der Rassentheorie aufnahmen, reagierte der 1935 nach Berlin berufene Franz Koch mit seinem Wissenschaftsprogramm bewußt auf Forderungen der politischen Umwelt. Lehrveranstaltungen wie Dissertationen, die von Petersen und seinem Schüler Friedrich-Wilhelm Wentzlaff-Eggebert abgehalten bzw. betreut wurden, hatten es nicht oder nur in geringem Umfang nötig, durch Aktualisierungen und Analogisierungen ideologische Imperative zu bedienen. Die von Franz Kochs »organbiologischer Literaturbetrachtung« inspirierten und von ihm betreuten Promotionsarbeiten zum romantischen »Volkstumserlebnis« wiesen literarischem

---

die Ausrichtung am bewußten oder unbewußten deutschen Ideal. Selbst Görres war schon der Erkenntnis nah, daß dieses Ideal wesentlich nordische Rassezüge trägt.«
80 Franz Koch: Gutachten zur Dissertation »Das Volkstumserlebnis des Joseph Görres«. UA der HUB, Promotionsakten der Phil. Fak., Vol. 873, Bl. 11.
81 Ebenda, Bl. 10.

und biographischem Material dagegen apodiktisch einen politischen Sinn zu, der bewußt auf kulturelle Legitimation herrschender Verhältnisse zielte.

Überschaut man die unterschiedlichen Ansätze innerhalb der intensiven Romantikrezeption am Berliner Germanischen Seminar zwischen 1933 und 1945, überrascht die auch unter den Bedingungen der politischen Diktatur vorhandene Vielfalt an methodischen Zugängen und konzeptionellen Deutungsmustern. Auch wenn das Beharren von Julius Petersen und seinen Schülern auf erworbenen professionellen Standards nicht als Widerstand gegen das Regime zu interpretieren ist und ideologische Imperative vor allem in den wissenschaftlichen Konzepten Franz Kochs oder Hans Pyritz' virulent waren, belegt die fortgesetzte Pluralität der am Seminar vertretenen Meinungen und germanistischen Praktiken, daß die Hoffnungen des Jahres 1933, das Fach monoparadigmatisch »gleichschalten« zu können, Illusion blieben.

Zeitungswissenschaft im Interessengeflecht von Politik und Publizistik – die Lehrsituation an der Friedrich-Wilhelms-Universität 1933–1945

Peter Groos

Die Geschichte der Kommunikationswissenschaft in Berlin ist zeitlich leicht überschaubar: Im Jahre 1998 wird sie seit fünfzig Jahren an der Freien Universität vertreten sein, bereits siebzig Jahre sind seit der Einrichtung der ersten zeitungswissenschaftlichen Professur an einer Berliner Hochschule vergangen.[1] Ihre Synthese hingegen wird durch die politischen und geistigen Brüche des 20. Jahrhunderts beträchtlich erschwert. Die historische Rekonstruktion der deutschen Zeitungswissenschaft in der nationalsozialistischen Diktatur stellt weiterhin eine besondere wissenschaftliche Herausforderung dar. Anfang und Ende der NS-Herrschaft, die Epochenjahre 1933 und 1945, veränderten ihr gesellschaftliches Umfeld und ihre Wirkungsbedingungen auf fundamentale Weise. Nach dem Machtwechsel des Jahres 1933 diskutierte die noch junge und um ihre Anerkennung an den Universitäten ringende Disziplin intensiv Gegenstand, Methode und Systematik des Fachs. Unter den Vorzeichen des politischen Zugriffs auf das Bildungs- und Erziehungswesen sowie auf die Öffentlichkeit war ihr in diesem Selbstbestimmungsprozeß die Aufmerksamkeit durch beide Politikfelder gewiß.[2] Mit dem Beginn der Diktatur setzte ein komplexer Funktions- und Bedeutungs-

---

1 Vgl. zur Entwicklung der frühen Zeitungskunde an den Berliner Hochschulen vor 1933 Klaus-Ulrich Benedikt: Das Berliner Institut für Zeitungskunde/Zeitungswissenschaft. In: Rüdiger vom Bruch / Otto B. Roegele (Hg.): Von der Zeitungskunde zur Publizistik. Biographisch-Institutionelle Stationen der deutschen Zeitungswissenschaft in der ersten Hälfte des 20. Jahrhunderts. Frankfurt am Main: Haag+Herchen 1986, S. 105-141, hier S. 105-119.

2 Dem politischen Zugriff fielen auch Zeitungswissenschaftler zum Opfer. Viele wurden in die Emigration getrieben. In Berlin war Kurt Haentzschel, Leiter der Abteilung Presserecht am Deutschen Institut für Zeitungskunde und Lehrbeauftragter für Presserecht an der Universität, von den Säuberungen des Lehrkörpers betroffen. Haentzschels Arbeitsbereich verschwand kommentarlos zum Wintersemester 1933/34. Der vormalige Ministerialdirigent im Innenministerium ging in das Exil. Zur personellen Ausblutung des Fachs als Konsequenz des politischen Machtwechsels von 1933 vgl. Arnulf Kutsch: Die Emigration der deutschen Zeitungswissenschaft ab 1933. Anmerkungen zu einem vergessenen Thema. In: *Medien & Zeit* 3 (1988).

wandel nicht nur der Zeitungswissenschaft, sondern der Wissenschaft insgesamt ein. Dessen Resultate kamen durch die Kriegspolitik und den anschließenden totalen Untergang des Staates nur in Ansätzen zum Tragen. Dieser Sachverhalt bildet ein unterschätztes methodisches Problem in der Historiographie des Nationalsozialismus.

Berlin war bis 1945 das unumstrittene Zentrum von Politik und Publizistik, von Kultur und Wissenschaft in Deutschland. Die Konzentration von Ressourcen in der Hauptstadt ermöglichte der Zeitungswissenschaft eine hervorragende Ausstattung von Lehre und Forschung; die Beziehung von praktischer Publizistik und wissenschaftlicher Ausbildung war besonders eng, die dichte und unmittelbare Präsenz politischer, publizistischer und hochschulpolitischer Interessen ließen ein ausgeprägtes Konfliktfeld entstehen.[3] Die Fachhistoriographie hat die komplexen Strukturbedingungen der Zeitungswissenschaft in der nationalsozialistischen Diktatur noch nicht offengelegt. Biographische Ansätze standen lange im Vordergrund: Für Berlin wurde die Fachsituation nahezu ausschließlich über die Person des außerordentlichen Professors für Zeitungswissenschaft, Emil Dovifat, reflektiert.[4] Dovifat war einer der führenden Köpfe des Fachs und vertrat die Zeitungswissenschaft in Berlin in Forschung und Lehre an prominenter Stelle. Seine Eckdaten als Universitätslehrer – 1928 und 1959 – schließen Anfang und Ende des NS-Staates ein. Dieser »katholische Hochschullehrer und Publizist«[5] stand und steht im Mittelpunkt sowohl des wissenschaftlichen Interesses als auch polemisch geführter publizistischer Auseinandersetzungen.[6] Anklage und Verteidigung bil-

---

3   In Berlin befand sich das bei weitem bestausgestattete Fachinstitut. Daneben bestanden universitäre Forschungseinrichtungen unterschiedlichster Ausstattung und Bedeutung – oder wurden neu gegründet – in Aachen, Dortmund, Freiburg i.Br., Hamburg, Heidelberg, Kiel, Köln, Königsberg, Leipzig, Marburg, München, Münster, Nürnberg, Prag und Wien.

4   An dieser Sichtweise hat Dovifat selbst tatkräftig mitgearbeitet. Vgl. dazu die Selbstdarstellung Emil Dovifat: Die Publizistik an der Friedrich-Wilhelms-Universität. In: Studium Berolinense, S. 726-738. In einem Fragebogen des Berliner Magistrats habe Dovifat bereits im November 1945 davon gesprochen, daß er der »einzige Fachvertreter an der Universität« gewesen sei. Vgl. Klaus-Ulrich Benedikt: Emil Dovifat. Ein katholischer Hochschullehrer und Publizist (Veröffentlichungen der Kommission für Zeitgeschichte; 42). Mainz: Grünewald 1986, S. 16.

5   So die Charakterisierung durch Benedikt, Emil Dovifat (wie Anm. 4).

6   Vgl. polemisierend Otto Köhler: Wir Schreibmaschinentäter – Journalisten unter Hitler – und danach. Köln: Pahl-Rugenstein 1989, S. 21-39; Erhard Schreiber: Repetitorium Kommunikationswissenschaft (Uni-Papers; 2). 3., überarb. Aufl. München: Ölschläger 1990, S. 24f.; apologetisch Benedikt, Emil Dovifat (wie Anm. 4), S. 236-238; differenzierend Hans Bohrmann / Peter Schneider: Zeitschriftenforschung. Ein wissenschaftsgeschichtlicher Versuch. Berlin: Spiess 1975, S. 51f. Vgl. auch die Interpretation von Bernd Sösemann: Auf

deten starre Frontverläufe, die sich nicht nur die Bewertung der Person Dovifat nachhaltig belasteten. Das auf ihn gerichtete Interesse ignorierte oder bagatellisierte die Arbeit übriger Fachvertreter.[7] Die einseitige Konzentration der Forschung ließ nicht nur die Arbeit des Honorarprofessors August Hinderer, des – neben Dovifat – zweiten führenden Berliner Zeitungswissenschaftlers der Jahre vor 1945, in Vergessenheit geraten.[8] Wissenschaftsgeschichtlich vielversprechende Kenntnisse wurden durch diese perspektivische Verengung vertan.[9] Das Fach konnte weder in seinen inneren Gesetzmäßigkeiten analysiert und dargestellt, noch seine Außenbeziehungen zu Politik, Hochschule und Publizistik befriedigend geklärt werden. Die Forschung folgte den um Dovifats Rolle und Bedeutung aufgeworfenen Fragestellungen. Die über Berlin hinausgehenden Anstrengungen zur Rekonstruktion der Disziplin lieferten biographisch-institutionelle Zwischenresultate, lassen aber bis heute einen systematischen historischen Zugriff vermissen.[10] Die Berliner Zeitungswissenschaft öffnet in ihrer herausgehobenen Bedeutung interpretatorische Perspektiven, die das Verständnis für die Fachentwicklung insgesamt schärfen können. Personelle und institutionelle Kapazitäten, die enge Verzahnung universitärer und außeruniversitärer Bildungsmaßnahmen, die direkte

---

dem Grat zwischen Entschiedenheit und Kompromiß. In: Ders. (Hg.): Emil Dovifat. Studien und Dokumente zu Leben und Werk (Beiträge zur Kommunikationsgeschichte; 8). Berlin: de Gruyter 1997.

7 Die Forschung nahm zumindest teilweise von einzelnen Mitarbeitern Dovifats am Deutschen Institut für Zeitungskunde Kenntnis. So Benedikt: Das Berliner Institut für Zeitungskunde/Zeitungswissenschaft (wie Anm. 1); Frank Biermann: Hans Traub (1901–1943). In: Zeitungswissenschaftler im Dritten Reich. Sieben biographische Studien. Hg. von Arnulf Kutsch. Köln: Hayit 1984, S. 45-78; Hans-Joachim Kudraß: Carl Schneider (1905–1940). In: Ebenda, S. 81-124; Frank Biermann / Dietmar Reuß: Gerhard Eckert (geb. 1912). In: Ebenda, S. 245-278.

8 Hinderer wird in kaum einer Arbeit erwähnt. Benedikt betont offenbar die fehlenden eigenen Räumlichkeiten Hinderers, um der seines Erachtens untergeordneten Bedeutung dieses Hochschullehrers Glaubwürdigkeit zu verleihen; vgl. Benedikt: Das Institut für Zeitungskunde/Zeitungswissenschaft (wie Anm. 1), S. 119. In seiner späteren, Dovifat geltenden Dissertation ging derselbe Autor am Rande in einer untergeordneten Fußnote auf Hinderer ein. Vgl. Benedikt: Emil Dovifat (wie Anm. 4), S. 105, S. 131-139.

9 Vgl. Leonore Siegele-Wenschkewitz / Gerda Stuchlik (Hg.): Hochschule und Nationalsozialismus. Wissenschaftsgeschichte und Wissenschaftsbetrieb als Thema der Zeitgeschichte (Arnoldshainer Texte; 66). Frankfurt am Main: Haag+Herchen 1990; Helmut Heiber: Universität unterm Hakenkreuz. 2 Teile. München u.a.: Saur 1991-1994.

10 Vgl.: Zeitungswissenschaftler im Dritten Reich (wie Anm. 7); Bruch / Roegele (Hg.): Von der Zeitungskunde zur Publizistik (wie Anm. 1); Peter Szyszka: Zeitungswissenschaft in Nürnberg (1919–1945). Ein Hochschulinstitut zwischen Praxis und Wissenschaft (Kommunikationswissenschaftliche Studien; 8). Nürnberg: Kommunikationswissenschaftliche Forschungsvereinigung 1990.

Konfrontation der Lehre mit politischen Lenkungsansprüchen und die Anwendung von Lenkungsinstrumenten bilden den Rahmen für breit angelegte Forschungsmöglichkeiten, die im folgenden exemplarisch angedeutet werden sollen. In der nationalsozialistischen Diktatur waren alle Bereiche des öffentlichen Lebens dem uneingeschränkten publizistischen Herrschaftsanspruch des Staates ausgesetzt. In besonderem Maße gilt dies für die Tätigkeitsfelder, auf denen gesellschaftliche Information, Kommunikation und Meinungsbildung organisiert wurden. Dem Ziel der lückenlosen Kontrolle veröffentlichter Meinung diente jedes Mittel, von der unverhohlenen Terrormaßnahme bis zur kalkulierten Sympathiewerbung, von der Diskriminierung und Verfolgung sozial existenter oder propagandistisch konstruierter Gruppen bis zur Integration der »Volksgemeinschaft«. Während der Formierung des Führerstaates 1933–35 wurden auf dem Gebiet der öffentlichen Kommunikation die künftigen Ordnungsgrundlagen gelegt.[11] Der Zeitungswissenschaft als Wissenschaft von den publizistischen Führungsmitteln kam eine Schlüsselrolle zu. Sie wirkte an der Nahtstelle von akademischer Theorie und publizistischer Praxis in der Ausbildung der Journalisten und schien daher zum Scharnier zwischen Politik und Publizistik berufen zu sein. Führende Vertreter des Fachs sahen früh die Chancen für eine Aufwertung der Disziplin und boten der Politik ihre Kompetenz an. Sie formulierten damit auch Ansprüche und lasen einen künftigen Bedeutungsgewinn der Zeitungswissenschaft aus den publizistischen Zielsetzungen des Regimes.[12] Staatliche Maßnahmen werteten die

---

11 Vgl. Kurt Koszyk: Deutsche Presse 1914–1945. Geschichte der deutschen Presse. Teil III (Abhandlungen und Materialien zur Publizistik; 7). Berlin: Colloquium 1972, S. 363–369; Karl-Dietrich Abel: Presselenkung im NS-Staat. Eine Studie zur Geschichte der Publizistik in der nationalsozialistischen Zeit (Einzelveröffentlichungen der Historischen Kommission zu Berlin; 2). Berlin: Colloquium 1968, S. 27–73. Zum Zeitpunkt des Machtwechsels im Frühjahr 1933 lag eine einheitlich ausgerichtete, zentral geführte und effektiv instrumentalisierbare Öffentlichkeit für die Machthaber in weiter Ferne. Die Grundlagen für die Aufwertung der schwächelnden NS-Presse mußten erst gelegt werden. Ihre strukturellen Probleme konnten nie ganz überwunden, auf die »bürgerlichen« parteifernen Blätter nie ganz verzichtet werden; vgl. Peter Stein: Die NS-Gaupresse 1925–1933. Forschungsbericht – Quellenkritik – neue Bestandsaufnahme (Dortmunder Beiträge zur Zeitungsforschung; 42). München u.a.: Saur 1987. Günstiger war die Situation beim Rundfunk, der – in Weimar staatsnah organisiert – als Instrument der Regierungspropaganda schnell genutzt werden konnte; vgl. Hans Bausch: Der Rundfunk im politischen Kräftespiel der Weimarer Republik 1923–1933. Tübingen: Mohr 1956.

12 Einen Überblick über die in der Diskussion vertretenen Standpunkte führender Zeitungswissenschaftler gewährt das Fachorgan *Zeitungswissenschaft. Monatsschrift für internationale Zeitungsforschung* (nachfolgend *Zeitungswissenschaft* genannt, in den bibliographischen

Zeitungswissenschaft auf: An den Universitäten und Hochschulen wurden neue Institute gegründet, bestehende durch die Einrichtung von Professuren und die Vergabe von Lehraufträgen ausgebaut[13] und die Promotionsbedingungen verbessert[14]. In Berlin war eine große Anzahl von Hochschuleinrichtungen und wissenschaftlichen Instituten in sehr unterschiedlicher Intensität in der zeitungs- oder publizistikwissenschaftlichen Lehre engagiert:

- die Friedrich-Wilhelms-Universität[15] zu Berlin mit Professuren und Lehraufträgen

- das Deutsche Institut für Zeitungskunde[16] als Forschungs- und Lehreinrichtung

- das Seminar für Publizistik[17] an der Universität

- die Hochschule für Politik[18], bis 1940 eine universitätsunabhängige Hochschule und seitdem als Auslandswissenschaftliche Fakultät in die Universität eingegliedert

- das Institut für Rundfunkkunde und Fernsehrundfunk, erst während des Krieges aufgebaut

- die zeitungswissenschaftliche Abteilung der studentischen Fachschaften, mit ihren Arbeitsgemeinschaften[19]

- die Technische Hochschule Berlin, an der 1933 eine Honorarprofessur für Zeitungswissenschaft eingerichtet wurde.[20]

Angaben ZW). In der Januar-Ausgabe 1934 kamen unter dem Sammeltitel »Was ist Zeitungswissenschaft?« Vertreter des Fachs ausführlich zu Wort (ZW 9,1, 1.I.34, S. 2-31).

13 Den Ausbau der Disziplin wertete der im Juni 1933 gegründete Deutsche Zeitungswissenschaftliche Verband, die Interessenvertretung der Zeitungswissenschaftler, als Erfolg der eigenen Lobbyarbeit. Als Dachverband schloß der Verband viele zeitungswissenschaftlichen Vereinigungen an den Hochschulstandorten zusammen. Vgl. ZW 8,4, 15.VII.33, S. 254-257. Zeitungswissenschaftliche Vereinigungen und örtliche Fachschaften sollten einander in ihrer Arbeit ergänzen. Im Idealfall stand der örtliche Leiter einer zeitungswissenschaftlichen Vereinigung in Personalunion auch der Fachschaft vor; vgl. ZW 9,11, 1.XI.34, S. 512f. Die Zeitungswissenschaft informierte detailliert über die einschlägigen Entwicklungen, diente als Diskussionsforum sowie als Publikationsort; vgl. v.a. ZW 8-10 (1933-35).

14 Vgl. Die Promotionsbedingungen der Zeitungswissenschaft. In: ZW 9,11, 1.XI.34, S. 511.

15 Nachfolgend Universität genannt.

16 Im folgenden Institut genannt.

17 Nachfolgend Seminar bezeichnet.

18 Nachfolgend als Hochschule bezeichnet. Vgl. Heiber: Universität unterm Hakenkreuz (wie Anm. 9). Bd. II/1, S. 101f.

19 Vgl. Michael Grüttner: Studenten im Dritten Reich (Sammlung Schöningh zur Geschichte und Gegenwart). Paderborn u.a.: Schöningh 1995, S. 62-100.

An der Universität wechselte die Zeitungswissenschaft nach 1933 mehrmals ihre Zuordnung innerhalb der Philosophischen Fakultät.[21] Was sich nicht änderte, war der bedeutsame Umstand, daß die Universität über keine eigene Lehreinrichtung verfügte.[22] Dovifats universitätsunabhängiges Institut diente ihr zu Lehrzwecken als Zeitungswissenschaftliches Seminar.[23] Divergierende Interessen und

---

20 Zum Honorarprofessor wurde im Mai 1933 Walther Heide ernannt, einer der einflußreichsten Fachvertreter und Lobbyisten zwischen 1933 und 1945. Heide las lediglich im Wintersemester 1933/34 (*Presse als Funktion des Staates*) sowie im Sommersemester 1934 (*Propaganda als Staatskunst*). 1938 führte ihn die Hochschule letztmals unter ihrem Personal auf. 1944 verschwand die Abteilung »Philosophie, Pädagogik, Gesellschaftslehre, Zeitungswissenschaft« aus dem Lehrangebot. Vgl. Technische Hochschule Berlin. Personal- und Vorlesungsverzeichnis. Berlin 1933–1944. Heide, geb. 1894, hatte 1922-27 die Landesabteilung Hannover der Reichszentrale für den Heimatdienst geleitet und war 1927-33 Mitglied der Presseabteilung der Reichsregierung gewesen. Er vertrat das Propagandaministerium im Vorstand der Deutschen Gesellschaft für Zeitungswissenschaft in Berlin und war Präsident des Deutschen Zeitungswissenschaftlichen Verbandes. Vgl. zu Heide: Hans Bohrmann / Arnulf Kutsch: Der Fall Walther Heide. Zur Vorgeschichte der Publizistikwissenschaft. In: *Publizistik* 19/20 (1974/75). H. 3, S. 805-808.

21 Seit 1935 wurde sie als eigenständige Abteilung der Fakultät geführt, seit dem Wintersemester 1936/37 als Unterabteilung der Geschichte. Nach weiteren Änderungen erschien die Zeitungswissenschaft vom Wintersemester 1941/42 an im Personal- und Vorlesungsverzeichnis der Friedrich-Wilhelms-Universität 1933–1944 (im folgenden: Vorlesungsverzeichnis) als ein Bereich der Allgemeinen Publizistik, ein weiterer Bereich war die Rundfunkkunde. Seit dieser letzten Änderung erschien ein Hinweis auf die Veranstaltungen Hinderers an der Evangelisch-Theologischen Fakultät.

22 Die durch das Erziehungsministerium angeordnete Umbenennung des Instituts in »Institut für Zeitungswissenschaft an der Universität Berlin« hatte auf die Situation keine Auswirkung. Am 15.VI.35 wurde der Vorgang vollzogen; vgl. UA der HUB. Universitätskurator, 896, Bl. 153. Diese Maßnahme band Institut und Institutsleiter nur semantisch in die Universität ein, die reale Integration wurde in der Folgezeit immer wieder durch die Universität erfolglos betrieben. So auch in einem Schreiben des Rektors an den Kurator vom 5.XII.36 unter Hinweis auf die zu erfolgende »nationalsozialistische Ausrichtung« der gesamten Universität (ebenda, Bl. 170).

23 Vgl. zur Entwicklung des 1924 gegründeten Instituts Benedikt: Das Berliner Institut für Zeitungskunde/Zeitungswissenschaft (wie Anm. 1). Das Institut war nach langjährigen Anstrengungen aus Initiativen des Reichsverbandes der deutschen Presse als universitätsunabhängige Einrichtung mit Ambitionen von nationaler Reichweite entstanden. Seine Aufgaben bestanden 1.) in zeitungsfachlicher Auskunftstätigkeit; 2.) in der Durchführung journalistischer Fortbildungsmaßnahmen; 3.) in der zeitungswissenschaftlichen Lehre an den deutschen Hochschulen und 4.) in der Koordination aller wissenschaftlichen Anstrengungen und der Organisation des Fachaustausches mit den einschlägigen in- und ausländischen Einrichtungen (vgl. Gustaf Richter: Die zeitungswissenschaftlichen Bestrebungen des Reichsverbandes der deutschen Presse. In: Deutsche Presse 12,17/18, 2.V.24, S. 6-8, hier S. 7). Als Leitungsgremium fungierte seit 1926 die »Deutsche Gesellschaft für Zeitungswissenschaft«, in der die Kulturministerien Preußens und des Reiches, das Innenministerium und das Aus-

die starke Konkurrenz zwischen dem Propagandaministerium des Joseph Goebbels und dem Erziehungsministerium unter Bernhard Rust erschwerten substantielle Veränderungen, da keiner der Einflußbereiche die Verantwortung über die Zeitungswissenschaft aufzugeben bereit war.[24] Die Universitätsleitung hatte nicht die Mittel, die von ihr wiederholt angestrebte Eingliederung des Instituts in ihren Verwaltungsbereich durchzusetzen.

Die Führungsposition des Instituts innerhalb der Berliner Hochschullandschaft war in den Jahren 1933/34 keineswegs ungefährdet. Die heftigen Richtungsauseinandersetzungen um die Entwicklung des Fachs Ende 1933 rückten die ernsthafte und ehrgeizige Konkurrenz des Seminars für Publizistik in das Rampenlicht. Hermann Meyer, der Assistent, artikulierte für das Seminar unmißverständlich den Anspruch, das sich dynamisch entwickelnde Fach an der Universität zu vertreten. Er begründete sein Ansinnen mit Innovationsleistungen, die im Trend der wissenschaftlich sinnvollen und politisch gewollten Integration zu einer modernen Publizistikwissenschaft lägen.[25] Vor allem die thematische Erweiterung auf die neuen Massenmedien Rundfunk und Film habe gegen Widerstände erkämpft werden müssen – Widerstände, deren Träger von Meyer zwar nicht genannt wurden, unter denen aus seiner Sicht auch Dovifats Institut einzuordnen war.[26]

---

wärtige Amt, die Dachverbände von Zeitungsverlegern und Journalisten, die Kaiser-Wilhelm-Gesellschaft und die Friedrich-Wilhelms-Universität (seit 1926) vertreten waren. Nach dem Tod des ersten Institutsleiters, Martin Mohr, wurde an der Universität für den Nachfolger, Emil Dovifat, eine außerordentliche Professur für Zeitungswissenschaft eingerichtet.

24 Die Zusammensetzung der Deutschen Gesellschaft für Zeitungswissenschaft stärkte die Stellung des Erziehungsministeriums, welches satzungsgemäß in der Person des Ministers oder eines Beauftragten den Präsidenten stellte. Der nun den Führerrat bezeichnete Vorstand bestand aus sieben Mitgliedern, von denen jeweils einer durch das Progandaministerium, das Erziehungsministerium, die Zentralverbände der Journalisten, Zeitungs- und Zeitschriftenverleger sowie die Friedrich-Wilhelms-Universität und der siebte von allen gemeinsam bestimmt wurde. Das Propagandaministerium hatte durch die Kontrolle der Reichskulturkammer, der die drei Standesverbände angehörten, im Führerrat ebenfalls eine sehr starke Stellung. Durch sein Amt als Institutsleiter fungierte Dovifat als Geschäftsführer der Gesellschaft. Vgl. UA der HUB. Rektorat, 231, Bl. 4-6.

25 Vgl. Emil Dovifat: Wege und Ziele der zeitungswissenschaftlichen Arbeit. Berlin: de Gruyter 1928; ders.: Die Erweiterung der zeitungskundlichen zur allgemein-publizistischen Lehre und Forschung. In: ZW 9,1, 1.I.34, S. 12-20; August Hinderer: Film und Rundfunk als Objekt der Wissenschaft. In: Ebenda, S. 20-23.

26 »Vom Beginn der Wirksamkeit des Seminars an wurde betont der Bezeichnung ›Publizistik‹ Rechnung getragen und das Phänomen der Meinungswerbung (Propaganda etc.) grundlegend für die kontinuierliche Arbeit. Hinzukommt, daß [...] bei Beginn der Arbeit die Erscheinungen Film und Rundfunk, wie auch einige andere Mittel der Werbung, wenig oder

Der Gründer und Leiter des Seminars, der evangelische Theologe und Presse-
politiker August Hinderer, hatte seit 1925 einen Lehrauftrag für Pressearbeit an
der Evangelisch-Theologischen Fakultät inne.[27] Zwei Jahre später wurde er zum
Honorarprofessor ernannt. An das Lehrgebiet »Protestantisches Pressewesen«
band er sich nie eng und beschränkte seine Lehrveranstaltungen weder auf kirch-
lich-publizistische Themen, noch auf das Medium der Presse.[28] Unter den Fachkollegen fand seine akademische Arbeit Beachtung und Anerkennung.[29] Die Ei-
genständigkeit von Hinderers wissenschaftlichem Ansatz wurde noch 1937
hervorgehoben.[30] Die größte Schwäche dieser Bemühungen war die mangelhafte
institutionelle Absicherung und die Zugehörigkeit Hinderers zur Evangelisch-
Theologischen Fakultät.[31] Hinderer verfügte im Rahmen der Universität offiziell
über kein Institut, hatte kein wissenschaftliches Personal und erhielt nur die
Sachmittel eines Honorarprofessors.[32] Die Vorlesungen und Übungen Hinderers
wurden in den Vorlesungsverzeichnissen unter die allgemeinen Lehrveranstaltun-

---

nicht Objekt wissenschaftlicher Forschung und Lehre waren. Von einigen Seiten wurde damals die Aufnahme dieser Phänomene in die junge Zeitungswissenschaft sogar abgelehnt.
Diese Tatsachen nötigten dazu, die übrigen publizistischen Mittel, insbesondere den Film
und den Rundfunk bei den Lehr- und Forschungsarbeiten kontinuierlich zu berücksichtigen.
[...] Das Bemühen des Seminars in dieser Richtung hat [...] sachlich besondere Berechtigung
gehabt, denn weitere wissenschaftliche Instanzen haben im Zuge der Entwicklung insbesondere den Phänomenen Film und Rundfunk ihre besondere Aufmerksamkeit gewidmet.«
H[ermann] Meyer: Im Seminar für Publizistik, Berlin. In: ZW 8,6, 15.XI.33, S. 406f.
27 Vgl. zur Person Hinderers die früh erschienene biographische Arbeit von Walter Schwarz:
    August Hinderer. Leben und Werk. Stuttgart: Quell 1951. Zur Tätigkeit an der Universität
    ebenda, S. 118-127.
28 Nach eigener Aussage beschäftigte sich Hinderer seit 1927 mit »filmkundliche[r] und rund-
    funkkundliche[r] Arbeit unter publizistischem Aspekt« (Hinderer: Film und Rundfunk als
    Objekt der Wissenschaft (wie Anm. 25), S. 21. Davon abweichend beschrieb Otto Groth
    Hinderers Arbeit bereits 1948 als »Vorlesungen und Übungen über die evangelische Preßar-
    beit« (ders.: Die Geschichte der deutschen Zeitungswissenschaft. Probleme und Methoden.
    München: Weinmayer 1948, S. 227).
29 Dazu Karl d'Ester: Zeitungswissenschaft als Faktor der politischen Erziehung. In: ZW 9,1,
    1.I.34, S. 9, der die Bearbeitung von »Fragen der Propaganda sowie der Presse und des
    Films« lobend hervorhob. Das Fachorgan hatte vor dem Wintersemester 1933/34 im Rah-
    men seiner regelmäßigen Aufstellung »Zeitungswissenschaftliche Vorlesungen und Übungen
    an deutschen Hochschulen« immer nur die Lehrveranstaltungen Hinderers angezeigt. Diese
    Praxis wurde erstmals im Herbst 1933 aufgegeben; vgl. ZW 8,5, 15.IX.33, S. 323.
30 Vgl. Hermann Meyer: Prof. D. August Hinderer 60 Jahre. In: ZW 12,9, 1.IX.37, S. 657f.
31 Vgl. Grüttner, Studenten im Dritten Reich (wie Anm. 19), S. 130-132.
32 Das Vorlesungsverzeichnis führte das Seminar weder als Universitätsinstitut noch als wis-
    senschaftliche Einrichtung. Vom Wintersemester 1934/35 an wurden auch Übungen Hinde-
    rers und seines Assistenten Meyer aufgeführt, die Lehreinrichtung aber nicht genannt.

gen der Fakultät eingereiht, ohne daß ihr spezifisch publizistikwissenschaftlicher Charakter kenntlich gemacht wurde. Dennoch muß es eine Übereinkunft mit der Universität gegeben haben – durch die Akten bisher nicht dokumentierbar –, die es ihm ermöglichte, nach außen als Seminar für Publizistik an der Universität Berlin aufzutreten. Der Theologe und Publizist nutzte seine Honorarprofessur als Basis weitaus ehrgeizigerer Unternehmungen in Lehre und Forschung. Als Direktor des Evangelischen Preßverbandes finanzierte er diese zusätzlichen Aufgaben und den wissenschaftlichen Assistenten, mit dem er, beginnend in den Jahren 1932/33 und mindestens bis zum Wintersemester 1938/39, eine beträchtliche Anzahl von Übungen abhielt. Das Seminar sollte die Fundamente für ein zu gründendes, aber nie Wirklichkeit gewordenes Forschungsinstitut für Publizistik und Soziographie legen.[33] Die erste Übersicht dokumentiert das breite Spektrum der Lehre am Seminar zwischen 1934 und 1938/39 und dessen Zielsetzung einer integrierten publizistischen Wissenschaft (siehe Übersicht 1).

Auf die Bestrebungen, mit »Film und Rundfunk, Propaganda und Organisation«[34] sowohl der Bedeutung der neuen Massenmedien als auch der herausragenden politischen Aufmerksamkeit für die öffentliche Meinungslenkung Rechnung zu tragen, wurde an vielen Universitäten mit der Ausweitung des Lehrangebots reagiert. Mit dem Film beispielsweise befaßten sich wissenschaftliche Lehrkräfte in Berlin und an vielen anderen Hochschulen. Völlig uneinheitlich wurde die »Filmkunde« in den Fächerkanon eingegliedert: Theater- und Musikwissenschaftler, Soziologen, Psychologen und Zeitungswissenschaftler sahen im Film ein neues Teilgebiet ihres jeweiligen Faches.[35] Hinderer und Meyer gingen noch einen Schritt weiter: Während im Seminar »die publizistischen Fragen des Films« bearbeitet würden, sei für »Fragen einer besonderen theoretischen und praktischen Filmkunde« das Institut für Filmforschung zuständig, institutioneller Ausdruck der Absichten am Seminar, eine »besondere Filmkunde« zu begründen.[36]

---

33 Vgl. zur Konzeption Schwarz: August Hinderer (wie Anm. 27), S. 125f.

34 Hermann Meyer: Die Film-, Rundfunk- und Propagandakunde in den Disziplinen deutscher Universitäten. In: *ZW* 9,1, 1.I.34, S. 39.

35 Vgl. ebenda, S. 38-40. Die seit 1933 vorangetriebene Ausweitung des Fachgegenstandes wurde von den meisten Universitätslehrern getragen, von Heide über den Deutschen Zeitungswissenschaftlichen Verband sowie seinen Einfluß im Propagandaministerium entschieden bekämpft. Heide setzte 1937 einen Beschluß des Verbandes durch, der die Selbstbeschränkung auf die Presse festlegte; vgl. DZV-Tagung in Königsberg. In: *ZW* 12,7, 1.VII.37, S. 497-501.

36 Dieses Institut wurde nie realisiert.

Übersicht 1:

SS 34	a) Einführung in die praktische Journalistik I: Form und Formgebung der journalistischen Erscheinungen (Zeitung, Zeitschrift, Korrespondenz)[37]
	b) Die neuen Zielsetzungen in Presse, Film und Rundfunk
	c) Einf. in die Grundbegriffe der Publizistik (Meinungswerbung und Propaganda) [H/M][38]
	d) Allgemeine Filmkunde: Filmwesen und Film [H/M]
	e) Die Grundlagen des Rundfunkwesens [H/M]
WS 34/35	a) Einführung in die praktische Journalistik
	b) Begriff des Volkstümlichen als publizistisches Problem (untersucht an praktischen Beispielen aus Presse, Film, Rundfunk usw.)
	c) Die publizistischen Mittel (Presse, Film, Rundfunk, Plakat, Rede usw.), ihre Eigenart und Wirkung [H/M]
	d) Allg. Filmkunde: Entstehen, Struktur u. Technik d. Films [H/M]
SS 35	a) Vergleichende praktische Journalistik
	b) Die Bildpublizistik und ihre Probleme
	c) Film, Rundf., Fernsehen u. ihre publizistische Bedeutung [H/M]
WS 35/36	a) Die publizistischen Führungsmittel [HV »1«][39]
	b) Praktische Journalistik: Das Ethos des Schriftleiters
	c) Aufbau und Organisation des Filmwesens [H/M]
	d) Soziologie d. Meinungsführung (Publizistik u. modernes Organisationswesen) [H/M]
	e) Der Theologe als Publizist u. Journalist in Vergangenheit u. Gegenwart
SS 36	a) Die Praxis der Schriftleitung (Zeitung und Zeitschrift)
	b) Elemente, Dram. u. Arten d. Films (II) m. Übungen z. Filmkritik [H/M]

---

37 Aufgeführt im Vorlesungsverzeichnis, nicht aber in der *Zeitungswissenschaft* (hier und im folgenden alle Angaben zu Lehrveranstaltungen aus den zu jedem Semester erschienenen Vorlesungsverzeichnissen [wie Anm. 21] sowie aus der Rubrik »Zeitungswissenschaftliche Vorlesungen, Übungen und Seminare« in der Abteilung »Schwarzes Brett« des Fachorgans [wie Anm. 12]. Dazu auch die Aufstellung in *ZW*. Inhaltsverzeichnis der ersten 15 Jahrgänge 1926–1940. Berlin 1942, S. 57.

38 Meyers Mitwirkung ging aus dem Vorlesungsverzeichnis erstmals zum Wintersemester 1934/35 hervor. [H/M] bezeichnet hier und im folgenden gemeinsam von Hinderer und Meyer durchgeführte Lehrveranstaltungen.

39 [HV »1«] bezeichnet hier und im folgenden die Hauptvorlesung des ersten Semesters im Verlauf des Lehrplans für Zeitungswissenschaft; [HV »2«] usw. jeweils das entsprechende Semester; vgl. Amtsblatt der Friedrich-Wilhelms-Universität zu Berlin 1, 2, 15.V.35, S. 18-20.

WS 36/37	*a) Praktische Schriftleitungslehre*[40]
	b) Die soziolog. und psycholog. Grundlagen der Zeitung und Zeitschrift
	c) Arbeitsgemeinschaften über die publizistischen Mittel (Publizistisches Seminar und Praktikum)
	d) Grundlagen und Formen schriftlicher Wortverkündigung. 1. Kurs (Kirchlich publizistisches Seminar)
SS 37	*a) Praktische Schriftleitungslehre. Der Zeitungsstil und seine Probleme*[41]
	b) Grundbegriffe der Publizistik
	c) Die Praxis des evangelischen Zeitschriftenwesens
WS 37/38	*a) Praktische Schriftleitungslehre*
	b) Grundbegriffe der Publizistik [H/M]
	c) Grundlagen und Formen schriftlicher Wortverkündigung
	d) Übung über Aufbau und Organisation des Filmwesens [H/M]
	e) Dramaturgisch-publizistische Wirkungsgrundlagen des Films [H/M]
SS 38	*a) Schriftliche Wortverkündigung II: Die Praxis des evangelischen Zeitschriftenwesens*[42]
	b) Übungen
	c) Die Eigengestaltigkeit der publizistischen Führungsmittel [H/M]
	d) Die Elemente der filmischen Form [H/M]
WS 38/39	*a) Schriftliche Wortverkündigung. I: Die Presse im geistigen Haushalt der Kirche (Einführung und Übersicht)*[43]
	b) Praktische Schriftleitungslehre: Gestaltung eines Sonntagsblattes
	c) Die Arten und Methoden der Publizistik [HV »1«, H/M]
	d) Die dramaturgischen Formen des Films [H/M]
	e) Übungen über Theorie u. Praxis d. Filmkunstbetrachtung [H/M]

---

40 Die Lehrveranstaltungen des bereits laufenden Semesters wurden in der *Zeitungswissenschaft* nachgetragen (ZW 11,12, 1.XII.36, S. 614). Im Vorlesungsverzeichnis erschien eine abweichende Aufstellung: *a) Praktische Schriftleitungslehre. Soziologische und psychologische Grundbegriffe; b) Struktur, Typologie und Dramaturgie des Films [H/M]; c) Publizistisches Praktikum: Arbeitsgemeinschaften über einzelne publizistische Mittel [H/M].*

41 Erstmals führte die *Zeitungswissenschaft* die Veranstaltungen am Seminar in einer Abfolge mit den übrigen zeitungswissenschaftlichen Lehrangeboten an der Universität auf (ZW 12,2, 1.II.37). Das Vorlesungsverzeichnis machte folgende abweichende Angaben: *a) Praktische Schriftleitungslehre. Form und Formgebung der Zeitung und Zeitschrift; b) Aufbau, Organisation, Politik des deutschen Filmwesens [H/M]; c) Publizistisches Praktikum: Arbeitsgemeinschaften über einzelne publizistische Mittel [H/M].* Ein Nachtrag des Vorlesungsverzeichnisses korrigierte die Angaben.

42 Erstmals nicht in der *Zeitungswissenschaft* angekündigt.

43 Erneut als Nachtrag zum bereits veröffentlichten Vorlesungsverzeichnis in der *Zeitungswissenschaft* publiziert; ZW 13,11, 1.XI.38. Beide gemeinsam mit Meyer geplanten Übungen zum Film erwähnte die Zeitschrift allerdings nicht.

Meyer grenzte die integrierte Publizistik von den Ansätzen traditionell arbei-
tender Zeitungswissenschaftler wie Dovifat ab, die seines Erachtens von den
Grundsätzen der Zeitung ausgingen, ohne den weiten publizistischen Zugriff an-
zustreben.[44] Die Einbeziehung von Film, Rundfunk und Fernsehen sowie publizistischer Randgebiete wie der Rede oder dem Plakat war ohne entsprechende personelle und finanzielle Kapazitäten nicht zu leisten. Filmkunde wurde in Berlin
dennoch an beiden vorhandenen Lehreinrichtungen in den Folgejahren intensiv
betrieben. Dieser Umstand ist auch als Hinweis auf die interne Konkurrenz zwischen Dovifats Institut und Hinderers Seminar zu werten, die sich beide auch aus
der Behandlung des Films Profilierungseffekte für künftige hochschulpolitische
Grundsatzentscheidungen versprachen. Rundfunk, Fernsehen und vor allem der
Film wurden zwischen 1933 und 1938 in mindestens zwölf Lehrveranstaltungen
am Seminar thematisiert. Die Bandbreite der Einzelthemen ging über die Publizistik hinaus und reichte von filmtheoretischen und soziologischen Themen zur
Filmästhetik und Filmkritik. Am Institut führte der Referent Hans Traub zwischen
1933 und 1937 in acht aufeinanderfolgenden Semestern Mittelkurse zum Thema
Film durch. Er lehrte in vergleichbarer Breite, bezog aber auch wirtschaftliche
Fragen des Films mit ein und betonte stärker die publizistischen Führungsmög-
lichkeiten durch Film und Wochenschau. Trotz dieser großen Zahl von Lehrveranstaltungen gelang in keinem Arbeitsbereich die Verankerung des Films als Un-
terrichtsgegenstand. Schon der Lehrplan der Zeitungswissenschaft von 1935, der
die Behandlung des Films, wie auch des Rundfunks, nur im allgemeinen Rahmen
publizistischer Meinungsführung vorsah, war eine Richtungsentscheidung gegen
die Erweiterung der Zeitungswissenschaft zur Publizistik. Nach Traubs Weggang
aus Berlin blieb die Filmforschung am Institut verwaist[45], Hinderers Ambitionen
wurden im Jahr darauf durch das Erziehungsministerium gestoppt. Dovifat selbst
bezog Film und Rundfunk mehrmals vergleichend mit der Presse oder unter einer
gemeinsamen Fragestellung in seine Universitätsvorlesungen ein. Einen filmkund-

---

44 Hermann Meyer: Die Film-, Rundfunk- und Propagandakunde in den Disziplinen deutscher
   Universitäten. In: *ZW* 9,1, 1.I.34, S. 39.
45 Die Satzung der Deutschen Gesellschaft für Zeitungswissenschaft in der Fassung vom
   20.III.35 stellte in ihrer veränderten Präambel fest, daß sie »[...] die wissenschaftliche Bearbeitung des Zeitungs- und Zeitschriftenwesens in ihrem Gesamtbereich zu pflegen und sie
   durch Unterhaltung eines Forschungs- und Lehrinstituts in der Reichshauptstadt [...] in den
   Dienst des deutschen Volkes und der beruflichen Bildungsbestrebungen der deutschen Presse zu stellen [habe]« UA der HUB. Rektorat, 231, Bl. 3, 4-6). Für die Bearbeitung des
   Films gab es daher auch zu der Zeit keine satzungsmäßige Grundlage, als sie durch Traub
   noch intensiv bearbeitet wurde.

lichen Schwerpunkt konnten diese Veranstaltungen aber weder bilden noch ersetzen.[46]

Dovifats Lehrtätigkeit bestand aus den Vorlesungen an der Universität und aus den Übungen, die gemeinsam mit den Assistenten am Institut durchgeführt wurden (Vor-, Mittel- und Oberkurse, Colloquien).[47] Dovifat hatte bereits 1931 mit der Aktualisierung der Vorlesungsthemen begonnen und analysierte unter dem Gesichtspunkt der Massenführung die Ereignisse der Gegenwart. Bis 1935 las er regelmäßig über allgemeine und praktische Zeitungslehre, große Zeitungen und Publizisten, historisch orientiert und vom Produkt, der Zeitung, ausgehend. Die zweite Übersicht enthält die Universitätsvorlesungen vom Wintersemester 1935/36 bis zum Sommersemester 1938 (siehe Übersicht 2).

In der Berliner Hochschullandschaft existierten somit nach 1933 zwei Arbeitsbereiche für zeitungswissenschaftlich-publizistische Forschung und Lehre. Das Institut unterstand nicht der Universitätsverwaltung und hätte auch ohne die Verbindung mit der Universität, die die Professur Dovifats personifizierte, die wissenschaftliche Arbeit fortsetzen können. Dem Bereich Hinderers am Seminar fehlte diese faktische Unabhängigkeit von der Universität, wodurch er äußeren Angriffen gegenüber schutzloser war. Verglichen mit den Lenkungsansprüchen in der Hochschulpolitik und der gewollten Durchsetzung des Führerprinzips an der Universität, bot die Zeitungswissenschaft in Berlin ein deutlich abweichendes Bild. Daher gingen seit 1933 von mehreren Seiten zahlreiche Versuche zur Änderung dieser unbefriedigenden Situation aus. Dovifat wurde im Sommer 1934 unter Berufung auf das Gesetz zur Wiederherstellung des Berufsbeamtentums in den Ruhestand versetzt.[48] Hinter den Kulissen wurde die Neubesetzung der Professur, die sogar zum Ordinariat aufgewertet werden sollte[49], betrieben. Die enge Ver-

---

46 Vgl. zur Debatte über die wissenschaftliche Bearbeitung des Films abschließend [Karl] Kurth: Grundsteinlegung der Deutschen Film-Akademie. In: ZW 13,4, 1.IV.38, S. 252f.

47 Nach dem fast vollständigen Austausch des wissenschaftlichen Personals in den Jahren 1933/34 waren als leitende Assistenten Carl Schneider (1934-40), Wolfgang Schaeffer (1934-39), Ernst Herbert Lehmann (1934–1945), Hans Traub (bis 1937), Gerhard Eckert (seit 1940) und Fritz Eisheuer (seit 1940) am Institut.

48 Diese Vorgänge sind vielfach erörtert und interpretiert worden. Die weit auseinanderklaffenden Urteile über Dovifats Handeln in der NS-Diktatur basieren vor allem auf der unterschiedlichen Bewertung der vorübergehenden Versetzung in den Ruhestand. Vgl. demnächst Sösemann: Auf dem Grat zwischen Entschiedenheit und Kompromiß (wie Anm. 6).

49 In einem Schreiben vom 30.VIII.34 wurde mitgeteilt, daß das Extraordinariat für Zeitungswissenschaft mit Wirkung vom 1.IV.34 in ein Ordinariat umgewandelt wurde; vgl. UA der HUB. 215, Akte I, B. 45. Dovifat selbst sprach davon, immer beamteter außerordentlicher Professor geblieben zu sein; ebenda, Akte III, Bl. 100, o.D. Die erneute Umwandlung in ein

bindung von Universität und Institut in der zeitungswissenschaftlichen Lehre hätte auch den Verbleib Dovifats an der Spitze des Instituts nicht zugelassen. Doch die Vorstöße zur Neubesetzung dieser beiden Schlüsselpositionen der Zeitungswissenschaft in Berlin scheiterten. Auch Nationalsozialisten unter den Fachkollegen hatten sich für Dovifat eingesetzt – und Ende August 1934 war der Vorgang von der Presse aufgegriffen worden.[50] Das Erziehungsministerium nahm Anfang Oktober seine Entscheidung zurück. Durch Dovifats Rückkehr an die Universität war den Absichten des personellen Neuanfangs auch am Institut, die durch den Weggang fast aller Referenten in den Monaten zuvor begünstigt worden waren, die Schlagkraft genommen worden. Die Neubesetzung der Referentenstellen konnte unter diesen Bedingungen kein Schlüssel für die ideologische Orientierung des gesamten Instituts sein. Einflußnahme auf die inhaltliche Ausrichtung des Hauses konnte überzeugend nur über die Leitungsfunktion gelingen. Sollte das Institut seine Arbeitsfähigkeit bewahren, so waren die weiteren Personalentscheidungen des Direktors zu respektieren.[51]

Gegen Hinderers Hochschulengagement hatte es in der zweiten Hälfte der dreißiger Jahre zunehmend Widerstand gegeben.[52] Deutliche Zäsuren im Lehrprofil markieren äußere Einflußnahmen auf seine Arbeit. Zweimal, 1937 und 1938, ergingen Ausnahmegenehmigungen zur zuvor akzeptierten Lehrpraxis Hinderers durch das Erziehungsministerium.[53] Im Jahre 1939 wurde der Honorarpro-

---

Extraordinariat zum 1.X.36 stand offensichtlich in direktem Zusammenhang mit der Berufung des Germanisten Franz Koch. Daß es sich um einen bloßen Übertragungsfehler handelt, wie Benedikt mutmaßt (Emil Dovifat [wie Anm. 4], S. 132), ist die unwahrscheinlichste Annahme und durch das Schreiben vom 30.VIII.34 widerlegt. Möglich ist, daß die bereits vollzogene Umwandlung nach der Rückkehr Dovifats an die Universität nicht in Kraft trat, da es auf keinen Fall im Sinne der Universitätsleitung liegen konnte, die Person Dovifat innerhalb der Dozentenschaft aufzuwerten. Als Koch an die Universität berufen werden sollte, lockte man ihn mit diesem Ordinariat, ohne daß der Buchhaltungstrick allerdings gelungen wäre (mdl. Auskunft Wolfgang Höppner, Berlin).

50 »Professor Dovifat in den Ruhestand versetzt«. In: Frankfurter Zeitung, Nr. 428/429, 24.VIII.34. Die Meldung wurde aufgegriffen und mit einer eigenen redaktionellen Stellungnahme abgedruckt in: Berliner Tageblatt, Nr. 399, 24.VIII.34.

51 Dovifat hat diesen engen Spielraum bei der Neubesetzung der Referentenstellen vorsichtig genutzt; vgl. Kudraß: Carl Schneider (wie Anm. 7), S. 86f.

52 Im Juni 1934 war Hinderer inhaftiert worden und erst kurz vor den Säuberungsaktionen des 30. Juni 1934 freigekommen; vgl. Gerhard Meier-Reutti / Simone Höckele: Ein Pionier evangelischer Publizistik. August Hinderer zum 50. Todestag [Typoskript, o. Dat., o. Pag.].

53 Die textidentischen Schriftstücke befinden sich in Hinderers Personalakte im Universitätsarchiv und gestatten »ausnahmsweise« Ankündigung und Abhaltung von Vorlesungen und Übungen durch »Hinderer und Meyer in Verbindung mit dem Publizistischen Seminar«. Die Genehmigungen ergingen am 27. Juli 1937 für das Wintersemester 1937/38 bzw. am 10.

Übersicht 2:

WS 35/36	a) *Die publizistischen Führungsmittel (Psychologie und Technik der publizistischen Führung) [HV »1«]*[54]
	b) *Der Zeitungs-Verlag und seine politisch-publizistische Aufgabe*
	c) *Deutschland im Kampf um die Weltmeinung während des Weltkrieges und heute*
SS 36	a) *Geschichte des Zeitungswesens [HV »2«]*
	b) *Das aktuelle Ereignis im Spiegel der deutschen und ausländischen Presse, im Film und im Rundfunk*
WS 36/37	a) *Zeitungslehre I, Theoretischer Aufbau und praktische Arbeit [HV »3«]*
	b) *Von der Massenführung zur Volksführung (Technik der Großpublizistik in der Gegenwart, mit Beispielen aus Presse, Film und Rundfunk*
SS 37	*Zeitungslehre II, Politischer Einsatz und öffentliche Wirkung [HV »4«]*
	Das aktuelle Ereignis im Spiegel der deutschen und ausländischen Tagespresse, im Film und im Rundfunk
WS 37/38	a) *Das Zeitungswesen im Ausland [HV »5«]*
	b) *Die deutsche Sprache in der deutschen Publizistik*
	c) *Die großen Redner in der Geschichte der jüngsten Zeit (mit Beispielen in Tonfilm und Schallplatte)*
SS 38	a) *Das Zeitschriftenwesen [HV »6a«]*
	b) *Das aktuelle Ereignis im Spiegel der deutschen und der ausländischen Tagespresse, im Film und im Rundfunk*

fessor mit dem Sommersemester auf das protestantische Pressewesen, seinen eigentlichen Lehrauftrag, zurückverwiesen. Die Anzahl der Lehrveranstaltungen am Seminar nahm deutlich von durchschnittlich knapp vier auf dann nur noch einein-halb Angebote je Semester ab.[55] Auch Meyer stand als Assistent an der Univer-

---

März 1938 für das Sommersemester 1938 und das Wintersemester 1938/39; UA der HUB, 324/1, Akte A, Bl. 6 bzw. Bl. 11.
54 Unter a) sind in der Regel die Hauptvorlesungen angeführt.
55 In absoluten Zahlen ausgedrückt, fielen auf die elf Semester zwischen dem Sommersemester 1933 und dem Wintersemester 1938/39 dreiundvierzig Veranstaltungen und auf die zwölf

sität nicht mehr zur Verfügung. Mit dem Wintersemester 1941/42 griff eine weitere Lenkungsmaßnahme. Bei Hinderers Lehrveranstaltungen entfielen die seit 1939 obligatorischen Attribute »evangelisch«, »protestantisch« oder »kirchlich«. Vor dem Hintergrund des im Juni 1941 durch die Reichspressekammer beschlossenen Endes der konfessionellen Presse in Deutschland wird die Regulierung verständlich: Eine Honorarprofessur für kirchliche Publizistik hatte ihren gesellschaftlichen Bezugspunkt und ihre Berechtigung verloren.[56] Hinderers Vorlesungen erschienen im Vorlesungsverzeichnis der Universität und auch im Fachorgan nun wieder als allgemein-publizistische Veranstaltungen. Angesichts des reduzierten Umfangs und der geschwächten Position Hinderers an der Hochschule stellte dieser erneute Kurswechsel keine Rückkehr zu den Lehrbedingungen der Jahre vor 1939 dar.

An der Universität wurde Dovifat seit 1935 durch die Vergabe einschlägiger Lehraufträge mit politisch linientreuen Wissenschaftlern umrahmt. Neben dieser Steuerungsmaßnahme stand im selben Jahr ein weiteres, für ganz Deutschland verbindliches Lenkungsinstrument zur Verfügung: Zum Wintersemester 1935/36 wurde der Reichslehrplan für Zeitungswissenschaft[57] eingeführt. Die Kombination beider Mittel hätte sich in einer effektiven Eindämmung der Dominanz Dovifats in der zeitungswissenschaftlichen Lehre bewähren können. Im Oktober 1934 war dem Ministerialrat im Propagandaministerium und Kommentator des Schriftleitergesetzes, Hans Schmidt-Leonhardt[58], ein Lehrauftrag für Presserecht

---

Semester zwischen dem Sommersemester 1939 und dem Wintersemester 1944/45 achtzehn (ohne das Sommersemester 1944).

56 Die erste große kriegsbedingte Schließungswelle betraf zum 1.VI.41 mehr als 500 Tageszeitungen und – bis auf die Amtsblätter – die gesamte konfessionelle Publizistik. Vgl. Doris Kohlmann-Viand: NS-Pressepolitik im Zweiten Weltkrieg. Die »Vertraulichen Informationen« als Mittel der Presselenkung (Kommunikation und Politik; 23). München: Saur 1991, S. 54; Max Amann: Die deutsche Presse im Kriege. Aufgaben und Lösungen – Schrumpfung und Wachstum. In: Handbuch der deutschen Tagespresse. Hg. vom Institut für Zeitungswissenschaft an der Universität Berlin. 7. Aufl. Leipzig: Armanen 1944, S. XIVf. Vgl. auch *Deutscher Reichsanzeiger und Preußischer Staatsanzeiger*, Nr. 107, 10.V.41, S. 1f.

57 Der Lehrplan wurde durch einen Erlaß des Reichserziehungsministers zum 30.IV.35 rechtskräftig. Vgl. *Amtsblatt der Friedrich-Wilhelms-Universität zu Berlin* 1,2, 15.V.35, S. 18-20.

58 Schmidt-Leonhardt, geb. 1886, war im März 1933 aus dem Innen- in das eben gegründete Propagandaministerium gewechselt. Seit November 1933 bekleidete er die Position eines Geschäftsführers der Reichskulturkammer. Der Lehrauftrag vom 23.X.34 wurde im März 1938 zu einer Honorarprofessur für »Das Recht des Kulturstandes« aufgewertet. Vgl. auch: Ministerialrat Dr. Schmidt-Leonhardt – Dozent für Presserecht. In: *ZW* 9,12, 1.XII.34, S. 567f.

an der Juristischen Fakultät erteilt worden. Schmidt-Leonhardt stieg mit seiner Vorlesung »Das neue Presserecht« im bereits laufenden Semester ein – ein Vorlesungsthema, das er in fast jedem Semester beibehielt –, führte aber keine Übungen durch. Dovifat vertrat das Fach an der Universität nun nicht mehr allein. Karl Bömer[59], Leiter der Presseabteilung des Außenpolitischen Amtes der NSDAP und Dozent an der Hochschule, erhielt zum Sommersemester 1935 einen Lehrauftrag für ausländisches Zeitungswesen. Bömer las in den nächsten Semestern über sein Spezialgebiet und hielt vereinzelt auch Seminare, vor allem für Doktoranden, am Institut ab. Im Februar 1936 schließlich verlieh die Universität einen weiteren zeitungswissenschaftlichen Lehrauftrag an Ernst Herbert Lehmann.[60] Lehmann amtierte seit 1934 als Referent für Zeitschriftenwesen am Institut. Er behielt diese Aufgabe bei, war also weiterhin für Übungen verantwortlich und las von 1936 bis zum letzten Kriegssemester über Aspekte der Zeitschrift. Dovifats meistens zwei Semestervorlesungen standen je eine Vorlesung Bömers, Lehmanns und Schmidt-Leonhardts gegenüber. Mit dieser Ausstattung war der Ausbau der Berliner Zeitungswissenschaft vorerst abgeschlossen. Ein typisches Vorlesungsbild zeigt das Wintersemester 1936/37 (siehe Übersicht 3).

Der Reichslehrplan schrieb einen sechssemestrigen Zyklus thematisch strukturierter Vorlesungen vor.[61] Der Zyklus wurde dreimal durchlaufen und setzte ein letztes Mal im Wintersemester 1943/44 ein. Heides Verband hatte den Plan ausgearbeitet, dem Erziehungsministerium war er vorgelegt und von diesem im Einvernehmen mit dem Propagandaministerium beschlossen worden. Neben den festgelegten Hauptvorlesungen jedes Semesters wurde in die thematische Gestaltung von Wahlvorlesungen und Seminaren allerdings nicht eingegriffen. An einer

---

59 Bömer, Jg. 1900, war von 1926 bis zum Mai 1933 als Referent am Institut ein Mitarbeiter Dovifats gewesen, bevor er in den Parteiapparat wechselte. Bei seiner nebenberuflichen Rückkehr in die Hochschullehre qualifizierten ihn beide Merkmale zur Übernahme eines zeitungswissenschaftlichen Lehrauftrags. Es ist daher zu kurz gegriffen, in Bömers Berufung einen gelungenen Schachzug Dovifats zu sehen, der sich durch den vertrauten ehemaligen Assistenten vor unliebsamer Konkurrenz hätte bewahren wollen oder können. Bömer war in erster Linie ein Mann der Partei.

60 Lehmann, Jg. 1908, hatte selbst in Berlin, München und Leipzig Zeitungswissenschaft studiert. Er stand offenbar nicht in fachlichem oder persönlichem Gegensatz zu Heide, in dessen Auftrag er für die ehrgeizige Publikation »Handbuch der Zeitungswissenschaft« die gesamtredaktionelle Verantwortung übernahm.

61 1. Sem.: *Die publizistischen Führungsmittel*; 2. Sem.: *Die Geschichte des Zeitungswesens;* 3. Sem.: *Zeitunslehre I (Theoretischer Aufbau und praktische Arbeit); 4. Sem.: Zeitungslehre II (Politischer Einsatz und öffentliche Wirkung); 5. Sem.: Das Zeitungswesen im Ausland;* 6. Sem.: *a) Zeitschriftenwesen; b) Das neue Presserecht.* Vgl. ZW 10,6, 1.VI.35, S. 288-290.

personell gut ausgestatteten Hochschule wie der Berliner Universität relativierte sich von vornherein die Wirkung des Pflichtlehrplans. Als Steuerungsmittel eröffnete der Lehrplan mehrere Optionen: Er griff in das Verhältnis von Hochschulstudium und journalistischer Ausbildung ein und kanonisierte das Themenspektrum mit starkem Übergewicht der Zeitung bzw. der Presse. Anpassungseffekte auf die übrige Lehre waren denkbar. Auch waren für die Auswahl und die Fortbildung des Lehrpersonals thematisch verbindliche Rahmen gesetzt; wissenschaftliche Außenseiter hätten somit von den zeitungswissenschaftlichen Instituten ferngehalten werden können. Die überragende Bedeutung der Hauptvorlesung hätte den Einsatz spezialisierter Lehrbeauftragter an mehreren Universitäten ermöglicht. Die Dominanz einer einzelnen Persönlichkeit an einer Hochschule hätte begrenzt oder gar gebrochen werden können. Doch gerade in Berlin blieb die gestalterische Kraft dieses Lenkungsinstruments äußerst schwach.

Übersicht 3:

Dovifat	a) *Zeitungslehre I, Theoretischer Aufbau und praktische Arbeit*
	b) *Von der Massenführung zur Volksführung (Technik der Großpublizistik in der Gegenwart, mit Beispielen aus Presse, Film und Rundfunk)*
Hinderer	a) *Praktische Schriftleitungslehre*
	b) *Die soziologischen und psychologischen Grundlagen der Leitung und Zeitschrift*
Schmidt-Leonhardt	*Das neue Presserecht*
Lehmann	*Die wirtschaftlichen und technischen Grundlagen des deutschen Zeitschriftenwesens*
Börner	*Ausländisches Zeitungswesen II*

Der Lehrplan war vom Wintersemester 1935/36 bis zum Wintersemester 1944/45 in Kraft, behielt über einundzwanzig Semester seine Gültigkeit. In diesem Zeitraum standen vierundzwanzig Hauptvorlesungen auf dem Plan.[62] Obwohl

---

62 In Berlin fanden fünfundzwanzig Hauptvorlesungen statt, da die Hauptvorlesung »1« zweimal sowohl durch Dovifat als auch durch Hinderer durchgeführt wurde und die Hauptvorlesung »6b« einmal ausfiel.

Berlin in der zeitungswissenschaftlichen Lehre zumindest seit der zweiten Hälfte der dreißiger Jahre so gut ausgestattet war, daß mit den Generalisten Dovifat und Hinderer sowie den Spezialisten Lehmann für Zeitschriftenwesen, Schmidt-Leonhardt für Presserecht, Bömer für Ausländisches Zeitungswesen und, seit 1940, Kurt Walz[63] für ausländische Publizistik und Propaganda ausgewiesene Fachkenner zur Verfügung standen, blieb die Abhaltung der Hauptvorlesung ein fast exklusives Vorrecht Dovifats. Dabei war das inhaltliche Profil einiger Lehrbeauftragter auf Teile des Vorlesungszyklus' wie zugeschnitten. Emil Dovifat führte zwanzig dieser Veranstaltungen selbst durch. Lediglich die Vorlesungen zum Presserecht fielen turnusgemäß nicht ihm, sondern Schmidt-Leonhardt zu. Zweimal wurde die Einführungsvorlesung geteilt und in zwei getrennten Veranstaltungen gehalten. Mit der Parallelvorlesung zu Dovifat wurde jedoch kein erklärter Nationalsozialist wie Bömer, sondern der evangelische Theologe Hinderer betraut.[64] Die lehrplandefinierte Hauptvorlesung konnte also auch an Dozenten übertragen werden, die nicht der zuständigen Fakultät angehörten. Von dieser Möglichkeit wurde jedoch fast nie Gebrauch gemacht. Als der Zyklus im Trimester 1941 zum dritten Mal einsetzte, war Hinderer in der Lehre bereits auf kirchliche Publizistik reduziert worden; vielleicht hätten auch die sinkenden Studentenzahlen eine Teilung der einführenden Hauptvorlesung überflüssig gemacht.

Zu Beginn des Krieges wurde die Zeitungswissenschaft an der Universität durch institutionelle Neuerungen weiter ausgebaut, das Profil des Fachs in Richtung einer allgemeinen Publizistikwissenschaft reformiert. Im Jahre 1940 erfolgte die Gründung des Instituts für Rundfunkkunde und Fernsehrundfunk unter Kurt Wagenführ[65] und die Überführung der Hochschule als Auslandswissenschaftliche Fakultät unter Franz Alfred Six an die Universität. Die eigenständige wissenschaftliche Bearbeitung des Rundfunks war 1938 durch die Reichsrundfunkkammer gefordert worden.[66] Aus dieser Initiative ging im Jahre 1939 eine Stiftungs-

---

63 Walz, Jg. 1908, seit 1937 Leiter der zeitungswissenschaftlichen Vereinigung in Königsberg, habilitierte sich 1939. Er habe 1944 die Gründung eines Deutschen Instituts für Nationalsozialistische Publizistik und Propaganda beabsichtigt. Vgl. Bettina Maoro / Dirk Neugebauer: Hubert Max (1909–1945). In: Zeitungswissenschaftler im Dritten Reich (wie Anm. 7), S. 127-167, hier S. 160.

64 Im Wintersemester 1935/36 lasen beide über »die publizistischen Führungsmittel«; im Wintersemester 1938/39 fand Dovifats Vorlesung wiederum unter diesem Titel statt, Hinderer las – gemeinsam mit Meyer! – über »die Arten und Methoden der Publizistik«.

65 Wagenführ, geb. 1903, Journalist und Publizist, Referent im Propagandaministerium, erhielt von 1940 bis 1944 gleichlautende Lehraufträge für Rundfunkkunde an den Universitäten in Berlin und Leipzig.

66 Vgl. Zeitungswissenschaft und Rundfunkwissenschaft. In: ZW 13,6, 1.VI.38, S. 380-382.

professur und die anschließende Einrichtung des Instituts für Rundfunkwissenschaft an der Universität Freiburg hervor.[67] Das Berliner Rundfunkinstitut
entstand 1940 aus der Arbeitsstelle für Rundfunkkunde. Der durch Dovifat formulierte und von ihm inhaltlich begründete Antrag war genehmigt worden, die
Rundfunkkunde wurde vom 2. Trimester 1940 an durch den Lehrbeauftragten
Kurt Wagenführ an der Universität gelehrt.[68] Der publizistikwissenschaftliche
Standort Berlin sollte durch diese Initiative gestärkt, das inhaltliche Spektrum er-
weitert werden.

Bömers zeitungswissenschaftliche Vorlesungen und Übungen an der Hochschule waren aus der Perspektive des universitären Studiengangs mit der Erteilung des Lehrauftrags durch die Universität aufgewertet worden. Das zeitungswissenschaftliche Lehrangebot der Hochschule war aber auch nach dieser
Maßnahme nicht deckungsgleich mit den Veranstaltungen Bömers an der Universität. Zumindest zeitweise führte er sowohl Lehrveranstaltungen durch, die
gleichzeitig von Universität und Hochschule bzw. von Institut und Hochschule
anerkannt wurden, wie auch solche, die ausschließlich für jeweils eine der drei
Einrichtungen Geltung besaßen.[69] Nach dem Ende der Lehrtätigkeit Bömers und
der Überführung der Hochschule an die Universität als Auslandswissenschaftliche
Fakultät profilierte sich Kurt Walz mit propagandabezogenen Vorlesungen und
Übungen. Deren Einordnung im Zusammenhang zeitungswissenschaftlicher Lehre
in Berlin ist auf der aktuellen Quellenbasis noch schwer möglich. Walz' weitge-
hende Absichten und seine guten Verbindungen sprechen dafür, diesen Bereich in

---

67 Vgl. Maoro / Neugebauer: Hubert Max (wie Anm. 62), S. 164.
68 Vgl.den Antrag Dovifats zur Erteilung eines rundfunkkundlichen Lehrauftrags und sein
   Gutachten aus dem Januar 1940: Emil Dovifat, Aufnahme der Rundfunkkunde in die akademische Lehre und Forschung (UA der HUB. 12, Bl. 6-9). Biermann / Reuß sehen in der
   Trennung von Zeitungswissenschaft und Rundfunkkunde in Berlin taktische Rücksichtnah-
   men auf die klar ablehnende Haltung des Deutschen Zeitungswissenschaftlichen Verbandes
   und des Propagandaministeriums gegen die Behandlung von Film und Rundfunk an zeitungswissenschaftlichen Instituten; vgl. Biermann / Reuß: Gerhard Eckert (wie Anm. 7), S.
   253f. Diese Position hatte sich zwar nicht an allen Instituten lückenlos durchsetzen lassen,
   die systematische Erweiterung zur allgemeinen Publizistik jedoch verzögert. Taktisch ist
   auch die Anregung Dovifats im Gutachten zu verstehen, der die institutionelle und räumliche Betreuung der rundfunkkundlichen Aktivitäten durch das Institut »für die Anfangszeit«
   vorschlug.
69 Vgl. dazu Zeitungswissenschaftliche Vorlesungen, Übungen und Seminare im WS 1935/36.
   In: ZW 10,10/11, 1.X.35, S. 544f.; ZW 11,3, 1.III.36, S. 137f.; ZW 11,10, 1.X.36, S. 462.
   In den Jahren 1935 und 1936, vielleicht darüber hinaus, war Dovifats Assistent Schaeffer
   mit Lehrveranstaltungen in der Hochschullehre eingebunden, die er außerhalb seiner Tätigkeit am Institut abhielt; vgl. ebenda.

die Überlegungen zur Fachgeschichte gleichberechtigt einzubeziehen. Das Wintersemester 1943/44 wies (ohne Übungen)[70] das folgende publizistikwissenschaftliche Lehrbild auf.

Übersicht 4:

Dovifat	*a) Publizistische Führungsmittel*
	b) Deutsche Kulturpolitik in Zeitung und Zeitschrift, im Film und im Rundfunk
Hinderer	*a) Einführung in die praktische Schriftleitungslehre*
	b) Gesprochenes und geschriebenes Wort. Probleme der Sprachgestaltung in der Presse
Lehmann	*Das Bild in der Presse*
Schmidt-Leonhardt	*Presserecht*
Walz	*Wesen und Entwicklung der ausländischen Propaganda*
Wagenführ	*a) Rundfunkpolitik (einschließlich ausgewählter Abschnitte aus der Rundfunkgeschichte)*
	b) Der Fernsehrundfunk

Die studentischen Fachschaften waren nach 1933 auch an den zeitungswissenschaftlichen Instituten gebildet worden und in unterschiedlichem Maße aktiv. Die Fachschaften trugen durch ihre Arbeit zur politischen Erziehung der Studenten im Sinne des Nationalsozialismus bei.[71] Die zeitungswissenschaftliche Fachabteilung

---

70 Vgl. Vorlesungsverzeichnis (wie Anm. 21). Berlin 1943.
71 Im April 1933 war die Deutsche Studentenschaft als alleinige Gesamtvertretung der deutschen Studenten anerkannt und nationalsozialistisch umstrukturiert worden (vgl. Helmut Böhm: Von der Selbstverwaltung zum Führerprinzip. Die Universität München in den ersten Jahren des Dritten Reiches. 1933–1936 (Ludovico-Maximilianea. Forschungen, 15). Berlin: Duncker&Humblot 1995, S. 169-181). Seit Mai 1933 wurden an den Hochschulen zeitungswissenschaftliche Fachschaften gegründet, die zum Sommersemester 1934 in der Reichsfachabteilung Zeitungswissenschaft der Deutschen Studentenschaft unter der Führung von Franz Alfred Six zusammengeführt wurden. Seit 1936 wurden Deutsche Studentenschaft und NSDStB in Personalunion durch Gustav Adolf Scheel geführt. Die Reichsfachabteilung Zeitungswissenschaft wurde 1941 aufgelöst, die neue Reichsfachgruppe »Presse, Film, Rundfunk und Theater« trat an deren Stelle.

an der Universität unter Kurt Beyer organisierte – wie alle Fachschaften – Lehrveranstaltungen in Form von Arbeitsgemeinschaften, die in ihrer eindeutig politisierten Anlage die regulären Lehrveranstaltungen ergänzten und korrigierten.[72] Wirkung und Einfluß auf die Studenten und auf die Dozenten sind schwer zu gewichten, waren von Fach zu Fach und von Hochschule zu Hochschule unterschiedlich und über den gesamten Zeitraum nicht in gleicher Intensität vorhanden.[73] Da die Teilnahme an der Fachschaftsarbeit freiwillig bleiben sollte, war deren Fortsetzung im Sommer 1935 mangels aktiver Studenten akut gefährdet. Erst ein Ministerialerlaß vom Februar 1936 stabilisierte und belebte die Fachschaftsarbeit.[74] Ihr amtlicher Charakter wurde durch eine Bestimmung hervorgehoben, die die Vorlage bewerteter Teilnahmescheine aus der Fachschaftsarbeit bei der Meldung zu staatlichen oder akademischen Prüfungen vorsah.[75] Auch für die Bescheinigung eines erfolgreichen sechssemestrigen Fachstudiums war die Teilnahme obligatorisch. Die Arbeitspläne der Fachschaften lagen nicht reichseinheitlich vor, Grundlage der Arbeit sollte deren »praktisch-journalistische« Ausrichtung sein.[76]

Die Position der Zeitungswissenschaft an den deutschen Hochschulen war nach 1933 zu keinem Zeitpunkt ungefährdet. Die Auseinandersetzungen mit den organisierten Interessen der publizistischen Praxis waren langandauernd, von wechselnden Erfolgen geprägt, führten aber letztlich für keine Seite zu einer dauerhaft befriedigenden Entscheidung. Zielstrebigen Einfluß auf die Gestaltung und auf die Wirkung der zeitungswissenschaftlichen Lehre an den Universitäten und Hochschulen übte der Reichsverband der Deutschen Presse aus. Der Verband sah durch die Arbeit der Universitätsinstitute seine Interessen bei der Journalistenausbildung nicht hinreichend gewahrt. Mit der Gründung der Reichspresseschule 1934/35 wurde daher das Ziel verfolgt, den Besuch ihrer Kurse als bindende

72 S. z.B. das Programm im Wintersemester 1934/35: *1.) Rassenglaube und Rassenpolitik in der Propaganda der Gegenwart; 2.) Jugend und Presse, Buch, Rundfunk (mit Referenten der Reichsjugendführung); 3.) Der Revanchegedanke in der französischen Politik und Publizistik; 4.)Wirtschaftliche und technische Probleme der Filmarbeit vom politischen Standpunkt aus; 5.) Hörspiele und Reportagen im deutschen Rundfunk.* Vgl. Personal- und Vorlesungsverzeichnis der Friedrich-Wilhelms-Universität Berlin. Wintersemester 1934/35. Berlin 1934.
73 Vgl. Böhm: Von der Selbstverwaltung zum Führerprinzip (wie Anm. 70), S. 316-327.
74 Vgl. Grüttner: Studenten im Dritten Reich (wie Anm. 19), S. 332f.
75 Amtsblatt der Friedrich-Wilhelms-Universität zu Berlin 2,5, 2.III.36, S. 138.
76 Vgl. Arbeitsplan der Zeitungswissenschaftlichen Fachschaften im SS 1935. In: *ZW* 10,6, 1.VI.35, S. 294f., Zit. S. 294.

Voraussetzung für die Eintragung in die Schriftleiterliste zu etablieren.[77] Die Bedeutung der zeitungswissenschaftlichen Studiengänge hätte entscheidend zurückgedrängt werden können, da auch den Absolventen mit dem Berufsziel des Journalisten der Besuch der Reichspresseschule nicht erspart geblieben wäre. Der Deutsche Zeitungswissenschaftliche Verband konnte 1935 eine entsprechende Beschlußfassung verzögern[78] und mit den Bestimmungen des Lehrplans der Zeitungswissenschaft die bereits Ende 1933 gelungene Verankerung des Hochschulstudiums in der journalistischen Ausbildung ausbauen.[79] Der Dank der Verbandsspitze an die verantwortlichen Minister Rust und Goebbels enthielt die erleichterte Feststellung, der Einfluß von Verband und Hochschuldisziplin sei nun »im Dienst an der deutschen Wissenschaft und an der deutschen Presse« gesichert.[80] Die Auseinandersetzungen um den entscheidenden Einfluß auf die Journalistenausbildung blieben jedoch virulent und waren auch nach der kriegsbedingten Schließung der Reichspresseschule 1940 nicht einseitig zugunsten der universitären Zeitungswissenschaft entschieden.[81] In der journalistischen Fortbildung waren mit Dovifats Institut und der Reichspresseschule ebenfalls Wissenschaft und Praxis der Publizistik tätig. In Berlin wurden die zeitungskundlichen Fortbildungskurse des Instituts in Kooperation mit der Reichspresseschule veranstaltet. Diese Kurse fanden von 1937 an als Reichslehrgang für pressefachliche Fortbildung unter der Leitung des Reichsverbandes der Deutschen Presse ihre Fortsetzung.[82] Dovifats Äußerung aus den Jahren 1947/48, er sei nach 1936 aus der journalistischen Fortbildungsarbeit herausgedrängt worden[83], ist im Hinblick auf Bedeutungsverschiebungen zwischen universitärer und außeruniversitärer Bildungsarbeit bisher nicht hinreichend gewürdigt worden. Die Einführung von Schulungslehrgängen der NS-Presse, die die Reichspressestelle der NSDAP erstmals 1934 in Berlin ausrichtete, zeugt von den vielfältigen Bemühungen nationalsozialistischer Parteistellen, die journalistische Ausbildung zu kontrollieren, sie effizienter und politisch zuverlässiger zu machen und sie von den Hochschul-

---

77 Vgl. zur Reichspresseschule Wolfgang Müsse: Die Reichspresseschule – Journalisten für die Diktatur? Ein Beitrag zur Geschichte des Journalismus im Dritten Reich (Dortmunder Beiträge zur Zeitungsforschung; 53). München u.a.: Saur 1995.
78 Vgl. Zeitungswissenschaftliches Studium und Reichspresseschule. In: ZW 10,2, 1.II.35, S. 85.
79 Vgl. Verordnung über das Inkrafttreten und die Durchführung des Schriftleitergesetzes vom 19. Dezember 1933. In: ZW 9,2, 1.II.34, S. 76-80.
80 Vgl.: DZV-Tagung in Heidelberg. In: ZW 10,6, 1.VI.35, S. 292-294, Zit. S. 293.
81 Vgl. Müsse: Die Reichspresseschule (wie Anm. 76), S. 237-241, 252.
82 Erster Reichslehrgang für pressefachliche Fortbildung. In: ZW 12,7, 1.VII.37, S. 462-464.
83 bei Benedikt: Emil Dovifat (wie Anm. 4), S. 133.

einrichtungen abzukoppeln. Es waren Lenkungsinstrumente gefordert, die die »journalistische Arbeit im Sinne der nationalsozialistischen Bewegung« deutlicher beeinflussen konnten.[84]

Der praktizierende Katholik Emil Dovifat und der evangelische Theologe August Hinderer waren im Jahre 1933 die führenden Berliner Zeitungswissenschaftler und blieben es bis zum letzten Kriegssemester im Winter 1944/45. Sie lasen an der Universität und verfügten – Hinderer bis 1939 – über Lehr- und Forschungsmöglichkeiten außerhalb bzw. am Rande des Verantwortungsbereichs der Universitätsverwaltung. Vor dem Hintergrund der politischen Kräfteverhältnisse im NS-Staat wirft diese bemerkenswerte personelle Situation am bedeutendsten deutschen Standort zeitungswissenschaftlicher Hochschullehre die Frage nach dem Scheitern politischer Lenkungsansprüche aus verschiedenen Perspektiven auf:

1. Personalpolitisch scheiterte an den Universitäten die angestrebte widerspruchsfreie nationalsozialistische Ausrichtung des Lehrkörpers. Nach der rassisch oder politisch motivierten Vertreibung vieler Hochschullehrer von den Universitäten konnte der Prozeß nicht durch die Entlassung aller dem Regime distanziert oder ablehnend gegenüberstehenden Professoren und ihre Ersetzung durch gläubige Nationalsozialisten fortgesetzt werden. Wie für die praktische Publizistik, war auch für die Publizistikwissenschaft eine zeitlich begrenzte Kooperation des Staates mit dem »unzuverlässigen« vorhandenen Personal vorgesehen, um dessen Fachkompetenz für die nationalsozialistischen Politikziele zu nutzen. Diese Situation des Übergangs hielt auch an der Universität während der gesamten Herrschaftsphase an.

2. Hochschulpolitisch scheiterte die Zeitungswissenschaft als Disziplin mit ihren nach 1933 selbstbewußt formulierten Zielen. Der partiell vorhandene Einfluß zeitungswissenschaftlicher Lobbyisten in den Ministerien führte trotz des Ausbaus der Institute nicht zu dem erhofften nachhaltigen Bedeutungszuwachs des Fachs. Wie in anderen politischen Bereichen auch, neutralisierten sich auf dem Gebiet der Zeitungswissenschaft mehrere institutionelle Bereiche in ihren Machtansprüchen, ohne daß eine zumindest mittelfristig tragfähige Klärung der Einflußbereiche und Kompetenzverteilungen gelungen wäre.

---

84 Das Programm des ersten Lehrgangs vom 28.VI.-5.VII.34 zeigt sowohl im Themenspektrum als auch durch die Auswahl der Referenten die untergeordnete Rolle der Wissenschaft. Vgl.: Der erste Schulungslehrgang der NS-Presse. In: *ZW* 9,8, 1.VIII.34, S. 380f.

3. Verbandspolitisch scheiterte der Reichsverband der deutschen Presse mit den Plänen einer ausschließlich von ihm kontrollierten zentralen und konkurrenzlosen außeruniversitären Fachausbildung der Journalisten. Mit der Reichspresseschule konnte zwar die Einrichtung gegründet werden, die den Einfluß der zeitungswissenschaftlichen Institute hätte wirkungsvoll eindämmen können. Ihre Etablierung und damit der entscheidende Durchbruch gelang hingegen nicht. Die universitäre Zeitungswissenschaft konnte nicht von der journalistischen Ausbildung abgekoppelt und zur Neubestimmung ihrer Funktionen aufgefordert werden.

4. Ordnungspolitisch scheiterte an der Berliner Universität die zentrale Kontrolle und straffe Führung über die zeitungswissenschaftliche Lehre. Die verschiedenen hochschulpolitischen Lenkungsmaßnahmen wirkten nicht systematisch in eine Richtung. Die Profilierung des zeitungswissenschaftlichen Studiengangs konnte weder durch die Synchronisierung universitärer und fachdisziplinärer Ansprüche in wirksamen Absprachen oder im Aufbau eines eigenen Fachseminars vorangebracht werden, noch durch eigene Entscheidungen die Interessenblockaden um die Zukunft des Fachs aufgebrochen werden. Als Antwort auf die vielschichtigen Konfliktlagen gelang an der Universität nicht die Vereinheitlichung der zeitungswissenschaftlichen Disziplin – eher war Zersplitterung die Folge. Erst in den letzten Kriegssemestern wurde auch institutionell die Integration einer Publizistikwissenschaft in Ansätzen sichtbar.

5. Als Wissenschaftler in der Diktatur scheiterten sowohl Emil Dovifat als auch August Hinderer. Politische Lenkungsmacht verhinderte – im Falle Dovifats vorübergehend – die Vertiefung und Fortentwicklung ihrer wissenschaftlichen Lebenspläne. Daß es beiden Professoren dennoch gelang, an der Universität zu verbleiben, steht zu dieser Feststellung nicht im Widerspruch. Ob Dovifat und Hinderer auch in ihrem menschlichen Verhalten – gemessen nach moralischen Kriterien – scheiterten, war nicht Gegenstand dieser Untersuchung und kann hier nicht beantwortet werden. Diese Frage erfordert die ehrliche Bereitschaft zur objektiven Beurteilung menschlicher Verhaltensspielräume angesichts der Herausforderungen inhumaner Herrschaftsverhältnisse. Mehr als fünfzig Jahre nach dem Ende des nationalsozialistischen Unrechtsstaates sind kaum mehr als erste Schritte in diese Richtung unternommen worden.

Fontane oder Faust – Otto Pniowers literarische Arbeitsfelder in seiner Darstellung

Volker Maeusel

Heute weitgehend unbekannt, stand Otto Pniower zu Lebzeiten zwar nicht im Zentrum des literarischen Lebens Berlins, doch bewegte er sich in dem einen oder anderen Randgebiet mit einer Berechtigung, die ganz wesentlich der Tatsache entsprang, an der Berliner Friedrich-Wilhelms-Universität studiert zu haben. Dort empfing er die für ihn maßstabsetzenden Lehren Wilhelm Scherers, da knüpfte er Kontakte zu anderen Studenten. Von dort aus nahm seine Karriere ihren Beginn, an deren Ende er, nach außen hin mit dem Professorprädikat geschmückt, auf eine Vielzahl von Aufsätzen und Artikeln zurückblicken konnte, die sich deutlich um vier Themen- oder Arbeitsfelder gruppierten. Es sind dies die Berliner und die märkische Geschichte, sodann aber die neue Literaturgeschichte, die für Pniower mit Goethe beginnt und mit Fontane endet. Daneben beschäftigte sich Pniower auch mit Gottfried Keller und Heinrich von Kleist, doch überragte seine Auseinandersetzung mit dem Goetheschen »Faust« und den Werken Theodor Fontanes alle anderen Bereiche.

Leider können dabei reflektorische Texte Pniowers über seine Auseinandersetzung mit dem Werk Fontanes und dem Goetheschen »Faust« nicht herangezogen werden. Denn es mangelt an solchen Texten. Diese Beschäftigung war für Pniower selbstverständlich und bedurfte keinerlei Rechtfertigung. Vielmehr soll nach einem kurzen Abriß, in dem Leben und Werk Pniowers vorgestellt werden, der Versuch unternommen werden, aus den teilweise recht verstreut erschienenen Arbeiten Pniowers eine Quintessenz zu ziehen. Es geht also um eine Antwort auf die Fragen, warum er sich mit diesen Themen beschäftigt hat, und wie diese Beschäftigung aussah. Vereinzelt stehen dem Aussagen anderer Literaturwissenschaftler zur Seite oder auch gegenüber, der Schwerpunkt jedoch liegt auf der Darstellung der Positionen Pniowers.[1]

Die Reichsgründung 1871 erlebte Pniower als Kind; ursprünglich aus dem schlesischen Gleiwitz stammend, kam er nach dem frühen Tod seiner Eltern nach

---

1 Vgl. dazu die Arbeit des Verf. über Otto Pniower, die in wesentlich stärkerem Maß Biographisches und eine Bibliographie der Publikationen Otto Pniowers, in: *Berliner Hefte zur Geschichte des literarischen Lebens* 2 (1997).

Berlin und besuchte dort das Gymnasium. Seit dieser Zeit datiert die Freundschaft mit Richard M. Meyer und Max Morris, deren sichtbarer Ausdruck sich in der Widmung findet, die Pniower seinen gesammelten Essays und Studien voranstellte.[2] Wie sie besuchte er die Berliner Universität, die er bis zum Studienabschluß nicht verließ. Seine wesentlichen Lehrer waren Karl Müllenhoff und Wilhelm Scherer. Dementsprechend vermochte er sich nach Studienabschluß nicht gleich zu entscheiden, ob er der alten oder der neuen deutschen Literaturgeschichte seine ganze Neigung schenken sollte. Nach seiner Promotion war es zwar Scherer, der Pniower Arbeit und damit eine gesicherte Existenz auf Jahre gewährte, doch bestand diese Arbeit darin, ihn bei der Herausgabe der Müllenhoffschen »Altertumskunde«[3] zu unterstützen, die Scherer nach Müllenhoffs Tod vornahm. Erst als Pniowers Anteil an dieser Arbeit von einem um seine Stelle konkurrierenden Germanisten vernichtend kritisiert wurde,[4] entschloß er sich, dem Ruf der neuen deutschen Literaturgeschichte zu folgen.

Mit den damals schon üblichen Methoden hielt er sich über Wasser. Er schrieb Theater-Kritiken, verfaßte Rezensionen und Aufsätze. In ihnen bekannte er sich zum Naturalismus der Freien Bühne.[5] Der wirtschaftlichen Misere entkam er endgültig erst, als er knappe zehn Jahre nach seiner Promotion eine Anstellung als wissenschaftlicher Hilfsarbeiter im Märkischen Provinzialmuseum, dem späteren, bis heute existierenden Märkischen Museum, erhielt. Dem Museum blieb er bis zu seiner Pensionierung 1924 erhalten, beharrlich stieg er die Rangleiter empor, bis er zuletzt zum Direktor ernannt wurde.

So verwundert es nicht, unter seinen Schriften solche zu finden, die sich in ausgesprochener Weise mit historischen Themen auseinandersetzen. Publikum, auch dankbares, war ihm sicher. Die »Brandenburgia«, die »Gesellschaft für Heimatkunde«, dem Märkischen Provinzialmuseum eng assoziiert, eine Gesellschaft, die ihre Mitglieder aus bürgerlichem Besitzstand und aus akademisch vorgebildeten Angestellten und Beamten rekrutierte, bot ihm mit ihrer gleichnamigen Monats-

---

2 Otto Pniower: Dichtungen und Dichter. Essays und Studien. Berlin 1912 (im Weiteren: Dichtungen und Dichter), S. 7. Die Widmung lautet: »Richard M. Meyer und Max Morris in alter Freundschaft zugeeignet«.

3 Karl Müllenhoff: Deutsche Altertumskunde. Band 2-5. Hg. von Wilhelm Scherer und Max Roediger unter Mitarbeit von Otto Pniower. Berlin 1887–1900.

4 Gustav Kossinna: Deutsche Altertumskunde von KARL MÜLLENHOFF. zweiter band. In: Anzeiger für deutsches Alterthum und deutsche Litteratur. Bd. 16, S. 1-60. Kossinna faßte Pniowers Leistung folgendermaßen zusammen: »[...] nach allen Seiten hin, dort wo er es an der nöthigen nacharbeit fehlen liess und wo er mit eigener wissenschaftlicher arbeit einsetzte, ergab sich als resultat, dass die würde und den wert des Müllenhoffschen werkes ernstlich gefährdet hat.« Siehe ebenda. S. 60.

5 Vgl. Otto Pniower: Die neue Literaturgeschichte. In: Freie Bühne 1 (1890) 10. S. 289-292.

schrift eine Publikationsplattform. Neben seiner schriftstellerischen Tätigkeit hielt er vor demselben Publikum eine große Menge von Vorträgen.

Stets und ständig war er bemüht, Beziehungen auszunutzen. Er war mit Paul Schlenther vermutlich schon seit der Universitätszeit bekannt. Als dieser Redakteur der *Vossischen Zeitung* wurde, begann auch Pniower, regelmäßig in der *Vossischen Zeitung*, vornehmlich in der Sonntagsbeilage, zu publizieren. Paul Marx, den Pniower wie August Fresenius von der »Zwanglosen Gesellschaft zu Berlin« her kannte, leitete später den *Tag*. Pniower publizierte dort ebenso, wie in der zwischenzeitlich von Fresenius herausgegebenen *Deutschen Litteraturzeitung*.

Was Pniower eigentlich wollte, war, ein Mann der Wissenschaften zu sein. Als seinen Herzenswunsch und sein Streben von jeher bezeichnete er es, »an einer Universität zu lehren.«[6] Die Vermessenheit dieses Wunsches erkennend, schränkte er sich ein, aber auf die Wissenschaft wollte er nicht verzichten. Er suchte einen Beruf, der ihm materielle Sicherstellung bot, gleichzeitig aber die Möglichkeit offen ließ, »der Wissenschaft weiter zu dienen.«[7] Seine Anstellung am Märkischen Provinzialmuseum gewährte ihm diese Freiräume, wenngleich seine wissenschaftliche Betätigung sich in der von Scherer initiierten Goethe-Philologie eine außeruniversitäre Nische suchen mußte. So verwundert es nicht, daß Pniower die Angriffe auf die Goethe-Philologie, den Spott oder gar die Verachtung, die ihr entgegengebracht wurden, nie zu verzeihen vermochte und dahinter mit schöner Regelmäßigkeit Angriffe auf die Person seines verstorbenen Lehrers und Förderers vermutete.[8]

Seit dem Studium nahm Pniower Anteil an der Faustforschung, auf die ihn ursprünglich wohl Scherer gelenkt hatte, prüfte der ihn doch im Examen u.a. zum »Faust«, was eine vorherige Beschäftigung voraussetzte.

Dabei vertrat er in seinen Schriften einen Standpunkt, der seinerzeit aktuell in der Diskussion war. Pniower war der Überzeugung, der »Faust« sei kein zusammenhängendes Werk, sondern im Sinn von »unterbrochener und wiederaufgenommener Arbeit«[9] allmählich entstanden. Wesentliche Teile des ersten Teils sah er bereits als vor der Weimarer Zeit entstanden an. Das bedeutete:

---

6 Otto Pniower an Konrad Burdach. Brief vom 1.3.1892. In: ABBAW. Nachlaß Konrad Burdach.
7 Ebenda.
8 Vgl. beispielsweise Otto Pniower: Wilhelm Scherer's Faustforschung und Hr. Creizenach. In: *Vossische Zeitung*. Erste Beilage Nr. 339 vom 24.7.1887.
9 Otto Pniower an Konrad Burdach. Brief vom 18.5.1891. ABBAW. Nachlaß Konrad Burdach.

»Faust« war kein Werk der Weimarer Klassik. Und das bedeutete unaus-
gesprochen, der »Faust« war kein Werk, das, wie auch immer, der Person des
Herzogs Karl August zu verdanken war. Doch hielt sich Pniower zurück, in der
Ausdeutung betonte er erstaunlicherweise nicht den ›deutschen‹ Goethe der
Straßburger Zeit, sondern ohne weitere politische Schlußfolgerung lediglich den
vorweimarischen Charakter des »Faust«, war ihm dieser doch in erster Linie ein
künstlerisches, kein politisches Produkt. Richard M. Meyer seufzte angesichts
desselben Sachverhalts in seiner Goethe-Biographie:

> »Wie gerne möchte man in dieser Fabel auch Beziehungen auf die Lage Deutschlands
> sehen, eine Ermutigung des stillen Denkers sich mit dem kühnen Kämpfer zu vereinigen, um
> eine neue Zeit herbeizuführen; aber nichts in Goethes damaliger Denkweise berechtigt uns
> dazu.«[10]

Paul Rilla führte später aus, daß diese politische Enttäuschung literatur-
wissenschaftlich kompensiert wurde, indem als Vorbild der Kolonisationstätigkeit
Fausts im zweiten Teil die Tätigkeit der Hohenzollern gesehen wurde: »das Faust-
Bild vom alten Fritz persönlich.«[11] Pniower nun vermochte solche Gedanken-
gänge nicht nachzuvollziehen. Im Gegenteil, auch nachdem Erich Schmidt den
»Urfaust« nach der Göchhausenschen Abschrift veröffentlichte, wobei er in der
Einleitung ausdrücklich daraufhinwies, »wieviel für das Fragment von 1790 noch
zu leisten war«, suchte Pniower nach Bestätigung für seine vorweimarische
These. »Wenn Sie mir nur so viel zugeben,« schrieb er 1889 an Konrad Burdach,
»daß 1776 mehr gedichtet war, als in ihn Aufnahme fand, so bin ich doch schon
sehr befriedigt.«[12] Seit dem Zeitpunkt dieses Briefes datiert Pniowers Arbeit an
seinem Hauptwerk »Faust. Zeugnisse und Excurse zu seiner Entstehungsgeschichte«[13], das er erst zehn Jahre später abschloß, und das in Berlin bei der
renommierten Weidmannschen Buchhandlung verlegt wurde.

Bis dahin war es aber noch ein langer Weg. Unter dem harmlosen Titel »Einige
Faustparalipomena Goethes«[14] verbarg sich ein erneuter Versuch Pniowers, seine
Behauptungen zu untermauern: »die Schlusspartie der Vertragsscene gehört somit

---

10 Richard M. Meyer: Goethe. Berlin 1895. S. 381.
11 Paul Rilla: Goethe in der Literaturgeschichte. Zur Problematik der bürgerlichen Bildung.
   Berlin 1950. S. 20.
12 Otto Pniower an Konrad Burdach. Brief vom 27.5.1889. In: ABBAW. Nachlaß Konrad
   Burdach.
13 Otto Pniower: Faust. Zeugnisse und Excurse zu seiner Entstehungsgeschichte. Berlin 1899.
14 Otto Pniower: Einige Faustparalipomena Goethes. In: *Vierteljahrschrift für Literaturgeschichte*. Bd. 5 (1892) 3, S. 408-430.

nicht der vorweimarischen Zeit an«[15], rekapitulierte Pniower die Darlegung Otto Harnacks[16]. Aber, so fuhr er genüßlich fort, »diese Ansicht ist falsch.«[17] Pniower selber datierte diese Szene in die Frankfurter Zeit Goethes »um die Wende des Jahres 1774«[18].

Ähnlich verfuhr er einige Zeit später, als er die Szene »Vor dem Thor«[19] untersuchte. Zunächst sicherte er sich die Zustimmung Gustav von Loepers, des Nestors der Berliner Goethe-Philologie, indem er ihn zustimmend zitierte: »dass der grösste Theil der Scene in der Zeit von 1797–1806 entstanden sei«[20], dann aber verbiß er sich in den Nachweis, daß eben der kleinste Teil, nur eine »Winzigkeit der Bruchstücke«[21], zwar nicht in den Urfaust gelangte, aber von Goethe später wieder hervorgeholt wurde. Dieses Vorgehen wurde, nur wenig später, moniert. Johannes Niejahr behandelte im *Goethe-Jahrbuch* Osterszenen, dabei die Szene »Vor dem Thor«.[22] Pniower in seinem grundlegenden Gedanken gründlich mißverstehend, meinte er, daß Pniower »sich von dem alteinge-wurzelten Vorurtheil, als wenn wir es hier mit einem Product aus der Jugendzeit zu thun hätten, glücklich befreit«[23] habe. In derselben Bewegung der Schreibfeder aber warf er ihm, nun den tieferen Sinn erkennend, vor, in den »alten Irrthum« zurückzufallen. Und er kritisierte an Pniowers Arbeitsweise, zu stark auf äußere Anhaltspunkte zu achten und den inhaltlichen Gehalt eines Werkes in seiner Bedeutung zu unterschätzen.

Eine solche Arbeitsweise bedingte in der Tat die Suche nach Parallelen und Analogien in Texten jeglicher Art, aber auch ein historisch-genetisches Vorgehen bei der Annäherung an ein literarisches Werk. Das war Scherersche Schule, zumindest, wie Pniower sie verstand. So urteilte er selbst verächtlich über einen jungen Literaturwissenschaftler:

---

15 Ebenda. S. 408.

16 Otto Harnack hatte sich im 4. Band der *Vierteljahrschrift für Literaturgeschichte* an der Datierung einiger Faust-Paralipomena versucht, war dabei aber nach Pniowers Meinung gescheitert.

17 Otto Pniower: Einige Faustparalipomena Goethes. Wie Anm. 14. S. 409.

18 Ebenda. S. 408.

19 Otto Pniower: Die Abfassung der Scene »Vor dem Thor« im Faust. In: *Goethe-Jahrbuch*. Hg. von Ludwig Geiger. Bd. 16. (1895), S. 148-178.

20 Ebenda. S. 148.

21 Ebenda. S. 178.

22 Johannes Niejahr: Die Osterscenen und die Vertragsscene in Goethes Faust. In: *Goethe-Jahrbuch*. Hg. von Ludwig Geiger. Bd. 20 (1899), S. 159ff.

23 Ebenda. S. 162.

»Seine Bildung ist offenbar nur sehr mangelhaft und man kann immerhin zweifeln, ob er Scherer so kennt, daß er von der grundlegenden Bedeutung, die das Prinzip der Analogie für seine Betrachtungsweise hatte, etwas wußte.«[24]

Pniowers Arbeitsweise hatte aber einen nicht zu unterschätzenden Vorteil. Die penible Betrachtungsweise selbst kleinster Fragmente und Textzeugnisse erforderte und bedingte Wortstudien und eine systematische Erfassung des Goetheschen Vokabulars, die so nicht zu hilfswissenschaftlichen Methoden degenerierten. Aus solcherlei Arbeit entstand Pniowers Beschäftigung mit Goethes Wortgebrauch, die die Beschäftigung mit dem »Faust« durch die Jahre begleiten sollte, und die auch in seinem 1899 erschienenen »Faust. Zeugnisse und Excurse« ihren Anteil hatte. Natürlich war er darin bemüht aufzuzeigen, inwieweit der »Faust« als vorweimarisches Produkt, wenn natürlich auch nur in seinen grundlegenden Zügen und Konzeptionen, anzusehen sei. Auf diese Absicht richtete sich zwangsläufig die Kritik, die ihm gleichwohl bescheinigte, daß mit seinem Buch innerhalb der Faustliteratur ein neuer Abschnitt begonnen habe.[25] Ein »vortreffliches Hilfsmittel« zur Faustforschung sei es, das keiner, der »sich ernstlich mit Goethes ›Faust‹ beschäftigt, ernsthaft entbehren könne.«[26]

Es ist angemessen, Pniower am Ende des letzten Jahrhunderts als etabliert in der Goethephilologie anzusehen. Regelmäßig publizierte er im Organ der »Goethe-Gesellschaft«, seine Arbeiten wurden dort zur Kenntnis genommen, auch wenn ihm vielfach Skepsis entgegengebracht wurde. Pniower selbst sah es als gegeben an, daß ihn seine Anstellung im Museum in die Rolle des nichtuniversitären Außenseiters brachte.[27] Doch entwickelte sich Literaturwissenschaft auch außerhalb, wenn auch nicht unabhängig von Universitäten, über ein zunehmend umfangreicheres Zeitschriftenwesen und literarische Vereinsgeselligkeit. In diesen beiden Bereichen bewegte sich Pniower mit zurückhaltender Sicherheit.

Doch zurück zu der Frage, was Pniower eigentlich bewogen hatte, sich dem »Faust« in dieser Art und Intensität überhaupt zu nähern. Zwei Textzeugnisse bieten Annäherungsmöglichkeiten für eine Beantwortung.

---

24 Otto Pniower an Konrad Burdach. Brief vom 19.12.1892. In: ABBAW. Nachlaß Konrad Burdach. Der solchermaßen Geschmähte war übrigens Eugen Wolff.
25 Vgl. Victor Michels: Neue Faustschriften. In: *Euphorion*, Bd. 8 (1901), S. 397-417.
26 Ebenda. S. 402.
27 Vgl. den Brief von Otto Pniower an Konrad Burdach vom 27.7.1892. In: ABBAW. Nachlaß Konrad Burdach.

Davon zielt ein Text direkt auf den »Faust«[28], der andere mehr auf das Verständnis, das Pniower von sich selbst als Literaturwissenschaftler hatte[29].

Der Literarhistoriker, so führte Pniower sinngemäß aus, sei ein unabhängiger und unbestechlicher Richter über die literarischen Produkte seiner, vergangener und zukünftiger Zeiten. Eine Aufgabe war es, dem Lesepublikum den Zugang zu den dichterischen Werken zu öffnen. Diesem volkspädagogischen Ansatz stand aber ein exklusiverer gegenüber. Auf der Suche nach der wahren Erkenntnis von dem Wesen der Kunst, eine Suche, die als Berufung empfunden werden mußte, galt es, die Geschichtlichkeit der literarischen Erzeugnisse abzuschätzen und einzustufen. Das Streben nach Wissen, ein klassisch faustisches Motiv, war aber für Pniower in sich selbst gerechtfertigt, bedurfte nicht nur keiner weiteren Begründung, sondern konnte vielmehr überhaupt nicht begründet werden.

In einem zweiten, bereits erwähnten Aufsatz, einem Zeitungsartikel anläßlich der hundert Jahre zurückliegenden Veröffentlichung des Faust-Fragmentes, gab Pniower kryptische Hinweise auf die Wirkung des »Faust« in der zurückliegenden Zeit. Kryptisch, weil sie sich in den Mantel einer nationalen Gesinnung kleideten, die, um im Bild zu bleiben, nicht Pniowers Stil war.

So stellte er heraus, daß noch jede Epoche, also auch seine Gegenwart, »am meisten Anspruch darauf zu haben«[30] meinte. Darüber hinaus sei das »größte dichterische Werk« Deutschlands von wahrer Überzeitlichkeit und damit auch von Überregionalität und -nationalität. Welchen Anspruch Pniower zu haben meinte, wird deutlich, vergegenwärtigt man sich seine partielle Identifizierung mit dem faustischen Motiv des Erkenntnisstrebens. Nun führte Pniower sie weiter fort. Über Goethes Wandlung zwischen der Veröffentlichung des Fragmentes und der vorläufig endgültigen Fassung urteilte er folgendermaßen:

> »Aus dem jugendlichen Titanen, der gleich Faust alles Forschen verwünschen mochte, weil ihm beim ersten Ansturm nicht gleich das Höchste gelang; die eigentliche Wirkenskraft zu schauen, zu erkennen, was die Welt im Innersten zusammenhält, der nicht eigentlich forschte, sondern das tiefste Geheimniß des Seins erahnen und empfinden wollte, aus diesem jugendlichen Feuergeist war ein Mann geworden, der das Auge nur auf das Erreichbare richtete, der sich nicht scheute, den mühsamen Weg einer bedächtigen Forschung zu beschreiten, und der sich schon im Gefühl einer wachsenden Erkenntniß beglückt fühlte.«[31]

---

28 Otto Pniower: Ein literarisches Jubiläum. In: *Deutsches Wochenblatt.* 3 (1890), Nr. 23, S. 473-476.
29 Otto Pniower: Die neue Literaturgeschichte. Wie Anm. 5.
30 Otto Pniower: Ein literarisches Jubiläum. S. 271.
31 Ebenda. S. 275.

Es ist nicht zu vermessen, darin eine abermalige Identifizierung zu erblicken. Gestützt wird diese Behauptung durch eine unscheinbare Zeitsetzung. Anstatt den oben angegebenen Wandel in Goethes Haltung korrekt mit dem Zeitraum von sechzehn Jahren zu bezeichnen, nannte Pniower es »eine mehr als zehnjährige Entwicklung.«[32] Mehr als zehn Jahre entsprach nämlich eher der Zeit, die vergangen war, seit Pniower selber 1888 sein Studium aufgenommen hatte. Nicht nur hieraus läßt sich schlußfolgern, daß Pniower durch seine Auseinandersetzung mit Goethes »Faust« eine unbewußte Identifizierung nicht nur mit Faust, sondern auch mit Goethe vornahm.

Einen Schriftsteller zu lesen, auch zu schätzen, ist etwas anderes, als ihn zum Gegenstand literarhistorischer Betrachtung zu machen. Es war eine jener zahlreichen Berliner literarischen Vereinigungen, die für Pniower auslösend wirkte, sich dem Werk Fontanes publizistisch zuzuwenden. In der »Zwanglosen Gesellschaft zu Berlin« fanden sich in den achtziger Jahren des letzten Jahrhunderts einige vierzig überwiegend akademisch gebildete, vielfach jüdische Männer zusammen, die sich unter bewußtem Verzicht auf ein zu weit greifendes Statut »jeden Freitag nur zum Zwecke des Gedankenaustausches beim Glase Bier«[33] versammelten. Sie woben ein personelles Geflecht über die Hauptstadt; einige Namen mögen dies verdeutlichen: Paul Schlenther, Hans A. Hertz, Paul Meyer, um die Gründer zu nennen, hinzu kamen Otto Brahm, Julius Hoffory, August Fresenius, Fritz Mauthner, Gustav Roethe, die drei Söhne Fontanes, nicht zuletzt auch Pniower. Sie traten mit Vehemenz publizistisch für Theodor Fontane ein, mindestens sechs positive Kritiken zu »Irrungen, Wirrungen« entstammten diesem Kreis.

Pniower machte da keine Ausnahme. In der *Deutschen Rundschau* rezensierte er den Roman, zusammen mit zwei Werken von Friedrich Spielhagen und Paul Heyse.[34] Diese ließ er gegen Fontane deutlich zurücktreten. Denn ihm attestierte er eine unvergleichlich schablonenlose Darstellung. Darüber hinaus stellte er es als besonders gelungen dar, wie Fontane der Fabel »Zeit- und Localcolorit« verlieh, nämlich nicht durch penible »Anführung rein äußerer Daten und [...]

---

32 Ebenda. S. 275.

33 Siegfried Ochs über seine Mitgliedschaft bei den *Zwanglosen*, zitiert nach: Frederick Betz: Die Zwanglose Gesellschaft zu Berlin. Ein Freundeskreis um Theodor Fontane. In: *Jahrbuch für Brandenburgische Landesgeschichte.* Hg. von Gerhard Küchler und Werner Vogel. Berlin 1976. Bd. 27, S. 86-104. S. 86.

34 Otto Pniower: Neue Romane und Novellen [Irrungen, Wirrrungen von Theodor Fontane, Noblesse oblige von Friedrich Spielhagen und Villa Falconieri und andere Novellen von Paul Heyse – V. M.]. In: *Deutsche Rundschau.* Bd. 56 (1888), Heft 11. S. 307f.

Ortsschilderungen«, »wie das moderne Realisten mit weniger ernsten Intentionen« versuchten.[35]

Daß Fontane eine solche Huldigung beglückt aufnahm, versteht sich fast von selbst. Doch beging er in seinem Dankschreiben an Pniower eine Taktlosigkeit, die diesen verletzen mußte. Er bezeichnete ihn darin nämlich als »Kritiker von Beruf«, rechnete ihn zu dem halben Dutzend führender Kritiker und schätzte sich glücklich, es noch erlebt zu haben, daß diese Kritiker nicht mehr wie zu seinen Jugendzeiten den »Universitäts- und Wissenschaftskreisen«[36] angehörten. Dabei waren es aber doch eben diese Kreise, denen anzugehören Pniowers tiefster Wunsch gewesen war. Es mag dahingestellt bleiben, ob dies den Anlaß für eine Verstimmung gab; es dauerte jedenfalls gute acht Jahre, bis Pniower sich – anläßlich der Veröffentlichung von »Effi Briest« – abermals über Fontane äußerte.[37]

Es sei schon vorweggenommen: Fontane machte seinen Lapsus wieder gut. Es kann nicht geklärt werden, ob der ihm überhaupt bewußt geworden war, doch spricht einiges dafür. Pniowers Freundschaft mit Theodor Fontane jun. und seine gute Bekanntschaft mit Paul Schlenther, nicht zuletzt auch mindestens ein Zusammentreffen Pniowers mit dem Dichter in geselliger Runde boten genügend Anlässe, eine etwaige Verstimmtheit in ihren Ursachen zu erkennen und auszuräumen. Und so dankte Fontane erneut in einem kurzen Schreiben für die überaus positive Besprechung der »Effi Briest« in der *Deutschen Litteraturzeitung*. Sie habe ihm eine »Herzensfreude« bereitet, nur Schlenther habe in seiner Kritik ebensolche Worte gefunden. Dann aber fuhr er fort:

> »Daß Sie vor einem Gelehrtenpublikum gesprochen, kann mir nur lieb sein. Denn zu denen, die sich zuletzt um einen kümmern, gehören die Gelehrten. Es kann auch kaum anders sein. Sie denken – und meist mit Recht – niedrig von der Gattung und gehen erst 'ran, wenn sie von einem Vertrauensmann geführt werden.«[38]

Welche Worte aber hatte der Vertrauensmann gefunden? Die Fabel rekapitulierend, versuchte Pniower deutlich zu machen, daß Fontane es durch eine

---

35 Ebenda. S. 309.

36 Theodor Fontane an Otto Pniower. Brief vom 4.9.1888. In: Theodor Fontane: Werke, Schriften und Briefe. Hg. von Walter Keitel und Helmuth Nürnberger. Abt. IV, Bd. 3, München 1980, S. 636.

37 Otto Pniower: Theodor Fontane, Effi Briest. In: *Deutsche Litteraturzeitung* Nr. 8 vom 22.2.1896.

38 Theodor Fontane an Otto Pniower. Brief vom 21.2.1896. In: Theodor Fontane: Werke, Schriften und Briefe. Hg. von Walter Keitel und Helmuth Nürnberger. Abt. IV, Bd. 4. München 1982. S. 537.

kunstvolle Komposition darauf abgesehen habe, die Tragik Effis dem Leser als eine zwangsläufige Entwicklung vorzuführen, und in ihm »Mitgefühl mit der Unglücklichen zu erwecken.«[39] Fontanes Art, Handlung durch »Seelengemälde« zu ersetzen, »durch die Gespräche Beteiligter auf die Vorgänge Licht zu werfen«, nicht nach »äußeren Effecten zu streben«, wurde gebührend bewundert.[40] Doch die wahrhaft anrührende Bewunderung, die Pniower Fontane entgegenbrachte, ging über die Betrachtung von »Effi Briest« eigentlich hinaus. Höher als alle literarische Technik und Meisterschaft schätzte er nämlich den Geist des Autors ein, dem das Werk entsprungen war. Über »reichste Welterfahrung und eine wahrhaft weise Weltanschauung« verfüge Fontane, und dieser Haltung entspringe ein melancholischer Optimismus, der schließlich in das einmünde, was Pniower als »höchsten Gewinn des Lebenskampfes« bezeichnete: »die Harmonie der Seele.«[41]

Man muß sich dabei vor Augen halten, daß diese Huldigung einem noch nicht unbedingt allseits akzeptierten Autor galt, dabei aber in Worten abgefaßt war, die man eher in einer Goethe-Biographie vermutet hätte.

Die Berliner Universität hatte einen ihrer glücklichen Momente, als sie Theodor Fontane kurz vor seinem 75. Geburtstag die Ehrendoktorwürde verlieh. Die Initiative bei diesem Unterfangen ging ganz wesentlich von Erich Schmidt aus, der auch das Diplom in seinem Wortlaut verfaßte. Darin würdigte er in einer tour de force, die Fontanes komplettes Werk umfaßte, den Dichter und Erzähler, der, aufbauend auf einer Melange aus »Anmuth und Stärke«, den Erbteilen seiner preußisch-hugenottischen Abkunft, »kriegerische, bürgerliche, literarische Wandlungen des Vaterlandes und der Hauptstadt liebevoll und treu für die Nachkommen festgehalten« habe.[42] Der Chronist Fontane war es also, der solchermaßen geehrt wurde, was der Dekan der Philosophischen Fakultät, Ferdinand von Richthofen, in seiner Rede noch hervorhob, daß nämlich Fontanes Forschergeist sich – in dieser Reihenfolge – an den märkischen Wanderungen, den großen Kriegen und zuletzt an der dichterischen Tätigkeit bewährt habe. Dies die offizielle Stellungnahme der Universität, doch in seiner Gedächtnis-Rede auf Fontane ließ Schmidt nur vier Jahre später den Chronisten Fontane fallen, ehrte vielmehr den Erzähler und Romancier. Gerade über »Grete Minde. Nach einer altmärkischen Chronik« klagte Schmidt:

---

39 Otto Pniower: Theodor Fontane, Effi Briest. S. 245.
40 Ebenda. S. 246.
41 Ebenda. S. 242.
42 *Vossische Zeitung* Nr. 551 vom 24.11.1894. Abend-Ausgabe.

»...das hätte vielleicht auch ein Anderer schreiben können. Es fehlt dem ergreifenden Gebild ein eigenthümlicher individueller Stempel, das specifisch ›Fontan'sche‹, das sich in dem großen Roman aus Preußens Vergangenheit mit Recht sparsamer regt, in den älteren Wanderbüchern nur hier und da meldet, um in späteren Zusätzen immer flotter vorzudringen [...]: das ungebundene humoristische Geplauder, die unbefangene Lebensanschauung .«[43]

Daß Pniower diese Kritik an »Grete Minde« in ihr Gegenteil zu verkehren wußte, zeugte schon von der Verehrung des Dichters, die Begründung dabei allerdings von einem Verständnis, das seinesgleichen suchte. Ebenfalls in einem Vortrag[44], der von der »Brandenburgia« in stolzem Rahmen veranstaltet wurde, führte Pniower aus, Fontane habe seinen Ton der Wahl des Stoffes angepaßt, denn bei »einem wirklichen Dichter«[45] – Pniower beeilte sich hier Goethe, Lessing und Schiller als Zeugen anzuführen – »bringt jeder Stoff seine eigene Form mit sich.«[45] Lakonisch sei er verfahren, denn »die Wahl ist ein Ausfluß seines realistischen Empfindens, des Gefühls, daß man bei einem so lang zurückliegenden Ereignis das Einzelne nicht mehr wissen könne«[46]. Ambivalente Gefühle werden aus Pniowers Argumentation, Fontane habe sich bewußt über historische Fakten hinweggesetzt, deutlich. Denn einerseits erkannte der Literarhistoriker und Kritiker darin den besonderen Reiz des Textes, die Überhöhung eines dokumentarischen Vorwurfes in poetische Sphären. Andererseits widerstrebte es dem Historiker für märkische und Berliner Geschichte, die historische Überlieferung verschmäht zu sehen. Diese Zwiespältigkeit löste Pniower für sich, indem er der Quellenfrage besonderen Stellenwert in seiner Untersuchung widmete. Dies führte ihn zwangsläufig zu einer besonderen Betrachtung märkischer Elemente, nicht nur solcher Elemente, die als historische anzusehen sind. Über »Grete Minde« hinaus stellte Pniower solche Untersuchungen bei Fontanes Werken an, merkwürdigerweise jedoch nie bei dem sich dafür prädestinierenden Werk, den »Wanderungen durch die Mark Brandenburg«.

Das Ergebnis solcher Untersuchung vermag bei einem Historiker, der in einem Museum für regionale Geschichte, die sich in der modernen Großstadt Berlin erfüllte, angestellt ist, nicht zu verwundern. Fontane geriet Pniower zur »Verkörperung des Märker- und Berlinertums« schlechthin. Der besondere Geist, den Pniower schon bei »Effi Briest« namhaft machte, war der »eigentümliche Geist,

---

43 Erich Schmidt: Theodor Fontane. In: Ders.: Charakteristiken. Berlin 1901. S. 242f.
44 Otto Pniower: Fontanes Grete Minde. In: Dichtungen und Dichter, S. 329.
45 Ebenda.
46 Ebenda.

der aus der Mischung germanischen, slawischen und französischen Blutes in der Mark Brandenburg«[47] entstanden war.

Solche Interpretation hatte Wechselbeziehungen zum Interpreten. Der Schlesier Pniower, der in Berlin in einem extrem lokalpatriotischen Bereich Fuß gefaßt hatte, konnte den Neuruppiner Fontane als Zeugen anführen bei seiner Suche nach einer eigenen Identität. Die dadurch ausgelöste Selbstfindung führte bei Pniower dazu, sich als zwar nicht geborenen Berliner, wohl aber als Berliner besonderen Formats zu erkennen. Und er wurde nicht müde, das auch zu betonen. Als Konrad Burdach ihm einmal den Weg zu seinem Haus beschreiben wollte, lehnte Pniower solches Verhalten gekränkt, aber auch amüsiert ab.

> »Die Beschreibung des Reiseweges bitte ich Sie sich zu ersparen. Es wäre schlimm, wenn der Leiter des Märkischen Museums ihn nicht selbst fände.«[48]

Die Art, in der Pniower das von Fontane beschriebene und verkörperte Märkertum als Amalgam verschiedener Kulturen und Völker auffaßte, erinnert an seine Wiedergabe Schererscher Positionen. Von seinem Lehrer hatte er gesagt, daß er »auf dem Gebiete der Kunst und Wissenschaft« den Wettbewerb der Welt nicht nur für zulässig, sondern für höchst wünschenswert gehalten habe. »Die Blütheperioden unserer Literatur« seien allemal nur durch kulturelle Befruchtung des Auslands bedingt gewesen.[49] Eine solche Sichtweise war für den assimilationswilligen Juden Pniower eine Bekräftigung gewesen, die er nun in den Werken Fontanes wiederfand. Er stellte vielleicht einen Bezug her zwischen hugenottischer Herkunft Fontanes, historisch internationaler Zuwanderung in die Mark und nach Berlin und der Assimilation der Juden in Preußen und konnte dadurch auch Fontanes bisweilen hochgradig antisemitisch klingende Aussagen für sich relativieren.

Hatte Pniower einst über »Irrungen, Wirrungen« geschrieben, es handele sich bei diesem Buch um das Muster der dichterischen Verkörperung des modernen Berlin, so stellte er Fontane jedoch nicht über Gebühr als Großstadtromancier hin. Er attestierte ihm wohl, der Schöpfer des modernen Berliner Sittenromans gewesen zu sein, doch offenbarte er Fontanes Bedeutung eher am Gegenteil.

---

47 Ebenda. S. 294.
48 Otto Pniower an Konrad Burdach. Briefkarte vom 30.11.1921. In: ABBAW. Nachlaß Konrad Burdach.
49 Beide Zitate aus: Otto Pniower: Wilhelm Scherer in französischer Darstellung. In: *Deutsche Rundschau* 1890. Hf. 12. S. 473-476, hier S. 473.

Es war ein Schreibtisch, der Pniower eine vermutlich tiefe Genugtuung bereitete. Denn im Jahr 1903 kam der Schreibtisch Fontanes aus seinem Nachlaß in die Obhut des Märkischen Museums. Dazu gehörten die Manuskripte von einem Großteil der Fontaneschen Schriften.[50] In den folgenden Jahren finden sich stolze Angaben in den Verwaltungsberichten des Museums, die über rege Forschungsarbeit an den Handschriften berichteten.[51] Wie sehr das Museum bemüht war, sich als Arbeitsstätte zu etablieren, zeigt der Erwerb eines weiteren Manuskriptes: 1909 wurde eine frühe Übersetzung Fontanes nach einem englischen Roman angekauft. Pniower stellte das Manuskript jedoch erst ein Jahrzehnt später der Öffentlichkeit in einer Publikation vor.[52]

In einer der Goethe-Philologie vergleichbaren, wenngleich nicht existenten Fontane-Philologie hätte Pniower seinen Ehrenplatz gefunden. Seine Worte, erst mit »Irrungen, Wirrungen« und »Effi Briest« habe Fontane die ihm gebührende Anerkennung errungen[53], drückten auch den Stolz aus, den Pniower über seinen eigenen Anteil an der Wirkung Fontanes empfand. Er würdigte dabei seine eigene Leistung nicht minder als die des Dichters, denn es waren die einzigen Rezensionen, die er selber jemals über Fontane verfaßte. Dazu durfte er sich als Gralshüter der Werkmanuskripte Fontanes fühlen. Als Herausgeber konnte er in diesem Zusammenhang mit Paul Schlenther in Erscheinung treten; sie gaben zusammen Fontanes Freundesbriefe heraus.

Doch hatte Schlenther ihm einst noch eine Aufgabe zugedacht gehabt, zu deren Erfüllung es aus ungeklärten Gründen nicht kam: Er sollte die »als Kleinod der deutschen Nation«[54] geplante Fontane-Gesamtausgabe herausgeben. Den ihm beigemessenen Wert konnte Pniower auch dadurch einschätzen, daß er zu Verhandlungen herangezogen wurde, die zur Gründung eines Fontane-Archives führen sollten. Zuletzt wollte gar Theodor Fontane jun. die nach dem Tod Schlenthers und Martha Fontanes inkompetente Nachlaßkommission »durch seinen und seines

---

50 Vgl. Christel Laufer: Verloren geglaubte Fontane-Manuskripte wieder im Märkischen Museum. In: *Jahrbuch des Märkischen Museums*. Bd. VI/VII (1980-81), S. 70-77.

51 »Von den in unserm Besitz befindlichen Originalhandschriften hervorragender, in Berlin entstandener Dichtungen wurden diejenigen E.T.A. Hoffmanns und Theodor Fontanes benutzt.« In: Verwaltungsbericht des Märkischen Museums zu Berlin. Berlin 1910. S. 5.

52 Otto Pniower: Fontane als Übersetzer eines englischen Romans [Mrs. Gore: The moneylender – V. M.]. In: Theodor Fontane. Zur Feier seines hundertsten Geburtstages. In: *Mitteilungen des Vereins für die Geschichte Berlins (Beilage)*. Berlin 1919. Nr. 12.

53 Theodor Fontane. In: Dichtungen und Dichter. S. 291.

54 Paul Schlenther an Paul Meyer. Brief vom 9.7.1900. In: Otfried Keiler: 50 Jahre Fontane-Archiv in staatlichem Besitz. In: *Fontane-Blätter* Bd. 6 (1986) 3. S. 325-335, hier S. 329-341.

Freundes Pniower Beitritt«[55] wieder aufleben lassen. Mit dem Scheitern dieser Pläne schien Pniower auch seine Beschäftigung mit dem Werk Fontanes eingeschränkt zu haben; das Alter, eine seit der Jugend angegriffene Gesundheit und die Arbeit an einem Goethe-Wörterbuch taten ihr übriges.

Als Pniower einmal über seine Berufswünsche nachgedacht hatte, war er zu dem Schluß gekommen, eine Habilitation und eine Dozentenstellung an einer Universität seien deswegen erstrebenswert, weil »einem dann erst die Probleme nicht entgehen und lebendig bleiben.«[56] Er brauchte den Disput, die Auseinandersetzung, die Nähe zur etablierten Forschung. Seit sich ihm zu Beginn unseres Jahrhunderts zunehmend das literaturwissenschaftliche Umfeld entfremdete, da ihn seine Tätigkeit im Museum nicht nur von der reinen Zahl der Dienststunden her ausfüllte, begannen ihm die Probleme zu entgehen. Seine einstmals aufgenommene Beschäftigung, die Suche nach einer sicheren Datierung der Entstehung des »Faust«, beschäftigte ihn weiter bis in die zwanziger Jahre. Noch 1922 vermerkte er stolz:

> »Ich bilde mir ein, einen der schwierigsten Puncte der Entstehungsgeschichte des ersten Teils in Ordnung gebracht zu haben. Die Konzeption des Schlusses ist nicht gleichzeitig mit dem Prolog.«[57]

Der praktische Ertrag dieser jahrzehntelangen Arbeit bestand in einem noch in Angriff genommenen Goethe-Wörterbuch. Damit stellte er sich abermals in einen interessanten und interessierenden Kreis. Daß seine Studien zu diesem Wörterbuch an der Berliner Universität ernst genommen wurden, geht klar aus einer Briefpassage Pniowers hervor. Darin erklärte er einem Bekannten, warum er einen gemeinsamen Vortragsbesuch versäumt habe:

> »Es war aber um 6 ½ – 9 Uhr ein Schüler Petersens bei mir, dem ich für seine Dissertation aus meiner Sammlung zu einem Goethe-Wörterbuch spenden mußte.«[58]

Es war aber nicht nur die Universität, die Pniowers Arbeit zu würdigen wußte. Betrachtet man die Nachrufe, die nach seinem Tod im Frühjahr 1932 erschienen,

---

55 Handschriftliche Äußerung Friedrich Fontanes. Siehe ebenda, S. 329.
56 Otto Pniower an Konrad Burdach. Brief vom 1.3.1892. In: ABBAW. Nachlaß Konrad Burdach.
57 Otto Pniower an Konrad Burdach. Brief vom 9.4.1922. In: ABBAW. Nachlaß Konrad Burdach.
58 Otto Pniower an Hermann Kügler. Postkarte vom 12.9.1926. Zentrum für Berlin-Studien. Original in der Zeitungsausschnitt-Sammlung zu Pniower.

erkennt man, daß Pniower sich auch im Alter nicht über mangelnde Aufmerksamkeit des literarischen Berlins beschweren konnte. Monti Jacobs und Max Osborn schrieben über ihn in der *Vossischen Zeitung* in einer Manier, die Vertrautheit mit ihm ausdrückte; Arthur Eloesser hielt an seinem Grab die Trauerrede.[59] Der Titel dieser Betrachtung könnte dazu führen, zwischen den Arbeitsfeldern *Faust* bzw. *Fontane* eine Konkurrenz zu vermuten. Doch sollte anhand der Ausführungen klar geworden sein, daß es keine war. Vielmehr versuchte Pniower dabei, die in seiner Brust ringenden Gefühle miteinander zu vereinen. Dies kam zum Ausdruck, als er sich an der Festschrift für Ludwig Geiger beteiligte, wofür er übrigens leichten Spott von Burdach einstecken mußte, der Geiger herabschätzend einer solchen Festgabe nicht für würdig hielt.[60] Denn sein Beitrag »Berliner Briefe von Zelter bis Fontane«[61] vereinigte die Zeiten Goethes mit den Zeiten Fontanes. Pniower präsentierte sich damit als Forscher, der historisches und literarhistorisches Arbeiten zu vereinen wußte, der über den bloßen Tageskritiker hinausgewachsen war und den Zeitbezug des Kritikers durch die Rollenübernahme des Schatzmeisters zu überwinden wußte. Erst die Verbindung zu seiner Tätigkeit als Historiker Berlins und der Mark Brandenburg schuf Pniower die Möglichkeit, seine vorhandenen literaturwissenschaftlichen Präferenzen miteinander in Einklang zu bringen.

---

59 Vgl. *Vossische Zeitung* vom 18.3.1932.
60 Vgl. den Brief Otto Pniowers an Konrad Burdach vom 28.6.1918: »Daß Sie meine Mitarbeit an dem Geigerband belächeln würden, wußte ich.« In: ABBAW. Nachlaß Konrad Burdach.
61 Otto Pniower: Von Zelter bis Fontane. Berliner Briefe. In: Beiträge zur Literatur- und Theatergeschichte. Ludwig Geiger zum 70. Geburtstag. Hg. von der Gesellschaft für Theatergeschichte e. V. Berlin 1918. S. 163-181.

Arthur Eloesser: Der Philologe als Kritiker

Andreas Terwey

In einem Brief an seinen Verleger Samuel Fischer reagiert Thomas Mann auf die nicht eben günstige Besprechung seines Romans »Die Buddenbrooks« in der *Neuen Rundschau* zunächst mit gebührendem Respekt:

> »Aber Herr Eloesser ist ein Kritiker, von dem man sich etwas sagen läßt, und dem man von der ersten Zeile an sehr aufmerksam zuhört. Schon die Würde seines Tones, die eine angenehme Ironie nicht ausschließt, giebt seinem Lobe gewicht und macht, daß man sich seine Verweise hinter die Ohren schreibt.«[1]

Franz Blei hingegen bemüht sich im »Bestiarium literaricum« um Biß. Der Eloesser

> »gehört zur Familie der Kopffüßler, jener überall gleich heimischen Tierart, die mit Hilfe ihres Kopfes in der Advokatur ebenso vorwärts kommt, wie in der Literatur.«[2]

Äußerungen wie diese sind bis zu einem gewissen Grad repräsentativ für die Charakterisierung Eloessers durch seine Zeitgenossen. Wer ihn schätzt, stellt seine fachliche Kompetenz und moderate Haltung in den Vordergrund, bescheinigt ihm eine »feine skeptische Gescheitheit«[3] oder auch »besonnene Empfänglichkeit für die neuen künstlerischen Gedanken der Zeit«[4] – wer ihn ablehnt, sieht in ihm zumeist einen Kritiker von leidenschaftsloser, akademischer Rationalität. Hugo von Hofmannsthal spricht von »dem ewig unlustigen Eloesser« und stellt die Frage: »Was gefällt dem eigentlich?«[5]

Einen Aufsatz über einen Kritiker mit den Urteilen von Kollegen und Kritisierten zu beginnen, scheint problematisch. Dennoch liefern die vorgestellten Zitate erste Hinweise auf einen der wichtigsten Theater- und Literaturkritiker zwischen Kaiserreich und Nationalsozialismus, der zwar in vier Jahrzehnten ei-

---

1 Thomas Mann an S. Fischer am 8.12.1901, in: Samuel Fischer / Hedwig Fischer: Briefwechsel mit Autoren. Hg. von Dierk Rodewald und Corinna Fiedler. Mit einer Einführung von Bernhard Zeller, Frankfurt am Main 1989, S. 400.
2 Franz Blei: Bestiarium literaricum, in: Franz Blei: Schriften, Berlin 1980, S. 396.
3 Arnold Zweig: Juden auf der deutschen Bühne, Berlin 1928, S. 88.
4 Max Osborn: Die *Vossische Zeitung* seit 1904, in: 50 Jahre Ullstein, Berlin 1927, S. 229.
5 Hugo von Hofmannsthal an S. Fischer am 27.2.1905, in: Rodewald/Fiedler, S. 538.

ne fast unüberschaubare Zahl von Besprechungen, Essays und Büchern publiziert hat, der aber wenig Autobiographisches und erst recht wenig Programmatisches hinterlassen hat.

Es ist wohl kaum verwunderlich, daß sich die Geister an einer so exponierten Figur des literarischen Betriebs scheiden. Dennoch scheinen die gegensätzlichen Äußerungen auf ein Charakteristikum im Wirken Eloessers hinzudeuten: Der »Kopffüßler« war als Schüler Erich Schmidts von akademischer Herkunft, und dieses Erbe einer philologischen Ausbildung bleibt, wie zu zeigen sein wird, in seinem Werk stets wirksam – und zwar nicht als methodisches Korsett, sondern als Anspruch auf eine umfassende Zuständigkeit des Kritikers für die Einordnung des einzelnen Kunstwerkes in den großen literaturgeschichtlichen Zusammenhang. Keine bestimmte literarische Strömung, kein genau bestimmbares Epochenphänomen hat in Eloesser ihren Förderer oder Verfechter gefunden. Vielmehr hat er den Gang der Entwicklung der Literatur in Deutschland insgesamt kommentierend und kritisierend begleitet, ihre Autoren immer wieder porträtiert und seinen Lesern vertraut gemacht.

Höhepunkt dieser Bemühungen ist seine in zwei Bänden 1930 und 1931 erschienene und über 1300 Seiten umfassende Literaturgeschichte: Kein wissenschaftliches Kompendium, sondern dem Anspruch ihres Verfassers gemäß eine kompositorischen Regeln verpflichtete, essayistische Unternehmung – von einem vielbeschäftigten Kritiker quasi nebenbei geschrieben.[6] Dieser vermittelnde, ordnende Zug ist ein Markenzeichen Eloessers. Nicht zuletzt dadurch erreichte er den Status einer Institution, deren vielfältige Kontakte, Einflüsse und Wirksamkeiten nachzuzeichnen kaum möglich ist.

Da diese Arbeit nicht den Anspruch haben kann, ein annähernd vollständiges Bild zu entwerfen (was im übrigen den Grundsätzen Eloessers für seine Porträts von Autoren entspricht), stellt sich die Frage nach dem, was in ihrem Rahmen Beachtung finden muß, um ihn im »Dreiländereck von Wissenschaft, Literatur und Publizistik« verorten zu können.

Da die wohl einzige bisher unternommene wissenschaftliche Arbeit zu Eloesser dessen Theaterkritiken behandelt, soll im folgenden der Blick vor allem auf den Literaturkritiker und -vermittler gelenkt werden, der – unter anderem – in der *Vossischen Zeitung*, der *Neuen Rundschau* und seit den zwanziger Jahren auch in der *Weltbühne* kontinuierlich publizierte.[7]

---

6 Arthur Eloesser: Die deutsche Literatur vom Barock bis zur Gegenwart. 2 Bde., Berlin 1930/31.
7 Doris Schaaf: Der Theaterkritiker Arthur Eloesser, Berlin 1962.

Zunächst gilt es jedoch zu klären, unter welchen Umständen aus dem Germanisten der Kritiker Eloesser wurde. Der unfreiwillige Übergang von der Wissenschaft in den Journalismus ist ein Schlüssel für das Selbstverständnis Eloessers. Es wird zu zeigen sein, wie sich dieses Selbstverständnis in Abgrenzung gegen die Germanistik einerseits und gegen Kritiker-Vorgänger andererseits entwickelte. Im Anschluß daran scheint es jedoch geboten, der Tatsache Rechnung zu tragen, daß Eloessers publizistische Tätigkeit Kaiserreich, Weimarer Republik und schließlich Nationalsozialismus umfaßt.

»Ich wurde am 20. März 1870 in Berlin geboren, also wenige Monate vor Ausbruch des deutsch-französischen Krieges, worauf ich mir als Kind nicht wenig einbildete, als ob ich noch rechtzeitig zur Welt gekommen wäre, um ein so bedeutendes Ereignis mitzuerleben.«[8]

Der Lebensweg Eloessers ist von solch hoher Aussagekraft für die Stellung jüdischer Akademiker und Intellektueller in Deutschland zwischen der Jahrhundertwende und dem Nationalsozialismus, daß diesem Phänomen zumindest skizzenartig Rechnung getragen werden soll, wobei die Frage nach der äußeren Stellung im literarischen Betrieb einerseits und dem Anspruch der kritischen Arbeit andererseits jeweils neu gestellt werden muß.

Deshalb sollen drei Schlaglichter gesetzt werden, die Eloessers Tätigkeit unter ihren wechselnden Voraussetzungen und den sich daraus ergebenden wechselnden Ambitionen des Kritikers beleuchten: Das fünfundzwanzigjährige Jubiläum des S. Fischer Verlages 1911, die Auseinandersetzung mit dem Werk Thomas Manns während der Weimarer Republik und schließlich das unter dem Nationalsozialismus geschriebene, letzte Buch Eloessers »Vom Ghetto nach Europa« sollen näher betrachtet werden. In einem Exkurs werden die Berlin-Feuilletons zur Sprache kommen, um zu zeigen, wie eng Eloessers kritische Arbeit mit seiner Sicht auf Berlin verknüpft ist.

Der Schmidt-Schüler

Zunächst also ein Blick auf die Anfänge einer Karriere:

»Ich glaubte bemerkt zu haben, daß die Welt trotz allen Fortschritten der Wissenschaft nicht richtig oder nicht gerecht genug regiert wurde, und bildete mir ein, daß das glatt ge-

---

8 Arthur Eloesser: Erinnerungen eines Berliner Juden, in: *Jüdische Rundschau* (fortan: *J. R.*) Nr. 76/77 vom 21.9.1934.

hen müßte, wenn man die Lehren und Warnungen der Weltgeschichte berücksichtigte. So wollte ich vom Katheder aus die Völker und die Regierungen mit den besten Methoden versehen.«[9]

Aus diesem Grund schrieb sich Eloesser im Wintersemester 1888/1889 an der Friedrich-Wilhelms-Universität seiner Heimatstadt Berlin ein. Das Vorlesungsprogramm des Erstsemesters ist bereits auf seine spätere staatspolitische Verwertbarkeit hin ausgerichtet. Er hört unter anderem *Die Grundzüge der deutschen Verfassungsgeschichte* bei Jastrow, *Institutionen des Römischen Rechts* bei Erk und vor allem *Politik* bei Treitschke.[10] Doch gerade letzterer scheint ihm die Begeisterung für die Geschichtswissenschaft als Anstalt zur Herstellung globaler Gerechtigkeit verleidet zu haben, denn die Ausbildung jüdischer Studenten zu Schulmeistern der Diplomatie gehörte gewiß nicht zu dessen Wissenschaftskonzept. Das Treitschke-Erlebnis, die Zeit seiner frühen Studienjahre um 1890 überhaupt erscheint Eloesser im Rückblick als Epochenwende, die nicht zuletzt auch das Ende einer vergleichsweise liberalen öffentlichen Stimmung gegen die jüdische Bevölkerung im Reich brachte. Andererseits vollzog sich gleichzeitig der Durchbruch des Naturalismus, der nunmehr zum Hoffnungsträger für gesellschaftliche Umgestaltung, und das heißt nicht zuletzt für den Wunsch nach Emanzipation, wurde.

Es ist zu vermuten, daß gerade das Zusammentreffen dieser Erfahrungen, das Treitschke-Erlebnis auf der einen und der naturalistische Aufbruch auf der anderen Seite, Eloesser dazu bewogen, sich der Germanistik zuzuwenden.

Sein Lehrer wurde Erich Schmidt, bei dem er denn auch bald eine Vorliebe für theatergeschichtliche Themen entwickelte. Wahrscheinlich erblickte der junge Eloesser im erneuerten Theater eine bessere Möglichkeit, allgemeinverbindliche politisch-ethische Maßstäbe zu gewinnen als bei seinen bisherigen Trockenübungen in der Geschichtswissenschaft. Über Erich Schmidt äußert er sich in den 1934 in der *Jüdischen Rundschau* veröffentlichten »Erinnerungen eines Berliner Juden«:

»Von seinen seminaristischen Uebungen, die der neueren deutschen Literaturgeschichte galten, waren die jüdischen Komilitonen besonders angezogen, weniger von der historischen Grammatik mit Gotisch, Altnordisch und Althochdeutsch. Diese Entscheidung hatte

---

9 *J. R.* 88, 2.11.1934.
10 Vgl. das Abgangszeugnis Eloessers vor seinem Wechsel nach Genf: UA der HUB, Phil. Fak. 318.

verschiedene Gründe. Die jüdischen Studenten, wenn sie sich nicht taufen ließen, hatten nur geringe Aussicht auf eine gymnasiale Anstellung.«[11]

Noch weniger jedoch konnten sie auf eine Universitätslaufbahn hoffen – doch eben dahin gingen Eloessers Ambitionen. Eine Professur war sein ursprüngliches Berufsziel, und so begann er im Anschluß an seine Promotion über »Die ältesten deutschen Übersetzungen Molièrscher Lustspiele« mit der Arbeit an einer Geschichte des bürgerlichen Dramas, die seine Habilitationsschrift werden sollte. An die Möglichkeit der Habilitation war jedoch die Bedingung der Taufe geknüpft, ein Zugeständnis, zu dem er nicht bereit war. Eloesser selbst beschreibt den Vorgang in seinen Erinnerungen:

»Als ich das Buch nach vierjähriger Arbeit meinem Gönner Erich Schmidt endlich überreicht hatte, nahm er es wohlwollend auf und mich selbst in ein freundschaftliches Verhör, das mit der warnenden Einleitung begann: Sie werden sich gewiß in Berlin habilitieren wollen, wo Sie Ihre theatergeschichtlichen Interessen am besten pflegen können. Aber hier sitzen nun schon die drei anderen und die kommen auch nicht weiter. Vielleicht entschließen Sie sich doch für Heidelberg oder Freiburg, aber da steht Ihnen wieder der... und der... im Wege. Die ganze Angelegenheit wäre vereinfacht – ich muß schon die Frage an Sie stellen – wenn Sie sich entschließen könnten... Nein, Herr Professor, sagte ich, ich kann mich nicht entschließen! Darauf drückte er mir die Hand. Und mit der Professur war es vorbei.«[12]

Thomas Nipperdey hat darauf hingewiesen, daß

»angesichts des Antisemitismus und der Zumutungen der opportunistischen Taufe im Gerangel um berufliche und soziale Positionen [...] auch die Mehrheit der indifferenten und der religiös liberalen Juden bei der offiziellen Zugehörigkeit zur Synagoge (blieb – A. T.), das war ein Gebot des Ehrgefühls, der Solidarität, des Trotzes [...].«[13]

Diese Einschätzung läßt sich mit einiger Berechtigung auch im Falle Eloessers vertreten, der seine religiöse Prägung durchaus nicht als besonders verpflichtend empfand, dem aber nun, wie vielen seiner jüdischen Kommilitonen, nichts anderes übrigblieb als das Ausweichen in den Journalismus.

Obwohl der Beruf seinen ursprünglichen Zielen nicht entsprach, konnte sich Eloesser als bestens für dessen Anforderungen ausgebildet betrachten, schließ-

---

11 Arthur Eloesser: Erinnerungen. In: *J. R.* 90, 9.11.1934.
12 Arthur Eloesser: Erinnerungen. In: *J. R.* 92, 16.11.1934.
13 Thomas Nipperdey: Deutsche Geschichte 1866–1918. Erster Band: Arbeitswelt und Bürgergeist. Dritte, durchges. Aufl., München 1993, S. 405f.

lich dominierten die Schmidt-Schüler in den Feuilletons der Berliner Presse. Aus der Habilitationsschrift wurde somit eine Bewerbungsschrift auf dem Arbeitsmarkt. Interessant ist, auf welche Weise Eloesser sein Manuskript unterbringt. In einem Brief an den Verleger Wilhelm Hertz nimmt er bezug auf den Berliner Germanistenabend, der dem Adressaten offensichtlich ein Begriff sein muß, mit dem er veröffentlichungswürdigen wissenschaftlichen Nachwuchs verbindet. Eloesser bietet sein Buch an und kann darauf verweisen, daß Erich Schmidt bereit sei, ein Gutachten über dessen wissenschaftlichen Rang zu erstellen.

So gelangt »Das Bürgerliche Drama. Seine Geschichte im 18. und 19. Jahrhundert« tatsächlich 1898 in das Programm von Wilhelm Hertz in Berlin, findet positive Resonanz und veranlaßt schließlich Paul Schlenther, Eloesser als seinen Nachfolger bei der *Vossischen Zeitung* vorzuschlagen.[14]

1899 tritt Eloesser diese Nachfolge an. Seit den Tagen Otto Brahms ist das Amt in fester Hand von Scherer- und nun auch Schmidt-Schülern.

> »Brahm kam von der Philologie zum Theater, er hat diesen neuen Weg manchem Nachfahren geebnet, und es scheint heute ganz in der Ordnung, daß er aus der Schule Wilhelm Scherers kam. Die historisch-kritische Forschung hat die Dogmen der ästhetischen Gesetzgebung zerbrochen, um den Wurzeln der Dichtung, die im Leben liegen müssen, nachzugraben, und so ist dem besten Schüler Scherers die Literaturforschung, die sich Vergangenes als einmal Entstandenes, Bedingtes gegenwärtig macht, zu einer kritischen Forderung an die Zukunft geworden.«[15]

Damit stimmt Eloesser überein. Allerdings distanziert er sich nach und nach von der von ihm bei Brahm beobachteten Fixierung auf den Naturalismus. Als Schüler Erich Schmidts bekennt Eloesser, gerade in der Kritik freier von methodischen wie inhaltlichen Präferenzen zu sein. Die Abgrenzung von der vorhergehenden Kritiker-Generation erfolgt also über die Zugehörigkeit zu – zwar eng verwandten, aber dennoch zu unterscheidenden – wissenschaftlichen Schulen. Die strenge positivistische Konzeption Scherers hat demzufolge ihren Niederschlag in der verdienstvollen, aber in längerfristiger Perspektive unbeweglichen Arbeit Brahms gefunden, während Eloesser für sich in Anspruch nimmt, bei aller wissenschaftlichen Redlichkeit von seinem Lehrer Schmidt auch die Vorurteilslosigkeit gegenüber neuen literarischen Ausdrucksformen mit auf den Weg bekommen zu haben.

---

14 Arthur Eloesser: Das Bürgerliche Drama. Seine Geschichte im 18. und 19. Jahrhundert, Berlin 1898. – Ein Nachdruck erschien 1970 in Genf.
15 Arthur Eloesser: Otto Brahm. In: *Vossische Zeitung* vom 1.12.1912.

Der Zunft der Germanisten insgesamt tritt Eloesser in der Folge allerdings zunehmend distanziert gegenüber. Aus seinen Äußerungen tritt das im Laufe einer erfolgreichen Karriere entstandene Selbstbewußtsein des Kritikers als des besseren Literaturvermittlers zutage:

»Der Kritiker kann nicht anders als nach zukünftigen Maßstäben urteilen, womit zugleich gesagt ist, daß die Professoren, auch wenn sie Scherer, Treitschke, Röthe, Litzmann heißen, den literarischen Irrtum geradezu berufsmäßig betreiben.«[16]

Man sieht, wie Eloesser versucht, eine Positionsbestimmung seines kritischen »Amtes« über die Abgrenzung von seinen Vorgängern einerseits und von den Autoritäten der philologischen Wissenschaft andererseits zu erreichen. Was er von der Germanistik übernimmt, ist vor allem ihr Anspruch auf umfassende Zuständigkeit, auf Einordnung des einzelnen Werkes in größere historische Zusammenhänge. Die Position des Kritikers ist also durchaus professoral definiert, er braucht jedoch kein Katheder, um seine Forschungen zu verbreiten. Eine charakteristische Einstellung kann noch als Folge der Beeinflussung durch die Literaturwissenschaft verbucht werden: Das Denken in »Schulen« und »Institutionen«:

»Eine literarische Bewegung wird nicht durch ihren Enthusiasmus, durch ihren Stimmungsgehalt entscheidend, sondern erst, wenn sie eine Erfindung macht oder zu machen glaubt, wenn sie ihre Anhänger auf eine Technik verpflichtet, auf eine Methode schwören läßt.«[17]

Dieses Verständnis hat Eloesser aus einer Grunderfahrung seiner wissenschaftlichen Ausbildung gewonnen. Nun überträgt er das Konzept der notwendigen Institutionalisierung von der Wissenschaft auf die Literatur.
Was aber sind zukünftige Maßstäbe, nach denen der Kritiker zu urteilen hat? Dieser Frage werde soll nun anhand der drei angekündigten Schlaglichter nachgegangen werden.

25 Jahre S. Fischer

Am Vorabend des Ersten Weltkrieges hat sich Eloesser im literarischen Leben Berlins fest etabliert. Er ist bei der *Vossischen Zeitung* nicht nur für die Theater-

---

16 A. Eloesser: Aus der Werkstatt des Kritikers, in: *Freie Deutsche Bühne II*. Jg. 1920, S. 6f.
17 Deutsche Literatur II, S. 404.

kritiken zuständig, sondern zeichnet darüber hinaus auch für den kurz zuvor eingerichteten, ambitionierten Romanteil verantwortlich. Mit dieser Rubrik unternahm die Zeitung den Versuch, den erfolgreichen Rundschau-Zeitschriften Konkurrenz zu machen.[18] Der neue Mitarbeiter nahm also bereits von Anfang an eine Schlüsselrolle im Konzept der Redaktion ein. Darüber hinaus publizierte er regelmäßig in der *Neuen Rundschau* Essays und Sammelrezensionen und konnte sich mit seinen 1904 veröffentlichten »Literarischen Portraits aus dem modernen Frankreich« als kompetenter Kenner der französischen Gegenwartsliteratur profilieren.[19] Eloesser war ein Kritiker mit europäischer Ausrichtung – ein Erbe seiner Ausbildung bei Erich Schmidt und wohl ebenso befördert von dem Wunsch nach Überwindung der jüdischen Sonderexistenz in einer streng national ausgerichteten Gesellschaft.

Europa als neuer Bezugspunkt für die literarische Produktion versprach zweierlei: Die Lösung der deutschen Literatur von ihrer nationalen Fixiertheit und darüber hinaus auch die Überwindung der Marginalisierung des Kritikers. »Hier leuchteten Umrisse einer international ausgerichteten und säkularisierten Zukunftskultur auf, die jene traditionellen und nationalistischen Schranken beseitigte, aus denen sich die Diskriminierung der Juden gespeist hatte.«[20]

Zum fünfundzwanzigjährigen Jubiläum des S. Fischer Verlages erscheint ein Sammelband, für den Eloesser den einleitenden Aufsatz verfaßt. In souveräner Manier nutzt er die Gelegenheit, eine Zwischenbilanz zu ziehen – mit abschließenden Ehrungen von Verlag und Verleger möchte er noch weitere 25 Jahre warten.

Doch er führt gewissermaßen einen zukünftigen Maßstab in die Diskussion ein. Dieser Maßstab ist sein oben genannter Anspruch an die deutsche Literatur, zu europäischer Geltung zu gelangen, an den »großen geistigen Prozessen Europas« Anteil zu nehmen. Der Naturalismus hatte für diese Unternehmung vorbereitende Funktion, er war notwendig, um die im europäischen Vergleich, besonders gegenüber Frankreich, rückständige deutsche Literatur sich erneuern zu lassen, »um mit dem modernen Denken da draußen in Europa auf den gleichen Takt zu kommen.«[21]

Nun, da diese Verspätung aufgeholt und die Schriftsteller aus der Auseinandersetzung mit ihrer empirisch-sozialen Bedingtheit geläutert hervorgegangen

18 Bodo Rollka: Die Belletristik in der Berliner Presse des 19. Jahrhunderts, Berlin 1985, S. 427.
19 Arthur Eloesser: Literarische Porträts aus dem modernen Frankreich, Berlin 1904.
20 Detlev J. K. Peukert: Die Weimarer Republik, Frankfurt am Main 1987, S. 161.
21 Das XXV. Jahr. S. Fischer Verlag Berlin 1886-1911, Berlin 1911, S. 13.

sind, hat der strikte Naturalismus seine historische Funktion erfüllt und kann abdanken. Die deutsche Literatur muß sich jetzt im Vergleich mit anderen europäischen Literaturen messen lassen. Doch offensichtlich gibt es in England und Frankreich wenig Neigung zum, wie Eloesser es nennt, »literarischen Tauschhandel, bei dem jeder gewinnen soll.«[22] Dagegen hat sich in Mitteleuropa eine breite Sphäre gebildet, in der dieser Austausch stattfindet, ein »geistiger Zollverein«[23]. Dessen Zentrum ist Berlin.

> »Berlin selbst ist nicht produktiv, wird es in absehbarer Zeit nicht werden, aber Rom war es auch nicht und ist doch größer als Florenz oder Venedig. Heute schon scheint es zu einem großen Sammelbecken von Kulturen bestimmt, zur Hegemonie mindestens über jene kontinentale Zone, die schon viele Breitengrade europäischen Gemeingefühls umfaßt.«[24]

In Berlin wird moderne, den Naturalismus überwindende Literatur gesammelt und verlegt, aber – noch – nicht geschrieben:

> »Aus Wien und Kopenhagen besuchen uns die feinen urbanen Leute, weiche, verwöhnte Kinder alter Kapitalen, die Kenner und Schmeichler der modernen Seele, die Vertrauten ihrer Enttäuschungen, die Förderer ihrer leisen Überschwänglichkeiten. Die Demokraten und Sozialisten werden Aristokraten und Egoisten (...).«[25]

An dieser Stelle scheint es angebracht, kurz bei der Beurteilung der Stellung Berlins zu verweilen. Eloesser hat über viele Jahre hinweg immer wieder Beiträge zur Disskusion über die Stadt geliefert und mit seinen Beobachtungen ein vielschichtiges Bild ihrer Verfassung gezeichnet. Seine Berlin-Feuilletons in der *Vossischen Zeitung* aus der Zeit zwischen 1904 und 1918 gab er 1919 gesammelt unter dem Titel »Die Straße meiner Jugend« heraus.[26]

Was diese Skizzen von einem Großteil vergleichbarer Arbeiten unterscheidet, ist zunächst die Herkunft des Autors. Eloesser erfährt die Stadt nicht als Neuankömmling, sondern als gebürtiger Berliner. Er verfällt nicht dem Rausch des Neuen, sondern sucht nach den Überbleibseln des Alten. Eine Fahrt mit der Stadtbahn ruft die Erinnerung an den zugeschütteten Festungsgraben wach, die

---

22 Ebd., S. 18.
23 Ebd.
24 Ebd.
25 Ebd., S. 19.
26 Arthur Eloesser: Die Straße meiner Jugend. Berlin 1919. – Eine gekürzte Neuauflage, hg. und mit einem Nachwort versehen von Peter Moses-Krause, erschien im Verlag Das Arsenal, Berlin 1987.

neue Wohnung in Charlottenburg und ihre gesichts- und vor allem geruchslose Umgebung provoziert den Vergleich mit der Prenzlauer Straße seiner Jugend: Auf diese und ähnliche Weise führt Eloesser eine Art Verlustbilanz historisch-gewachsener Urbanität. Bis aus dem gestaltlosen Ort, der seine eigene Geschichte unter sich begraben hat, eine wirkliche Stadt wird, die vielleicht irgendwann einmal eine Literatur wie die »alten Kapitalen« hervorzubringen vermag, muß Berlin und müssen vor allem die Berliner noch vieles lernen. Eloesser rügt ihr Verhalten in der U-Bahn, das noch an urbaner Duldsamkeit zu wünschen übrig lasse, kritisiert ihre Art, spazieren zu gehen und beklagt die Versuche der Polizei, durch künstliche Stauungen so etwas wie Großstadtverkehr an der Kreuzung der Linden mit der Friedrichstraße zu inszenieren.

Seine Beobachtungen sind frei von Aufgeregtheit oder gar Rausch, und gerade deshalb besonders präzise. Bei aller Skepsis gilt seine Hoffnung dennoch gerade dieser Stadt.

»Aber es schien mir noch eine andere im ersten Kern schon faßbare Entwicklung innerlicher Art anzufangen, nämlich die erste Zusammenstimmung feinerer und reifer Geister auf einen neuen Gemeinsinn, der Großmut, Duldsamkeit, Vorurteilslosigkeit versprach, nicht aus weicher Hingebung, sondern aus Luft zur Einfühlung und aus dem ernsten Willen, sich mit jeder kräftigen europäischen Bestrebung auseinanderzusetzen. Gerade die Stadt der Kritik war in gewisser Hinsicht eine vertrauende und Vertrauen erweckende Stadt.«[27]

Thomas Mann oder die Dienstbarkeit an Volk und Staat

Diese »Stadt der Kritik« ist der Anknüpfungspunkt für Eloessers Sicht der Rolle Berlins nach dem Ende des Ersten Weltkrieges.

»Berlin ist jetzt vor die große Aufgabe gestellt, zu einem vorbildlichen republikanischen Gemeinwesen zu werden, nachdem es sich in einer eben nicht stolzen Stadtgeschichte gegen seine Fürsten allzu loyal willfährig gezeigt hat, und ich glaube an seine Berufung, an seinen Charakter, der sich bilden wird (...).«[28]

Eloesser begrüßt die Weimarer Republik, wenngleich er bereits in ihrer Frühphase die Befürchtung ausspricht, sie könne womöglich über zu wenige Republikaner verfügen. Auch Berlin sieht er heftigen Anfeindungen ausgesetzt, de-

---

27 Die Straße meiner Jugend, S. IX.
28 Ebd., S. XI.

nen er ebenso vehement entgegentritt. In einer Besprechung von Carl Sternheims »Berlin oder Juste Milieu« in der *Frankfurter Zeitung* finden sich wiederum alle Argumente Eloessers für die »Stadt der Kritik« versammelt.[29] Doch
aus dem hoffnungsvoll stimmenden evolutionären Gang Berlins, den er vor dem
Krieg zu beobachten glaubte, ist der Tummelplatz gegensätzlichster Konzepte
und Ideologien geworden. Eloesser ist nun nicht mehr der Chronist eines als
eindeutig identifizierbaren Weges der Stadt hin zu einer europäischen Metropole, sondern er sieht sich mit seinem Verständnis der Rolle Berlins mehr und
mehr isoliert.

Eloessers Befürwortung der neuen politischen Ordnung findet ihren vielleicht
sinnhaftesten Ausdruck in seiner Auseinandersetzung mit dem Werk Thomas
Manns. Der Anspruch Manns, das Erbe einer spezifisch deutschen humanistischen Tradition mit dem Eintreten für die Republik vereinen zu können, wird
von Eloesser lebhaft begrüßt.

> »Die europäische Zeitenwende ist auch Thomas Manns Schicksalswende geworden, der
> Durchbruch aus einem egoistischen Ästhetentum, das unsozial schien, zum Positiven, zur
> Dienstbarkeit an Volk und Staat.«[30]

In seiner Kritik des »Zauberberg« vom November 1924 stellt er ergänzend
fest: »In dem Zauberberg wird der Bürgersohn von der Romantik entzaubert.
Es ist ein Abschied.«[31]

Thomas Mann als Repräsentant der Demokratie, das ist Eloessers literarische
und politische Option für die Republik. Nicht zuletzt deshalb, weil er im Autor
des Zauberbergs einen Schriftsteller von europäischer Wirksamkeit erblickt.

> »Thomas Mann ist heute nicht nur ein bewiesenes und zugleich unausgeschöpftes Ta
> lent, nicht nur eine sichere hohe Kunstfertigkeit, er ist vor allem ein literarischer Charak
> ter, auf den wir uns berufen dürfen, wenn wir selbst als altes, aber immer noch werdendes
> und schwer zu formendes Volk uns Charakter zuschreiben wollen. Thomas Mann ist zu
> gleich eine deutsche und eine europäische Figur, er ist beides, auf Grund seiner Veranla
> gung und auf Grund seiner Geltung.«[32]

Das Phänomen der Unbestimmtheit, der Gestaltlosigkeit des Deutschen, das
sich nicht zuletzt auch im Erscheinungsbild der deutschen Hauptstadt doku

---

29 Carl Sternheim: Berlin oder Juste Milieu, Leipzig 1920. – Dazu Eloesser: Berlin und Carl
   Sternheim, in: *Frankfurter Zeitung* vom 30. November 1920 (*Morgenblatt*).
30 Deutsche Literatur II, S. 507.
31 Arthur Eloesser: Thomas Manns Zauberberg, in: *V.Z.* vom 30.11.1924
32 Arthur Eloesser: Thomas Mann. Sein Leben und sein Werk, Berlin 1925, S. 30f.

mentiert, zieht sich durch Eloessers Publikationen während der gesamten Weimarer Republik, ein Reflex auf die sorgenvoll beobachtete Instabilität der politischen Ordnung und die Polarisierung der politischen wie der literarischen Öffentlichkeit. Der »geistige Zollverein«, den er als einen Hoffnungsträger für die Verwirklichung einer europäisch orientierten Literatur imaginierte, wurde durch den Weltkrieg zerstört. Die Isolation der deutschen Literatur nach außen und ihre ästhetische wie politische Zersplitterung im Innern ist für Eloesser Kennzeichen der verfehlten Entwicklung Deutschlands insgesamt, ein Komplex, den er als Verspätung registriert.

»Der Deutsche besitzt keine anerkannte, leicht annehmbare Form, die sein geistig-seelisches Verhalten bildhaft und plastisch macht, weshalb wir immer noch ein unerkanntes, beängstigendes, verwirrendes Volk unter den Völkern geblieben sind.«[33]

Was benötigt wird, sind Repräsentanten einer demokratischen wie humanistisch-deutschen Tradition, eben Persönlichkeiten wie Thomas Mann und Gerhart Hauptmann, aber auch Walther Rathenau.

Eine gewisse Affinität Eloessers selbst zu dieser Rolle der Repräsentation ist nicht zu übersehen. Im Zeitalter der Republik übernimmt auch der Kritiker repräsentative Funktionen. Im Falle Eloessers tritt dies besonders deutlich in seiner Allgegenwart als Redner zutage. Auf Jubiläen, Festakten und vor allem auf Trauerfeiern gibt Eloesser seine oft gerühmten Vorträge zum besten, immer bemüht, am Beispiel vorbildlicher Lebensentwürfe seinen Zuhörern ästhetische wie politische Orientierungshilfe zu geben.

Diese repräsentative Interpretation der Stellung des Kritikers nahm er auch als institutionellen Auftrag an. So fungierte er von 1921 bis 1928 als geschäftsführender Direktor, von 1930 bis 1932 sogar als Vorsitzender des »Schutzverbands deutscher Schriftsteller«, in einer der wichtigsten Institutionen des literarischen Betriebs.

In den harten politischen Auseinandersetzungen innerhalb des Verbandes versuchte er auch hier eine vermittelnde Position einzunehmen. In der Monographie von Ernst Fischer zum Schutzverband heißt es dazu:»Dies gelang ihm aber nur sehr bedingt: zusammen mit Robert Breuer und dem damaligen SDS-Direktor Werner Schendell bildete er den Kern jener sozialdemokratisch akzentuierten Hauptvorstandsgruppe, die sich in harte Gefechte mit der kommunistischen Opposition verwickelte.«[34]

---

33 Deutsche Literatur II, S. 628.
34 Ernst Fischer: Der Schutzverband Deutscher Schriftsteller, in: *AGB* 22 (1980), S. 1-666,

Dabei waren seine eigentlichen Intentionen keineswegs primär politischer, sondern vor allem praktischer Art. »Es ist bezeichnend, daß einer der wichtigsten Erfolge seiner Geschäftsführung die Einrichtung des Schiedsgerichtes mit dem ›Deutschen Verlegerverein‹ war [...].« [35]

Vom Ghetto nach Europa

Im Jahre 1911, zum Jubiläum des S. Fischer Verlages, hatte Eloesser prophezeit:

> »In abermals fünfundzwanzig Jahren werden andere Auguren feierlich zum Kapitol steigen, und wir werden dann Muße haben, um nur noch zu lächeln, nicht über unsere ernsten Nachfolger, sondern über uns selbst, die wir so viele Erfindungen und Überwindungen gefeiert, so viele Behauptungen auf dem Wege der Konsequenz in ihr Gegenteil umgedacht haben. Dann werden wir ungefähr in das Alter getreten sein, in dem man schon von seinen Erinnnerungen leben darf [...].« [36]

Dies blieb ihm verwehrt. Nach der Machtübertragung auf die Nationalsozialisten 1933 verlor er alle bisherigen Publikationsmöglichkeiten in Deutschland und wurde somit der Grundlage seiner Existenz beraubt.

Nach anfänglichem Zögern engagierte er sich danach als Theaterkritiker und mit zahlreichen Vorträgen im Jüdischen Kulturbund. Im Jahre 1936 erschien sein letztes Buch »Vom Ghetto nach Europa«, das biographische Essays über deutsch-jüdische Literaten von Moses Mendelssohn bis Berthold Auerbach versammelt und im Titel noch einmal das Projekt einer Assimilation, die nicht in bloß nationaler Integration aufgeht, beschwört – und die zum Zeitpunkt des Entstehens des Buches bereits in ihr Gegenteil verkehrt worden ist. [37] Der inhaltliche Schwerpunkt der Arbeit liegt auf einer Würdigung Heinrich Heines. Dessen Leben und Werk wird zur Folie für die Auseinandersetzung mit der eigenen Isolation. In Heine findet Eloesser den Identifikationspunkt, die literarische Orientierungsgröße, die er in der Zeit der Weimarer Republik in Thomas Mann zu finden geglaubt hatte.

Victor Klemperer notiert am 28. April 1942 in seinem Tagebuch: »Ich lese Arthur Eloesser, ›Vom Ghetto nach Europa‹. Das ist ein besonderes Kapitel, die

hier S. 262.
35 Ebd.
36 Das XXV. Jahr, S. 11.
37 Arthur Eloesser: Vom Ghetto nach Europa, Berlin 1936.

Einwirkung der LTI auf die Juden.«[38] Den Vorwurf, die Sprache der Nationalsozialisten kritiklos übernommen zu haben und sich ihren Ansprüchen voll und ganz zu beugen, hat Klemperer dann später auch in seinem Buch LTI formuliert. Dieser Befund läßt sich offensichtlich trotz der resignativen Grundtendenz des Buches nicht aufrecht halten. Es handelt sich vielmehr um eine bilanzierende Zusammenstellung der Leistungen jüdischer Literaten für die deutsche Kultur mit Blick auf deren europäische Wirksamkeit, also gewissermaßen um Eloessers ureigenstes Thema. Gerade Heine steht für diese europäische Perspektive.

Das Buch läßt sich so als eine Gegenrechnung zu den Anmaßungen der nationalsozialistischen Rasse-Ideologie lesen, geschrieben allerdings im Bewußtsein des Scheiterns des eigenen Lebensentwurfes. Wenn Eloesser betont, daß Heine von Metternich zwar bekämpft, aber dennoch gelesen wurde und er dies mit der im Bildungsverständnis des 19. Jahrhunderts selbstverständlichen Verpflichtung Metternichs zur Lektüre eines der größten Literaten seiner Zeit begründet, so ist damit in Parenthese alles über die Verhältnisse unter dem Nationalsozialismus gesagt. Eine Zukunft für die deutschen Juden sah Eloesser jetzt nur noch in Palästina.

Der Name Heinrich von Treitschke wird im Register an fünf Stellen nachgewiesen. Eloesser zitiert ihn jedesmal, um ihm sofort widersprechen zu können. So verweist der Text indirekt noch einmal zurück auf eine Grunderfahrung und Grundbedingung seiner publizistischen Laufbahn, das Scheitern am akademischen Antisemitismus.

---

38 Victor Klemperer: Ich will Zeugnis ablegen bis zum letzten. Tagebücher 1942–1945, Berlin 1995, S. 75.

Alfred Döblin und die Berliner Universität – Stationen einer Entwicklung

Gesine Bey

Im Januar 1926 druckt die Zeitung *Die Literarische Welt* auf ihrer Titelseite das Ergebnis einer Umfrage »Männer der Wissenschaft über moderne Literaturprobleme«. Aus der Charité befragt man den Direktor der I. Medizinischen Klinik, Wilhelm His, und aus der Technischen Universität den Photochemiker Adolf Miethe. Professor His erscheint als Gesprächspartner besonders geeignet, als »Arztphilosoph« und als »Arztkünstler«, und auch, weil man von in Berlin lebenden Schriftstellern weiß, die Ärzte sind: von Ernst Weiß und Alfred Döblin. Aber His' Antworten sind niederschmetternd. Er stellt sich alt und fremd gegenüber der neueren Literatur. Er konstatiert, anders als in der neueren Musik, Formlosigkeit und mangelhaftes Denken, genauso wie in den Schriften der jüngeren Medizin: »unter gebauschten, sprunghaften Gedanken« finde sich »nichts«[1]. Die Bedeutung seiner Wissenschaft mißt er am Geltungsbereich ihrer Ordinarien im öffentlichen Leben: »Wohl kaum ein Berliner Künstler« werde wissen, »welche Männer die Lehrstühle der Universität innehaben«[2].

Alfred Döblin reagiert darauf mit dem Artikel »Wissenschaft und moderne Literatur. Nochmals an His und Miethe«[3]. Döblin schreibt, daß sich naive Spezialisten nicht über Gegenwartsliteratur äußern sollten, denn ihrem »trübe[n] Dasein« fehle der Überblick: »Meine Herren, die heutige Wissenschaft: eine Front hinter uns!«[4].

Zwei Jahre später, 1928, geschieht soviel mit Alfred Döblin, daß man von einem »Döblin-Jahr« für die Literaturgeschichte sprechen kann. Sein Name, der in der literarischen Kritik längst als der eines großen Autors der Moderne gilt, wird in der breiten Öffentlichkeit bekannt gemacht. Im Januar 1928 wird Döblin in die Preußische Akademie der Künste aufgenommen, im März erfolgt dazu der Fest-

---

1 Wilhelm His in: Arnold Hahn: Männer der Wissenschaft über moderne Literaturprobleme. In: *Die Literarische Welt*, Berlin (fortan: *DLW*) 2 (1926) 2 (15. Januar), S. 1.
2 Ebenda.
3 Wissenschaft und moderne Literatur. Nochmals an His und Miethe. In: *DLW* 2 (1926) 8 (19. Februar), S. 7. Unter dieser Überschrift erscheinen die Stellungnahmen von Alfred Döblin und von Paul Ernst, der His eher zustimmt.
4 Ebenda.

akt. Am 10. August hat er seinen 50. Geburtstag. In über dreißig Zeitungen des Landes, im Rundfunk, mehrfach in der *Neuen Rundschau* erscheinen Würdigungen Döblins[5]. Der S. Fischer Verlag gibt »Alfred Döblin. Im Buch – Zu Haus – Auf der Straße« heraus. Döblin stellt sich darin als Arzt und Dichter vor, arbeitet Traumen auf, die ihm in der Kindheit und Schulzeit zugefügt wurden. Und Oskar Loerke bespricht sein bisheriges Werk[6]. Das Manuskript des später weltberühmten Romans »Berlin Alexanderplatz« ist bis zum Herbst weitgehend abgeschlossen. Er wird erst im Oktober 1929 erscheinen, aber zahlreiche Lesungen finden statt, und es gibt Vorabdrucke. Im Dezember 1928 schließlich hält Döblin vor über 1000 Hörern an der Universität den Vortrag »Über epische Formprobleme«. Unsere Urteile, sowohl über das, was Döblin vorher, als auch über das, was er nachher geschrieben hat, sind durch diese Zeit geprägt worden. Aber Döblins Verhältnis zur Berliner Universität – und das der Berliner Universität zu Alfred Döblin – lassen sich mit der kurzen Spannweite zwischen Zorn und großem Auftritt allein nicht erfassen. Es ist eine längere Geschichte, die mit der Jahrhundertwende beginnt.

Als er sich am 17. Oktober 1900 in die medizinische Fakultät der Friedrich-Wilhelms-Universität einträgt, hat Döblin schon zwei kleine Werke für sich abgeschlossen: »Modern« (1896), eine Verbindung von Erzählung und Abhandlung zur Gleichberechtigung der Frauen, und den Roman »Jagende Rosse. Den Manen Hölderlins in Liebe und Verehrung gewidmet« (1900). Aus den sieben Berliner Semestern stammen vier weitere Texte, die aber lange, zum Teil bis zum Nachlaß, »stille Bewohner des Rollschrankes«[7] bleiben. Als Verfasser tritt Döblin erst 1906 mit dem gedruckten Stück »Lydia und Mäxchen« an die Öffentlichkeit. Da ist er schon approbierter Arzt.

Die frühen Vorbilder, noch in der Schule, sind Hölderlin, Nietzsche, Kleist, August Bebel und Spinoza. Seine Neigungen gehen zur Philosophie und zu den Naturwissenschaften. Und allmählich wächst auch das Interesse an der Medizin.

---

5 Vgl. die Aufzählung in: Bibliographie Alfred Döblin. Hg. u. bearb. von Louis Huguet. Berlin u. Weimar 1972, S. 183ff.
6 Oskar Loerke: Das bisherige Werk Alfred Döblins. In: »Alfred Döblin. Im Buch – Zu Haus – Auf der Straße«. Vorgestellt von Alfred Döblin und Oskar Loerke. S. Fischer Verlag, Berlin 1928.
7 Vgl. Alfred Döblin: Stille Bewohner des Rollschrankes (1927). In: Aufsätze zur Literatur, Olten und Freiburg i. Br. 1963, S. 356.

Sie wählt er, weil er der zahlenden Familie die Ausbildung eines »Brotberufes«[8] versprechen muß, aber auch, weil er sich der Metaphysik entziehen will. In Döblins Studienbuch finden sich auf den Seiten der ersten Semester außer den Eintragungen für medizinische Fächer ein Kurs bei dem bekannten Kriminologen von Liszt *Bekämpfung des Verbrechens*, Vorlesungen zur *Physiologie der Tiere und Pflanzen*, die Vorlesungen Wilamovitz-Möllendorffs *Griechische Literatur der Kaiserzeit*, *Platon* sowie *Perikles und seine Zeit*. Er besucht Adolf Lassons Veranstaltungen *Hegels Lehre* und *Aristoteles* und meldet sich im vierten Semester noch einmal bei Friedrich Paulsen, *Übungen über Kants Kritik* an. Wir wissen nicht, wie lange Döblin diese Lehrveranstaltungen besucht hat, da ihm nur Wilamovitz ein Testat quittiert.[9] Ihr Beleg gehörte nicht zu den Pflichten eines damaligen Studenten der Medizin. Nach eigenen Aussagen hat er seine Kenntnisse über Hegel und Kant, die beiden Philosophen, die den Studenten am meisten interessierten, bei Lasson in Berlin und bei Rickert in Freiburg erworben.[10]

Kenntnisse über die Antike und ein Zitat aus der »Phänomenologie des Geistes« zeigen kleine Spuren in den neu entstehenden literarischen Texten. »Adonis« heißt eine Erzählung, die sich Döblin im Sommersemester 1901 auf das Chemiekollegheft bei Emil Fischer[11] notiert. Gemeinsam mit einer anderen Erzählung nennt er sie auch »Erwachen«. Einen wesentlichen Unterschied zu den »Jagenden Rossen« bemerken wir hier noch nicht. Im Wintersemester 1902 auf 1903 schreibt Döblin zwei kritische Nietzsche-Studien »Der Wille zur Macht als Erkenntnis bei Friedrich Nietzsche«, »Zu Nietzsches Morallehren« und einen Roman »Der schwarze Vorhang. Roman von den Worten und Zufällen«. Dieser bedeutet gegenüber den bisherigen Erzähltexten eine Zäsur. Er ist nicht – wie »Jagende Rosse« und die Erzählungen »Erwachen« – in der lyrischen Ich-Reflexion gehalten, in der sich die Sprecher in unerfüllter Sehnsucht mit der Na-

---

8 Siehe Döblin-Chronik. In: Alfred Döblin 1878–1978. Katalog der Ausstellung des Deutschen Literaturarchivs im Schiller-Nationalmuseum Marbach am Neckar. Hg. von Jochen Meyer. Marbach a. N. 1978, S. 12.

9 Vgl. Universität Berlin. Anmeldebuch Alfred Döblin, Matrikel-Nr. 141.91. In: UA der HUB. Univers.-Registratur, Littr. A No. 6 Vol. 1426.

10 Vgl. Robert Minder: Alfred Döblin. In: Deutsche Literatur im 20. Jahrhundert. Bd. II: Gestalten. 5., veränderte u. erweiterte Auflage, München, Bern 1967, S. 131. Siehe auch Alfred Döblin: »Es war um die Jahrhundertwende. Ich war Student der Medizin und hörte noch den alten Virchow, sah Bergmann operieren und besuchte philosophische Vorlesungen von Paulsen. Ich nahm auch mit, was der alte Lasson uns in Friedenau über Hegel und Aristoteles vortrug [...]«. Zitiert nach: Epilog. In: Autobiographische Schriften und letzte Aufzeichnungen. Olten und Freiburg i. Br. 1980, S. 466.

11 Vgl. Louis Huguet: Pour un centenaire (1878–1978). Chronologie Alfred Döblin. Annales de l'Université d'Abidjan. Serie D (Lettres), tome 11 (1978), S. 35.

tur zu versöhnen suchen. Was sich in der Handlung wie eine Liebesgeschichte anläßt, wird zur Beschreibung eines Kampfes. Seine Fixpunkte sind unbeherrschte Ausbrüche aus der Isolation. Auf der Erzähler- und zum Teil auch auf der Figurenebene durchbrechen biochemische Termini und die symbolische Umkehrung der Mythologien experimentell die Konvention. Es endet mit einem Verbrechen, wie in Kleists »Penthesilea«, aber nicht Penthesilea (Irene) beißt zu, sondern der Mann (Johannes).

Döblin übergibt das Manuskript im April 1904 dem Axel-Juncker-Verlag, für den Rainer Maria Rilke als Außenlektor arbeitet. Rilke spürt das schriftstellerische Talent. Aber sein Gutachten ist negativ. Er reagiert sehr heftig und unterläuft sogar seine eigenen Kriterien, nach der ein Buch zur Annahme »originell«, »notwendig« und »interessant« sein muß. Es sei nur »aus einem Mißverstehen« heraus »interessant« und die daraus resultierende Arbeit daher eine »unfruchtbare und verlorene«[12]. Mehr als die kompositorischen Unregelmäßigkeiten stört ihn der neue Stil, der »leise Erscheinungen«[13] übergroß zeichnet. Verursacht, so schreibt Rilke, sei er »in dem perversen Verhältnis des Autors zu seinem Stoffe«[14]. Die heftige Aversion birgt aber einen Anstoß für Rilke. Es kann sein, daß er das XI. Kapitel der zweiten Fassung seiner eigenen »Weise von Liebe und Tod des Cornets Christoph Rilke«, 1906 im Axel-Juncker-Verlag erschienen, unter dem Eindruck von Döblins »Schwarzem Vorhang« umgearbeitet hat.

Die Literaturwissenschaft hat den kleinen Roman, mit dem sich Döblin ebenfalls erfolglos an den Berliner Kritiker Mauthner wandte und den er als Buch erst 1919 herausgibt, später als Übergangswerk zu den reifen expressionistischen Erzählungen der Sammlung »Die Ermordung einer Butterblume« gewertet.[15] Wir beobachten an ihm einen durch das universitäre Studium geförderten Rationalitätsschub, mit dem junge, im letzten Drittel des 19. Jahrhunderts geborene Autoren (wie auch Robert Musil mit seinem »Törleß«) auf innere Schocks und Konflikte mit ihrer Sexualität reagieren. Was ihnen in der Schule als Fremdheit und ewiger Kampf der Geschlechter anerzogen wurde, war in Wahrheit der Ausdruck

---

12 Rainer Maria Rilke: Briefe an Axel Juncker. Hg. von Renate Scharffenberg. Frankfurt am Main 1979, Nr. 88, S. 147. Zitiert aus dem Gutachten. Vgl. auch Renate Scharffenberg: Rilke und sein Verleger Axel Juncker. In: *Imprimatur. Ein Jahrbuch für Bücherfreunde.* N. F., Bd. V. Frankfurt am Main 1967, S. 74-76.

13 Ebenda, S. 146.

14 Ebenda.

15 Vgl. Ernst Ribbat: Die Wahrheit des Lebens im frühen Werk Alfred Döblins. Münster 1970; Leo Kreutzer: Alfred Döblin. Sein Werk bis 1933. Stuttgart 1970.

streng trennender Institution. Döblin sieht die erste nackte Frau in seinem Leben – auf dem Seziertisch in der Anatomie[16].

So eng sich die Themen an Pubertätsnöte und Geschlechtlichkeit in Döblins frühen Texten binden – wir finden in ihnen technisch alle erzählerischen Mittel der Jahrhundertwende, die sich in der Moderne der zwanziger Jahre entfalten: Experimente mit der Sprache, innerer Monolog, Wechsel der Erzählerstandorte, Zusammenschiebung verschiedener Ausdrucksebenen vom Berliner Dialekt über das Lyrische bis hin zum wissenschaftlichen Begriff.

Im Frühjahr, am 16. April 1904, beendet Döblin sein Berliner Studium, erhält ein Abgangszeugnis[17] und wechselt nach Freiburg. Seiner eigenen Einschätzung zufolge hat er in diesen frühen Berliner Universitätsjahren keine größere Entwicklung erfahren: »Man diskutierte in der Studienzeit viel, aber da begegnete mir nichts und niemand, der mir geistige Geburtshilfe hätte leisten können«[18]. Als Literat aber ist er in seinem letzten Berliner Semester sehr aktiv. Er ist Vorsitzender der literarischen Abteilung der »Finken«, einer der Gruppen der freien, das heißt, der nichtinkorporierten Studentenschaft, die in Berlin in ausgewogenen Organisationsstrukturen wirkte. So ist es vermutlich Döblin, der Anfang 1904 schreibende Studenten zu einem Autorenabend einlädt:

> »Produzierende Kommilitoninnen und Kommilitonen, die ihre Sachen vorzulesen wünschen, werden gebeten, ihre Namen dem Vorsitzenden (Adresse ›Geschäftsstelle der Freien Studentenschaft‹) vorher oder am Vortragsabend anzuzeigen. Zeit: Dienstag den 12. Januar, 9 Uhr. Lokal: Dalbelli, Café Vesuv, Königin Augustastr., an der Potsdamer Brücke.«[19]

Seit 1899, dem Jahr des Beginns der »Finken« in Berlin, bemüht man sich in der literarischen (zuerst heißt sie ›litterarisch-dramatische‹) Abteilung um Leseabende aus der modernen Berliner Literaturszene. Organisatoren vor Döblin waren dabei die Studenten Julius Bab und Siegmund Kalischer. Es gab Pläne für Lesungen von Leo Berg über Ibsen, *Symbolik und Drama* (1899), von Samuel Lublinski über *Peter Hille* (1901), von Adele Schreiber über Arthur Schnitzler (1901), von Herwarth Walden über *Musik und Lyrik* (1901, 1903) und von Erich

---

16 Vgl. Alfred Döblin: Doktor Döblin. Selbstbiographie von Alfred Döblin. Etwa 1918 entstanden. Berlin 1970, S. VII.

17 Vgl. Abgangszeugnis Alfred Döblin. In: UA der HUB. Univers.-Registratur, Littr. A No. 6 Vol 1426, Nr. 2098. Blatt 14.

18 Alfred Döblin: Epilog. In: Autobiographische Schriften und letzte Aufzeichnungen, S. 440.

19 *Berliner Hochschulzeitung für die Interessen des studentischen Lebens*. Organ der Freien Berliner Studentenschaft (Finken) 6 (1904) Nr. 4, S. 29. Die Mitteilungen tragen keine Unterschrift, sie stammen aber laut redaktioneller Ankündigung von den Vorsitzenden.

Mühsam, seine Ansichten über *Leben in Kunst* vorzutragen (1903).[20] Nicht alle Lesungen wurden von den damaligen Rektoren Waldeyer und Fischer genehmigt. Von Döblin selbst stammen zwei Anträge, betreffend den Vortrag des Literaturhistorikers und Schriftstellers Samuel Lublinsi über *Die Kritik der Modernen* am 23.1.1904 bei »Dalbelli«[21], und einen für den 3. März 1904 geplanten Abend mit Richard Dehmel und einem Pianisten, Konrad Ansorge, im Architektenhaus in der Wilhelmstraße 92/93[22]. Beide Veranstaltungen finden statt. Der »Finkenschaft« bleibt Döblin auch nach seinem Berliner Studium treu. Er gehört zu den nur neun Absolventen der Universität, die in seinem Jahrgang Mitglied im »Verband ehemaliger Berliner Freie Studenten« [23] werden. Schon von Freiburg aus organisiert er im Mai 1904 die Gedenkfeier für Peter Hille.

Zur wichtigsten künstlerischen Bezugsperson Döblins wird der Musiker Herwarth Walden. Döblin kommt schon um die Jahrhundertwende über seinen Schulfreund, den Jurastudenten Kurt Neimann, persönlich mit ihm in Kontakt[24] und findet einen Mentor für die nächsten 15 Jahre. Er bittet ihn um die Vermittlung der Dehmel-Lesung[25], bei der auch die von Walden vertonten Lieder Dehmels vorgetragen werden. Und er lernt durch Walden schon als Student Else Lasker-Schüler kennen, Peter Hille, Arno Holz, Erich Mühsam, Scheerbart, Lublinski und Liliencron. Zum Jahresende 1904 eröffnet Walden den Berliner »Verein für Kunst«, der zunächst eine ganz ähnliche Veranstaltungsstruktur und den gleichen Veranstaltungsort hat wie die gemeinsam organisierten Abende für die »Finkenschaft«.

Man muß hier erwähnen, daß es von der Jahrhundertwende bis zum ersten Weltkrieg mehrere solcher Anbindungen der Berliner »Freien Studenten« an die Avantgarde gegeben hat. Es sind die zwei Namen – Walden und Pfempfert –, an die sich die Studenten dabei halten. Zuerst Döblin mit seinen Aktivitäten in der Finkenschaft mit Walden, später Walter Benjamin und Fritz Heinle als Redakteure ihrer Zeitschrift »Der Anfang« an Pfempferts Verlag »Die Aktion«[26].

---

20 Vgl.: Acta der Königlichen Friedrich-Wilhelms-Universität zu Berlin, betreffend: die Organisation der Finkenschaft der hies. Universität. UA der HUB, Rektor und Senat, Nr. 746.
21 Vgl. ebenda. Blatt 221.
22 Ebenda. Blatt 230.
23 *Finkenblätter. Freistudentische Rundschau* 6 (1904) Nr. 43/44, Juni 1904, S. 424.
24 Siehe Alfred Döblin: Journal 1952/1953. In: Autobiogr. Schriften und letzte Aufzeichnungen, S 465ff.
25 Vgl. Alfred Döblin: Briefe. Hg. von W. Muschg und Heinz Graber. Olten, Freiburg i. Br. 1970, S. 21f.
26 Siehe Erdmut Wizisla: Die Hochschule ist eben der Ort nicht, zu studieren. In: Wruck (Hg.): Berliner Studenten, 1987, S. 620ff.

Im »Verein für Kunst« inszeniert Walden Döblins Stück »Lydia und Mäxchen. Tiefe Verbeugung in einem Akt«, das im Dezember 1905 unter dem Pseudonym »Alfred Börne« zusammen mit Scheerbarts Groteske »Herr Kammerdiener Kneetschke« aufgeführt wird. Döblins ersten großen Autorenabend gestaltet der Verein am 9. Dezember 1911 – im Architektenhaus. 1910 schon wird aus diesem Kreis heraus die Zeitschrift *Der Sturm* begründet, für die Döblin Kunstrezensionen schreibt und fast alle seine Erzähltexte vorveröffentlicht, bevor sie in Buchform erscheinen.

Um aber zu den Studienjahren zurückzukehren: In Freiburg spezialisiert sich Döblin auf die Psychiatrie. Nach eineinhalb Jahren schließt er mit der Dissertation über »Gedächtnisstörungen bei der Korsakoffschen Psychose« ab. Der Arbeit ist bei allem wissenschaftlichen Ernst anzumerken, was Döblin – wie er Walden im November 1904 mitteilt – alles zugleich betreibt: »Examensarbeit, Doktorarbeit, Poeterey und Philosophie«[27]. Die Buchausgabe endet mit dem Lebenslauf des Promoventen in einer sehr selbstbewußten, ungewöhnlichen Form. Ich zitiere vollständig:

»Der Gegenstand des Studiums war die Medizin. Das Staatsexamen in Freiburg beschloß die Studienjahre. In ihrem Verlauf gaben die Vorlesungen, Kliniken und Kurse folgender Herren reiche Gelegenheit zu lernen:«[28] (Hier folgen die Namen von 26 Hochschullehrern, darunter die Berliner:) Ernst von Bergmann, Max Dessoir, Engelmann, Emil Fischer, Hertwig, Kraus, Lasson, von Leyden, Litten, Nagel, Orth, Schwendener, Waldeyer, Warburg, Wilamovitz-Möllendorff.[29] »Der Verfasser ist den genannten Herren zu Dank verpflichtet.«[30]

Nachdem Döblin zwei Jahre als Irrenarzt in psychiatrischen Kliniken, ab 1907 auch in Buch bei Berlin, gearbeitet hat, wendet er sich der inneren Medizin zu und nimmt eine Assistenzarztstelle am Urbankrankenhaus an. Von 1908 bis 1911 dominiert die Wissenschaft in Döblins Publikationen und Vorträgen. Dann will er heiraten, muß die Stelle aufgeben und eröffnet eine Kassenarztpraxis am Halleschen Tor, später im Osten in der Frankfurter Allee. Es gibt noch einen gemieteten Laborplatz in der Charité. Aber er veröffentlicht jetzt keine Forschungsschriften mehr. Dafür entstehen in rascher Folge drei umfangreiche Romane: »Die

---

27 Alfred Döblin: Briefe, S. 28.
28 Döblin, Alfred: Gedächtnisstörungen bei der Korsakoffschen Psychose. Inaug.-Diss. zur Erlangung der medizinischen Doktorwürde. Berlin 1905, im Anhang.
29 Vgl. ebenda. (Der Besuch einer Lehrveranstaltung von Dessoir ist bei Döblin nicht nachgewiesen).
30 Ebenda.

drei Sprünge des Wan Lun« (1915), »Wadzecks Kampf mit der Dampfturbine«
(1918), »Wallenstein« (1920).

Es gibt einen medizinischen Diskurs in Döblins Werken.[31] Die moderne Literatur lebt für Döblin wie die Wissenschaft mit Naturgesetzen und Statistik.[32] Aber
dem Arzt und Dichter gewährt oft erst die Begegnung mit der einzelnen Persönlichkeit des Patienten eine Balance.

> » – Die Menschen sind eine wunderbare Gesellschaft; man kann eigentlich nur gut zu ih-
> nen sein und sich seines Hochmuts schämen. Ich fand meine Kranken in ihren ärmlichen
> Stuben liegen; sie brachten mir auch ihre Stuben in mein Sprechzimmer mit. Ich sah ihre
> Verhältnisse, ihr Milieu; es ging alles ins Soziale, Ethische und Politische über. Ich fragte
> mich da öfter, ob ich einen schlechten Tausch gemacht hatte, als ich die klinischen Kurven
> und die Meerschweinchen verließ. Mir schien: nein.«[33]

Politisiert, das heißt auch, in die Lage versetzt, so darüber zu schreiben, hat
Döblin erst die gescheiterte Revolution von 1918/19. In einem seiner Essays in
der *Neuen Rundschau* von 1920 verwendet er eine Anekdote aus der Universität
als Gleichnis für das Festhalten an monarchistischen Autoritäten und die Hilflo-
sigkeit der Deutschen, demokratisch zu leben.[34]

Noch 1912 hatte der expressionistische Kritiker Döblin im *Sturm* die Universitätsgermanistik als Institution bezeichnet, in der man sich auf die Denkmalpfle-
ge der Klassiker beschränke:»Was den verflossenen Wolfgang Goethe anlangt,
so wissen wir, daß ihn Erich Schmidt trefflich interpretiert, und damit soll man ihn

---

31 Siehe Wolfgang Schäffner: Die Ordnung des Wahns. Zur Poetologie psychiatrischen Wissens bei Alfred Döblin. München 1995. (Materialität der Zeichen: Reihe A; Bd. 13).

32 Vgl. Alfred Döblin:»Was wirkt dann, was entwickelt sich alles über den einzelnen hinaus.
Verblüffend sind die Statistiken. Die Welle der Selbstmorde bewegt sich jedes Jahr gleich-
mäßig auf und ab. Es gibt da einige große Regeln. In den Regeln tritt hervor eine Kraft, eine
Wesenheit; der einzelne merkt die Kraft, die Regel nicht, aber er führt sie aus.« In: Die beiden Freundinnen und ihr Giftmord (1924), Kapitel »Epilog«. Frankfurt am Main 1971, S.
95.

33 Alfred Döblin: Arzt und Dichter (1927). In: Autobiographische Schriften und letzte Aufzeichnungen, S.27.

34 Mit der Anekdote symbolisiert Döblin eine Geschichte aus der Charité der Vorkriegszeit. So
soll sich der Kliniker Ernst v. Leyden stets mit einem Hofstaat von Assistenten umgeben in
die Vorlesungen und durch das Krankenhausgelände bewegt haben. Als er in der Pathologie
einmal, durch ein interessantes Gespräch mit Virchow abgelenkt, seinen Anhang verloren
hatte und bei halb offener Tür nicht mehr herausfand, zeigte sich seine eigene Orientie-
rungslosigkeit. Schließlich öffnete jemand von außen, und vor dem Gebäude stieß von Leyden »unten in sein ehrfurchtsvoll wartendes, keine Miene verziehendes Gefolge«. Siehe Alfred Döblin: Republik. In: Die Vertreibung der Gespenster. Berlin 1968, S. 191.

auf sich beruhen lassen«[35]. Aber in den zwanziger Jahren fordert Döblin ihre Beschäftigung mit dem gegenwärtigen Gedankengut ein. Diese könne auch von außen kommen. Die Akademie der Künste ist das öffentliche Podium, von dem aus die Produzenten selbst über ihre Werke lehrhaft sprechen können. Die bisherigen Vermittler waren »Gelehrte und Zwischenhändler, Kritiker« gewesen, die »wirklichen Konsumenten, die Leser und Hörer« seien »gar nicht da«[36]. Den leeren Raum, der sich zwischen den Produzenten und der lernenden Jugend gebildet habe, könne die Akademie überbrücken. Bereits in der Festrede seiner Akademieaufnahme im März 1928 macht Döblin der Universität deshalb den Vorschlag, »mit lebenden Autoren in Verbindung zu treten, selbst wenn nicht alle Goethes sind, um auch von ihnen in Hinsicht auf Goethe etwas zu lernen«[37]. Döblin findet mit seinen Ideen Rückhalt in der Akademie. So bittet er am 18. April 1928 den Direktor des Germanischen Seminars, Professor Julius Petersen, brieflich um eine Aussprache darüber, wie die Dichter aus der Akademie in der Universität erscheinen sollen.[38] Julius Petersen ist zugleich auch Senator der Akademie der Künste, und so schreibt Döblin: »Mich an Sie zu wenden, der in beiden Instituten steht, ist da das Gegebene«[39]. Die Unterredung findet am 3. Mai 1928 zwischen Petersen, Döblin und dem Sekretär der Sektion Dichtkunst der Akademie, Oskar Loerke, statt.[40] Für das folgende Semester werden sechs Dichtervorträge eingeplant und fünf gehalten. Walter von Molo und Oskar Loerke lesen Anfang November und Anfang Dezember, Ludwig Fulda und Theodor Däubler sprechen im Januar 1929, dazwischen Döblin.[41] Die Spannkraft solcher Vortragsreihen aus der

---

35 Alfred Döblin: Einakter von Strindberg. In: *Der Sturm* 3 (Berlin 1912–1913) H. 130 (Oktober 1912), S. 170.

36 Alfred Döblin: Schriftstellerei und Dichtung (März/April 1928). In: Schriften zu Ästhetik, Politik und Literatur. Hg. v. Erich Kleinschmidt. Olten u. Freiburg i. Br. 1989, S. 200.

37 Ebenda, S. 201.

38 Vgl. Alfred Döblin: Briefe, S. 141ff.

39 Ebenda, S. 141.

40 Vgl. Oskar Loerke: Tagebücher 1903–1939. Hg. von Hermann Kasack. Veröffentlichungen der deutschen Akademie für Sprache und Dichtung. 5. Veröffentlichung, Heidelberg u. Darmstadt 1955, S. 173.

41 Walter von Molo spricht am 9.11.28, Oskar Loerke am 3.12.28, Döblin am 10.12.28, Ludwig Fulda am 14.1.29, Theodor Däubler am 18.1.29. Anfangs werden jeweils ein oder zwei Tage nach dem Vortrag Studenten und Lehrkräfte zu einer Aussprache in die Akademie am Pariser Platz eingeladen. So findet Döblin nach dem Gespräch über Molos Vorlesung Ansätze für seinen eigenen Text. Siehe: »Die Arbeit am Roman« (November 1928), in: Schriften zu Ästhetik, Poetik und Literatur, S. 213f. Nachdem die Aussprachen zu Loerke und Döblin für keine Seite befriedigend verlaufen sind, beläßt man es bei den Lesungen. Zur Organisation der Akademievorträge in der Universität siehe auch Inge Jens: Dichter zwischen rechts und links. Die Geschichte der Sektion für Dichtkunst der Preußischen Akademie der

Akademie und die ihr zugestandenen Mittel aus dem Kultusministerium reichen insgesamt drei Wintersemester lang vor.

Alfred Döblin steht am 10. Dezember 1928 vor einem überfüllten Auditorium Maximum der Berliner Universität. Was er sich einmal als Seminarteilnahme ausgedacht hatte,[42] ist zu einem riesigen Forum angewachsen. Nicht nur die Studenten füllen den Raum, die gesamte künstlerische Berliner Prominenz ist gekommen bis hin zu Bronnen und Brecht, Schriftsteller, Verleger, Journalisten, Theaterleute, die deutsche Staatsbeamtenschaft und die Diplomatie sind zusammengerufen worden, um etwas über epische Formprobleme zu lernen. Als Döblin in den ersten Reihen die Professoren sitzen sieht – vielleicht ist unter ihnen auch der Rektor dieses Jahres, Wilhelm His – ruft er aus: »So, meine Herren, jetzt sitzen Sie unten, und ich stehe oben, früher aber standen Sie oben, und ich saß unten«[43].

In der Druckfassung heißt dieser Vortrag »Der Bau des epischen Werks«. Es wurde sein bekanntester Text über Dichtung, vielleicht sein schönster, auf jeden Fall für Döblin selbst eine bleibende, wesentliche poetologische Selbstaussage.[44] Man kann ihn in Thema, Rang und in dem Übersetzungsverhältnis, das den Vertreter einer Institution in eine andere stellt, mit dem Vortrag »Was ist ein Autor?« von Michel Foucault vergleichen, den Foucault 1969, etwa vierzig Jahre später als Döblin, als Professor des Centre Universitaire Expérimental von Vincennes vor der Französischen Gesellschaft für Philosophie in Paris hält. Foucault bezeichnet darin den theoretischen Autor, den »Begründer eines Fachs«[45], oder ei-

---

Künste, dargestellt nach Dokumenten. München 1979; Werner Herden: Über die Zusammenarbeit des Germanischen Seminars mit der Preußischen Akademie der Künste (1928–1932), in: 100 Jahre Germanisches Seminar (1987), S. 822-828; Ders: Die »preußische Dichterakademie« 1926–1933. Herden, Werner: Die »preußische Dichterakademie« 1926–1933. In: Wruck (Hg.): Literarisches Leben. Bd. II, S. 151-193. Werner Mittenzwei: Der Untergang einer Akademie oder die Mentalität des regierenden Deutschen. Berlin und Weimar 1992.

42 Vgl. Döblins Brief an Petersen vom 18.4.1928: »Das Seminar soll ein paarmal im Semester eine Zusammenkunft mit einem modernen Thema haben, in Gegenwart eines (oder mehrerer) Mitglieder der Akademie. Es empfiehlt sich: jeweils nur ein Mitglied.« In: Briefe, S. 143.

43 Zitiert nach Wolfgang Weyrauch: Über Alfred Döblin. In: Alfred Döblin zum 70. Geburtstag. Wiesbaden 1948, S. 27. Weiter heißt es bei Weyrauch »Die Mathematik dieser Aussage, dieses geistigen Überfalls, war, jedenfalls nicht für mich, und sicher auch nicht für den Redner, eine rhetorische Floskel. Vielmehr war es eine revolutionäre Bemerkung, eine Umstülpung der Hierarchie der Professoren, und nicht nur dies, es war der Angriff auf die Bürokratie des Geistes überhaupt, auf das Schema, auf die Abbreviatur, auf das Blinde und Taube und Lahme in den Gedanken«.

44 Döblin bezieht sich noch 1949 zustimmend auf seine Rede in einem Brief an Arthur Kutscher. In: Alfred Döblin: Briefe, S. 360-362.

45 M. Foucault: Was ist ein Autor? In: Schriften zur Literatur. Frankfurt am Main 1991, S. 7.

nes Diskurses. Döblin hingegen definiert den epischen Autor und den Produktionsprozeß seines Werkes. Vor zukünftigen Lehrern und Wissenschaftlern entfaltet er den Beziehungsreichtum der modernen Literatur: zur Presse, zu den Medien, zum Erwartungshorizont der Leser, den der Autor in sich tragen muß. Erzählen, sagt Döblin, heißt nicht nur Berichten, denn es handelt vom Exemplarischen des Dargestellten und der Figur. Seinen Roman »Berlin Alexanderplatz«, dessen Manuskript er gerade überarbeitet, erwähnt Döblin nicht. Sichtbar jedoch macht er die Problematik, die sich aus der Konfrontation des Schreibenden mit der Überlieferung des Epos und des Mythos ergibt. Ihre ursprünglichen Ganzheiten sind nicht mehr zu erreichen. Döblin beschreibt sie auf moderner Ebene als konstitutionelle Unbegrenztheit: »Das ist ja nun ein ganz sonderbares Merkmal an einer Kunstform, dieses Gesetz der Formlosigkeit, aber es ist da, läßt sich nicht wegleugnen, und man soll es scharf betrachten, denn es ist ein ganz wesentliches Charakteristikum, und wir stehen auf allersicherstem epischen Boden, wenn wir daran festhalten«[46]. Sie komme aus der mündlichen Erzähltradition, dem ständigen Wiederanknüpfen an das Vorige. Ihr setzen nur der Verleger und die Buchform Grenzen.

Vielleicht hat Döblins Roman deshalb einen offenen, weil doppelten Schluß, einen möglichen und einen gewaltsamen, zwanghaften: Biberkopf könnte geläutert in einer kleinen Pförtnerloge sein Leben führen, aber Döblin fügt noch an, wie er von den vorüberziehenden Marsch- und Kriegstrommeln angezogen wird. Walter Benjamin hat in seinem Essay »Die Krisis des Romans«[47] nur den möglichen und die Berliner Studenten haben in ihren Debatten nur den zwanghaften interpretiert. Ihnen gegenüber rechtfertigt Döblin dann auch den Ausgang seines Romans:

»Der Schluß müßte – eigentlich im Himmel spielen, schon wieder eine Seele gerettet, na, das war nicht möglich, aber ich ließ es mir nicht nehmen, zum Schluß Fanfaren zu blasen, es mochte psychologisch stimmen oder nicht. Bisher sehe ich: der Dualismus ist nicht aufzuheben – «[48].

So hat sich auch die Berliner Universität gegenüber Alfred Döblin und seinen Bemühungen um ihre Demokratisierung geöffnet: »Berlin Alexanderplatz. Die

46 Alfred Döblin: Der Bau des epischen Werks (1929). In: A. Döblin: Schriften zu Ästhetik, Poetik und Literatur, S. 236.
47 Vgl. Walter Benjamin: Krisis des Romans. Zu Döblins »Berlin Alexanderplatz«. (1930). In: Walter Benjamin: Gesammelte Schriften, Bd. III. Hg. von Hella Tiedemann-Bartels. Frankfurt am Main 1972, S. 230ff.
48 Alfred Döblin: Briefe, S. 166. (Brief an J. Petersen am 18.9.1931).

Geschichte vom Franz Biberkopf«[49] wird nach seinem Erscheinen in Petersens Seminar behandelt, und man tauscht sich darüber aus, nachdem Petersen dem Dichter eine Seminararbeit übersandt hatte.

Aber am 10. Mai 1933, viereinhalb Jahre nach der anerkennenden Aufnahme seiner Rede, werden Döblins Bücher auf dem Berliner Opernplatz verbrannt. Inwieweit sich Döblin während der Exilzeit über die Friedrich-Wilhelms-Universität geäußert hat, muß noch untersucht werden. Ein wichtiges Thema war sie nicht. Überall dort, wo er war, hat er noch viele Vorträge vor Studenten gehalten: in Zürich, im Elsaß, an der Sorbonne in Paris, zuletzt in Göttingen. Nach dem Weltkrieg, 1947, kommt Alfred Döblin bei einem Berlin-Besuch an den Ort zurück, wo seine Studien begonnen haben. Er erreicht, wie schon einmal als zehnjähriger Knabe, oder wie Mieze aus »Berlin-Alexanderplatz«, aus dem Norden kommend, über den Stettiner Bahnhof die Innenstadt. Dann steht er in der Invalidenstraße und betritt eine Trümmerlandschaft:

> »Oh, dies ist ein tausendmal von mir begangener Weg, zur Charité und zu den Naturwissenschaftlichen Instituten. Wir gehen an dem U-Bahn-Schacht Invalidenstraße vorbei, über den Damm. Man muß vorsichtig gehen, der Asphalt hat gebrannt und ist löchrig. Das Naturwissenschaftliche Museum, das archäologische, beherbergte einmal auch Tierreste aus Vorzeiten; es hat sich nun selber in solch Gebilde verwandelt. Verkohlt, zusammengebrochen die Institute. Hier ist man ein- und ausgegangen, vor Jahrzehnten; gerade die Fassaden stehen da, die Treppen führen noch hinauf, ja ein Flügel scheint noch erhalten, im Untergeschoß. Über den Rest ist die Zeit weggegangen. Hier herrscht jetzt am frühen Nachmittag ein unheimliches Schweigen. Man stelle sich vor, in einer Riesenstadt wie Berlin, eine breite Straße ohne Wagen, mit wenigen Menschen und kein Laut. Links drüben der Luisenplatz, früher eine Grünfläche; auf den Bänken saßen Menschen, da spielten Kinder. Jetzt blickt man die leere Luisenstraße hinunter, wo es früher von Studenten und Wagen wimmelte. Einzelne russische Soldaten begegnen uns. Sie haben ernste, ruhige Gesichter und blicken an uns vorbei.«[50]

---

49 Alfred Döblin: Berlin Alexanderplatz. Die Geschichte vom Franz Biberkopf. S. Fischer Verlag, Berlin 1929.

50 Alfred Döblin: »Wiedersehen mit Berlin«. In: Schicksalsreise [1948]. In: Autobiographische Schriften und letzte Aufzeichnungen, S. 398.

ANHANG

Biobibliographisches Verzeichnis

ALEWYN, Richard: geb. 1902 in Frankfurt am Main, gest. 1979 in Prien am Chiemsee. Studierte in München und Heidelberg, Promotion bei Max von Waldberg, anschließend Teilnahme an J. Petersens Berliner Barockseminar im WS 27/28. Gleichzeitig schrieb er Artikel für die Vossische Zeitung über Angelus Silesius. 1931 Habilitation in Berlin. Alewyn erhielt am 13.2.31 in Berlin die Urkunde zur Venia legendi. 1931/32 Privatdozent für deutsche Philologie in Berlin. 1932 als Nachfolger von Friedrich Gundolf in Heidelberg berufen. 1933 aus dem Hochschuldienst wegen seiner jüdischen Herkunft entlassen. Geht ins Exil: 1933/35 ohne Anstellung in Alt-Aussee, Wien, Gastprofessur an der Sorbonne; 1935–1939 Ascona. 1939/49 Associate Professor, Queens College, New York. 1949/55 o. Prof. in Köln, 1955-59 Lehrstuhl für vergleichende Literaturwissenschaft an der FU Berlin. 1959–1967 Universität Bonn. Veröffentlichungen zur Kulturgeschichte des Barock und zur deutschen Literaturgeschichte des 17.–20. Jahrhunderts (»Vorbarocker Klassizismus«, 1926; »Johann Beer«, 1932; darüber hinaus auch Aufsätze über den Detektivroman, zur Theorie des Romans. »Über Hugo von Hofmannsthal«, 1958; »Probleme und Gestalten«, 1974.

DÖBLIN, Alfred: geb. 1878 in Stettin, gest. 1957 in Emmendingen bei Freiburg. Lebte ab 1888 in Berlin. Arzt und Schriftsteller (Romane, Erzählungen, Stücke), Kunstkritiker, wissenschaftlicher und politischer Publizist. Schrieb seit der Schulzeit. 1900–1904 Studium d. Medizin an der Friedrich-Wilhelms-Universität, 1904–1905 in Freiburg, 1905 Dissertation über »Gedächtnisstörungen bei der Korsakoffschen Psychose«. Assistenzarzt, praktischer Arzt (Psychiatrie, innere Medizin, Neurologie und Geburtshilfe). 1903/4 als Berliner Student aktiv in der »Literarischen Abteilung der Finken«, ab 1905 im »Verein für Kunst«, 1910 Mitbegründer d. Zeitschrift Sturm. Im 1. Weltkrieg Militärarzt. Gehörte zur »Gruppe 25« in Berlin. 1928 Mitglied der Preußischen Akademie der Künste. Bekannteste Erzählwerke: »Die Ermordung einer Butterblume« (expressionistische Erzählungen, 1913) und »Berlin Alexanderplatz« (1929), bedeutender Großstadtroman der deutschsprachigen Moderne. In »Der deutsche Maskenball« (1921) kommentierte er politische Entwicklungen nach 1918. Döblin organisierte 1928 mit J. Petersen Poetikvorlesungen von Mitgliedern der »Sektion für Dichtkunst« der Preußischen Akademie der Künste an der Berliner Universität für die Wintersemester 1928/29 bis 1931/32. Er las am 10.12.28 »Über epische Formprobleme«; die schriftl. Fassung ist der Essay »Der Bau des epischen Werks« (1929). 1933 Ausschluß aus der Akademie d. Künste, politische Verfolgung, Bücher von Döblin wurden bei der Bücherverbrennung verbrannt. Exil in der Schweiz, in Frankreich, in den USA. 1945 kulturpolit. Mitarbeiter der französischen Militärregierung in Baden-Baden. Zeitschrift Das goldene Tor (1946/51). 1953 Frankreich, 1956 Rückkehr als Schwerkranker nach Freiburg i. Br..

ELOESSER, Arthur: geb. 1870 in Berlin, gest. 1938 in Berlin. Sohn eines jüdischen Kaufmanns nördlich vom Alexanderplatz. Besuch des Sophiengymnasiums. Mit Beginn des Wintersemesters 1888/89 Geschichtsstudium an der Friedrich-Wilhelms-Universität. Gastsemester in München und Genf. Wechsel zur Germanistik. 1893 Promotion in Berlin bei Erich Schmidt über »Die ältesten deutschen Übersetzungen Molièrscher Lustspiele«. Sein Versuch der Habilitation scheiterte, als Eloesser sich nicht zur Taufe bereit zeigte. Die als Habilitationsschrift entstandene Arbeit: »Das Bürgerliche Drama. Seine Geschichte im 18. und 19. Jahrhundert« erschien 1898 bei Wilhelm Hertz. 1897–1899 Aufenthalt in Frankreich, erste Arbeiten für die *Neue Rundschau* und die *Wiener Rundschau*. Seit 1899 Theaterkritiker bei der *Vossischen Zeitung*. 1913–1920 Chefdramaturg am Lessingtheater unter Victor Barnowsky. 1914–1915 als Unteroffizier in der Etappe im Elsaß. »Die Straße meiner Jugend«, eine Sammlung von kleinen Aufsätzen über Berlin, die für die *Vossische Zeitung* geschrieben worden waren, erschien 1919 bei Egon Fleischel. Nach 1920 publizistische Tätigkeit für die *Frankfurter Zeitung, Das blaue Heft* und seit 1924 für *Die Weltbühne*. Freundschaft mit Siegfried Jacobsohn. Zum 50. Geburtstag von Thomas Mann, 1925, erschien »Thomas Mann. Sein Leben und sein Werk« bei S. Fischer. Im Jahr darauf »Elisabeth Bergner« bei Williams & Co.. Seit 1928 wieder Kritiker bei der *Vossischen Zeitung*. 1930 und 1931 zwei umfangreiche Bände »Die deutsche Literatur. Vom Barock bis zur Gegenwart« bei Bruno Cassirer. 1933 Verlust fast aller Publikationsmöglichkeiten. Engagement für den Jüdischen Kulturbund und die Jüdische Rundschau. 1936 ist im Loewe Verlag »Vom Ghetto nach Europa« erschienen.

DOVIFAT, Emil: geb. 1890 in Moresnet, gest. 1969 in Berlin, Zeitungswissenschaftler und Journalist. Von 1918 bis 1925 und wieder 1927/28 journalistische Tätigkeit, zuletzt als Chefredakteur des *Deutschen*. Von 1919 an Engagement im Reichsverband der Deutschen Presse. 1924–27 Assistent und stellvertretender Leiter des Deutschen Instituts für Zeitungskunde in Berlin, dessen Leitung er 1928 übernahm und bis 1945 beibehielt. Zwischen Juli und Oktober 1934 vorübergehende Versetzung in den Ruhestand. 1945 Mitbegründer der CDU in Berlin und Chefredakteur der *Neuen Zeit*. Nach 1945 Niederlegung dieses Amtes auf sowjetischen Druck hin. D. erhielt keine Lehrerlaubnis an der Berliner Universität, obwohl er bis April 1947 formal Stelleninhaber blieb. Im November 1948 Berufung zum ordentlichen Professor für Publizistik an der Freien Universität Berlin. Emeritierung 1959.

GEIGER, Ludwig: geb. 1848 in Breslau, gest. 1919 in Berlin. Germanist, Romanist, Goethe-Philologe. Seit 1873 Privatdozent an d. Berliner Universität, 1880 a.o. Professor. Lehre: Neue deutsche Literaturgeschichte, italienische, französische und allgemeine Literaturgeschichte, Humanismus und Renaissance. 1903/04 Vorlesung *Die Juden und die deutsche Literatur*. Publikationen: »Johann Reuchlin«, 1871. »Geschichte der Juden in Berlin«, 1871ff., »Berlin 1688–1840. Geschichte des geistigen Lebens in der preußischen Hauptstadt«. 2 Bde., 1892–1895. »Dichter und Frauen«. Vorträge u. Abhandlungen, 1899. »Das junge Deutschland und die preußische Zensur«, 1900. »Die deutsche Literatur und die Juden«, 1910. Biographien und

Nachlaßherausg. u.a. von Therese Huber (1901), Karoline von Günderrode (1895), Chamisso (1907). Hg.: *Goethe-Jahrbuch* (Bde. 1-34, 1880–1913), *Zeitschrift für die Geschichte der Juden in Deutschland, Allg. Zeitung für das Judentum* (seit 1909). Einzelhg.: Jacob Burckhardts: »Kultur der Renaissance in Italien«, 3. Aufl. 1877/78 bis 12. Aufl. 1918. Beteiligung an Goethe-Werkausgaben: Neue illustrierte Ausgabe: 1883, Neue Ausgabe:1885–1917, Jubiläums-Ausgabe: 1907.

HINDERER, August: geb. 1877 in Weilheim an der Teck, gest. 1945 in Kirchheim unter Teck. Ev. Theologe, Kulturpolitiker und Begründer moderner kirchlicher Publizistik. 1911-18 Leiter des evangelischen Preßverbandes in Württemberg, seit 1918 Direktor des Evangelischen Preßverbandes für Deutschland, der Dachorganisation der regionalen ev. Preßverbände. 1933 Gründung des »Reichsverbandes evangelische Presse« als Fachschaft der Reichspressekammer. 1925 Lehrauftrag für Protestantisches Pressewesen an der Evangelisch-Theologischen Fakultät der Friedrich-Wilhelms-Universität zu Berlin. 1927 Ernennung zum Honorarprofessor. Gründer und Leiter des Seminars für Publizistik. Hinderer las an der Berliner Universität bis zum Wintersemester 1944/45.

HIS, Wilhelm: geb. 1863 in Basel, gest. 1934 bei Basel. Internist. Genannt W. His, d. J., Sohn von Wilhelm His (1831–1904), der in Leipzig von 1872 bis 1904 ein bekannter Anatom war. Medizinstudium an den Universitäten Genf, Leipzig, Bern, Straßburg. 1889 Promotion in Leipzig, Assistent in Leipzig, 1891 Privatdozent in Leipzig, 1906 Prof. in Göttingen. 1907 als Nachfolger von Leydens zum Leiter der I. Med. Klinik an die Berliner Charité berufen. Freiwilliger Kriegseinsatz. Entdecker des nach ihm benannten »His'schen Bündels« (atrioventikulares Reizleitungssystem des Herzens). Gehörte in den zwanziger Jahren zur ältesten Professorengeneration, Rektorat 1928/29. Ständige Mitarbeit an der von Friedrich Althoff begründeten *Internationalen Monatsschrift für Wissenschaft, Kunst und Technik*. Bez. zur Lit.: 1929, zum 200. Geburtstag Lessings, Rektoratsansprache. Schriften über Medizingeschichte, 1930: »Die Front der Ärzte«, eine Analyse über den Einsatz von Ärzten im 1. Weltkrieg, im Anhang Literatur-empfehlungen, u.a. zu Jüngers »Im Stahlgewitter« und Remarques »Im Westen nichts Neues«. Verf. von Schriften zur Musikgeschichte.

HÜBNER, Arthur: geb. 1885 in Neudamm, Kr. Königsberg, gest. 1937 in Berlin. Studierte in Berlin und Graz deutsche und klassische Philologie; promovierte 1910 (»Daniel, eine Deutschordensdichtung. Kap. I-III«, Phil. Diss. Berlin 1910) und habilitierte sich 1913. Nach Teilnahme am Weltkrieg und Mitarbeit am Deutschen Wörterbuch wurde er 1918 Extraordinarius in Berlin, 1924 ord. Professor in Münster und 1927 in Berlin. Als Ordinarius an der Berliner Friedrich-Wilhelms-Universität, Leiter des Deutschen Wörterbuches 1929-37, Redakteur der *Anzeigen für deutsches Altertum* 1932-37 und Mitglied der Preußischen Akademie der Wissenschaften war der unermüdliche Philologe und Editor einflußreicher Wissenschaftsorganisator. Hübner verfaßte zahlreiche Arbeiten zur älteren, aber auch zur neueren deutschen Literatur und wirkte als Herausgeber mittelalterlicher Texte: »Das Marienleben des Schweizers Wernher aus der Heidelberger Handschrift« (hg. von Max Päpke, zu Ende geführt von Arthur Hübner. Berlin 1920 (Deutsche Texte des Mittelalters; 27), »Die Mundart der Heimat« (Breslau 1925), »Die Lieder der Heimat« (Breslau 1926), »Die deutschen Geißlerlieder. Studien zum geistlichen Volksliede des deutschen Mittelalters« (Berlin und Leipzig 1931) u.a. Zu Vita und Werken vgl. Arthur Hübner: »Kleine Schriften zur deutschen Philologie«, hg. von Hermann Kunisch und Ulrich Pretzel, Berlin 1940 (mit Schriftenverzeichnis).

JOLLES, Charlotte: geb. 1909 in Berlin. Studierte ab 1929 Germanistik, Geschichte, Pädagogik und Philosophie an der Berliner Universität, im Sommersemester 1931 und Wintersemester 1931/32 Teilnahme am Oberseminar von Julius Petersen; Promotion zum Dr. phil. am 17.2.1937 auf der Grundlage der Dissertationsschrift »Fontane und die Politik. Ein Beitrag zur Wesensbestimmung Theodor Fontanes«. (Teildruck der Dissertation Bernburg 1936. Erste vollständige Veröffentlichung unter demselben Titel 1983 im Aufbau-Verlag Berlin.) Aufgrund ihrer jüdischen Herkunft emigrierte sie im Januar 1939 nach England, unterrichtete dort Deutsch und trat 1955 wieder in die Universitätslaufbahn ein. 1974 wurde sie zum Professor ernannt und 1977 emeritiert.

KAYSER, Wolfgang: geb. 1906 in Berlin, gest. 1960 in Göttingen. Studium an der Berliner Universität: Promotion 1930. »Klangmalerei bei Harsdörffer«, 1932. 1930–1933 Lektor an der Univ. Amsterdam. 1935 Assistent an der Berliner Universität, 1938 Assistent an der Universität Leipzig. Habilitation. 1941–1946 a.o. Prof. Univers. Lissabon. Seit 1950 o. Prof. an der Universität Göttingen. 1955/56 Gastprof. an der Harvard-Universität. Frühe Schriften: »Geschichte der deutschen Ballade«, 1936. »Die iberische Welt im Denken Herders«, 1945. Hg. der Werke von Annette v. Droste-Hüllshoff (1939). In zahlreichen Auflagen erschienen: »Das sprachliche Kunstwerk« (1948); »Kleine deutsche Versschule« (1957); »Das Groteske« (1957). Mithg. der Hamburger Goethe-Ausg. (Bd. 4, »Jugenddramen«).

KOCH, Franz: geb. 1888 in Attnang-Puchheim (Österreich), gest. 1969 in Linz (Österreich). 1907 bis 1912 Studium der deutschen und romanischen Philologie, Philosophie und Kunstgeschichte an der Universität Wien; Promotion zum Dr. phil. am 23.7.1912 mit der Dissertation »Albert Lindner als Dramatiker« und Habilitation 1925 ebenfalls in Wien. Haupt-beruflich seit 1914 als Bibliothekar in der Österreichischen Nationalbibliothek tätig. Mit Wirkung vom 1.4.1935 Berufung zum Extraordinarius für deutsche Literaturgeschichte und Mitdirektor des Germanischen Seminars an die Universität Berlin, ein Jahr später Berufung in ein Ordinariat. 1938 bis 1940 Dekan der Philosophischen Fakultät. 18.7.1945 Entlassung aus dem Universitätsdienst wegen aktiver Unterstützung der NSDAP u.a. als Hauptlektor in der »Reichsstelle zur Förderung des deutschen Schrifttums«, dem späteren »Amt/Hauptamt Schrifttumspflege«, als Mitwirkender in der »Forschungsabteilung Judenfrage« des »Reichsinstituts für Geschichte des neuen Deutschlands« oder als Leiter des »Wissenschaftlichen Einsatzes Deutscher Germanistik im Kriege« (1940 gemeinsam mit Gerhard Fricke). Sowohl diese Institutionen als auch seine Vortragstätigkeit im In- und Ausland sowie die Lehre an der Universität nutzte er auf vielfältige Weise, um die Literatur- und Kulturpolitik des NS mit durchsetzen zu helfen. Nach 1945 wissensch. und publizistische Arbeit in Tübingen und Linz. Hauptwerke: »Goethe und Plotin« (1925), »Gegenwartsdichtung in Österreich« (1935), »Geschichte deutscher Dichtung« (1937), »Geist und Leben. Vorträge und Aufsätze« (1939), Hg.: »Von deutscher Art in Sprache und Dichtung« (1941), »Josef Weinheber« (1942), »Kolbenheyer« (1953), »Idee und Wirklichkeit. Deutsche Dichtung zwischen Romantik und Naturalismus« (1956), »Goethes Gedankenform« (1967).

LACHMANN, Karl: geb. 1793 in Braunschweig, gest. 1851 in Berlin. Altphilologe und Germanist, 1816 Habilitation in Berlin. 1818 Professur in Königsberg, 1825 in Berlin, hier ab 1827 Ordinarius der klassischen und deutschen Philologie an der Friedrich-Wilhelms-Universität. Wandte Friedrich August Wolfs philologische Theorie erstmals auf Handschriften des deutschen Mittelalters an, deren ursprüngliche Fassung er über Textvergleich (recensio), Echtheitsprüfung (examinatio) und Ausbesserung (emendatio) zu erschließen suchte. Gilt als Vater der germanistischen Textkritik und Editionspraxis. Seine Neigung, epische Komplexe nach Einzelthemen und dichtenden Individuen aufzulösen, polarisierte nach seinem Tod im ›Nibelungenstreit‹ die Germanistik. Wichtigste Werke: »Über die ursprüngliche Gestalt des Gedichtes von der Nibelungen Noth« (1816), »Betrachtungen über die Ilias« (1847), »Kleine Schriften«, hg. v. Karl Müllenhoff u. Johannes Vahlen (1876). Editionen (Auswahl): Properz (1816), Iwein Hartmanns von Aue, gem. m. Georg Friedrich Benecke (1827), Walther von der Vogelweide (1827), Wolfram von Eschenbach (1833), Gotthold Ephraim Lessing (1838-40), Frauendienst Ulrichs von Liechtenstein (1841), Vulgata (1842-50).

MINDE-POUET, Georg: Germanist und Bibliothekar, geb. 1871 in Berlin, gest. 1950 in Berlin. Nach dem Besuch des Französischen Gymnasiums Studium der Deutschen und Romanischen Philologie sowie der Kunstgeschichte an der Friedrich-Wilhelms-Universität Berlin. 1895 Promotion bei Erich Schmidt über »Heinrich von Kleist. Seine Sprache und sein Stil«. 1897/98 Volontariat an den Königlichen Museen zu Berlin. 1901 Assistent am Provinzialmuseum und der Landesbibliothek Posen. 1903 erster Bibliothekar der neu errichteten Stadtbibliothek Bromberg. Umfassende kulturpolitische Arbeit in Westpreußen durch Ausstellungen, Vorträge, Publikationen. 1904/1905 gemeinsam mit Erich Schmidt Hg. der Werke Heinrich von Kleists. 1913 Direktor der Stadtbibliothek und der Städtischen Sammlungen Dresden. 1917 Direktor der Deutschen Bücherei in Leipzig. Seit 1921 Vorsitzender der Kleist-Gesellschaft. 1930 Aufbau der Bibliothek des Deutschen Museums München. Mitarbeit am ersten Band der Neuen Folge von K. Goedekes »Grundriß zur Geschichte der deutschen Dichtung«.

MÜLLENHOFF, Karl: geb. 1818 in Marne, gest. 1884 in Berlin. Germanist, 1843 Dozent in Kiel. 1859, nach dem Tod Friedrich von der Hagens, Professor an der Berliner Universität. 1864 Mitglied der Preußischen Akademie der Wissenschaften. Nachfolger der Brüder Grimm auf dem Gebiet der deutschen Altertumskunde, die er mit Karl Lachmanns methodischen Grundsätzen zu korrelieren suchte. Erwarb sich Verdienste um die grammatische und lexikalische Behandlung des Niederdeutschen. Wichtigste Werke: »Deutsche Altertumskunde«, Bd. I (1870), Bd. V, 1 (1883), Bde. II, III, IV u. V, 2 hg. v. Max Roediger (1887–1920), Glossar zu Klaus Groths »Quickborn« (1856). Edition (Auswahl): Märchen und Lieder von Schleswig-Holstein und Lauenburg (1845) Denkmäler deutscher Poesie und Prosa aus dem 8.–12. Jahrhundert, gem. mit Wilhelm Scherer (1864).

PETERSEN, Julius: geb. 1878 in Straßburg (Elsaß), gest. 1941 in Murnau. Germanist, Schüler und Nachfolger Erich Schmidts in Berlin. Studierte in Lausanne, München, Leipzig, Berlin Philologie, Kunstgeschichte und Philosophie. 1902 Promotion in Berlin. 1909 Habilitation u. Privatdozent an der Universität München. Seit 1911/12 Professuren an d. Universitäten: München, Yale-Univ. New Haven, Basel, Frankfurt am Main. Im Oktober 1920 an die Berliner Universität auf den Lehrstuhl Erich Schmidts berufen. Direktor des Germanischen Seminars, 1923 auch des Theaterwissenschaftlichen Instituts (mit Max Herrmann). Vorlesungen und Seminare zur Literaturgeschichte, Theaterwissenschaft und -kritik. Gab in den WS 1925/26 und 1935/36 Oberseminare über Fontane, im WS 1927/28 zur Barockliteratur, aus denen die Spezialisierung einiger Teilnehmer (Jolles, Alewyn, Pyritz, Kayser, Trunz, von Wiese) hervorging. Forschung: spätmittelalterliche Dichtung bis Theodor Fontane und zum Großstadtroman, Theaterwissenschaft; vor allem: deutsche Klassik und Romantik. Seit 1927 Präsident der Goethe-Gesellschaft. Mitglied d. Preußischen Akademie der Wissenschaften (Deutsche Kommission). Sekretär der Preußischen Akademie der Künste. Publikationen: »Literaturgeschichte als Wissenschaft« (1914). »Die Entstehungsgeschichte der Eckermannschen Gespräche und ihre Glaubwürdigkeit«, »Die Wesenheit der deutschen Romantik« (1926). »Die Wissenschaft von der Dichtung« (I, 1939) »Goethe-Studien« in der *Vierteljahrsschrift* (I, XIV). Progr. Vortrag zugunsten der vergl. Literaturgesch.: »Nationale oder vergleichende Literaturgeschichte« (1927, gedr. 1928), Hg./Mithg.: Schiller-Säkularausgabe (1904), Lessings Werke (1908, 1925), Jean Pauls Werke (1927), Schiller-Nationalausgabe (1943ff), Goethes Werke (1936–1940), Hg./Mithg. von Jahrbüchern und wiss. Zeitschriften: seit 1921 *Jahrbuch der Kleist-Gesellschaft,* 1924-41 *Deutsche Literaturzeitung,* 1922-41 *Palaestra,* 1911-37 *Das Literatur-Archiv,* 1928-33 *Euphorion,* 1934-41 *Dichtung und Volkstum.* Neue Folge des *Euphorion.*

PNIOWER, Otto: geb. 1859 in Gleiwitz, gest. 1932 in Berlin. Studium an der Friedrich-Wilhelms-Universität bei Wilhelm Scherer und Karl Müllenhoff. 1883 Promotion zum Dr. phil. Seit 1893 Hilfsarbeiter am Märkischen Provinzialmuseum, 1902 Professorprädikat.

1917–1924 Direktor des Märkischen Museums in Berlin. 1922 silberne Leibnizmedaille der Preußischen Akademie der Wissenschaften. Arbeitete als Literarhistoriker vornehmlich zur deutschen Literatur von Goethe bis Fontane. Verfasser zahlreicher Aufsätze in Zeitungen und Zeitschriften, 1912 erschien als Buch »Dichtungen und Dichter. Essays und Studien« im S. Fischer Verlag, 1925 »Goethe in Berlin und Potsdam« als Druck des Vereins für die Geschichte Berlins. Freundschaftliche Kontakte zu Richard M. Meyer, Paul Schlenther und Konrad Burdach.

PYRITZ, **Hans:** geb. 1905 in Berlin, gest. 1958 in Hamburg. Studierte an der Friedrich-Wilhelms-Universität Deutsche Philologie, Geschichte, Mittellatein und Philosophie und nahm an J. Petersens Barock-Seminar teil, aus dem seine Dissertation »Paul Flemings deutsche Liebeslyrik« (Leipzig 1932) hervorging (u.d.T. Paul Flemings »Suavia«. In: Münchener Museum für Philologie des Mittelalters und der Renaissance 5, Heft 3 (1931), S. 251-321, erw. u.d.T. »Paul Flemings Liebeslyrik. Zur Geschichte des Petrarkismus«. Göttingen 1963). 1931-34 wissenschaftlicher Assistent am Deutschen Seminar der Universität Königsberg; 1934-35 Mitarbeiter am Deutschen Wörterbuch an der Preußischen Akademie der Wissenschaften zu Berlin, 1935–1941 Vorsteher des Handschriftenarchivs der Akademie. Für seine Arbeit »Goethe und Marianne von Willemer. Eine biographische Studie« (Stuttgart 1941) und die erst 1950 veröffentlichte Edition der »Minneburg« im Juli 1940 habilitiert, wurde er im Dezember 1940 zum Dozenten ernannt und als Ordinarius nach Königsberg berufen. Nach Petersens Tod wurde er 1942 dessen Nachfolger in Berlin. 1947 wechselte er nach Hamburg, wirkte dort als Ordinarius und Herausgeber des *Euphorion*. Weitere Werke: »Marianne von Willemer«, Berlin 1944; »Goethes Verwandlungen«, Hamburg 1950; »Goethe-Studien. Schriften zur deutschen Literaturgeschichte«, hg. von Ilse Pyritz, Köln u. Graz 1962; Goethe-Bibliographie. Unter redaktioneller Mitarbeit von Paul Raabe, fortgeführt von Heinz Nicolai u.a., 2 Bde. Heidelberg 1965 und 1968. Zu Vita und Werken vgl. auch Hans Pyritz: »Schriften zur deutschen Literaturgeschichte«. Hg. von Ilse Pyritz. Köln u. Graz 1962.

RODENBERG, **Julius:** (eigentlich Julius Levy), geb. 1831 in Rodenberg/Hessen, gest. 1914 in Berlin. Jurastudium, anschließend ausgedehnte Reisen nach England, Paris, Italien. Journalistische Laufbahn. Nach verschiedenen Versuchen profilierte er sich zunächst als Herausgeber des *Salon für Literatur, Kunst und Gesellschaft* (1867–1874), zusammen mit Ernst Dohm. 1874 gründete er in Berlin die *Deutsche Rundschau*, sein Lebenswerk, die er bis zu seinem Tod herausgab und redigierte. Nebenher war er Verfasser von durchaus erfolgreichen Reisebüchern (»Ein Herbst in Wales«, 1857) aber auch von Romanen (»Die Grandidiers«, 1879), Gedichten und Opernlibretti.

ROETHE, **Gustav:** geb. 1859 in Graudenz, gest. 1926 in Badgastein. Germanist, 1888 Professor in Göttingen, 1902 Nachfolger Karl Weinholds im Müllenhoffschen Ordinariat für ältere deutsche Sprache und Literatur an der Friedrich-Wilhelms-Universität und Mitdirektor ihres Germanischen Seminars, 1911 Ständiger Sekretar der Preußischen Akademie der Wissenschaften, 1922 Präsident der Goethe-Gesellschaft, 1923 Rektor der Berliner Universität. Regte die »Deutschen Texte des Mittelalters« an und trieb die Arbeiten am »Deutschen Wörterbuch« voran. Übte als rigider Vertreter der philologischen Richtung innerhalb einer sich pluralisierenden Germanistik, erfolgreicher Wissenschaftsorganisator und deutschnationaler Publizist außergewöhnlichen Einfluß aus. Wichtigste Werke: »Die Gedichte Reinmars von Zweter« (1887), »Die Reimvorreden des Sachsenspiegels« (1898/99), »Brentanos ›Ponce de Leon‹« (1901), Goethes »Campagne in Frankreich« 1792 (1919).

SCHERER, Wilhelm: geb. 1841 in Schönborn (Niederösterreich), gest. 1886 in Berlin. Ab 1858 Studium der germ. Philologie an der Universität Wien bei Franz Pfeiffer. 1860–1963 Studium in Berlin bei Jacob Grimm und Karl Müllenhoff. 1864 Habilitation in Wien. 1868 ord. Prof. an der Universität Wien; 1872–1877 ord. Prof. an der neu gegründeten Reichsuniversität Straßburg; 1877 Berufung an die Berliner Universität auf den neu eingerichteten Lehrstuhl für Neuere deutsche Literatur. W. Scherer wirkte maßgeblich an der Institutionalisierung der neueren deutschen Literaturwissenschaft als einer Fachwissenschaft mit. Auch das 1885 eröffnete Goethe-Archiv wurde entscheidend durch ihn geprägt. Wichtige Veröffentlichungen: »Zur Geschichte der deutschen Sprache« (1868), 1874 gemeinsam mit B. ten Brink Begründung der Schriftenreihe »Quellen und Forschungen zur Sprach- und Culturgeschichte der germanischen Völker«; 1879-83 erschien in Lieferungen seine »Geschichte der deutschen Litteratur«; ab 1885 maßgebliche Mitwirkung bei der Vorbereitung der Weimarer Goethe-Ausgabe (Sophien-Ausgabe); »Aufsätze über Goethe«, hg. von E. Schmidt, Berlin 1886; »Poetik«, hg. von R. M. Meyer, Berlin 1888.

SCHMIDT, Erich: geb. 1853 in Jena, gest. 1913 in Berlin. Germanist. Sohn des Zoologen und Darwinisten Oscar Schmidt. Seit 1872 Studium der Deutschen Philologie bei W. Scherer in Straßburg. Habilitation 1875 in Würzburg über Heinrich Leopold Wagner. Freundschaft zu Theodor Storm. 1878 Extraordinariat in Straßburg. 1880 Extraordinariat in Wien. 1885 Direktor des Goethe-Archivs in Weimar und in dieser Eigenschaft Herausgeber der Goetheschen Werke in der »Sophienausgabe«. 1884 und 1892 Veröffentlichung seines Hauptwerks, der zweibändigen Lessing-Biographie. 1887 Entdeckung des »Urfaust«. Im selben Jahr Nachfolger Wilhelm Scherers auf dem Berliner Lehrstuhl. In seinen Berliner Jahren widmete sich Erich Schmidt vor allem repräsentativen Aufgaben. 1906 wurde er Präsident der Goethe-Gesellschaft. 1911 fungierte er als Jubiläumsrektor der Friedrich-Wilhelms-Universität. Seine öffentlichen Vorlesungen waren stadtbekannt. Er galt als der bevorzugte Festredner des offiziellen Berlin. Er stand dem Kaiser nah. Die Auseinandersetzungen, die nach seinem Tod 1913 um seinen Lehrstuhl einsetzten, bezeichnen das Ende der Vorherrschaft der positivistischen Germanistik.

TRUNZ, Erich: geb. 1905 in Königsberg, lebt in Kiel. Studierte in Königsberg und Berlin, wo er zu den Teilnehmern von Petersens Barock-Seminar gehörte und entscheidende Anregungen für seine wissenschaftliche Arbeit empfing. Promovierte 1931 in Königsberg über Ambrosius Lobwasser (»Studien zur Geschichte der deutschen gelehrten Dichtung des 16. und beginnenden 17. Jahrhunderts. I. Ambrosius Lobwasser«. Diss. Königsberg 1931); war 1936-39 Dozent in Freiburg i. Br., o. Prof. an der Deutschen Universität Prag 1940-45; 1955 o. Prof. in Münster, 1957-70 in Kiel. Besondere Verdienste erwarb er sich durch die 14bändige Hamburger Ausgabe von Goethes Werken, die unter seiner Leitung von 1948 bis 1960 veröffentlicht wurde. Zu den Arbeiten von E. Trunz vgl. Hans Joachim Mähl / Eberhard Mannack (Hg.): »Studien zur Goethezeit. Erich Trunz zum 75. Geburtstag«. Heidelberg 1981 (mit Verzeichnis der Schriften).

WENTZLAFF-EGGEBERT, Friedrich-Wilhelm: geb. 1905 in Freistadt bei Stolpe. Lebt in Wasserburg am Bodensee. Studierte am Germanischen Seminar der Berliner Universität und nahm ebenfalls am Barockseminar Julius Petersens im WS 1927/28 teil. 1931 wurde er mit einer Arbeit über das Todesproblem in der Barocklyrik promoviert (»Das Problem des Todes in der deutschen Lyrik des 17. Jahrhunderts«. Leipzig 1931 (*Palaestra* 171, Diss. Berlin). 1934–1941 war er erst wissenschaftliche Hilfskraft, dann Beamter und a.o. Professor der Preußischen Akademie der Wissenschaften zu Berlin und bot nach Habilitation und Erteilung der Venia legendi 1938 als Privatdozent Lehrveranstaltungen am Seminar an. 1941 erhielt er einen Ruf an die Reichsuniversität Straßburg, an der er bis 1944 lehrte. Von 1955 bis zur Emeritierung 1973 wirkte er als Ordinarius in Mainz. Verfasser zahlreicher Arbeiten zur deutschen Literatur des Mittelalters und der Neuzeit, u.a. »Dichtung und Sprache des jungen Gryphius« (Berlin 1936, 2. Auflage 1966); »Deutsche Mystik zwischen Mittelalter und Neuzeit. Einheit und Wandel ihrer Erscheinungsformen« (Berlin 1944, 3. Auflage 1969).

VON WIESE, Benno: Germanist. Vertreter der »werkimmanenten Interpretation«. Geb. 1903 in Frankfurt am Main, gest. 1987 in München. Sohn von Leopold von Wiese. Studierte 1922-25 in Leipzig, 1925/26 in Heidelberg, 1927, angeregt von K. Mannheim, Promotion bei Karl Jaspers über »Friedrich Schlegel. Ein Beitrag zur Geschichte der romantischen Konversion«. Geht im Wintersemester 1927/28 nach Berlin zu Julius Petersen. In Berlin Beginn der Publikation von Aufsätzen und Rezensionen in Zeitungen und Zeitschriften (1928 für das Unterhaltungsblatt der *Vossischen Zeitung* mit Beiträgen u.a. über Heidegger und Kafka). 1929 Habilitation bei Oskar Walzel in Bonn. Privatdozent in Bonn. Professuren: 1932 a.o. Prof. in Erlangen, 1943 Münster, 1956 Bonn. Ein Schwerpunkt seiner Arbeit ist das Werk von Schiller. Veröffentlichungen (Auswahl): »Die Antithetik in den Alexandrinern von Angelus Silesius« (1928). »Politische Dichtung Deutschlands« (1931). »Forschungsbericht zur Romantik« in: *DuV* 38 (1937). Gattungsspezifische Literaturgeschichten und Interpretationsreihen: »Die Dramen Schillers. Politik und Tragödie« (1938). »Die deutsche Tragödie von Lessing bis Hebbel« (1948), »Faust als Tragödie« (1945), »Das deutsche Drama. Vom Barock bis zur

Gegenwart« (1958, 4. Auflage 1964), »Die deutsche Novelle von Goethe bis Kafka« (1956). Epochenübersichten: »Deutsche Dichter der Moderne« (1965), »Deutsche Dichter der Romantik« (1973). Einzeldarstellungen von Mörike (1967), Karl Immermann (1969) und Heine (1976). Hg.: Schillers Werke (12 Bde., 1936–1937). Mitherausgeber der Schiller-Nationalausgabe, Bd. 9, 20, 21 (1958–1963). Mithg. der Zeitschrift für deutsche Philologie (seit 1961), der Bonner Arbeiten zur dt. Literatur (seit 1961). Perspektiven 1 (1978) und 2 (1979). Autobiographie: »Ich erzähle mein Leben« (1982).

Personenregister

Literaturverzeichnis

1. Selbstzeugnisse (erweitert):

ALEWYN, Richard: *Warum? Wie? Und abermals Warum?* In: Siegfried Unseld (Hg.): Wie, warum und zu welchem Ende wurde ich Literaturhistoriker? Eine Sammlung von Aufsätzen aus Anlaß des 70. Geburtstags von Robert Minder. Frankfurt am Main 1972, S. 18-20.

BAHR, Hermann: Selbstbildnis. Berlin 1923.

BENJAMIN, Walter: Berliner Chronik. Frankfurt am Main 1980.

BENJAMIN, Walter: Gesammelte Briefe. Hg. von Christoph Gödde und Henri Lonitz. Bd. I: 1910–1918. Frankfurt am Main 1995.

BODEN, Petra: Charlotte Jolles über Julius Petersen. Zum wissenschaftlichen Leben am Germanischen Seminar in den 30er Jahren. [Interview]. In: Wruck (Hg.): Berliner Studenten, 1987. S. 632-639.

BOHNEN, Klaus (Hg.): Brandes und die *Deutsche Rundschau*. Unveröffentlicher Briefwechsel zwischen Georg Brandes und Julius Rodenberg. Kopenhagen/München 1980.

BRENTANO, Lujo: Mein Leben im Kampf um die soziale Entwicklung Deutschlands. Jena 1931.

BUNSEN, Marie von: Zeitgenossen die ich erlebte. 1900–1930. Leipzig 1932.

BURCKHARDT, Jacob / Heyse, Paul: Briefwechsel. Hg. v. Erich Petzel. München 1916.

BURDACH, Konrad: Wissenschaftsgeschichtliche Eindrücke eines alten Germanisten. Festgabe zum zweihundertfünfzigjährigen Jubiläum der Weidmannschen Buchhandlung. Berlin 1930.

DESSOIR, Max: Buch der Erinnerung. Stuttgart 1947.

DÖBLIN, Alfred: Autobiographische Schriften und letzte Aufzeichnungen. Olten und Freiburg i. Br. 1980.

DÖBLIN, Alfred: Briefe. Hg. von W. Muschg und Heinz Graber. Olten, Freiburg i. Br. 1970

DÖBLIN, Alfred: Doktor Döblin. Selbstbiographie von Alfred Döblin (etwa 1918). Erstdruck: Friedenauer Presse, Berlin 1970.

DOVIFAT, Emil: Die Publizistik an der Friedrich-Wilhelms-Universität. In: Studium Berolinense. S. 726-738.

DREWITZ, Ingeborg: Gespräch mit Ingeborg Drewitz über ihren Roman »Gestern war Heute«. In: Ingeborg Drewitz: »Gestern war Heute. Hundert Jahre Gegenwart« mit Materialien. Ausgewählt und eingeleitet von Gisela Ullrich. Stuttgart 1980.

DREWITZ, Ingeborg: Lebenslehrzeit. Stuttgart 1985.

ELOESSER, Arthur: Die Straße meiner Jugend. (1919). – Gekürzte Neuaufl. Berlin 1987.

ELOESSER, Arthur: Erinnerungen eines Berliner Juden. In: *J. R.* (1934), Nr. 76/77ff.

FISCHER, Samuel / Fischer, Hedwig: Briefwechsel mit Autoren. Hg. von Dierk Rodewald und Corinna Fiedler. Mit einer Einführung von Bernhard Zeller. Fankfurt/M. 1989.

FONTANE, Theodor: Briefe an Julius Rodenberg. Hg. von Hans-Heinrich Reuter. Berlin 1969.

FUHRMANN, Horst: »Sind eben alles Menschen gewesen«. Gelehrtenleben im 19. und 20. Jahrhundert. München 1996.

GLATZER, Dieter und Ruth: Berliner Leben 1900–1914. Eine historische Reportage aus Erinnerungen und Berichten. Berlin 1987.

GUMPERT, Martin: Hölle im Paradies. Selbstdarstellung eines Arztes. Stockholm 1939.

HAMMER, Franz: Traum und Wirklichkeit. Die Geschichte einer Jugend. Rudolstadt 1975.

HOMEYER, Erich: Ein großer Germanist – Erinnerungen an Erich Schmidt. In: *Das Antiquariat* 4/1974, S.120-127. *Beilage zum Börsenblatt des deutschen Buchhandels*, Nr. 34 (30.4.1974).

IHERING; Herbert: Begegnungen mit Zeit und Menschen. Bremen 1965.

KASACK, Herrmann: Mosaiksteine. Frankfurt am Main 1956.

KELLER, Gottfried: Gesammelte Briefe. Hg. von Carl Helbig. Bd. 3,2. Bern 1953

KLEMPERER, Victor: Berliner Gelehrtenköpfe. Roethe – Paulsen. In: *Der Zeitgeist. Beiblatt zum Berliner Tageblatt* vom 18.3.1907.

KLEMPERER, Victor: Curriculum vitae. Jugend um 1900. Bd. 1. Berlin 1989.

KLEMPERER, Victor: Ich will Zeugnis ablegen bis zum letzten. Tagebücher 1942–1945. Berlin 1995.

LANDMANN, Michael: Bausteine zu einer Biographie. In: Buch des Dankes an Georg Simmel. Briefe, Erinnerungen, Bibliographie. Zu seinem 100. Geburtstag hg. von Kurt Gassen u. Michael Landmann. Berlin 1958.

LEYEN, Friedrich von der: Leben und Freiheit der Hochschule. Erinnerungen. Köln 1960.

LITZMANN, Berthold: Im alten Deutschland. Erinnerungen eines Sechzigjährigen. Berlin 1923.

LOERKE, Oskar: Tagebücher 1903–1939. Hg. von Herrmann Kasack. Veröffentlichungen der deutschen Akademie für Sprache und Dichtung. Heidelberg/Darmstadt 1955.

MANN, Golo, Erinnerungen und Gedanken. Eine Jugend in Deutschland. Frankfurt am Main 1986.

MARCUSE, Ludwig: Mein zwanzigstes Jahrhundert. Auf dem Weg zu einer Autobiographie. München 1960.

OSBORN, Max: Der bunte Spiegel. Erinnerungen aus dem Kunst-, Kultur- und Geistesleben der Jahre 1890–1913. New York 1945.

REIFENBERG, Elise: Etwas Seltenes. Berlin 1983.

RICHTER, Werner: Berliner Germanistik vor und nach dem hundertjährigen Jubiläum der Friedrich-Wilhelms-Universität. In: Studium Berolinense. S. 490-506.

RILKE, Rainer Maria: Briefe an Axel Juncker. Hg. von Renate Scharffenberg. Frankfurt am Main 1979.

RODENBERG, Julius: Aus seinen Tagebüchern. Ausgewählt von Justine Rodenberg. Einführung von Ernst Heilborn. Berlin 1919.

SCHERER, Wilhelm / Müllenhoff, Karl: Briefwechsel. Im Auftr. der Preuß. Akad. der Wiss. hg. von Albert Leitzmann. Mit einer Einführung von Edward Schröder. Berlin u. Leipzig 1937.

SCHERER, Wilhelm / Schmidt, Erich: Briefwechsel. Mit einer Bibliographie der Schriften von Erich Schmidt. Hg. von Werner Richter und Eberhard Lämmert. Berlin 1963.

SCHERER, Wilhelm / von Steinmeyer, Elias: Briefwechsel 1872–1886. In Verbindung mit Ulrich Pretzel hg. von Horst Brunner und Joachim Helbig. Göppingen 1982.

SCHOLEM, Gershom: Von Berlin nach Jerusalem. Jugenderinnerungen. Frankfurt am Main 1977.

SOMBART, Nicolaus: Jugend in Berlin. 1933–1943. Ein Bericht. Frankfurt am Main 1987, erw. und überarbeitet 1991.

SPRANGER, Eduard: Die Friedrich-Wilhelms-Universität in Berlin. In: Ders.: Berliner Geist. Tübingen 1966. S. 188-220.

STORM, Theodor / Schmidt, Erich: Briefwechsel. In Verbindung mit der Theodor-Storm-Gesellschaft hg. von Karl Ernst Laage. 2 Bde. Berlin 1972.

TRUNZ, Erich: Erinnerungen an Julius Petersens Seminar »Deutsche Barocklyrik« im Wintersemester 1927/28 an der Universität Berlin. In: *Wolfenbütteler Barocknachrichten* 5 (1978) 1, S. 123-131.

WIESE, Benno von: Ich erzähle mein Leben. Erinnerungen. Frankfurt am Main 1982.

WIESE, Leopold von: Erinnerungen. Köln und Opladen 1957.

WILAMOWITZ-MOELLENDORFF, Ulrich von: Erinnerungen 1848–1914. Leipzig 1928.

WOLFSKEHL, Karl und Hanna / Gundolf, Friedrich: Briefwechsel. Hg. v. Karlhans Kluncker. Amsterdam, 2. Aufl., 1977.

ZIEGENGEIST, Agnes (Hg.): Der Briefwechsel zwischen Konrad Burdach und Erich Schmidt. Mit 14 ungedruckten Briefen. In: *Zeitschrift für Germanistik*. N.F. 2 (1995). S. 353-366.

2. Amtliche Veröffentlichungen der Berliner Friedrich-Wilhelms-Universität:

Amtliches Verzeichnis des Personals und der Studierenden der Königl. Friedrich-Wilhelms-Universität zu Berlin. Berlin 1871ff.

Amtsblatt der Friedrich-Wilhelms-Universität zu Berlin. 1935.

Chronik der Friedrich-Wilhelms-Universität zu Berlin für das Rechnungsjahr 1887/8–1915. Jahresbände 1-24. Halle 1888–1916.

Chronik der Friedrich-Wilhelms-Universität zu Berlin für das Rechnungsjahr 1927/28–1937. Goslar 1928–1931; Berlin 1932/35 und 1938.

Verzeichnis der Vorlesungen an der Königlichen Friedrich-Wilhelms-Universität zu Berlin. Wintersemester 1870/71 bis WS 1918/19.

Vorlesungsverzeichnis der Friedrich-Wilhelms-Universität zu Berlin. Berlin 1920 bis 1939.

Personal- und Vorlesungsverzeichnis der Universität Berlin. Berlin 1940 bis 1945.

3. Geschichte der Berliner Friedrich-Wilhelms-Universität:

Köpke, Rudolf: Die Gründung der Königlichen Friedrich-Wilhelms-Universität zu Berlin. Berlin 1860.

Wagner, Adolf: Die Entwicklung der Universität Berlin 1810–1896. Rede zur Gedächtnisfeier der Königlichen Friedrich-Wilhelms-Universität zu Berlin am 3. August 1896. Berlin 1896.

Lenz, Max: Geschichte der Königlichen Friedrich-Wilhelms-Universität zu Berlin. Bde. I-IV. Halle 1910.

Balk, Norman: Die Friedrich-Wilhelms-Universität zu Berlin. Mit einer Darstellung des Berliner Bildungswesens bis 1810. Berlin 1926.

Gesamtverzeichnis des Lehrkörpers der Universität Berlin. Bd. I 1810–1945. Die Friedrich-Wilhelms-Universität. Die Tierärztliche Hochschule. Die Landwirtschaftliche Hochschule. Die Forstliche Hochschule. Bearb. von Johannes Asen. Leipzig 1955.

Studium Berolinense. Hg. von Hans Leussink, Eduard Neumann und Georg Kotowski. Aufsätze und Beiträge zu Problemen der Wissenschaft und zur Geschichte der Friedrich-Wilhelms-Universität zu Berlin. Berlin (West) 1960. = Studium Berolinense.

Die Humboldt-Universität gestern – heute – morgen. Zum 150jährigen Bestehen der Humboldt-Universität zu Berlin und zum 250jährigen Bestehen der Charité. Berlin 1960.

Idee und Wirklichkeit einer Universität. Dokumente zur Geschichte der Friedrich-Wilhelms-Universität zu Berlin. In Zusammenarbeit mit W. Müller-Lauter und W. Themissen hg. von Wilhelm Weischedel. Berlin (West) 1960.

Die Humboldt-Universität zu Berlin. Dokumente 1810–1985. Hg. von Helmut Klein, bearbeitet von H. Kossack, F. Beck u. G. Schmid. Berlin (DDR) 1985.

4. Archive:

Adalbert-Stifter-Institut des Landes Oberösterreich, Linz.

Archiv der Humboldt-Universität zu Berlin.

Archiv der Universität Wien.

Archiv der Berlin-Brandenburgischen Akademie der Wissenschaften.

Bundesarchiv Berlin-Lichterfelde.

Bundesarchiv Außenstelle Dahlwitz-Hoppegarten.

Deutsches Literaturarchiv Marbach am Neckar.

Geheimes Staatsarchiv Berlin – Preußischer Kulturbesitz, Berlin.

Goethe-und Schiller-Archiv, Weimar.

Österreichische Nationalbibliothek Wien. Handschriften- und Inkunabelsammlung.

Staatsbibliothek zu Berlin – Preußischer Kulturbesitz, Handschriftenabteilung.

Stiftung Archiv der Akademie der Künste (Berlin und Brandenburg). Historisches und Verwaltungsarchiv: Preußische Akademie der Künste 1696–1945, Berlin.

Zentrum für Berlin-Studien, Berlin.

5. Sekundärliteratur 1945–1996

ABEL, Karl-Dietrich: Presselenkung im NS-Staat. Eine Studie zur Geschichte der Publizistik in der nationalsozialistischen Zeit (Einzelveröffentlichungen der Historischen Kommission zu Berlin; 2). Berlin 1968.

ADORNO, Theodor: Ohne Leitbild. Parva Aesthetica. Frankfurt am Main 1967.

ALBERT, Claudia (Hg.): Deutsche Klassiker im Nationalsozialismus. Schiller, Kleist, Hölderlin. Stuttgart u. Weimar 1994.

ALEWYN, Richard (Hg.): Deutsche Barockforschung. Dokumentation einer Epoche. Köln, Berlin 1966, 4. Aufl., 1970.

AMANN, Klaus: Der Anschluß österreichischer Schriftsteller an das Dritte Reich. Frankfurt am Main 1988.

AMANN, Klaus u. Berger, Alfred (Hg.): Österreichische Literatur der dreißiger Jahre. Wien u. Köln, 2. Aufl., 1990.

AMANN, Klaus: Die Dichter und die Politik. Essays zur österreichischen Literatur nach 1918. Wien 1992.

BARBIAN, Jan-Pieter: Literaturpolitik im ›Dritten Reich‹. Institutionen, Kompetenzen, Betätigungsfelder. München 1959.

BAUSCH, Hans: Der Rundfunk im politischen Kräftespiel der Weimarer Republik 1923–1933. Tübingen 1956.

BENEDIKT, Klaus-Ulrich: Das Berliner Institut für Zeitungskunde / Zeitungswissenschaft. In: Bruch, Rüdiger vom / Roegele, Otto B. (Hg.): Von der Zeitungskunde zur Publizistik. Biographisch-Institutionelle Stationen der deutschen Zeitungswissenschaft in der ersten Hälfte des 20. Jahrhunderts. Frankfurt am Main 1986, S. 105-141.

BENEDIKT, Klaus-Ulrich: Emil Dovifat. Ein katholischer Hochschullehrer und Publizist. (Veröffentlichungen der Kommission für Zeitgeschichte; 42). Mainz 1986.

BERBIG, Roland: »Poesieprofessor« und »literarischer Ehrabschneider«. Der Berliner Literaturhistoriker Richard M. Meyer (1860–1914). Anhang: Dokumente. In: *Berliner Hefte zur Geschichte des literarischen Lebens.* Am Institut für deutsche Literatur der Humboldt-Universität zu Berlin hg. von R. Berbig und P. Wruck. 1 (1996) 1, S. 37-99.

BETZ, Frederick: Die Zwanglose Gesellschaft zu Berlin. Ein Freundeskreis um Theodor Fontane. In: *Jahrbuch für Brandenburgische Landesgeschichte.* Hg. von Gerhard Küchler und Werner Vogel. Berlin 1976. Bd. 27, S. 86-104. S. 86.

BODEN, Petra / Fischer, Bernhard: Der Germanist Julius Petersen (1878–1941). Bibliographie, systematisches Nachlaßverzeichnis und Dokumentation. Marbach am Neckar 1994. = Boden/Fischer: Der Germanist Julius Petersen, 1994.

BODEN, Petra: Julius Petersen – Ein Beitrag zur Geschichte der Berliner Germanistik. Berlin 1983. Diss. A, Humboldt-Univers. zu Berlin. (Manuskript).

BODEN, Petra: Julius Petersen: Ein Wissenschaftsmanager auf dem Philologenthron. In: *Euphorion* 88 (1994), S. 82-102.

BODEN, Petra: Zur Entwicklung der literaturhistorischen Konzeption Julius Petersens. In: *Zeitschrift für Germanistik* 9 (1988), 5, S. 572-586.

BÖHM, Helmut: Von der Selbstverwaltung zum Führerprinzip. Die Universität München in den ersten Jahren des Dritten Reiches. 1933–1936 (Ludovico-Maximilianea-Forschungen; 15). Berlin 1995.

BOHRMANN, Hans / KUTSCH, Arnulf: Der Fall Walther Heide. Zur Vorgeschichte der Publizistikwissenschaft. In: *Publizistik* 19/20 (1974/75) 3, S. 805-808.

BOHRMANN, Hans / Schneider, Peter: Zeitschriftenforschung. Ein wissenschaftsgeschichtlicher Versuch. Berlin 1975.

BRENNER, Peter J. (Hg.): Habilitation als Sozialisation. In: Geist, Geld und Wissenschaft. Arbeits- und Darstellungsformen von Literaturwissenschaft. Frankfurt am Main 1993.

BRUCH, Rüdiger vom: Die deutschen Universitäten 1734–1980. (Neue historische Bibliothek; 275). Frankfurt am Main 1985.

BRÜGGEMANN-ROGERS, Gerhild: Das Romanwerk von Ingeborg Drewitz. New York, Bern, Frankfurt am Main, Paris 1989.

DAINAT, Holger: Deutsche Literaturwissenschaft zwischen den Weltkriegen. In: *Zeitschrift für Germanistik* N.F. 3 (1991), S. 600-608.

DAINAT, Holger: Von der Neueren deutschen Literaturgeschichte zur Literaturwissenschaft. Die Fachentwicklung von 1890 bis 1913/14. In: Wissenschaftsgeschichte der Germanistik im 19. Jahrhundert. Hg. v. Jürgen Fohrmann und Wilhelm Voßkamp, Stuttgart, Weimar 1994, S. 494-537.

DAINAT, Holger: Voraussetzungsreiche Wissenschaft. Anatomie eines Konflikts zweier NS-Literaturwissenschaftler im Jahre 1934. In: *Euphorion* 88 (1994), S. 103-122.

DÖBLIN-CHRONIK. In: Alfred Döblin 1878–1978. Katalog der Ausstellung des Deutschen Literaturarchivs im Schiller-Nationalmuseum Marbach am Neckar. Hg. von Jochen Meyer. Marbach a. N. 1978.

DÜWELL, Kurt: Staat und Wissenschaft in der Weimarer Epoche. In: *Historische Zeitschrift*, Beiheft 1: Beiträge zur Geschichte der Weimarer Republik, München 1971, S. 31-74.

EGGLMAIER, Herbert H.: Entwicklungslinien der neueren deutschen Literaturwissenschaft in Österreich in der zweiten Hälfte des 19. Jahrhunderts und zu Beginn des 20. Jahrhunderts. In: Wissenschaftsgeschichte der Germanistik im 19. Jahrhundert. Hg. v. Jürgen Fohrmann und Wilhelm Voßkamp, Stuttgart 1994, S. 204-235.

EHRIG, Ruth: Welche Schriftsteller studierten in Berlin? In: Wruck (Hg.): Berliner Studenten II, 1989. S.706-709.

ENGELHARDT, Ulrich: »Bildungsbürgertum«. Begriffs- und Dogmengeschichte eines Etiketts, Stuttgart 1986.

FISCHER, Ernst: Der Schutzverband Deutscher Schriftsteller, in: AGB 22 (1980), S. 1-666.

FOUCAULT, Michel: Was ist ein Autor? In: Schriften zur Literatur. Frankfurt am Main 1991, S. 7-31.

GAISER, Gottlieb: Literaturgeschichte und literarische Institutionen. Meitingen 1993.

GARBER, Klaus: Benjamins Bild des Barock. In: Rezeption und Rettung. Drei Studien zu Walter Benjamin. Tübingen 1987, S. 59-120.

GOETZ, Wolfgang: Erich Schmidt und das Abenteuer der Philologie. In: *Die Neue Zeitung*, Nr. 143 vom 19.6.1953.

GROTH, Otto: Die Geschichte der deutschen Zeitungswissenschaft. Probleme und Methoden. München 1948.

GRÜTTNER, Michael: Studenten im Dritten Reich. Paderborn u.a. 1995.

GUST, Peter: Studenten in der künstlerischen Avantgarde. Der »Neue Club« und die Freie Wissenschaftliche Vereinigung an der Berliner Universität. In: Wruck (Hg.): Berliner Studenten, 1987. S. 607-615.

HAACKE, Wilmont: Julius Rodenberg und die *Deutsche Rundschau*. Eine Studie zur Publizistik der deutschen Liberalismus 1874–1918. Heidelberg 1950.

HAHN, Karl-Heinz: Die Goethe-Gesellschaft in Weimar. Geschichte und Gegenwart. (Weimarer Schriften; 34). Weimar 1989.

HÄUSSERMANN, Titus: Ingeborg Drewitz. Materialien zu Werk u. Wirken. Stuttgart, 2. Aufl., 1988.

HEIBER, Helmut: Universität unterm Hakenkreuz. 2 Tle. München u.a. 1991–1994.

HERDEN, Werner: Die »preußische Dichterakademie« 1926–1933. In: Wruck (Hg.): Literarisches Leben. Bd. II. S. 151-193.

HERDEN, Werner: Über die Zusammenarbeit des Germanischen Seminars mit der Preußischen Akademie der Künste (1928–1932), in: 100 Jahre Germanisches Seminar, 1987. S. 822-828.

HERDEN, Werner: Zwischen ›Gleichschaltung‹ und Kriegseinsatz. Positionen der Germanistik in der Zeit des Faschismus. In: *Weimarer Beiträge* 33 (1987), S. 1876-1878.

HERDEN, Werner: Zwischen Bücherverbrennung und Kriegseinsatz. In: 100 Jahre Germanisches Seminar, 1987. S. 836-841.

HERMAND, Jost: Geschichte der Germanistik. Reinbek bei Hamburg 1994.

HEUKENKAMP, Ursula (Hg.): Unterm Notdach. Nachkriegsliteratur in Berlin 1945–1949. Berlin 1996.

HILLMANN, Karl-Heinz: Wörterbuch der Soziologie, Stuttgart, 4. Aufl., 1994.

HONOLD, Alexander: Die Wiener Décadence und das Problem der Generation. In: *Deutsche Vierteljahrsschrift für Literaturwissenschaft und Geistesgeschichte,* Jg. 70 (1996), Heft 4, S. 644-669.

HÖPPNER, Wolfgang: Das »Ererbte, Erlebte und Erlernte« im Werk Wilhelm Scherers. Ein Beitrag zur Geschichte der Germanistik. (Europ. Kulturstudien; 5). Köln 1993. = Höppner: Das »Ererbte, Erlebte und Erlernte«.

HÖPPNER, Wolfgang: Eine Institution wehrt sich. Das Berliner Germanische Seminar und die deutsche Geistesgeschichte. In: König/Lämmert (Hg.), 1993. S. 362-380.

HÖPPNER, Wolfgang: Franz Koch und die deutsche Literaturwissenschaft in der Nachkriegszeit. Zum Problem von Kontinuität und Diskontinuität in der Wissenschaftsgeschichte der Germanistik. In: Atta Troll tanzt noch. Selbstbesichtigungen der literaturwissenschaftlichen Germanistik im 20. Jahrhundert. Hg. von Petra Boden und Holger Dainat unter Mitarbeit von Ursula Menzel. Berlin 1997, S. 175-192.

HÖPPNER, Wolfgang: Neuere deutsche Literatur vom Katheder. Zum Wirken Wilhelm Scherers, Erich Schmidts und Gustav Roethes unter der Berliner Studentenschaft. In: Wruck (Hg.): Berliner Studenten, 1987. S. 599-606.

HÖPPNER, Wolfgang: Universitätsgermanistik und zeitgenössische Literatur. Wilhelm Scherers Berliner Jahre 1877–1886. In: Wruck (Hg.): Literarisches Leben, Bd. I. S. 126-156.

HUDER, Walter: »Das war ein Vorspiel nur ...«. Bücherverbrennung Deutschland 1933: Voraussetzungen und Folgen. Ausstellung der Akademie der Künste (Westberlin) vom 8. Mai bis 3. Juli 1983. (Katalog). Berlin/Wien 1983.

HUGUET, Louis: Bibliographie Alfred Döblin, Berlin u. Weimar 1972.

HUGUET, Louis: Pour un centenaire (1878–1978). Chronologie Alfred Döblin. – Annales de l'Université d'Abidjan. Serie D (Lettres), tome 11 (1978).

Hundert Jahre Germanisches Seminar in Berlin. *Wissenschaftliche Zeitschrift der HUB. Gesellschaftswiss. Reihe* 36 (1987) 9. = 100 Jahre Germanisches Seminar, 1987.

HÜRLIMANN, Martin: Berlin. Königsresidenz, Reichshauptstadt, Neubeginn. Zürich 1981.

JAUMANNS, Herbert: Die deutsche Barockliteratur. Wertung – Umwertung. Eine wertungsgeschichtliche Studie in systematischer Absicht. Bonn 1975.

JENS, Inge: Dichter zwischen rechts und links. Die Geschichte der Sektion für Dichtkunst der Preußischen Akademie der Künste, dargestellt nach Dokumenten. München 1979.

JUDERSLEBEN, Jörg: Rat Roethe und das Es-Dur-Rauschen. Eine mentalitätsgeschichtliche Skizze. In: *Berliner Hefte zur Geschichte des literarischen Lebens.* Am Institut für deutsche Literatur der Humboldt-Universität zu Berlin herausgegeben von R. Berbig und P. Wruck. 1 (1996) 1, S. 100-111.

KETELSEN, Uwe-K.: Literatur und Drittes Reich. Schernfeld 1992.

Klassiker in finsteren Zeiten 1933–1945. Eine Ausstellung des Deutschen Literaturarchivs im Schiller-Nationalmuseum Marbach am Neckar. Bd. 1. Marbach a. N. 1983, S. 270-277.

KÖHLER, Otto: Wir Schreibmaschinentäter – Journalisten unter Hitler – und danach. Köln 1989.

KOHLMANN-VIAND, Doris: NS-Pressepolitik im Zweiten Weltkrieg. Die »Vertraulichen Informationen« als Mittel der Presselenkung (Kommunikation u. Politik; 23). München u.a. 1991.

KOLK, Rainer: Berlin oder Leipzig? Eine Studie zur sozialen Organisation der Germanistik im »Nibelungenstreit«, (Studien und Texte zur Sozialgeschichte der Literatur; 30). Tübingen 1990

KÖNIG, Christoph / Lämmert, Eberhard: Literaturwissenschaft und Geistesgeschichte 1910–1925. Frankfurt am Main 1993. = König/Lämmert (Hg.), 1993.

KOSZYK, Kurt: Deutsche Presse 1914–1945. Geschichte der deutschen Presse. Teil III (Abhandlungen und Materialien zur Publizistik; 7). Berlin 1972.

KREUTZER, Leo: Alfred Döblin. Sein Werk bis 1933. Stuttgart 1970.

KRÜGER, Lorenz (Hg.): Studien zur Struktur der Wissenschaftsgeschichte. Frankfurt am Main 1978.

KRUSE, Volker: Von der historischen Nationalökonomie zur historischen Soziologie. Ein Paradigmenwechsel in den deutschen Sozialwissenschaften um 1900. In: *Zeitschrift für Soziologie* 3 (1990), S. 149-165.

KUHN, Thomas S.: Die Struktur wissenschaftlicher Revolutionen. Frankfurt am Main 1973.

KUTSCH, Arnulf (Hg.): Zeitungswissenschaftler im Dritten Reich. Sieben biographische Studien. Köln 1984.

KUTSCH, Arnulf: Die Emigration der deutschen Zeitungswissenschaft ab 1933. Anmerkungen zu einem vergessenen Thema. In: *Medien & Zeit* 3 (1988).

LÄMMERT, Eberhard: Wiederbegegnung mit Richard Alewyn. In: Richard Alewyn. Ausstellung der Universitätsbibliothek der Freien Universität Berlin. Mit unveröffentlichten Dokumenten und Fragmenten aus dem Nachlaß und einem Beitrag von Klaus Garber. Berlin 1982, S. 2.

LAUFER, Christel: Verloren geglaubte Fontane-Manuskripte wieder im Märkischen Museum. In: *Jahrbuch des Märkischen Museums.* Bd. VI/VII (1980-81), S. 70-77.

LEITNER, Erich: Eine unveröffentlichte Kritik der Weimarer Goethe-Ausgabe aus dem Nachlaß Bernhard Seufferts. In: *Jahrbuch des Wiener Goethe-Vereins*, N.F. 75 (1971), S. 8-13.

LEPSIUS, M. Rainer: Kritik als Beruf. Zur Soziologie der Intellektuellen (1963). Abgedruckt in: Lepsius: Interessen, Ideen und Institutionen, Opladen 1990, S. 270-285.

LINK-HEER, Ursula: Zur Kanonisierung antiklassischer Stile: Manierismus und Barock; in: KANON MACHT KULTUR. DFG-Symposium 1996. Hg. von Renate von Heydebrand. Stuttgart 1997.

LOHSE, Gerhard: Held und Heldentum. Ein Beitrag zur Persönlichkeit und Wirkungsgeschichte des Berliner Germanisten Gustav Roethe (1859–1926). In: Hans-Peter Bayerdörfer, Carl Otto Conrady, Helmut Schanze (Hg.): Literatur und Theater im wilhelminischen Zeitalter. Tübingen 1978, S. 399-423.

LOSEMANN, Volker: Reformprojekte nationalsozialistischer Hochschulpolitik. In: Karl Strobel (Hg.): Die deutsche Universität im 20. Jahrhundert. Die Entwicklung einer Institution zwischen Tradition, Autonomie, historischen und sozialen Randbedingungen. Vierow bei Greifswald 1994. S. 97-115.

MANDELKOW, Karl Robert: Goethe im Urteil seiner Kritiker. Dokumente zur Wirkungsgeschichte Goethes in Deutschland, Teil III: 1870–1918. München 1979.

MANDELKOW, Karl Robert: Goethe in Deutschland. Rezeptionsgeschichte eines Klassikers, Bd. I: 1773–1918. München 1980.

MEIER-REUTTI, Gerhard / Höckele, Simone: Ein Pionier evangelischer Publizistik. August Hinderer zum 50. Todestag. Typoskript. o.J. [1995].

MEINECKE, Friedrich: Straßburg-Freiburg-Berlin 1901–1919. Erinnerungen. Stuttgart 1949.

MINDER, Robert: Alfred Döblin. In: Deutsche Literatur im 20. Jahrhundert. Bd. II: Gestalten. 5., veränderte u. erw. Auflage. München, Bern 1967, S. 126-150.

MITTENZWEI, Werner: Der Untergang einer Akademie oder die Mentalität des ewigen Deutschen. Berlin u. Weimar 1992.

MORITZ, Ulrich: Ernst von Wildenbruch. Essay anläßlich der Ernst von Wildenbruch-Ausstellung im Goethe-und Schiller-Archiv in Weimar 1995. Weimar 1995.

MÜLLER, Jan-Dirk: Moriz Haupt und die Anfänge der *Zeitschrift für deutsches Altertum.* In: Wissenschaft und Nation. Studien zur Entstehungsgeschichte der deutschen Literaturwissenschaft. München 1991, S. 141-164.

MÜLLER, Peter: Die Goethe-Feier an der Friedrich-Wilhelms-Universität 1932. In: 100 Jahre Germanisches Seminar, 1987. S. 829-835.

MÜSSE, Wolfgang: Die Reichspresseschule – Journalisten für die Diktatur? Ein Beitrag zur Geschichte d. Journalismus im Dritten Reich (Dortmunder Beiträge zur Zeitungsforschung; 53). München u.a. 1995.

NIPPERDEY, Thomas: Deutsche Geschichte 1866–1918. Erster Band: Arbeitswelt und Bürgergeist. Dritte, durchges. Aufl., München 1993.

OSTERKAMP, Ernst: Friedrich Gundolf zwischen Kunst und Wissenschaft. Zur Problematik eines Germanisten aus dem George-Kreis. In: König/Lämmert (Hg.), 1993. S. 177ff.

OSTERKAMP, Ernst: Klassik-Konzepte. Kontinuität und Diskontinuität bei Walther Rehm und Hans Pyritz. In: Wilfried Barner und Christoph König (Hg.): Zeitenwechsel. Germanistische Literaturwissenschaft vor und nach 1945. Frankfurt am Main 1996, S. 150-170.

PECHEL, Rudolf: Deutsche Rundschau. Acht Jahrzehnte deutschen Geisteslebens. Hamburg 1961.

PEUKERT, Detlev J. K.: Die Weimarer Republik. Frankfurt am Main 1987.

RIBBAT, Ernst: Die Wahrheit des Lebens im frühen Werk Alfred Döblins. Münster 1970.

RILLA, Paul: Goethe in der Literaturgeschichte. Zur Problematik der bürgerlichen Bildung. Berlin 1950.

ROLLKA, Bodo: Die Belletristik in der Berliner Presse des 19. Jahrhunderts. Berlin 1985.

ROSENBERG, Rainer: Zehn Kapitel zur Geschichte der Germanistik. Literaturgeschichtsschreibung. Berlin 1981.

SAUDER, Gerhard: Der Germanist Goebbels als Redner bei der Berliner Bücherverbrennung. In: »Das war ein Vorspiel nur...«. Berliner Colloquium zur Literaturpolitik im »Dritten Reich«. Akademie der Künste · Freie Universität Berlin. (Schriftenreihe der Akademie der Künste; 15). Berlin1983.

SCHAAF, Doris: Der Theaterkritiker Arthur Eloesser. Berlin 1962.

SCHÄFFNER, Wolfgang: Die Ordnung des Wahns. Zur Poetologie psychiatrischen Wissens bei Alfred Döblin. München 1995. (Materialität der Zeichen: Reihe A; Bd. 13).

SCHARFFENBERG, Renate: Rilke und sein Verleger Axel Juncker. In: *Imprimatur. Ein Jahrbuch für Bücherfreunde.* N. F., Bd. V. Frankfurt am Main 1967, S. 74-76.

SCHIEDER, Theodor: Das deutsche Kaiserreich von 1871 als Nationalstaat. Göttingen, 2. Aufl., 1992.

SCHIEDER, Theodor: Der Nationalstaat und die Kultur. In: Ders.: Das deutsche Kaiserreich von 1871 als Nationalstaat. Göttingen, 2. Aufl., 1992.

SCHLENSTEDT, Silvia: Gruppe, Zeitschrift, Verlag: Zu Lebensformen des literarischen Expressionismus. In: Expressionisten. Die Avantgarde in Deutschland 1905–1920. Hg. von Anita Kühnel und Roland März. Staatliche Museen zu Berlin, Nationalgalerie und Kupferstichkabinett. (Ausstellungskatalog). Berlin 1986, S. 37- 45.

SCHREIBER, Erhard: Repetitorium Kommunikationswissenschaft. (Uni-Papers; 2) 3., überarb. Aufl. München 1990.

SCHWARZ, Walter: August Hinderer. Leben und Werk. Stuttgart 1951.

SEIDLIN, Oskar: Der Theaterkritiker Otto Brahm. Bonn, 2. Aufl., 1978.

SIEGELE-WENSCHKEWITZ, Leonore / Stuchlik, Gerda (Hg.): Hochschule und Nationalsozialismus. Wissenschaftsgeschichte und Wissenschaftsbetrieb als Thema der Zeitgeschichte (Arnoldshainer Texte; 66). Frankfurt am Main 1990.

SIMON, Hermann (Hg.): Vorwort zu: Ludwig Geiger: Geschichte der Juden in Berlin (1871ff.). Festschrift zur zweiten Säkularfeier. Nachdruck. Leipzig 1989.

SÖSEMANN, Bernd (Hg.): Emil Dovifat. Studien und Dokumente zu Leben und Werk (Beiträge zur Kommunikationsgeschichte; 8). Berlin 1997.

SPRENGEL, Peter: Die inszenierte Nation. Deutsche Festspiele 1813–1913. Tübingen 1991.

STERNSDORFF, Jürgen: Wissenschaftskonstitution und Reichsgründung. Die Entwicklung der Germanistik bei Wilhelm Scherer. Eine Biographie nach unveröffentlichten Quellen. Frankfurt am Main u.a. 1979.

SYNDRAM, Karl Ulrich: Die ›Rundschau‹ der Gebildeten und das Bild der Nation. Untersuchungen zur komparatistischen Bedeutung eines Types bürgerlich-liberaler Zeitschrift für die Vermittlung nationaler Kunst- und Kulturvorstellungen im deutschen Sprachgebiet (1871–1914). Diss., Aachen 1988.

SYNDRAM, Karl Ulrich: Kulturpublizistik und nationales Selbstverständnis. Untersuchungen zur Kunst- und Kulturpolitik in den Rundschauzeitschriften des Deutschen Kaiserreichs (1871–1914). Berlin 1989.

SZYSZKA, Peter: Zeitungswissenschaft in Nürnberg (1919–1945). Ein Hochschulinstitut zwischen Praxis und Wissenschaft. (Kommunikationswissenschaftl. Studien; 8). Nürnberg 1990.

UFERTINGER, Volker: Erich Schmidt: Philologie und Repräsentation im Kaiserreich. München 1995. Magisterarbeit. Ludwig-Maximilians-Univ. München. (Manuskript).

WEIMAR, Klaus: Geschichte der deutschen Literaturwissenschaft bis zum Ende des 19. Jahrhunderts. München 1989.

WEINGART, Peter: Paradigmastruktur und wissenschaftliche Gemeinschaft – das Problem wissenschaftlicher Entwicklung. In: Ders.: Wissensproduktion und soziale Struktur, Frankfurt am Main 1976, S. 33-92.

WEINGART, Peter: Wissenschaftlicher Wandel als Institutionalisierungsstrategie. In: Ders. (Hg.): Wissenschaftssoziologie 2. Frankfurt am Main 1974, S. 11-35.

WELLEK, René: Geschichte der Literaturkritik 1750–1950. Bd. 2: Das Zeitalter des Übergangs. Bd. 3: Das späte 19. Jahrhundert. Berlin 1977.

WEYRAUCH, Wolfgang: Über Alfred Döblin. In: Alfred Döblin zum 70. Geburtstag. Wiesbaden, 10. August 1948. S. 27-28.

WIESE, Benno von: Begrüßungsrede zum Münchner Germanistentag. In: Ders./Rudolf Henß (Hg.): Nationalismus in Germanistik und Dichtung. Dokumentation des Germanistentages in München vom 17.–22. Oktober 1966. Berlin 1967, S. 9-14.

WIZISLA, Erdmut: »Die Hochschule ist eben der Ort nicht, zu studieren«. In: Wruck (Hg.): Berliner Studenten, 1987. S. 616-623.

WOLTER, H.-W.: Deutsche Rundschau (1874–1964). In: Heinz-Dieter Fischer (Hg.): Deutsche Zeitschriften des 17. bis 20. Jahrhunderts. München 1973. S. 183-200.

WRUCK, Peter (Hg.): Berliner Studenten und deutsche Literatur (1810–1933/1945). *Wissen-schaftliche Zeitschrift der Humboldt-Universität, Gesellschaftsw. Reihe* 36 (1987) 7. = Wruck (Hg.): Berliner Studenten 1987.

WRUCK, Peter (Hg.): Berliner Studenten und deutsche Literatur II (1810–1986). *Wissen-schaftliche Zeitschrift der Humboldt-Universität, Gesellschaftswiss. Reihe* 38 (1989) 6. = Wruck (Hg.): Berliner Studenten II, 1989.

WRUCK, Peter (Hg.): Die hauptstädtische Universität – eine Bildungsstätte der literarischen Intelligenz. In: Wruck (Hg.): Berliner Studenten, 1987. S. 543-546.

WRUCK, Peter (Hg.): Literarisches Leben in Berlin 1871–1933. 2 Bde., Berlin 1987. = Wruck (Hg.): Literarisches Leben.

WRUCK, Peter: Was lasen die Studenten? In: Wruck (Hg.): Berliner Studenten II, 1989. S.647-653.

Verzeichnis häufig benutzter Abkürzungen:

ABBAW	Archiv der Berlin-Brandenburgischen Akademie der Wissenschaften
AGB	Archiv für Geschichte des Buchwesens
ASI	Adalbert-Stifter-Institut des Landes Oberösterreich, Linz
Aufl.	Auflage
BArch.	Bundes Archiv Berlin-Lichterfelde
Bl.	Blatt
BW	Briefwechsel
ders.	derselbe
DLA	Deutsches Literaturarchiv Marbach am Neckar
DLW	*Die literarische Welt*
DuV	Dichtung und Volkstum
DVjs	*Deutsche Vierteljahrsschrift für Literaturwissenschaft und Geistesgeschichte*
GstA	Geheimes Staatsarchiv – Preußischer Kulturbesitz
GStA-BK	Geheimes Staatsarchiv – Preußischer Kulturbesitz – Bestand Kultusministerium
Hf.	Heft
hg.	herausgegeben
Hg.	Herausgeber(in)
Hist. Abt.	Historische Abteilung
HUB	Humboldt-Universität zu Berlin
Jg.	Jahrgang
o. S.	ohne Seitenangabe
PrAdK	Preußische Akademie der Künste zu Berlin
Tit.	Titel
UA der HUB	Universitätsarchiv der Humboldt-Universität zu Berlin
V. Z.	*Vossische Zeitung*
ZfdB	*Zeitschrift für deutsche Bildung*
ZfDk	*Zeitschrift für Deutschkunde*
ZW	Zeitungswissenschaft. Monatsschrift für internationale Zeitungsforschung
ZfG	Zeitschrift für Germanistik

Die Autoren

GESINE BEY, Dr. phil., geb. 1953 in Berlin, lernte Schriftsetzer, studierte Germanistik an der Humboldt-Universität zu Berlin. 1983-86 Assistentin an der PH Potsdam. 1986 Dissertation an der HUB über Robert Musils Roman ›Die Verwirrungen des Zöglings Törleß‹ und soziale, ethische und ästhetische Probleme der Jahrhundertwende. Aufsätze über Musil (»Robert Musils Berliner Studienjahre«, »Musil und Allesch«), Rezensionen. Wissensch. Assistentin an der Humboldt-Universität zu Berlin.

KERSTIN GEBUHR, geb. 1966 in Weimar, lernte Buchbinder, studiert Germanistik, Skandinavistik und Philosophie an der Humboldt-Universität zu Berlin.

PETER GROOS, M. A., Historiker, geb. 1964 in Dillenburg/Hessen, ist wissenschaftlicher Mitarbeiter am Institut für Kommunikationsgeschichte und angewandte Kulturwissenschaften der Freien Universität Berlin.

KLAUS HERMSDORF, Prof. Dr. phil. habil., geb. 1929 in Camburg an der Saale. Studierte Germanistik an der Humboldt-Universität zu Berlin, 1959 Promotion über Franz Kafka, 1967 Habilitation über Thomas Mann. Professur an der Ernst-Moritz-Arndt-Universität Greifswald, 1979 bis 1995 an der Berliner Humboldt-Universität. Gastdozenturen an den Universitäten Warschau, Prag und in den USA. Aufsätze u.a.: »Deutsch-jüdische Schriftsteller? Anmerkungen zu einer Literaturdebatte des Exils« (ZfG 3/1982); »Stätten deutscher Literatur« (Weimarer Beiträge 2 /1983). Buchveröffentlichungen: »Kafka. Weltbild und Roman«, 1961; »Thomas Manns Schelme. Figuren und Strukturen des Komischen«, 1968. »Literarisches Leben in Berlin. Aufklärer und Romantiker« (1987). Herausgabe der Werke Franz Kafkas in der DDR: »Amerika« (1967), »Das erzählerische Werk« (1983), »Amtliche Schriften« (1983), »Die Verwandlung und andere Tiergeschichten« (1984), »Erzählungen«, »Der Prozeß«, »Das Schloß« (1989). Mithg. von: Thomas Mann: Romane und Erzählungen (1974, 1975). Mitarbeit an Literaturgeschichten: »Kurze Geschichte der deutschen Literatur« (mit W. Spiewok), 1981. »Exil in den Niederlanden und Spanien« (mit H. Fetting u. S. Schlenstedt), 1981.

ALEXANDER HONOLD, Dr. phil., geb. 1962 in Valdivia/Chile, studierte Germanistik, Philosophie und Lateinamerikanistik an der Ludwigs-Maximilians-Universität München und an der Freien Universität Berlin. 1994 Dissertation über Robert Musils »Der Mann ohne Eigenschaften« an der FU Berlin. Er veröffentlichte Aufsätze u.a. über Musil, Weiss, Benjamin, Hölderlin, Literatur im Umfeld des Ersten Weltkriegs, über Exotismus, Ästhetik und Hermeneutik des *Fremden*. Buchveröffentlichungen: »Die Stadt und der Krieg. Raum- und Zeitkonstruktion in Robert Musils Roman ›Der Mann ohne Eigenschaften‹«, München 1995; »Die Bilderwelt des Peter Weiss«, Hamburg 1995 (Hg. mit U. Schreiber). 1991–1996 Wissenschaftlicher Mitarbeiter am Fachbereich Germanistik der FU Berlin, seit 1993 auch Lehraufträge am Institut für deutsche Literatur der Humboldt-Universität zu Berlin.

WOLFGANG HÖPPPNER, Dr. phil. sc., geb. 1950 in Adelsberg bei Chemnitz, studierte Germanistik an der Humboldt-Universität zu Berlin. 1977 Promotion über Prosaliteratur der DDR der siebziger Jahre. 1986 Habilitation über Wilhelm Scherers literaturwissenschaftliche Auffassungen. Er verfaßte Studien und Aufsätze zur Wissenschafts- und Institutionengeschichte der Berliner Germanistik. Buchveröffentlichungen: »Das ›Ererbte, Erlebte und Erlernte‹ im Werk Wilhelm Scherers«, Köln 1993; »Emil Rosenow in Chemnitz. Ein Schriftsteller und das literarisch-kulturelle Leben einer Industriestadt um die Jahrhundertwende«, 1994. Dozent an der Berliner Humboldt-Universität. Seit 1994 leitet er die Arbeitsstelle für Wissenschaftsgeschichte am Institut für deutsche Literatur.

JÖRG JUDERSLEBEN, M. A., geb. 1967 in Naumburg, lernte Elektronikfacharbeiter, studierte Geschichte und Germanistik an der Humboldt-Universität zu Berlin. Aufsätze zur deutschen Sprache und Literatur und journalistische Arbeiten. Mitherausgeber von »In Sachen Biermann. Dokumente, Protokolle und Briefe zu den Folgen einer Ausbürgerung«, Ch. Links Verlag, Berlin 1994. Er arbeitet an einer Dissertation über Gustav Roethe.

JOSEFINE KITZBICHLER, geb. 1970 in Dresden, studierte Germanistik, Latinistik und Gräzistik in Jena und Berlin. 1997 Magisterarbeit an der Humboldt-Universität: »Literatur zwischen Manuskript und Buch. Die Veröffentlichung literarischer Texte in Julius Rodenbergs *Deutscher Rundschau*. 1880-1890«. In Vorbereitung: »Die Rundschau-Debatte 1877. Paul Lindaus Zeitschriftengründung *Nord und Süd* und Julius Rodenbergs *Deutsche Rundschau*« (P. Lang Verlag), gemeinsam mit Roland Berbig.

RALF KLAUSNITZER, M. A., geb. 1967 in Leipzig, studierte Philosophie und Neuere deutsche Literatur in Rostow/Don in Rußland und an der Humboldt-Universität zu Berlin. 1998 Dissertation über die Romantikrezeption im »Dritten Reich«

VOLKER MAEUSEL, geb. 1967 in Oldenburg, studiert Germanistik und Geschichte an der Humboldt-Universität zu Berlin.

ANDREAS TERWEY, geb. 1971 in Coesfeld, studiert Germanistik und Geschichte an der Humboldt-Universität zu Berlin.

VOLKER UFERTINGER, M. A., geb. 1968 in Bad Reichenhall, studierte Neue deutsche Literatur, Theaterwissenschaften und Alte Geschichte an der Ludwigs-Maximilians-Universität München. 1995 Magisterarbeit »Erich Schmidt: Philologie und Repräsentation im Kaiserreich«. Er arbeitet an einer Dissertation über Erich Schmidt.

Danksagung

Ich danke allen, die durch finanzielle Förderung den Druck dieses Buches ermöglicht haben: der Herlitz AG, der Berliner Bank AG, meiner Mutter Lieselotte Bey und Otto Vanhauer.

Gesine Bey

Berliner Beiträge zur Wissenschaftsgeschichte

Herausgegeben von Wolfgang Höppner

Band 1 Gesine Bey (Hrsg.): Berliner Universität und deutsche Literaturgeschichte. Studien im Dreiländereck von Wissenschaft, Literatur und Publizistik. 1998.

Peter Lang · Europäischer Verlag der Wissenschaften

Bernd Bräutigam / Burghard Damerau (Hrsg.)

Offene Formen

**Beiträge zur Literatur, Philosophie und Wissenschaft
im 18. Jahrhundert**

Frankfurt/M., Berlin, Bern, New York, Paris, Wien, 1997. 352 S.
Berliner Beiträge zur neueren deutschen Literaturgeschichte.
Herausgegeben von Bernd Bräutigam. Bd. 22
ISBN 3-631-30163-4 · br. DM 89.–*

Der Sammelband ist ein Beitrag zur Geschichte der literarischen Mitteilungs-
formen im 18. Jahrhundert. Mit der zu beobachtenden Emanzipation des
anthropologischen Denkens aus metaphysischen Systemen wechselte die
Präferenz von Gattungen und Schreibweisen: Die Aufklärung etablierte sich
durch geschlossene Systeme, aber realisierte sich schließlich durch offene
Formen. Die versammelten Einzeluntersuchungen bieten ein Spektrum
dieser Formen bis in die Romantik.

Aus dem Inhalt: Aufsätze über Tagebücher, Reiseberichte, Autobiographien,
Aphorismen, Fragmente, Briefe, Gespräche und Bildlichkeit von:
A. Battistini, A. Behrmann, B. Bräutigam, G. Cantarutti, B. Damerau, H.
Feger, G. Marahrens, G. Ruozzi, H. Schumacher, F. Strack, M.L. Wandruszka,
K. Weissenberger und R.-R. Wuthenow

Frankfurt/M · Berlin · Bern · New York · Paris · Wien
Auslieferung: Verlag Peter Lang AG
Jupiterstr. 15, CH-3000 Bern 15
Telefax (004131) 9402131
*inklusive Mehrwertsteuer
Preisänderungen vorbehalten